A Therapist View of Psychotherapy
On Becoming a Person

当代世界学术名著 • 心理学系列

主编 李绍昆

罗杰斯著作精粹

The Carl Rogers Reader

[美] 卡尔·R·罗杰斯 /著
Carl R. Rogers
[美] 霍华德·基尔申鲍姆 Howard Kirschenbaum
瓦莱丽·兰德·亨德森 Valerie Land Henderson /编
刘毅 钟华 /译
郭永玉 /审校

中国人民大学出版社

Carl R. Rogers

“这个世界将是更人性的，也将是更人道的。”

“当代世界学术名著”
出版说明

中华民族历来有海纳百川的宽阔胸怀，她在创造灿烂文明的同时，不断吸纳整个人类文明的精华，滋养、壮大和发展自己。当前，全球化使得人类文明之间的相互交流和影响进一步加强，互动效应更为明显。以世界眼光和开放的视野，引介世界各国的优秀哲学社会科学的前沿成果，服务于我国的社会主义现代化建设，服务于我国的科教兴国战略，是新中国出版工作的优良传统，也是中国当代出版工作者的重要使命。

我社历来注重对国外哲学社会科学成果的译介工作，所出版的“经济科学译丛”、“工商管理经典译丛”等系列译丛受到社会广泛欢迎。这些译丛多侧重于西方经典性教材，本套丛书则旨在逐译国外当代学术名著。所谓“当代”，我们一般指近几十年发表的著作；所谓“名著”，是指这些著作在该领域产生巨大影响并被各类文献反复引用，成为研究者的必读著作。这套丛书拟按学科划分为若干个子系列，经过不断的筛选和积累，将成为当代的“汉译世界学术名著丛书”，成为读书人的精神殿堂。

由于所选著作距今时日较短，未经历史的充分淘洗，加之判断标准的见仁见智，以及我们选择眼光的局限，这项工作肯定难以尽如人意。我们期待着海内外学界积极参与，并对我们的工作提出宝贵的意见和建议。我们深信，经过学界同仁和出版者的共同努力，这套丛书必将日臻完善。

中国人民大学出版社

总　序

20世纪是科学的天下，而心理学更是从哲学卓然独立自主了。20世纪初叶，在冯特（W. Wundt，1832—1920）和弗洛伊德（S. Freud，1856—1939）的倡导下，科学心理学诞生了，有人称之为西方心理学的第一势力。20世纪中叶，在华生（J. B. Watson，1878—1958）和斯金纳（B. F. Skinner，1904—1990）的鼓吹下，行为主义心理学开花结果了，有人称之为西方心理学的第二势力。第二次世界大战之后，经历了朝越两次战争，美国在心理上失去了信心，开始向欧洲和亚洲寻找人文典范，罗杰斯（Carl Rogers，1902—1987）和罗洛·梅（Rollo May，1909—1994）开创了人本心理学，有人称之为第三势力。20世纪70年代以后，在马斯洛（A. Maslaw，1908—1970）和沈娥（June Singer，1918—2004）启发之下，人本心理学与精神心理学合流了，有人称之为心理学的第四势力。

中国的心理学界跟着西方的主流亦步亦趋，因而对第一势力和第二势力的专著翻译有如雨后春笋，而对第三和第四势力作品的译介则有如凤毛麟角。有鉴于此，我们就想把翻译的主要对象限制在后者之内，但也欢迎其他的经典作品以及超越于第三、第四势力之外的名著。

当代的“心理学名著”绝不局限于美国。我们计划在今后若干年内再挑选出25部作品，挑选标准是这些作品在心理学界“产生巨大影响并被各类文献反复引用，成为研究者的必读著作”。只因所知有限，而且眼光不足，因此诚恳地欢迎同行的专家和广大的读者群，给我们提供一些“名著”，以便纳入我们今后翻译的新书目之中。

最后，我要节录三段当代心理学家的名言来作本序的结束：

罗杰斯是中国文化的知音，他曾两次访问中国，而对未来的人类抱着最大的也最乐观的看法。他从人本心理学出发，不但描绘了明天世界的轮廓，更刻画了明天人类的特质。他说：

> 这个新世界将是更人性的，也将是更人道的。它将探索并发展人心与精神的甘美和潜能。它将制作更完整更完善的个体。它将成为一个更尊重个人的世界，它将更珍惜这最宝贵的资源。它将成为一个更自然的世界，一个对自然更爱护更尊重的世界。它将发展一种更具人性的科学，一种奠基在新观念上的而又不太僵硬的科学。新世界的科技将以增进人类和自然的和谐为目的，而不是助长对它们的剥削。由于个人感受到自己有权、有能、有自由，新世界将得到创造性的解放。
>
> 科学改革的风、社会改革的风以及文化改革的风，都在强烈地吹起了。这些风会将我们卷起，吹向那明天的新世界，就是那刚才描述过的新世界。这新世界的中心就是我描述的那一群明天的人类。
>
> 这就是以人为中心的未来的电影剧本。我们可以选择，至于我们选择与否，它似乎已在顽强地改变着我们的文化。这些改变正朝着人性化的方面迈进。①

马斯洛则与老庄神交。他在其两部名著《科学的心理学》及《人性的远征》里都曾讨论了“道家的客观性”。他认为，传统的客观性和道家的客观性有本质上的差异。他说：

> 客观性在传统的观念上指的是早期学术界对事物的科学处理以及他们对无生物的研究。当我们观察外界的事物时，排除了个人的愿望、恐惧和希望时，我们自以为客观；当我们将自己可疑的愿望以及超自然的神明也排除了，我们仍旧自以为很客观。这就是我们

① 转引自李绍昆：《美国的心理学界》，76～77页，北京，商务印书馆，2000。

现代科学之所以能跨出的一大步。

上个世纪不能想象的，今日的有生物更倾向于较好的健康，较好的成长以及较大的成功。总的来讲，这是反权威，这是反控制。在我看来，这简直在向道家的观点之核心推进，不仅在当今的环保学研究上以及人种学研究上我们减少了干涉和控制；而且，在人的尊严上，也表示信任儿童自己个人的感受，去追求更大的成长和自我实现。这就是说，我们要重视的是“自然自在”，是“自动自发”，而不是事先预测，更不是外在掌控。①

沈娥更是世界文化的鼓吹者。她的著作涵盖了欧洲的哲学、美国的科学以及东方的宗教学。她引述了怀德海的言论，也转述了艾里斯的性说，更认同了德日进（P. T. de Chardin）的进化新论。她说：

哲学家怀德海（Alfred Whitehead）尝说：“我们对中国的艺术、文学与人生哲学知道越多，就会越羡慕这个文化所达到的高度。……从历史的绵延与影响的广度来看，中国的文明是世界上自古以来最伟大的文明。”

心理学家艾里斯（Hodelock Ellis）则说：“性的科学，也有人叫做性学，和医科的其他学科不同，就是它的范围很难确定。它的边疆没有一定的界石。从它的中心射出了许多光芒，光芒所至不但是医科的各部门，甚至达到了和医学不相干的学术领域。它实在和全人类的文化有关系。顺着这道光芒走，我们会接触到许多传统的思想和习惯，而道德和宗教也可以影响它。”②

最后，沈娥引用了曾在北京和天津工作过的德日进神父的名言。他说：“有一天，在我们能御风浪，能止潮汐，能阻吸力之后，我们就会向爱之活力的上帝进攻。于是，世界历史将开启第二纪元，人已找到了火焰。”③

---

① 转引自李绍昆：《美国的心理学界》，125页。
② 转引自上书，142～143页。
③ 转引自上书，143页。

亲爱的读者，我们诚恳地希望，借着这个“当代世界学术名著·心理学系列”，你会更加珍惜人类精神文明的优异成果；你既可从中发现兽性的活力，更能感受人性的温暖和神性的光芒；你就会“为天地立心，为生民立命，为往圣继绝学，为万世开太平”！

李绍昆

2004－06－01

于武汉南湖之北

献 给

我们的同事、老师和朋友

卡尔·兰塞姆·罗杰斯（Carl Ransom Rogers，1902—1987）

——编者

目　录

导 言 xi

卡尔·兰塞姆·罗杰斯（Carl Ransom Rogers，1902—1987）是美国历史上最具影响力的心理学家。

他开创了一种新的心理治疗方法，先后被称为“非指导性”疗法、“当事人中心”疗法和“以人为中心”疗法。

他是历史上第一个对心理治疗个案进行录音并将其公开的人。

他开展并促进了前所未有的更多心理咨询和心理治疗方面的科学研究。

对于专业咨询和心理治疗超越精神病学和精神分析而扩展到所有助人职业中——心理学、社会工作、教育、神职工作等，他的贡献要大于任何人。

他引领着有时候被称为“会心团体”的深度治疗小组经验的发展和传播。

他是20世纪60年代至20世纪80年代人本主义心理学运动的领袖人物，而该运动对社会和专业领域至今仍有着深远影响。

他开拓性地将有效人际沟通原则运用于解决团体和国际冲突。

他是助人职业者中最多产的作家之一，共有16本著作，200多篇专业论文和研究报告。他的著作已经印刷了几百万本，被翻译成60多种语言。 xii

在本书中，我们展现了他一生中的论著——其广度涵盖了许多专业和人类领域，其深度涉及了对所有人类关系中一些基本中心主题的探索。无论各部分内容是什么——关于治疗、个人成长、教育、科学、哲学、社会问题，还是罗杰斯的个人生活——其私人生活、职业生涯、政治观点都展现了出来；也不管是发表于何时——从 1942 年到 1987 年，还有以前从未发表过的论著——罗杰斯独特的个人沟通风格都得以彰显。

然而，卡尔·罗杰斯的影响远不仅止于其论著。在创新性地使用非印刷媒体来传播自己的思想方面，他也是先驱。美国心理治疗师学院的录音带收藏馆就将他成千上万的治疗会谈录音发放给了世界各地的专业人士。他进行治疗或深度小组会谈的场景经常被摄录下来。在著名的格罗瑞亚（Gloria）电影系列中（Rogers et al.，1962），罗杰斯、格式塔（gestalf）治疗家弗瑞兹·皮尔斯（Fritz Perls）和理性—情绪治疗家阿尔伯特·埃利斯（Albert Ellis）先后与同一位当事人进行了会谈。反映罗杰斯领导一个会心团体的电影《探索自我之旅》（Farson，1970）曾获最佳特色长度纪录片学院奖，并在国内广为发行。

长期的教师生涯使罗杰斯接触到了上千的学生，他们深受罗杰斯的课程影响并继续传播他的思想和方法。例如，他在芝加哥大学的许多课程（1945—1957）总会吸引成百来自世界各地的学生。作为各种教育会议上的积极发言者，他一生经常在成千上万的参与者面前演讲并进行治疗和会心团体示范。

除了作为作家、教育家和典范所具有的个人影响力之外，他在助人职业的官方机构中同样也很活跃。他拥有许多机构头衔和编辑头衔，包括美国社会工作者学会纽约州主席和国家执行委员会委员，美国矫正精
xiii 神病协会副主席，美国心理治疗师学院首任院长，美国心理学会主席，而且他为 1945 年重建美国心理学会立下了汗马功劳。1963 年他帮助成立了人本主义心理学协会，但婉言拒绝了担任首届主席的邀请。

对罗杰斯贡献的肯定反过来又促进了其工作的传播并验证了其工作的重要性。他荣获了美国心理学会颁发的首届杰出科学贡献奖，并在 1972 年成为同时获得该奖项和学会颁发的杰出专业贡献奖的唯一学者。世界各大学授予他的荣誉学位、客座教授称号和其他各种荣誉更是难以计数。

除了广泛的活动范围，罗杰斯的长寿和耐力也对其影响力起到了同

等重要的作用。从1928年开始涉足心理学到1987年去世的59年中，他一直活跃在专业领域中。1930年他发表了首篇论文（*Rogers and Carson*）。年届八旬时他仍然身体健康，精神矍铄，日程表也被演讲、工作坊、写作和旅行安排得满满的。

不过，虽然心理学、心理治疗、教育、咨询、社会工作、神职、医学以及其他领域的许许多多专业人士认为卡尔·罗杰斯是自己的职业甚至生活中最具影响力的老师和典范之一，但也有同样多的人极力贬低甚至批评罗杰斯的贡献。尽管他的工作在大多数学院派环境中并未得到高度尊重，但却对现实世界产生了重大的影响。这一点在《咨询心理学杂志》（Heesacker et al.，1982）和《美国心理学家》（Smith，1982）的一些文章中显而易见。在前者中，根据“经历了时间考验并仍然影响该领域的……作者和特定文章及著作”的一项调查，罗杰斯在一些主要贡献人物中名列首位。根据后者的报告，从美国心理学会12分会（临床心理学）和17分会（咨询心理学）中随机抽取了一些会员作为样本进行问卷调查。根据调查结果列出了“十位最有影响力的心理治疗师”，罗杰斯再次名列榜首。

具有讽刺意味的是，尽管罗杰斯影响了并仍在继续影响着世界各地数百万接受专业治疗的人的生活，但总的来说，公众甚至不知道他的名 xiv
字。罗杰斯从不追名逐利，尽管他很高兴看到自己的影响在不断扩大，但他从未刻意为“通俗心理学”写过什么。当他的著作之一——《关于会心团体》的确展示了巨大的市场潜力时，他曾被邀请参加一个重要的电视访谈节目对该书进行讨论，但他婉言谢绝了。出版商简直难以置信地说：“你被邀请了一次就会有下一次！”“这正是我担心的。”害羞的罗杰斯回答道。（尽管如此，该书仍然销售了25万册。）

比起那些其作品迅速引起全国关注但又随即被遗忘的畅销书作者，罗杰斯的贡献更为微妙和深远。他曾被描述为“一个不引人注目的革命者”。他所传达的信息表面简单，但内涵丰富：所有个体自身都有能力以一种既使个人满意又对社会具有建设性的方式引导自己的生活。在一种特殊类型的帮助关系中，我们促使个体发现他们的内部智慧和自信，随后他们就会逐渐做出更健康更富有建设性的选择。

罗杰斯传授、检验并依照这一“假设”——他自己这样称呼它——而生活了57年。几十年来，他不辞劳苦地解释着这种帮助关系的特征，并和同事及学生们将它运用于各种助人职业和许多日常生活领域中。他向人们证明了在治疗师的办公室、学校或医院中有效的人类关系原则同样也在父母和孩子、领导者和朋友间有效。随着时间的流逝，这一假设以及实现它的各种方法已经在不知不觉中逐渐改变了助人职业。

并非所有专业人士都为罗杰斯的影响而感到高兴。许多人发现其理论和方法过于简单。还有人认为信任个体的自助能力是无济于事的，甚至可能有害。还有人将其贡献的意义降低到了最小，说其并无多少新意或“我们已经在那样做了”。有时批评者们提到了所有这些，表现出了他们对帮助关系中以人为中心方法的矛盾看法和情感。

事实上，许多批评者曾说过：“我们，同样，也信任个人。我们，同样，也使用一些方法来帮助患者、当事人或学生自己找出解决问题的办法。这就是帮助的所有含义——不是为人们解决问题，而是帮助他们
xiv 解决自己的问题；不是指导人们的生活，而是促进他们的成长。然而，这还不够。我们还必须运用自身经验和专业知识进行巧妙的提问、解释，告之信息，进行强化或者运用其他方法使人们朝着积极的方向成长。”

半个世纪以来围绕卡尔·罗杰斯的工作所进行的争论仅仅使一个基本的哲学和方法论问题显得更为突出，而此问题仍然还在困扰着各种助人职业，即：我们应在多大程度上信赖个体有能力引导其自身成长和发展，应在多大程度上引入外界动力、策略、指导、方向甚或是强制性?

这正是罗杰斯的工作在受到接纳和热烈欢迎的同时也备受争议、诽谤和误解的原因。罗杰斯在帮助这个连续体的两个极端上选择了以人为中心这一极端立场，并且以作家、教师和科学家的身份花了半个世纪的时间来验证自己的立场，因此他也就成为了一场更大的争论——对人类行为的预测和控制的争论——中的核心人物之一。

作为教师、父母和治疗师，我们常常对给予学生、孩子和当事人自

由怀有一种复杂的情感。越过这种矛盾情感，我们衷心希望支持个体的成长和独立是一回事，而知道如何有效地做到这一点则完全是另一回事。许多研究表明，即使那些认为自身行为是非指导性的人们，其行为也常常比他们所认识到的要更具指导性。例如，宣称自己的当事人和学生在咨询或课堂中占据了主要谈话时间的治疗师和老师们在观察后发现，其实说话更多的还是自己。与此类似，在更广范围内，例如在极权国家甚至自称民主的国家里，宣称信仰自由和个体自主权是一回事，而坚持实践这一点则完全是另一回事。

罗杰斯一生不仅是宣称所有人类关系中民主和自由理想的重要性，而且也在寻找着实现这一理想的方法。他改革创新，他描述规划，他检查验证，他修改更正，他树立榜样，他甚至改变信仰。为此他赢得了成千上万敬仰他的学生，而他们的工作每年又影响了千百万人的生活。然而，与此同时，他也招致了许许多多颇有影响力的批评家们的指责，这 xvi
阻碍了卡尔·罗杰斯及其以人为中心疗法成为美国学院中专业训练的主流。

不仅只有学院派人士抵制罗杰斯的工作。在某种意义上，作为现代社会中一种极强的趋势，人们需要关注人类的创造性发展。因为我们的科技时代正在逐渐被各种电信新奇迹、新药物和疗法、新硬件软件和新的工作娱乐小机械打上印记——这些最新的进步是现代科学和资本主义需要提供的。罗杰斯的思想向我们指出了另一个不同的方向，乍一看远不那么令人兴奋而且更为艰难：我们大多数问题的答案不在于技术而在于关系。真正重要的是信任我们自己和他人，在沟通时，在我们如何处理自己的情感和内心冲突时，在我们如何发现自己生活中的意义时。在20世纪我们已经对如何与自己和他人相处了解了很多。将这些知识运用到实践中我们也许就能拯救地球。如果忽视这些知识，而将我们的生活和财富聚集于下一个技术难题，那么我们就可能无法生存下去。

毫无疑问，卡尔·罗杰斯已经强烈而永久地影响了我们社会的各主要助人职业。同样显而易见的是，他的工作已经影响了几百万人如何看待生活的质量。在未来的日子里，随着他的同事、学生和其他在类似方向工作的人们在世界各地继续发展和促进以人为中心的哲学，他的哲学仍将毫无疑问地继续传播。

人类关系中以人为中心的方法是否最终会对美国社会和世界产生深远而持久的影响则不确定得多。当前，世界如何处理其人类问题——犯罪、吸毒、团体间和国际冲突等——将决定是否会有社会甚或是一个世界能使以人为中心的取向继续存在下去。卡尔·罗杰斯的工作将对这些决定产生多大影响，我们拭目以待。

自　述

在其学术著作和通俗读物中，卡尔·罗杰斯引入了一种此前美国学 3
术界和科学交流中鲜见的或不为人知的个人表述风格。这种个人风格体现在交流的方式和内容上，是经过多年积累而形成的。

首先，与所有同时代的优秀学者一样，罗杰斯很少采用第一人称方式。在前 4 部著作的前言中，他使用了第三人称来取代第一人称。例如，在《问题儿童的临床治疗》(1939) 中，他写道：“当笔者不可避免地运用到自己的临床经验时，他试图也包括他人的经验和实践。”

1951 年他开始在《当事人中心治疗》的前言中尝试使用个人表述风格，当时有两个连续句，他从“笔者深深感谢……的帮助”转变到“在写这本书的过程中，我经常……”然后前言的余下部分都是使用了第一人称（但书中正文没有），这在专业著作中是很少见的，其中有一段为：

> 这本书是关于我们每个人极个人性的经验。它是关于一个坐在我办公室的桌子角落里的当事人，他正努力要成为他自己，但却又非常害怕成为自己——奋力想看清经验本身，希望成为该经验，然而却对前景深感恐惧。这本书与我有关，当我与当事人坐在那儿，面对着他，尽可能深入和敏锐地参与到那种抗争和努力中去时。它与我有关，当我试图感受他的经验以及他从该经验中感受到的意义、情感和百般滋味时。它与我有关，当我感叹自己作为人类在理
> 解当事人时太容易犯错时，感叹偶尔不能看清他眼中的生活时，感 4
> 叹这些错误像从天而降的巨石穿过正在结成的复杂而精致的成长之网时。它与我有关，当我为自己有幸成为新人格出生时的助产士而欢欣鼓舞时——当我满怀敬畏地站在一旁目睹着一个自我、一个人

> 出现时，当我目睹着自己在其中起到重要促进作用的一个出生过程时。它与当事人和我都有关，当我们好奇地看到在这整个过程中显而易见的潜力和有序的力量时，这种力量似乎作为一个整体深深扎根于宇宙之中。

随着罗杰斯开始强调所有帮助关系中治疗师、教师或专业人士心理和谐的重要性，自然而然地他希望在自己的职业交流中尽可能地个人化和真诚化。同时，他对于在学术中使用个人表述风格也信心倍增，因为20世纪50年代末，其职业生涯已经到达顶峰，获得了毫无瑕疵的科学界的种种证书。如果有人能敢于表达自己的观点而不被斥之以“软性的”、不科学的，那么这个人就是罗杰斯。于是他这样做了，常常在认为适当的时候插入自己的声音。于是，在1957年的一篇文章《〈人性〉注解》中（第26章），杂志编辑写下了以下脚注：

> 编者就原稿中频繁使用人称代词而向作者提出了疑问，得到的回复值得引述出来。“文章明显具有个人形式这一事实并非偶然，也并非是刻意想使它成为一封信件。近年来我一直在尝试一种更个人化的写作形式，因为我相信以个人形式写作可以使沟通更直接，更重要的是，避免使我们说起话来像贤哲一样。一个人不应该说‘就是如此’，而更应该说‘我相信就是如此’。我只不过想让你明白为何文章的表达方式更个人化，而不是人们所认为的好的科学写作方式。”这一回答似乎特别符合此文章的本色，其最初写作风格也被保留了下来。

最终，这种与读者或听众直接谈话的方式成为了一种卡尔·罗杰斯
5 的特色，一种在其遍布世界的影响力中微妙却颇具意义的因素。“我感到就像他本人在面对面和我说话一样”，这是多年来读者和听众常说的一种感觉，甚至当罗杰斯在面对成百上千人演讲时也是如此。

与交流的个人风格同样有意义的是罗杰斯开始在著作和演讲中加入个人内容。在20世纪30年代的早期学术著作中，罗杰斯常用个案研究来说明其概念。这些现实生活中的例子为其著作和文章增加了趣味、意

义和可信性。最后，他也开始将自己的生活作为一项个案研究，用个人的趣闻逸事来丰富沟通交流，以一种充满意义的方式直接对听众讲话。多年来，他还写下了一些自传文章，作为生命中一种专业的或特殊的主题来探索自身的发展，如婚姻或衰老。在最后的 20 年里，他的著作、文章或演讲几乎总是以个人的语气开篇。

在这种情况下，我们想编辑一本卡尔·罗杰斯以个人语气所写的著作集是再合适不过了。我们相信如果他着手这一工作也会选择同样的方式。我们相信前 3 篇文章是罗杰斯最重要的个人文章。《这就是我》——他最早的自传文章，出自畅销书《论人之形成》(1961)。他在书中描述了自己的家庭背景以及三段与当事人的重要经验是如何影响了自己作为一名治疗师的哲学观和方法论。在《我的婚姻》中，罗杰斯坦诚地谈到了与海伦在 46 年的婚姻中（最终持续了 55 年）彼此间的沟通、性生活和相濡以沫。《年纪渐长：老年与成长》表达了罗杰斯在 75 岁，准确地说是 78 岁时的观点。他在文中展露了当时的活动和身体状况，沉稳和亲密问题，对死亡的态度和海伦将不久于人世。鲜为人知的短文《临近 85 岁》发表在他逝世后，是此自传部分的结尾。

1　这就是我* 6

我被告知这次会议希望我演讲的题目是“这就是我”。对此邀请我感想颇多，但我要说的一点是，对于任何团体希望在一种个人意义上知道我是谁，我深感荣幸又受宠若惊。这是一个独特又富有挑战性的邀请，我应该竭尽所能地诚实回答这个诚恳的问题。

那么，我是谁？我是一个多年以来主要兴趣一直在心理治疗上的心理学家。这意味着什么？我不打算长篇累牍地介绍自己的工作让你们厌烦，但我想引用拙作《当事人中心治疗》前言中的几段话，以一种主观方式说明它对我意味着什么。我当时试图向读者展现自己对该书主题的

* *On Becoming a Person*. Boston：Houghton Mifflin，1961，4-27.

某种感想，于是写下了如下的话。

> 这本书是关于什么的？让我来试着给出一个答案，而该答案可能在某种程度上表达了此书试图描述的生活经验。
>
> 这本书是关于痛苦和希望、焦虑与满足的，每个治疗师的咨询室里都充满着这些。它是关于每个治疗师与每个当事人所形成的独特关系，还是关于我们在所有这些关系中所发现的共同因素。这本书是关于我们每个人极个人性的经验。它是关于一个坐在我办公室的桌子角落里的当事人，他正努力要成为他自己，但却又非常害怕成为自己——奋力想看清经验本身，希望成为该经验，然而却对前景深感恐惧。这本书与我有关，当我与当事人坐在那儿，面对着他，尽可能深入而敏锐地参与到那种抗争和努力中去时。它与我有关，当我试图感受他的经验以及他从该经验中感受到的意义、情感和百般滋味时。它与我有关，当我感叹自己作为人类在理解当事人时太容易犯错时，感叹偶尔不能看清他眼中的生活时，感叹这些错误像从天而降的巨石穿过正在结成的复杂而精致的成长之网时。它
> 7 与我有关，当我为自己有幸成为新人格出生的助产士而欢欣鼓舞时——当我满怀敬畏地站在一旁目睹着一个自我、一个人出现时，当我目睹着自己在其中起到了重要促进作用的一个出生过程时。它与当事人和我都有关，当我们好奇地看到在这整个过程中显而易见的潜力和有序的力量时，这种力量似乎作为一个整体深深扎根于宇宙之中。我相信，这本书与生活有关，当生活在治疗过程中生动地展现出其本身时——用它盲目的力量和巨大的力量进行摧毁，但同时也用它失去平衡的推动力促进成长，如果提供了成长机会的话。

也许以上内容会使你们对我的工作和我对它的感觉有所了解。我猜想你们可能还想知道我是如何涉足这一职业的，以及在这条道路上我的一些决定和选择——不论是有意或无意的。让我来看看自己能否向你们呈现我的自传中的一些心理上的精彩部分，特别是当它似乎与我的职业生涯有关时。

我的童年

我在一个成员间彼此关系密切的家庭中长大，家中具有十分严格而不容违抗的宗教伦理气氛，崇尚勤劳苦作这一美德。我在家中六个孩子中排行第四。父母对我们倾注了大量关爱，几乎时时刻刻惦记着我们的幸福快乐。他们还通过许多细微但慈爱的方式来严格控制我们的行为。他们认为我们与其他人不同，而我也接受了这一观点——不喝酒，不跳舞，不打牌，不去剧院，只有很少的社交生活，但有大量的工作。我曾经颇费口舌地使我的孩子相信就算是碳酸饮料也散发着微弱的罪恶的芳香，我还记得自己第一次喝汽水时的轻微罪恶感。我们一家人共同度过了美好的时光，但并没有完全融为一体。所以我是一个孤单的男孩，总是不停地看书，整个高中时期才有过两次约会。

在我 12 岁时父母买了个农场，于是我们在那儿安了家。原因是两
方面的。父亲这时已经成了一名富商，想以农场作为闲暇爱好。但我相 8
信，更重要的是，在父亲看来有孩子正在成长的家庭应该远离都市生活
的“诱惑”。

在这儿我发展了两个爱好，它们可能与我以后的工作有实际联系。我开始对夜间活动的大飞蛾着了迷［当时吉恩·斯特拉顿-波特（Gene Stratton-Porter）的书很流行］，并成为了那些居住在我家树林里的美丽蛾类的一名权威。我不辞劳苦地圈养蛾子，饲养幼虫，在漫长的冬季里看护笼子，大致体会到了科学家在试图观察自然时的酸甜苦辣。

父亲决定科学地操作他的新农场，于是买了许多有关科学农业的书籍。他鼓励男孩子们自己去从事独立而获利的事业，所以我和兄弟们就养了一群鸡，偶尔还养小羊、小猪和小牛。在做这些事情的过程中我成为了一名从事农业科学的学生，不过直到近年来我才认识到从中我对科学有了基本认识。没有人告诉我莫瑞森（Morison）的《饲料与饲养》不适合 14 岁的孩子，于是我从头到尾认真阅读了这本书，学会了如何做实验——如何匹配控制组和实验组，如何通过随机抽样使条件保持一致，这样才能确定某食物对肉产量或奶产量产生了影响。我知道了验证一个假设是多么困难。我在实践中获得了科学方法的知识并形成了对科

学方法的尊重。

大学和研究生教育

我在威斯康星开始了大学生活，主修农业。我记得最清楚的事情之一就是一位农学教授在谈及学习和运用事实时的激烈言论。他强调为了掌握大量知识而掌握知识是毫无用处的，并且激动地命令道："不要做一个该死的军火运输车，要做一支步枪！"

在最初的两年大学生活里，由于受到一些情绪激昂的学生宗教会议
9 的影响，我的职业目标从一位农业科学家变成了牧师——变化可真不小！我从农业转向历史，相信这会为以后打下更好的基础。

大三时我和其他 11 个学生一起被选中到中国参加一个国际性的世界学生基督教同盟会议。这次经历对我非常重要。那是在 1922 年，第一次世界大战结束后的第四年。我看到法国人和德国人彼此间仍然充满仇恨，虽然作为个体他们都非常讨人喜欢。我被迫进行了更深的思考，认识到真挚而诚实的人们会信仰截然不同的宗教教义。在许多主要方面我第一次将自己从父母的宗教思想中解放出来，认识到我不能再跟随他们。这种思想的独立给我们之间的关系造成了巨大痛苦和紧张，但是回顾此事，我相信正是在那时而不是其他时候，我成为了一个独立的人。当然在那段日子里，我的观点态度也充满了反抗和叛逆，但是就在去东方旅行的那 6 个月里，我的思想有了最重要的转变，从那时起想要摆脱家庭影响。

尽管这只是讲述了影响我职业发展的一些重要因素而不是个人成长经历，但我想简短提及我的个人生活中一个具有深远重要性的因素。大约就在去中国旅行的那段日子里，我爱上了一个早在童年就一起玩耍、认识了许多年的可爱女孩，我大学一毕业我们就结婚了，尽管双方父母极不赞成但最终还是同意了，这样我们就能一起攻读研究生了。在这一点上我不能做到完全客观公正，但是婚后这么多年来她一直给予我的绵绵不断的爱和相依相伴已经成为我生活中最重要、最丰富的一部分。

我选择去当时（1924）国内最自由的联邦神学院学习，为以后从事

宗教工作做准备。我从未后悔过在那儿的两年。我接触到了一些优秀学者和老师，特别是麦吉弗特博士（A. C. McGiffert），他虔诚地信仰追根究底的自由以及无论结果如何也要忠于事实。

当我现在了解了大学和研究生院后——了解其规则和严格时——我
真为自己在神学院的一次极有意义的经历感到惊讶。我们中的一些人认 10
为自己在被灌输思想，而我们却想发掘自己心中的问题和疑问，探究其产生根源。于是我们向学校请愿，希望允许我们成立一个没有指导老师的研讨会，课程设置也由我们自己的问题组成。毫不奇怪，院方被我们弄糊涂了，但他们还是批准了我们的请求！唯一限制是出于院方考虑，研讨会要有一位年轻指导老师参加，但他不会参与其中，除非我们提出邀请。

我想我就不必多说研讨会的效果是多么令人满意，对澄清我们的思想有多大的帮助了。我感到它极大地推动了我逐渐形成自己的一套生活哲学。大多数研讨会成员在思考自己提出的问题时，认为自己最好离开宗教工作。我就是其中之一。我感到诸如生活的意义、个人生活获得建设性提高的可能性等问题可能会一直吸引我，但我无法在一个要求信仰某种特定宗教教义的领域工作。我的信仰早已发生了翻天覆地的变化，而且可能还会继续变化。对我而言，为了一份职业而不得不信仰某个宗教实在是件可怕的事。我希望找到一个自己的思想自由肯定不会受到限制的领域。

成为一名心理学者

但是什么领域好呢？在神学院我就已经被心理学和精神病学的课程和讲座所吸引，这些当时才刚刚开始发展。古德温·华生（Goodwin Watson)、哈里森·埃利奥特（Harrison Elliott)、马里安·肯沃西（Marian Kenworthy）都使我的兴趣进一步加深。我开始在与联邦神学院一街之隔的哥伦比亚大学教育学院选修更多课程。我参与威廉·基尔帕特里克（William H. Kilpatrick）的教育哲学工作，发现他是一位很不错的老师。我在敏锐而实干的利塔·霍林斯沃思（Leta Holling-

worth）的指导下开始了儿童临床实践。我发现自己逐渐被儿童指导工作吸引住了，于是经过了略微有些痛苦的调整后，我逐渐转向了儿童指导领域，并开始将自己当做一名临床心理学者了。这一步我走得较轻
11 松，相对而言没有太多理智清醒的选择，更多的是跟随着自己的兴趣。

我在教育学院时申请去由联邦基金赞助的当时刚成立不久的儿童指导研究所做见习医师，并获得了批准。我常常庆幸自己在那里度过了第一年。该组织当时正处于刚成立的混乱状态，但这也意味着个人可以做自己想做的事。我汲取着同事们的弗洛伊德（S. Freud）的动力观，其中包括大卫·利维（David Levy）和劳森·劳里（Lawson Lowrey），我发现他们的观点与当时教育学院流行的严厉、科学、客观、统计学的观点存在着巨大冲突。回首往事，我相信最有价值的学习经历就是我认识到了必须解决自己内部的这种冲突。当时我感到自己在两个截然不同的世界里运作，而“彼此间永远也不会交汇”。

在实习末期，尽管还未获得博士学位，但我还是找到了一份工作来支撑我日渐庞大的家庭，这对我太重要了。工作机会并不多，我还记得当时找到一份工作后的轻松和兴奋。我作为一个心理学工作者受雇于纽约州罗切斯特的儿童预防虐待协会的儿童研究部。该部有 3 位心理学工作者，我的年薪是 2 900 美元。

现在回头看看，对于接受这份工作我既感到高兴又有些惊讶。当时我很高兴的原因是它使我有机会从事自己喜欢的工作。但是根据任何合理的标准，它都会使我在职业发展上走进死胡同，我会失去学术交流机会，而且即使在当时薪水也不算高，可那时我似乎根本没想到这些，至少在记忆中没有。我想一直以来我总有一种感觉，如果有机会做自己最想做的事，那么其他任何事都会顺其自然。

在罗切斯特的日子

随后在罗切斯特度过的 12 年极其宝贵。至少在那儿的前 8 年，我完全沉浸于心理服务实践中，为法庭和代理人送来的罪犯和贫困儿童进行诊断并制定计划，还常常进行“治疗会谈”。那个时期与学术相对较

疏远，我唯一关心的是尽最大努力帮助当事人。我们不得不同时面对成 12
功和失败，因此我们必须不断学习。衡量治疗这些孩子及其父母的任何方法的唯一标准是：“它起作用吗？它有效吗?”我发现自己开始逐渐从每日的工作经验中形成自己的观点。

三个颇有意义的实例引起了我的注意，虽然它们都微不足道，但当时却对我非常重要。它们使我的幻想破灭了，令我深受打击——对权威、对资料、对我自己。

在所受训练中，我一直对威廉·希利（William Healy）博士的著作着迷。他指出性冲动常常是犯罪的根源，如果该冲动被发现，那么犯罪就会停止。我在罗切斯特的头一两年曾非常尽心地治疗一个年轻的纵火狂，他总有一种不可理喻的纵火冲动。经过在拘留所里一次次的谈话后，我逐渐追寻到了他与手淫有关的性冲动。我找到了！该个案的问题解决了。然而，当判处缓刑后，他又出现了同样的问题。

我还记得当时自己的震惊。希利可能错了。也许我正在学习希利不知道的某些东西。不管怎样，这次事件震动了我，使我认识到权威也可能会犯错误，仍然有些新知识等待发现。

第二个天真的发现则属于另一种类型。到罗切斯特后不久，我负责一个会谈讨论小组。我发现了一篇公开发表的与一位母亲进行的会谈记录，几乎字字珠玑，该咨询师老练、敏锐而聪明，很快就使会谈进入了问题的核心。我很高兴用它来说明何为好的会谈技巧。

几年以后，我有了一个类似任务并想起了这份优秀资料。我再次把它找出来，重新阅读。我大吃一惊。这时它似乎成了会谈者用来说服这位母亲认清自己的无意识动机、承认自己罪过的一种聪明的法律询问方式。根据自己的经验我已经知道这种会谈对这位母亲或她的孩子不会有
任何持久的帮助。它使我认识到自己正在偏离医患关系中的任何高压或 13
强制性的方法，不是出于哲学原因，而是因为这些方法最多不过只有表面效果。

第三个事件发生在几年以后，我已经学会了在向当事人解释其行为时更加巧妙和耐心，试图选择当事人可以接受的温和方式和适当时间。

我曾经接待过一位非常聪明的母亲，而她的儿子却像个捣蛋鬼。问题很明显在于她早年对孩子的拒绝，但是经过了多次谈话后，我仍然无法帮助她认识到问题的症结。我引导她，温和地将她提供的线索综合在一起，试图帮助她看到问题所在。但我们一无所获。最后我放弃了。我告诉她虽然我们都曾努力过，但却失败了，我们最好以后不再接触了。她表示同意。于是我们结束了谈话，握手后她走向办公室门口。然后她转身问道："你曾在这里对成人进行过咨询吗？"当我给予了肯定回答后，她说："那么，我需要一些帮助。"她走向刚离开的椅子，开始倾诉她对婚姻的绝望，与丈夫糟糕的关系，失败和困惑，所有一切都与她此前所提供的乏善可陈的"个案史"截然不同。真正的治疗这时才开始，最终非常成功。

这件事与其他一些事件使我认识到一个事实——只是在以后才完全认识到——即只有当事人才知道创伤在哪里，该走向哪里，哪些问题是关键，哪些经验被深深地掩盖了。我开始认识到除非有必要显示我的聪明和学识，否则最好还是由当事人决定治疗的发展方向。

心理学工作者还是……？

在这一时期我开始怀疑自己是否真是一名心理学工作者。在罗切斯特大学看来，我所做的工作很显然不属于心理学，他们对我在心理学系所教授的内容也毫无兴趣。我去参加美国心理学会会议，发现到处充斥着与自己的工作似乎毫无关系的老鼠学习过程和实验室实验报告。不过，精神病学社会工作者似乎和我有着共同语言，于是我开始活跃于社
14 会工作领域，被提升到了当地甚至是国家办公室。当美国临床心理学会成立以后，我才真正成为一名心理学工作者。

我开始在大学的社会学系教授关于如何认识和处理问题儿童的课程。不久教育系也希望将这些内容纳入教学课程中。（在我离开罗切斯特大学前，心理学系最后也要求开设这些课程，这样最终承认了我是一名心理学工作者。）简要叙述这些经历使我认识到自己是多么固执己见，而不太关注自己是否与他人保持一致。

由于时间关系，这里就不多讲在罗切斯特建立一所独立的指导中心的工作，以及与一些精神病学者的斗争了。这些斗争大多是有关管理方面的，与我的思想发展没有多大关系。

我的孩子们

我的儿子和女儿在罗切斯特度过了幼年和童年，他们教会了我有关个体、个体发展、个体关系的许多东西，这些远比我在学校里学到的要多得多。我感觉自己在他们童年时并不是个很好的父亲，但幸运的是我的妻子是个很好的母亲。慢慢地我相信自己渐渐成为了一个更称职更理解他们的父亲。当然，这么多年里，我有幸作为两个可爱而敏感的孩子的父亲，与他们一起分享童年的快乐和悲伤、克服青少年特有的草率和困难，直到他们长大成人开始了各自的家庭生活，这本身就是无价的。我想妻子和我都认为我们最令人满意的成就之一就是能够与长大成人后的孩子们及其配偶进行真正深层次的交流，而他们也能同我们进行这样的交流。

在俄亥俄州的日子 15

1940 年我接受了俄亥俄州立大学的一个职位。我敢肯定他们考虑我的唯一原因是因为《问题儿童的临床治疗》一书，它是我在假期忙里偷闲写出来的。让我惊讶的是，他们提供给我的是一份全职教授的职位。我衷心赞赏在此水平上开始学术生涯。我时常庆幸自己从来没有被迫在大学里经历常常是降格使用的、竞争激烈的、一步步提升的过程。个体通常从中学到的唯一教训就是——不要做出头鸟。

正是在俄亥俄州立大学，当我试图向研究生教授我曾学到的治疗和咨询方面的知识时，我第一次开始认识到自己可能已经从多年经验中发展出了一种独特的观点。当我尝试将这些思想明确化并写成一篇论文于 1940 年 12 月在明尼苏达大学发表以后，我发现反响相当强烈。这是我第一次看到自己的一种新观点竟会被他人视为巨大的威胁，而在我看来这种新观点迟早会发光发亮。我发现自己成了批评者和支持者争论的中心，这使我很不安并不断怀疑和提问。无论如何我感到自己做出了某些贡献，并写下了《咨询与心理治疗》的手稿，指出了什么是我认为的一种更有效的治疗方向。

在这儿我再次有些好笑地认识到自己是多么忽视“现实”问题。当我将手稿交给出版商后，他觉得该书很有趣也很新颖，但是不知道什么课程会使用它。我回答说我只知道两个——一个是我正在教的，一个则在另一所大学。出版商认为我不为已经开设的课程写一本合适的教材是个严重错误。他非常怀疑我的书能否卖出 2 000 本——这是要保本必须卖出的数量。当我说要把书拿给另一个出版商时他才决定赌一赌。我不知道我们俩谁会对该书的销量感到更惊讶——迄今为止已卖出 7 万本而且还在增加。

16

近年来

我相信从那时至今我的职业生涯——在俄亥俄州的 5 年，在芝加哥大学的 12 年，在威斯康星大学的 4 年——已经在我的论著中得到了很好的记录。下面我将非常简明地强调我认为较有意义的两三个问题。

我学会了在越来越深入的、当事人范围不断扩大的治疗关系中生活。它能使人受益匪浅，事实也的确如此。它能使人感到非常恐惧，有时也的确如此，当一个饱受困扰的人要求我必须超越自己以满足他的需要时。当然治疗过程就是要求治疗师本人也要不断获得个人成长，但有时它是痛苦的，虽然长远看来它会使治疗师受益匪浅。

还要指出的是，研究对我而言变得日益重要。在治疗中我能让自己的主观性更多地发挥作用，而在研究中我能够力求客观地审视这些丰富的主观经验，运用所有严密的科学方法来判断自己是否在自欺欺人。我心中越来越相信我们应该发现那些同重力法则或热力学法则一样对人类进步和理解人类颇具意义的人格和行为法则。

过去 20 年里我已经更加习惯被攻击和批评，但我的思想导致的反应仍然让我吃惊。我感到自己总是以一种尝试性的方式提出自己的想法，随时准备被读者或学生接受或拒绝。然而我的观点却总是在不同时间不同地点招致心理学者、咨询师和教育者们的勃然大怒、轻蔑不屑和猛烈批评。随着愤怒在这些领域逐渐平息，近年来在精神病医生中却重新出现了这种情绪，他们中有些人感到我的工作方式对他们最珍视和坚信不疑的一些原则产生了深深的威胁。同时伴随着批评风暴的可能还有那些不加批判、深信不疑的“信徒们”所带来的伤害——他们对自己有了某种新的看法，对我和我的工作的理解有些是错的有些是对的，并以 17
此为武器勇往直前地与各种人进行斗争。我发现有时很难判断是“朋友”还是敌人伤害自己更多。

可能是由于成为被攻击对象给自己带来了许多麻烦，我非常希望能远离这些而独处。我的工作最硕果累累的时期正是我能够完全远离他人看法，远离工作期望和日常要求，对自己正在进行的工作有所见解时。我和妻子在墨西哥和卡瑞宾发现了与世隔绝的隐藏所，在那儿没人知道我是个心理学家，我们在那儿的主要活动是画画、游泳、潜水，用彩色照相机捕捉美景。虽然在这些地方每天工作时间不超过两到四个小时，但我在过去几年中获得的大多数进步却是在那里。我把它归功于独处。

一些有意义的收获

以上大致描述了我职业生涯中的一些外在事件。但我很愿意让你们走进我的内心，告诉你们我在与处于痛苦之中的个体进行密切接触的千万个小时的工作中所学到的一些东西。

我要很坦白地说这些收获对我颇有意义，我不知道对你们是否也同样如此。我无意将它们作为一种指导而呈现给其他任何人。不过我发现当某人愿意告诉我他内心的一些想法时，这本身就对我有价值，只要让我认识到自己的想法不同。所以正是出于这一点我写下了以下收获体会。在每一个个案中，我相信早在自己明确认识到之前，它们就已经成了我的行为和内在信念的一部分。当然这些收获都是点点滴滴、不完全的。我只能说它们现在而且一直对我很重要。我不断地学习再学习它们。我时常不能做到依据它们行事，但随后我希望自己应该这样做。我 18
时常不能把所学到的东西运用到新情境中去。

它们并非固定不变，而总是在不断变化。有些需要强调得更多，而有些则可能相对于某一时刻不再那么重要，但是所有这些都对我颇具意义。

我将用一个说明其个人意义的短语或句子来介绍各个收获，然后再对其进行详细描述。除了第一个收获与其他各项有着最密切的联系外，在顺序上并没有太多的组织性。有些是属于个人价值观和信仰方面的问题。

我想以一种消极的收获作为开始——*在与当事人的关系中我发现从长远而言，扮演非真我的角色无益于治疗*。当我实际上感到愤怒想提出批评却装作平静愉快时，这是无益的。当我不知道答案却要装作知道时，这是无益的。如果此刻的我充满敌意却要装作充满爱心时，这是无益的。当我实际上感到惶恐不安却装作似乎胸有成竹时，这是无益的。甚至在一个很简单的层次上我已发现这一观点是站得住脚的：当我有病却装作无病时，这是无益的。

我所说的这些换一种方式表达就是：我还没有发现在与他人的关系
19 中试图维持一种虚伪的外表、表面行为与内心感受完全不同是有益的或有助于治疗的。我相信，它无助于我与其他个体建立起建设性关系。我想说明的是，当我感到自己已经认识到了这一点时，我丝毫没有恰当地从中获益。实际上，在我看来，我在与当事人关系中所犯的大多数错误、我没能帮助其他个体的大多数情况，都可以归结为由于某种防御性原因，我的行为处于一种表面水平，而我的真实情感却完全相反。

第二个收获可以这样表述——*我发现当我能够以接纳的态度倾听自我、能够做到真我时，我的工作就更有效*。我感到经过这么多年我已经学会了更好地倾听自我，因此我能够比以前更好地知道自己在任何特定时刻的感受——能够认识到自己确实很愤怒，或者的确对该人有抵触情绪；或者对该人充满了亲切感；或者对正在进行的事情感到乏味无趣；或者渴望了解该人或者对与该人的关系感到焦虑和恐惧。我想自己能够从自我中倾听到所有这些不同态度。换言之，我感到自己能够更好地成为我。我变得更容易接纳自己绝非完人，我的行为并不能在所有时刻都随我所愿。

肯定会有人认为这很奇怪。我认为这很有价值是因为奇特的矛盾就在于当我接受了真我时，我就改变了。我相信从当事人和自身的经验中我都学到了这一点——我们无法改变，我们无法脱离自己，除非我们能完全接纳自己。然后改变就几乎不知不觉发生了。

成为自我所带来的另一个结果就是关系会变得真实。真实的关系重要而有意义。如果我能接受该当事人或该学生使我感到烦恼或乏味这一事实，那么我也就相应地更有可能接纳其情感。此外我还能接纳在我和他身上随后都可能发生的变化的经验和情感。真实的关系会不断改变而不是静止不动。

因此我发现，表现出自己的真实态度，知道自己何时已经达到了忍耐的限度并接纳这一事实，知道自己何时想去塑造或操纵人们并在内心接纳这一事实，以上这些都是有效的。我愿意也将这些情感作为自我非常真实的一部分而接纳下来，就如同接纳热情、兴趣、宽容、和蔼、理解一样。只有当我的确接纳了所有这些态度，将其接纳为自我的一部分时，我与他人的关系才会变得真实，才会更容易获得发展和改变。 20

现在要说的是我认为极有意义的一个主要收获。我将它表述为：*我发现能够允许自己理解他人是非常有价值的*。你们可能感到以上这句话的表达方式有些奇怪。有必要去*允许*自己理解他人吗？我认为的确如此。我们对他人的大多数话语的第一反应是迅速做出评价或判断，而不是去理解它。当某人表达出某种情感、态度或信念时，我们几乎立刻倾向于感到“那是对的”，“那很蠢”，“那不正常”，“那不合理”，“那不对”或“那不好”。我们很少允许自己去准确地理解他所说的话对他本人的含义。我相信这是因为理解是有风险的。如果我让自己去真正地理解他人，那么这种理解可能会改变我。我们所有人都害怕改变。所以正如我所说，允许自己理解某一个体、带着同感完全深入到其话语中并非易事。人们也很少这样。

理解可以从两方面使人不断获得丰富和提高。我发现当自己面对处于痛苦中的当事人时，理解精神病患者的奇异世界时，理解和感受认为生活是个令人无法忍受的悲剧的个体的态度观点时，理解一个认为自己毫无价值和微不足道的个体时——每个这样的理解都会在某种程度上丰富我自己。我从这些经验中学习，改变自己，使自己变得不同，我想是变得更加积极反应了。可能更重要的是，我对这些人的理解使他们发生了改变。这使他们能够接纳自身的恐惧、奇思怪想、糟糕的情感和沮丧，就如同接纳他们有时会产生的勇气、和蔼、爱和敏感。当他们完全理解了这些情感时，这不仅是他们的经验也是我的经验，这使他们能够接纳自己那些内在的情感。然后他们就会发现这些情感和自己本身都在改变。无论是理解一个真切地感到自己脑子里有一个被他人牵着走的钩
21 子的妇女，还是理解一个感到再没有人比自己更孤独更与他人相隔绝的男子，我发现这些理解对我都是有意义的。但同样甚至更重要的是，被理解对于这些个体也具有非常积极的意义。

接着是另一个对我颇为重要的收获——我发现打开渠道使他人能够与自己交流情感和私人知觉世界可以丰富我自己。因为理解会获得回报。我愿意减少自己与他人间的樊篱，以便让他们能够更充分地揭示自己，如果他们愿意的话。

在治疗关系中我有一些办法可以使当事人更容易与其自身交流。我可以通过自己的态度营造一种安全的关系，从而使这种交流更可能实现。将他视为他自己并接纳他的这些知觉和情感，这种理解的敏锐性也会有所帮助。

但是同时作为一名教师，我发现当我能打开渠道使他人与我分享他们时我也丰富了自己。所以虽然常常不很成功，我仍尝试着在教室里创造一种气氛，使同学们能够表达出各自的情感，显示出各自的差异——彼此间的差异，以及与指导老师的差异。我还经常要同学们上交“反应试卷”，在其中他们可以独立地表达出与课程有关的个人想法。他们可以说出课程是否满足了自己的需要，可以说出对指导老师的感想，或者说出在课程上遇到的个人困难。这些反应试卷与他们的成绩毫无关系。有时同样的某次课会产生截然不同的反应。一位同学说：“我的感觉是对此课有一种难以名状的厌恶。”而另一名外国学生在谈到同一星期里

的同一课程时则说："我们的课采用了最好、最有效、最科学的学习方法。但是对于那些很久以来接受的就是演讲式的、权威讲授式的授课方法的人们，我们过去一直如此，这种新方法是难以理解的。我们这样的人被训练成了听老师讲，被动记笔记，记住布置的考试任务的人。毋庸多说，人们要花较长时间才能改掉这些习惯，不管这些习惯是否毫无效果。"让自己接触到这些截然不同的情感使我大有收获。 22

在由我管理的小组中我发现这一点同样适用。我希望减少不必要的恐惧和防御，这样人们才能自由交流情感。这是最激动人心的，它让我对管理有了全新的观念。但是这里我不能就此展开。

我在咨询工作中还有另一个重要收获。我可以很简洁地将它表达出来：*我发现当我能接纳他人时，就使我受益匪浅。*

我发现要接纳他人及其情感绝不是件容易的事情，丝毫不比理解更容易。我是否真的能够允许他人对我心怀敌意？我是否能将他的愤怒视为他自身真实而合理的一部分而加以接纳？当他看待生活及其问题的方式与我大不相同时我是否能接纳他？当他对我非常抱有好感、崇拜我并想依照我来塑造自己时，我是否能接纳他？所有这些都涉及接纳，而做到它却并不容易。我相信在我们的文化中越来越常见的一种模式就是每个人都相信"其他每个人一定都拥有与我相同的感受、想法和信仰"。我们发现很难容忍自己的孩子、父母或配偶在某些问题上的感受与自己不同。我们不能容忍当事人或学生与自己不同，或者以他们自己的方式来运用经验。在各民族间，我们不能容忍其他民族存在与我们不同的想法和感受。然而在我看来，这种个体的分离性、每一个体都享有以自己的方式运用经验并发现其中意义的权利——它正是生命最无价的潜力之一。就某种很现实的意义而言，每个人相对于他自己都是一座岛屿；只有当他首先愿意成为自己并允许成为自己时他才能修筑通往其他岛屿的桥梁。因此我发现当我能够接纳他人时，这意味着明确地接纳作为他本人真实而重要的一部分的那些情感、态度和信念，那么我就在帮助他成为一个人：我认为这是极有意义的。

我想说的下一个收获可能表达出来有点困难。它是这样的：*我对真* 23

实自我和真实他人了解得越多，就越发现自己不愿匆忙得出“固定的结论”。当我试图倾听自己以及正在发生的内在经验时，我越是试图将这种倾听的态度扩展到他人，我越是对生活的复杂性充满崇敬之情。于是我变得越来越不急于得出结论，设定目标，改变他人，操纵并推动他们朝着我所希望的方向改变。我更满足于仅仅是成为我自己并使他人也成为他自己。我很明白这一定像一种奇怪的、几乎是东方人的观点。如果我们不打算为人们做些什么，那么生活的目的又何在呢？如果我们不打算按照我们的目标塑造他们，那么生活的目的又何在呢？如果我们不打算教给他们我们认为他们应该学会的那些东西，那么生活的目的又何在呢？如果我们不打算让他们具有与我们相同的思维和情感，那么生活的目的又何在呢？一个人怎么能持有我所说的这种无为的观点呢？我敢肯定你们中许多人一定会产生以上这些反应。

然而我的经验中自相矛盾之处就在于，我越是仅仅想在生活的所有复杂性中成为我自己，越是想理解和接纳真实自我和真实他人，那么似乎就带动了越多的改变。这是非常自相矛盾的——当我们每个人想成为他自己时，那么他就会发现不仅他自己在改变，与他相关的人们同样也在改变。至少这是我经验中非常生动的一部分，我想也是我在自己个人和职业生活中最深刻的收获之一。

现在让我转到其他一些收获上来，它们与人际关系没有多大联系，而更多地与我自己的行动和价值观有关。第一点非常简洁——我能相信自己的经验。

我花了很长时间才认识到的，并且现在仍然还在学习的基本事情之一是：当我感到某行动似乎是有意义的或值得去做时，它就值得去做。换而言之，我已经知道了自己对某情境的整体组织感比我的智力更可靠。

我所经历的整个职业生涯曾被人认为很愚蠢，我自己也曾有过许多疑问，但我从未后悔过选择了“感觉正确”的方向，尽管那时我常常感
24 到孤独或愚蠢。

我发现当自己相信了某种内在的非理性感觉时，就在行动中发现了

智慧。实际上，我发现当自己因为感到某种非传统的道路是正确的而选择它时，五年或十年后就会有许多同仁加入到我的行列中，我也不必再为此感到孤独。

随着逐渐更加相信自己的整体反应，我发现自己可以用它们来指导思维。我已经变得更重视脑子里不时出现的那些我感到有意义的模糊念头。我倾向于认为这些不清晰的想法或者直觉会指引我到达重要领域。我认为这就是相信我的全部经验，过去我对它心存怀疑，但其实它比我的智力更高明。毫无疑问，它可能会犯错，但我相信仅有理性思维更容易犯错。艺术家马克斯·韦伯（Max Weber）很好地表达了我的这一观点，他说："在我努力表现自己微不足道的创造力时，我极其依赖那些我尚不知道的东西，以及我尚未做过的事情。"

与此收获密切相关的就是由它得出的一个推论，即他人的评价并不能指导我。虽然我会听取并考虑他人的评价，但它们永远不会左右我。学会这一点可真不容易。我还记得早年时自己受到了多大的震撼，那时一位学识渊博、思想敏锐、在我看来学问比自己不知高多少倍的心理学家说我对心理治疗感兴趣是犯了一个严重错误。它不会有任何结果，并且作为一个心理学者我甚至连实践的机会都没有。

在以后的那些年里，当我知道自己在有些人的眼里是一个骗子、一个无照行医者、一种极肤浅和有害的治疗方法的创始人、一个追名逐利者、一个神秘主义者等时，我有时感到一些震惊。让我烦恼的还有同样极端的赞誉。但我对这些并不太关心，因为我已经感到只有一个人（至少在我一生中，并且可能永远）能知道我所做的一切是诚实的、彻底的、公开的、正确的，还是错误的、自卫的、站不住脚的，那个人就是 25
我。我很高兴能获得与我的工作相关的所有各种证据，而批评（善意和恶意的）和称赞（真诚和奉承的）都是这种证据的一部分。但是我不能将衡量这些证据并判断其含义和有用性这一任务推卸给其他任何人。

根据我已阐述过的观点，下一个收获可能不会让你们吃惊了。在我看来，经验就是最高权威。有效性的试金石就是我自身的经验。其他人的想法、我自己的想法都不如我的经验具有权威性。我必须一次次地反复验证，在成为自我的过程中发现和接近真相。

圣经或预言，弗洛伊德或科学研究，上帝的启示或人类都没有我自己的直接经验重要。

用符号学家的术语来说，我的经验越基本它就越具有权威性。这样，经验在其最低水平上就具有最高权威性。如果我阅读了一种心理治疗理论，如果我以自己的临床工作为基础建构了一种心理治疗理论，如果我还具有治疗一名当事人的直接经验，那么以上经验的权威程度依照以上顺序而递增。

我的经验具有权威性不是因为它绝对可靠。权威性的基础在于它总是能够被新的基本方法所验证。通过这种方式，它时常出现的错误总能得以纠正。

现在谈谈另一项个人收获：*我喜欢去发现经验中的秩序*。我似乎总是情不自禁地要在任何重大经验中去寻找其中的意义、秩序或法则。正是这种好奇心引导我形成每个重要思想。它引导我在儿童治疗的所有事件中去寻找秩序，《问题儿童的临床治疗》一书正是从中诞生的。它引导我形成了似乎在心理治疗中具有操作性的一些一般原则，并写成了几部著作和许多文章。它引导我去研究验证我感到自己在经验中遇到的各
26 类规则。它引导我建构理论，把已经验到的规则汇集在一起，并把该规则投射到未被开发的崭新领域，在那里它可以得到进一步检验。

由此我认为科学研究和理论建构过程的目的都是对有意义经验的内在整理。研究就是持续地、训练有素地努力从主观经验的现象中寻找意义和秩序。这是正当合理的，因为将世界视为有序令人感到满足，而且当人们理解了自然界的有序关系后就会随之出现有用的结果。

所以我认识到自己之所以投身于研究和理论建构，是为了满足一种发现秩序和意义的需要，一种我内心的主观需要。有时，我进行研究是出于其他原因——为了使他人满意，为了说服反对者和怀疑者，为了职业上的发展，为了声望，为了其他一些不光彩的原因。这些判断和行为上的错误仅仅使我更加深信，从事科学活动只有一个正当理由，那就是满足我内心寻求意义的需要。

另一个我付出了许多代价才认识到的收获可以用四个（英文）词描述——*事实是友善的*（The facts are friendly）。

让我颇感兴趣的是，大多数心理治疗师，尤其是精神分析师，总是
固执地拒绝对其治疗进行任何科学调查，或者拒绝他人这样做。我能理
解这种反应，因为我也曾有过这种感受。特别是在我们的早期调查中，
我能清楚地记得自己是多么焦急地等待结果。如果结果不支持我们的假
设怎么办！如果我们的观点错了怎么办！如果我们的看法不合理怎么
办！现在回头再看，那时我好像把事实看做了潜在的敌人、可能的灾难
携带者。我认识到事实总是友善的可能太迟了点。在任何领域获得的每
一点证据都使我们更接近真理，而接近真理从来都不是有害的、危险的 27
或令人不快的事。所以尽管我仍然痛恨修正自己的思想，放弃原有的知
觉和概念建构方式，但是在某种更深层次上，我已经深深地认识到这些
痛苦的再组织就是学习，虽然它是痛苦的，但它总会导向一种令人更满
意的、更准确的看待生活的方式。因此当前最吸引我进行思考和猜想的
领域之一就是我的几点钟爱的想法尚未被事实验证的领域。我感到如果
自己能从这些问题的迷宫中找到通路，那么我就会获得一个令人满意得
多的、接近真理的答案。我坚信事实会是我的朋友。

这里我要说的一个收获是最有益的，因为它让我感到自己与他人是如此类似。我把它表述出来就是：*最个人化的也是最普遍化的*。有时当我在与学生或同人们谈话，或在写作时，我表达自我的方式是如此个人化，以至于我感到自己所表达的观点可能没有任何人能够理解，因为它是如此独特，是属于我自己的。两个这样的书面例子就是《当事人中心治疗》的前言（被出版商认为是最不合适的）和一篇《人或科学》的文章。在这些事例中我几乎无一例外地发现，我认为最私人的、最个人化的，由此也是他人最不能理解的情感却在许多其他人身上得到了回应。它使我相信，我们每个人身上最个人化最独特的东西可能就是与他人进行最深层谈话的要素，如果它被分享或表达出来的话。它使我认识到艺术家和诗人都是勇于表达自身独特性的人。

还有一个深层次的收获，它可能是以上我所说的一切的基础。25

年多以来帮助处于个人痛苦中的个体的经验迫使我得出这一结论。可以简单地表述为：根据我的经验人们具有一种基本的积极导向。在治疗中与个体进行最深层的接触时，我都发现了这一点，即使当事人的问题是最令人烦恼的，他的行为是最反社会的，他的情感似乎是最病态的。当
28 我能够敏锐地理解他们表达的情感时，当我能够将他们接纳为由于本身条件而与我们不同的人时，我就会发现他们趋向于朝某些方向发展。他们发展的方向是什么呢？我相信最恰当的形容词就是积极的、建设性的、朝向自我实现的、朝向成熟的、朝向社会化成长的。我感到个体被理解和接纳得越充分，他就越趋向于摆脱自己在生活中曾经遇到的错误，越趋向于选择向前的方向。

在此问题上我不想被误解。我对人性的看法并不太乐观。我十分清楚，出于防御和内心恐惧，个体能够而且也的确在行为上表现出了令人难以置信的残酷、可怕的破坏性、不成熟、攻击性、反社会性和伤害性。然而，我的经验中最令人振奋和激动的部分就是面对这样的个体，在最深的层次上去发现他们内心强烈的积极趋向，就像我们所有人的内心一样。

让我用最后一个收获来结束这份长长的清单——最佳生活状态是一种流动的、变化的、其中任何事物都非固定不变的过程。在当事人和自己身上我都发现，当生活最丰富、最有收获时，它是一种流动的过程。这种经验不仅令人着迷也令人略感恐惧。我发现当自己能让经验载着我朝着似乎在前进的方向、朝着我模模糊糊意识到的方向流动时，我处在了最佳状态。当我随着错综复杂的经验溪流漂浮时，当我试图理解其不断改变的复杂性时，显而易见其中没有任何东西是固定不变的。当我能够处于这种过程中时，我很清楚不存在封闭的信仰系统，没有一成不变的规则体系。对经验进行不断变化的理解和解释引导着我的生活。它总是处于变化发展过程中。

我相信，现在很清楚的是，为何没有一种哲学、信仰或规则体系让我可以鼓励或说服他人去坚持。我只能依据我对自身经验的当前意义的
29 解释来生活，并且允许他人有自由去发展其自身内在的自由，以及他们

对其自身经验有意义的解释。

如果存在真理这类东西，那么我相信，这种自由个体的探寻过程应该就是在向它靠近。而且在一种有限的方式内，这同样是我似乎已经经验过的。

2 我的婚姻*

我很乐意在这里告诉你们至今我已经持续了超过47年的婚姻生活！你们有些人可能会为我如此守旧而感到不可思议，但我不这么认为。然而，海伦和我常常为我们共同生活的日子仍然如此丰富多彩而深感惊讶，我们在想自己为何如此幸运。我无法回答这些问题，但我愿意尽可能客观地说出我们的婚姻史。也许你们能从我的叙述中获得启发。

我们的大部分初中生活都是在芝加哥郊区的一个街区里度过的。和我们经常在一起的还有其他人，不过她的朋友比我多。13岁时我搬走了，但我不记得离开她时有任何特殊感受，我们也没有再联系。

进入大学后，我很惊讶地发现她也选择了同一所学校，不过兴趣与我截然不同。她是我在大学里约会的第一个女孩，主要是因为我很害羞，不敢约会陌生人。但是随着我约会其他女孩子，我开始欣赏她身上吸引我的许多特点——她的温柔、坦白、有思想——不是一种耀眼的学术光芒，而是对真实问题的开放思维态度，而我则对学术问题更感兴趣。我还记得自己有时在参加社会团体活动时为她缺乏学术常识而感到 30
羞愧。

我们的友谊日益加深。我们一起去郊游、野餐，我向她介绍自己深爱的大自然世界，而她则教我跳舞，有时甚至是如何在社交活动中获得快乐。我对她的感情越来越不能自拔。她喜欢我，但却不能完全肯定是否想嫁给我。随后，由于诸多原因，我离开了大学一年，但一直在给她写信，一封比一封热烈。当我重新回到校园时，她已经毕业并在芝加哥

---

* *Becoming Partners: Marriage and Its Alternatives*. New York: Delacorte Press, 1972, 21-29.

找了一份商业艺术家的工作，所以我们大部分时间仍然是分隔两地。但是最后她终于答应嫁给我。她告诉我她已经能肯定对我的爱并愿意嫁给我的那个晚上，我不得不搭乘又脏又挤的火车连夜赶回学校上课，但我对此毫不在乎。我已经飞上了天堂，在云中漫步。“她爱我！她爱我！”那是我永远无法忘记的一次高峰体验。

婚前我们仍然还有 22 个月处于两地相思中，于是写了许多信（现在可能就是电话了）。幸运的是，在大学最后两年我做生意赚了一大笔钱，足够在继续攻读硕士前结婚用了。

双方父母赞成我们恋爱，却不同意结婚。在完成学业前就结婚！我怎么养活她？闻所未闻！尽管如此，我们还是结婚了（22 岁时）并一起攻读硕士。现在回头看看，这是我们所做的最明智的决定之一。

我们两人在性方面都毫无经验，极其天真（虽然我们自认为已经很老练了）。但是我们度过了几个月的快乐浪漫时光，搬到离父母家 1 000 英里远的地方（太妙的主意了！），在纽约找到了世界上最小的公寓，自己进行了布置，并彼此深深相爱。

我们决定一起到纽约去，这样可以共同成长。海伦选修了一些我的课程，而我则向她学习艺术。我们一起讨论都很喜欢却没钱买的书、没钱看的演出。我们在各自的宗教信仰、政治态度等所有方面都发生了难
31 以置信的变化。她有一份兼职，而我一般周末去打工，不过我们仍然有很多时间在一起，学会分享观点、兴趣和感受——除了一点以外的所有方面。

我开始隐约感到，虽然性关系对我很重要，对她却并非如此。但是，我意识到自己对她的话并没有弄懂多少。“噢，今晚不行”；“我太累了”；“下一次吧”。毫无疑问，这种状况会导致危机。

正在此时运气帮助了我们，尽管像大多数好运一样，你要善于利用它。在研究生院里我听说一位心理治疗师 G. V. 汉密尔顿博士（G. V. Hamilton）需要一些已婚的青年男性来完成他正在进行的一项研究。可能是因为有报酬才使我如此敏锐地抓住了这个机会。[实际上该研究是金西（Kinsey）研究中的一项更个人化的先行研究，做得很好，

虽然并不广为人知。] 我到汉密尔顿博士的办公室进行了两三次历时很长的会谈。他很平静、轻松地询问我有关性发展和生活各方面的问题，于是我渐渐发现自己几乎也可以同样轻松地交谈了。我开始意识到的一件事就是，我连自己的妻子是否曾有过性高潮都不知道。她常常看上去为我们的关系感到满意，于是我就以为自己知道答案。但我学到的最重要的事是，可能无法谈论的私生活也能轻松、自由地谈论。

于是问题出现了——我能把这些转换到自己的个人生活中去吗？我开始了令人害怕的交谈——真正的交谈——与海伦谈论我们的性关系。它令人害怕，因为每个问题、每个回答都使一方特别敏感——对于攻击、指责、嘲笑和拒绝。但是我们安然度过了！双方都更加深切地理解了对方在性生活中的需要、禁忌、满意和不满。最初只是使彼此更加体贴、理解，促进了关系，渐渐地她不仅出现了性高潮而且我们的性关系也更加充实、长久、美满和丰富——我们可以谈论出现的任何新问题。

这对我们太重要了，毫无疑问它把我们从可能使彼此分离的深深的疏远感中拯救了出来。但更重要的是，我们似乎已经认识到不可能向对 32
方展露的事情也是能够展露的，你必须隐藏在自己心里的问题也是可以分享的。许多时候我们都暂时忘记了这一点，但在危急时刻总能想起它。

当然我不会在这里回忆我们所有的婚姻历程。有时我们彼此间显得更为疏远，而有时则更亲近。我们也曾出现过真正的紧张、无谓的争吵、烦扰和痛苦——虽然我们并没有动起手来——有时也会彼此表现出极大的爱和支持。我们总是在不断地分享。没有一方会过于沉溺于自己的生活和活动而没有时间与对方分享。

我们两人有时都会出现一种让人烦恼的行为，不过我比海伦多得多。当夫妻一方在社交或公共场合贬损嘲笑另一方时，虽然几乎总是以一种“开玩笑”的方式，麻烦却随之产生了。我在自己的行为中想不起来这样一个具体例子，这一定是自我防御的表现，所以这里我会以近来到我家做客的一对夫妇为例。我们正在谈论喝酒时丈夫说：“轻浮”，“当然，我的妻子总是喝得太多。”妻子生气了，因为她认为这不是事实，也讨厌在公共场合遭到指责。丈夫回答说："噢，我不过是在开玩笑。"我也曾总是做出这样的事，而海伦在我们到家后也一定会为此责怪我。我已经认识到这是什么了——一种懦弱的逃避。如果我对她的某些行为不满，那么我会更愿意拿出勇气在我们单独相处时告诉她，而不是"开玩笑"式的在社交场合让她难堪。通过类似的方式我在早期婚姻中了解到，我们家庭生活中经常出现的冷嘲热讽、不断向对方抛出的语言攻击对她造成了深深的伤害，这是她无法忍受的。我从她身上学到了很多（她从我身上也一样）。

我们从未达成一致的一个问题是，占有是否是美满婚姻的一个要
33 素。我说不是，她说是。我曾对另一位女性产生了好感，但在我心里并没有因为这种好感而排斥海伦，而是对她的爱之外的一种爱。但是海伦根本不这样认为，并且感到很不安。这倒不是多强的嫉妒，而是一种对我的深深愤怒，她把这种感情转向了内心，感到自己被"冷落一旁"。在此我要感谢已长大成人的女儿帮助海伦认识到了她的真正情感并在我们之间重新建立了沟通。当我们能够分享彼此真正的感受时，问题就可能解决了，我和海伦与这位曾对她造成巨大威胁的女士都成了好朋友。顺便提一句，在一些重要时刻，儿子和女儿都给予了我们两人极大的帮助，这是一种十分宝贵的经验。

我想我们彼此都在对方处于痛苦或折磨之中时坚定地站在了对方的身边。我将给出两个事例来说明她是如何支持我，以及一个事例来说明我知道她也感到了我就在她的身边。

首先我要提到的是在我40多岁时，几乎有一年的时间我完全没有性欲——对任何人都如此。没有找到任何医学上的原因。海伦坚信我会重新恢复正常，在我处于困境时与我站在一起。当然这很容易使人想到心理上的原因，但就我看来没有一个是对的。它对我仍然是个谜。但是她默默的、持续的爱给了我巨大力量，而这也可能是我能得到的最好治疗。无论如何，我在性功能上逐渐恢复了正常。

一个更严峻的危机则出现在我与一个患严重精神分裂症的女孩的治疗关系中。我对她进行了极长时间的治疗，而效果却不好。这个故事说

来话长，但我只想说的是部分因为我下定决心要帮助她，所以我无法将“自我”与她分离开来。事实上我迷失了自我，迷失了自我的界限。同事们的帮助也无济于事，我开始相信（而且我想是出于某种原因）自己正在丧失理智。

有天早晨在办公室里待了一个钟头左右我开始感到惶恐不安。我走回家并告诉海伦：“我必须离开这儿！远远的！”她当然对我正在做的工作有些了解，但是她的回答抚慰了我的心灵。她说：“好吧，我们现在就出发。”在电话通知一些同事接手我的工作并匆忙收拾了一下后，2 小时内我们就上路了，6 个多星期后才回来。我上下浮沉，内心挣扎。回来后我接受了一位同事的治疗，获得了极大帮助。但我在这里要说的是，在这期间海伦一直都相信这种心理状态最终会过去，而我也没有丧 34
失理智，并且她以各种方式表达对我的关心。噢！这是我表达感激之情的唯一方式。我说她在关键时刻总是站在我身边就是这个意思。我也努力在她处于各种痛苦折磨之中时站在她的身边。

海伦的母亲年纪大了以后中了几次风。很不幸（但并不少见），这使她的人格发生了巨大改变。原来的她热情、和蔼、聪慧，现在却变得挑剔、多疑，有时还恶意伤人。这让她的女儿们很难接受，尤其是海伦。她与母亲以前是那么亲密，而来自母亲的心理伤害使她感到特别压抑和难受。她的母亲变得令人无法相处但又不能独自生活。这时艰难的抉择出现了——把她从公寓接出来，送到看护所（最好的地方都很荒凉），面对她不再是以前的她这一事实。海伦为自己对母亲所做的感到十分内疚，而她的母亲很精明地知道如何加深这种罪恶感。在 6 年漫长而艰难的日子里我相信自己一直都站在她的身边。她无能为力，除了为每周看望母亲两次而感到受伤、内疚和不安。我在让她体验这些情感的同时，也让她知道我认为自责是不对的而做出的决定是正确的，我相信她在最痛苦和复杂的情况下尽了一个人所能尽的最大努力。我知道有我在身旁给了她力量和帮助。我们当医生的儿子也给了她极大帮助，使她明白母亲在身体和心理上所发生的恶化，而且母亲的抱怨也不能从表面上来理解。

回顾我们共同生活的这么多年，我认为有些因素很重要，尽管我不可能做到完全客观。

我们来自相同的团体，拥有相似的背景和价值观。

我们彼此互补。有人曾提出在各种婚姻类型中，有两种存在于一个
35 连续体的相反两端。一种是“齿轮式”婚姻，双方彼此弥补对方的不足，他们吻合得很好，有时天衣无缝。另一种是冲突式婚姻，这种婚姻的成功依靠夫妻双方不断地、富有建设性地去努力解决许多冲突，否则他们的婚姻就可能遭到破坏。我们的婚姻有点像处于这一连续体的中间，不过略微更靠近“齿轮式”婚姻。我是一个比较害羞、性格孤僻的人，而海伦则在社交中更自然更适应。我对自己正在做的事比较坚持不懈，而她会提议：“我们为什么不做这个或那个?”“我们为什么不去旅行?”我勉强同意了，但是一旦做起来我更富有冒险性和孩子气，而她则更稳健。我是一个治疗师，对研究感兴趣；她是一个艺术家和有计划父母运动（the planned-parenthood movement）的终身工作者。我们都有机会从对方感兴趣的领域学到许多东西。我们也能够建设性地处理彼此间的大多数冲突和困难。

因此，在拥有共同生活的同时，我们总是拥有各自独立的生活和兴趣。所以我们从未直接竞争过。当我们接近这种情况时，它会使人不舒服。当我画起画来并完成了一两幅还算不错的作品时，她会感到不安。当我看到她对别人的帮助远远超过了我的能力时，我承认自己的反应是：“天呐！她比我强！”但是这些嫉妒和竞争几乎不重要。

在另一方面我们令人惊讶地保持着一致，那就是欣赏眼光。从结婚之初我们就发现，如果要挑选一件家具、一辆汽车、一份礼物，甚至是一件衣服时，我们都会选择同一件东西。有时我会说：“好了，我已经做出决定了，让我看看你的选择是什么。”非常令人惊讶的是，她的选择也就是我的选择。我不想解释这一点，我只是把它说出来。

当孩子们还年幼时，她是一个优秀的母亲。我那时作为一个父亲，很奇怪的是在那些日子里更关心他们是否打扰了我，而不关心他们所做
36 的是否有利于成长。随着孩子们渐渐长大，我也能与她一样与孩子们充

分交流了，有时还比她交流得更好。

也许这已经足以说明我们在许多方面是彼此互补的。但是这种平衡已经发生了转移：过去常常是我读的东西比较多，但是近年来，由于我的时间越来越不够用，她读的东西比我多了，我依靠她告诉我发生的许多事情。

我们一起度过了疾病和手术期，但由于从来没有同时生病过，所以一方可以照顾另一方度过困难时期。总的来说，虽然老年人的问题偶尔会袭击我们，但我们还算身体健康。

大卫·弗洛斯特（David Frost）在电视上给爱下了个定义，大致是这样的："爱就是关心对方胜过关心自己。"我想该定义适合我们婚姻中所有最佳时刻。我认识到这也可以是爱的一个灾难性定义，如果它意味着一方完全不加思考地为对方而放弃自己。我们的婚姻并非如此。

我想我对我们的婚姻能做的最深刻陈述是——我无法对它做出恰当的解释——我们总是希望对方能够获得成长。作为个体，我们获得了成长，并且在此过程中我们也共同成长起来。

最后一段是关于我们现在的生活，我们已经活到了圣经所说的"七十岁"。（译者注：根据圣经，七十岁是人生的理想寿数。）我们曾分享过如此多的生活、痛苦、挣扎和快乐，我们同样也符合杜鲁门·卡波特（Truman Capote）对爱的定义："爱就是当你不用去把句子说完时。"在某些事件和情境中，海伦会对我说："你还记得当我们……？"我说："当然。"然后我们就会一起笑起来，因为我们知道双方都在想着同一次经验。当我们的性生活与二三十岁不再完全一样时，我们身体的亲近、"依偎"和性关系就有几分像一种和弦，它不仅自身很美，而且还有许许多多弦外之音丰富了它，使它不再只是简单的和弦。简而言之，我们真是难以置信的幸运，虽然有时我们不得不非常努力地去维系这份幸运。

为了不让你们认为一切都是美满的，我应该补充的是，我们的两个孩子在各自的婚姻上充满挫折。因此，虽然我们共同培养起了属于我们自己的满意关系，但这并不能保证我们的孩子也如此。

3 年纪渐长：老年与成长*

75岁时会是什么样子呢？它不同于55岁或35岁时，不过对我来说，差别并不像你们想象的那么大。我不能肯定自己的故事是否对其他人有用或有意义，因为我是如此幸运。我将会写下一些感受和反应，这主要是为了我自己。我选择的时间段是65岁到75岁，因为65岁对许多人来说标志着不会再有所贡献以及“退休”的开始，不论它意味着什么！

身体方面

我的确感到了身体的衰老。我在许多方面注意到了这点。10年前我非常喜爱飞盘运动，而现在我的右肩有严重关节炎，再进行这种运动是不可能了。在花园里我意识到5年前还轻而易举的事去年就已经变得吃力了，现在更是吃不消了，我最好还是把它留给每周来一次的园丁。这种缓慢的衰老，如视力、心跳等各种微小的异常告诉我，我称为“我”的身体部分不会永远持久下去。

不过我仍然喜欢在岸边散步4英里。我能举起重物，在妻子生病时，我能购物做饭、洗碗，能毫不费力地拿着自己的行李。女性的身体在我眼里仍然是世间最可爱的造物，我很欣赏它。我与35岁时一样仍
38 然对性很有兴趣，尽管我不能说自己还有同样的能力去身体力行。我感到很高兴的是自己仍然具有性活力，尽管我很同情最高法院法官奥利弗·温德尔·霍姆斯（Oliver Wendell Holmes）在80岁离开一家脱衣舞厅时发出的感叹：“噢，让我再次回到70岁吧！”是的，或者65岁，或者60岁！

所以，我很清楚自己明显老了。但是在内心的许多方面我仍然还是同一个人，既不老也不年轻。他就是我将要讲到的这个人。

---

* *A Way of Being*. Boston：Houghton Mifflin，1980，70-95.

活动方面

新计划

过去 10 年里我开始了许多心理上甚至是身体上的新冒险。让我困惑的是这些计划都是由他人的建议或评论促成的。这使我认识到在我内心一定时常有自己没有意识到的一种预备性，只有在有人按了合适的按钮后它才会转化为行动。下面让我来对此进行说明。

我的同事比尔·库尔森（Bill Coulson）以及其他一些人曾在 1968 年对我说："我们小组应该成立一个新的独立组织。"从这个建议中诞生了"人类研究中心"——能想象出的最可笑的、最不可能的、又最具影响力的非组织。成立该中心的建议一经提出，我就非常积极地参与到了它的创立中，在最初的艰难岁月里呵护其成长，并且照料我们自己。

我的侄女露丝·康奈尔（Ruth Cornell）是名小学教师，她问我："在我们的教育类阅读书目上为什么没有你的书呢?"这使我萌发了写作《学习的自由》的最初想法。

如果不是我的同事奥瑞恩·斯特罗德（Orienne Strode）曾做了一个通过深层小组经验而使医生们更人性化的梦，我也就永远不会想到试图去影响那些总是关注自己的地位身份的医学工作者。虽然心存疑虑，但我还是满怀希望地倾注精力开始实施这项计划。我们冒了极大的失败风险。然而，这项计划产生了广泛影响。900 名医学教育者参与了我们
的小组，同时还有许多夫妇和一些正在接受训练的医生，他们带来了对 39
医学教育的不同看法。它的发展令人兴奋并颇有收获，现在已经完全不需要我的帮助了。

今年夏天我们举办了"以人为中心疗法"的第 5 个深度工作坊，为期 16 天。这些工作坊教给我的东西超过了过去 10 年中的任何一个冒险。我学到了成为我自己的新方法并将其付诸行动。我在认知和直觉上都学到了与小组过程和形成一个团体的小组发动方法有关的一些东西。这些都是极好的经验，成员间形成了一个亲密的学术大家庭。我们进行了越来越多的冒险，尝试了各种小组新方法。那么我是如何开始这项宏

大而耗时的计划的呢？4 年前我的女儿纳塔莉（Natalie）对我说："我们为什么不一起做个工作坊，也许可以围绕'当事人中心'疗法？"我们那时都不可能想到从这次谈话中会诞生什么。

我的著作《卡尔·罗杰斯论个人力量》（1977）同样也可以从一次谈话中找到它的最初发源。当时还是研究生的阿兰·纳尔森（Alan Nelson）对我的观点——在"以人为中心疗法"中不存在"政策"——提出了挑战。这使我产生了一定早就存在于内心的一连串想法，因为这本书的有些部分是一气呵成的。

鲁莽还是明智？

最近的也可能是最惊险的冒险是我与其他 4 位 CSP 成员的巴西之旅。这一次，是组织者的努力、爱德华多·班德拉（Eduardo Bandeira）的劝说等因素促使我答应了这次旅行。一些人相信这次旅行对我这个年纪来说太漫长太艰辛，我自己也对飞行 15 个小时感到有些疑虑。此外有人觉得我们的努力会对一个幅员广阔的国家产生任何影响的想法是一种狂妄自大。但是培训巴西同行的机会太吸引人了，他们中的大多数为了能够建立自己的深度工作坊而曾在美国参加过我们的工作坊。

随后又出现了另一个机会。我们将在巴西最大的三个城市与 600～
40 800 名观众见面。我们将访问学院两天，在一起的时间总共约 12 小时。离开美国之前，我们达成了一致意见，认为在如此短的时间里会见如此多的人只有靠演讲了。但是随着时间的临近，我们越来越强烈地感受到，仅仅凭空谈论"以人为中心疗法"而不与参与者分享治疗中的控制和指导，不给他们表达自我和体验自身力量的机会实在与我们的原则不符。

于是我们进行了一些奇特的赌博。除了非常简短的演讲之外，我们尝试了无领导小组、特殊兴趣小组、示范会心团体以及我们和观众间的对话。但最大胆的事情是组成了一个 800 人的大圆圈（10～12 列），让他们表达出自己的情感和态度。麦克风递给那些想要发言的人。参与者和我们都平等地加入到活动当中。没有一个人或小组是领导者。它变成了一个巨大的会心团体。刚开始场面很混乱，但不久人们就开始倾听他人的发言。其中有对于我们和此过程的批评，有时还很激烈。但也有人感到自己从未在如此短的时间里收获如此丰富。发言中存在着最尖锐的差异。在有人批评我们没有回答问题、没有进行控制和提供证据后，另一个人会说："我们所有人什么时候能像现在这样随心所欲地提出批评，表达自己的真实想法，说出任何东西?"最后，参与者就各自回去以后如何运用这些收获而进行了富有建设性的讨论。

在圣保罗度过第一夜后，当会谈还很嘈杂而我深切认识到还要与小组再待 6 个钟头时，我记得那时自己拒绝与任何人谈论这次会面。我极度困惑不解。我还从未帮助过人们去开始一种注定会失败的愚蠢经验，也从未帮助去发明一种新方法以使 800 人感受到自身的潜力并参与形成自己的学习经验。无法预测它会是以上哪一种情况。

也许是风险越大，获得的满足感就越大。在圣保罗的第二个夜晚，人们有了真正的团体感，他们内心正在体验着巨大的改变。自那以后的 41
非正式聚会说明了该经验对这三座城市里的几百个人所具有的珍贵意义。

此前的国外旅行还从未让我感到如此有价值。我收获颇多，毫无疑问我们创造了一种有利氛围，而在这种氛围中所有创造性的事情——在个人的、人际的、小组的水平上——都发生了。我相信我们在巴西留下了足迹，当然巴西也改变了我们所有人。当然我们对于在庞大的小组中能做些什么也有了更深的认识。

以上就是这段时间里我从事的一些活动，它们都使我受益匪浅。

冒险

每个活动都存在着风险。的确，我认为近年来最有价值的那些经验似乎都蕴藏着巨大风险。因此我在这里要稍作停顿，来思索一下自己进行这些活动的内在原因。

为什么当我可以运用从过去的经验学得的办法很轻松、很令人满意地完成某事时，我还要去尝试未知的方法、为新事物赌一把呢？我不能肯定自己完全理解了，但是我能看到使两者不同的一些因素。

第一个因素与我对于支持我的小组成员们的看法有关，他们是与我保持松散联系的朋友和关系密切的同事，其中的大多数都曾在这项或那项尝试中与我共同工作过。在这个小组的互动中，毫无疑问我们都明确地或暗暗地鼓励对方进行新鲜、大胆的尝试。例如，我敢肯定，如果单独行动的话，我们去巴西小组的成员中没有人会像我们五个人一起做的那样进行如此大胆的实验。我们能够赌一把，因为如果失败了，我们还有彼此信任的、能帮助收拾残局的同事。我们给予了彼此勇气。

第二个因素是青春和年青人正在促使形成的生活方式对我的吸引力。我说不出为什么会有这种吸引力，但我知道它存在。我曾经写过有
42 关属于明天的“正在出现的人”，而我自己也在向这种新的存在和生活方式靠近。我曾经怀疑过自己是否仅仅怀着美好的希望在描绘这种人。但是现在我不再怀疑了，因为我发现根据斯坦福研究所（1973）完成的一项研究结果，估计有 4 500 万美国人实践着“反映了内心信念的生活方式：首先是更应该从人性的角度考虑事情，其次是生活应该更简朴、不浪费；第三是内在生活而不是外在生活更为重要”（Mitchell，1977）。我就属于这类人，试图以这种新的方式生活肯定具有冒险性和不确定性。

另一个因素是：我已经厌倦了安全和确定。我有时在准备一个演讲或文章时，知道它会受到观众的热烈欢迎。这说明我可以对 20 批不同观众进行 20 次同样的演讲，而且我肯定它们都会大受欢迎。但我不能这样做。如果我将相同的内容重复演讲三到四次，那我就会对自己感到厌倦。我无法忍受再次这样做。我能挣到钱，我能获得积极反应，但我不能这样做。我对早已知道的结果感到厌倦。我对听到自己总在说着相同的话感到厌倦。我的生活必须进行新的尝试。

但是我愿意进行冒险的最主要原因可能是我发现在这一过程中，无论成功还是失败，我总在学习。学习，尤其是从经验中进行学习，已经成为了使我的生活具有价值的一个主要因素。这种学习促进了我自身的扩展，所以我不断进行着冒险。

论著

在思考这一问题时我问自己:“过去10年中我都写了些什么?”我完全被自己的发现震惊了。秘书列了一份65岁后我出版的作品清单,包括4部著作,约40篇文章,还有几部录像片!我相信这比我以前任何一个10年中发表的作品都要多。我简直不敢相信!

此外,每部著作的主题都完全不同,虽然一种共同的哲学将它们联系在了一起。1969年的《学习的自由》阐述了我非传统的教育方法。1970年出版的有关会心团体的著作则是我在这一令人激动的活动的发 43
展中所积累的一些学习经验。1972年,《成为伙伴》出版了,此书描述了男女关系的许多新模式。现在,《卡尔·罗杰斯论个人力量》探索了正在形成中的“以人为中心疗法”的原则,它已运用到了许多领域。

在40多篇文章中,有4篇我印象特别深刻,其中两篇是展望未来,而另两篇则是回顾过去。一篇有关同感(empathy)的文章(《同感——一种未被认识到的存在方式》)总结了我对这一极其重要的存在方式的认识和体会,我自己对这篇文章很满意。我同样还很喜欢自己在《我们需要“一个”现实吗?》一文中的清新论述。还有,另两篇文章则分别反映了我在人际关系哲学思想上的发展(《我的人际关系哲学观及其形成过程》),以及我的心理学家生涯(《46年回顾》)。

我很想知道自己为什么会有如此多的论著。原因在哪里呢?不同人在其晚年有着各自不同的写作原因。阿诺德·汤因比(Arnold Toynbee)曾在80岁时问自己:“是什么让我工作?”答案是:“良心。我对工作的看法是美国式的而非澳大利亚式的。持续工作、保持紧张已经作为一种责任而深深地烙在我心里。我想,这种为了工作而成为工作奴隶的做法是不理智的,但是认识到了这一点却不能使我从中解放出来。如果我松懈下来,或者仅仅只是稍微有些放松,我就会受到良心的谴责,从而不安和不快,因此只要在我心里还有一点工作动力,它就会不断激励着我。”(Toynbee,1969)过着这样一种被驱使的生活在我看来实在是很悲哀。它当然与我的工作动机没有多少相似之处。

我知道亚伯拉罕·马斯洛（Abraham Maslow）去世前几年的写作动机完全不同。他的内心承受着巨大压力，因为他感到自己还有许多要说的话没有说。这种一吐为快的紧迫感使他一直写作到了生命的最后时刻。

我的看法与此大不相同。我的精神分析师朋友保罗·伯格曼（Paul Bergman）曾写道，每个人在其一生中最多只会有一个创新思想；所有
44 文章都只是对该思想的更多阐释。我赞同这一观点，我认为这正描述了我的作品。

当然，写作的原因之一是我心存好奇。我喜欢看清和探究思想的内涵——自己的和他人的。我喜欢自己的思想有条理，并追究某思想的分支细节。我对情感、直觉、非语言世界和语言交流都有着深深的理解，但我同样还喜欢对该世界进行思考和写作。将该世界概念化使我对它的意义有更加清晰的认识。

不过，我相信还有一个更重要的原因促使我写作。从内心来说，我仍然还是那个非常不善于进行人际交流的害羞男孩；他的情书比直接说出爱意更让人心动；他可以随心所欲地用纸笔表达出自己的观点，但在课堂上说出同样的话却感到十分窘迫。那个男孩仍然是我身上很重要的一部分。写作是我与一个世界进行沟通的方式，而我真切地感到自己并不属于这个世界。我非常渴望得到理解，但并不期望会得到理解。论著是我密封在瓶中并抛到大海里的信息。令人惊奇的是许多海岸边的人们——心理学和地理学领域的——都发现了这些瓶子以及传递给他们的信息。因此我笔耕不辍。

收获

关心自己

过去我一直善于照料和关心他人而不是自己，但近年来我已经颇有进步了。

我一直是个很负责任的人。如果其他人没有照顾到某活动的细节或者某个工作坊中的人们，那么我就必须去做。但是现在我已经变了。

1976 年我们在俄勒冈的阿希兰德举办了一个工作坊，那次我的感觉并不好，1977 年在巴西的阿可泽罗举办工作坊时，我放下了所有这些责任完全让其他人去处理。我需要关心我自己。所以我放下了所有责任除 45
了成为我自己并为成为我自己而感到满意。对我而言这是一种非同寻常的感受：坦然地不负责任而没有任何内疚感。此外，让我惊讶的是，我发现自己这样做效率反而更高。

我在各方面都对自己的身体照顾得更好了。我还学会了尊重自己心理的需要。3 年前，通过参加一个工作坊我认识到自己过多地受到外在要求的驱使而忙碌不停——人们用“被鸭子一口口咬死”来形容它，而这种描述准确地说出了我的感受。于是我做了以前从未做过的事：在一座岸边小屋里独处了 10 天，使自己得到了极大放松。我发现我非常喜欢与自己在一起。我喜欢我自己。

我变得更敢于开口求助了。我请他人帮忙把东西带给我，为我做事情，而不再是证明自己能做到这些。同时我还能请求个人帮助了。当妻子海伦生病了而我又无法 24 小时随时照料她，并身兼管家、专业医护人员、作家等各种事务时，我向一位治疗师朋友求助，并得到了帮助。我探索自己的需求，并试图满足它们。我发现了这段时期我们婚姻中的紧张气氛。我认识到我的余生应该过一种自己的生活，这是第一位的，即使海伦病重。我并不是立即寻求他人帮助，但更多地意识到了自己无法亲自处理一切事务。在这些变化的日子里，我更多地重视和关心了自己。

沉稳？

据说老年人都平静沉稳。我发现这种观点是一种误导。我相信自己的确对世事有了更多了解，因此常常会比以前更加客观地看问题。然而，与此相反的是，对我产生触动的事情却经常会比以前激起更强烈的反应。当我兴奋时，我非常快乐。当我忧虑时，我更加烦恼。伤痛似乎越发深刻，痛苦变得更加强烈，眼泪更易夺眶而出，喜悦也有了更强的感受，甚至连以前总给我惹麻烦的愤怒都有了更深切的体会。我的情绪

变得更加反复无常。从沮丧到振奋，感觉都比以往强烈，并且也更容易
46 陷入任何一种状态。

这种反复无常可能是我冒险的生活方式造成的，可能是我参加了会心团体后敏感性增强造成的，也可能它本身就是老年人的特点之一而以前却被忽略了。我不知道。我只知道自己更容易出现情绪波动，感受更深刻。我对所有这些情感有了更真切的体会。

接受新思想

我想在这些年里我已经变得更容易接受新思想了。对我来说其中最重要的与内在空间有关——心理力量领域和人类精神能力。我估计，这一领域构成了知识的新界限、发现的分割边缘。10 年前我不会说这样的话。但是阅读、经验以及与一些该领域工作者的谈话改变了我的看法。人类具有一种巨大的潜在直觉力量。我们的智慧实在是超出了智力。许多证据可以证明这一点。我们正在明白自己曾多么悲哀地忽视了非理性的、富有创造性的右脑。生物反馈表明，如果我们让自己处于一种更不受意识控制、更放松的状态，那么我们就可以在某种程度上学会控制体温、心率和所有器官的功能。我们发现晚期癌症患者接受了一种深度沉思训练和战胜恶性肿瘤的想象训练后，疾病就有了很大缓解。

我甚至接受了更神秘的现象——预知、心灵感应、超感视觉等，甚至灵魂出窍。这些现象可能不符合已知的科学法则，但也许我们正处在发现新规则的边缘上。我感到自己正在从新领域中学会许多东西，这种经验让人愉快而兴奋。

亲密

在过去几年中，我发现自己更容易与他人建立一种非常亲密的关
47 系。我认为这种发展完全是参加工作坊的结果。我的身体作了更充分的准备去接触他人或被人接触。我更频繁地拥抱和亲吻男性女性。我更加意识到了自己生活中的感官方面。我同时还意识到了自己是多么渴望与

他人进行深层心理接触。我承认自己是多么需要去关心他人并得到同样的回报。我可以坦诚地说出自己一直以来认识不清的事：即我深深涉足于心理治疗事业是一种谨慎的方法，它既可以满足与他人建立亲密关系的需要而又不用冒太大的个人风险。现在我更愿意建立其他一些亲密关系，并且更多地付出自我。我感到似乎自己建立亲密关系的能力到达了一个全新的深度。这种能力也曾给我带来许多伤害，但更多的是欢乐。

这些变化如何影响了我的行为呢？我与同性发展出了更深、更亲密的关系，我已经能够无所保留地与他们分享情感，相信这种友谊的安全性。只有在大学生活中，我曾有过一群真正值得信赖、亲密无间的同性朋友，在那之前和之后都没有过。所以这是一次全新的、尝试性的而且收获颇多的冒险。我与异性同样也有了更多的亲密交流。现在我与一些异性保持着纯友谊的、心理上的亲密关系，这对我颇有意义。

我能够与这些男女密友们分享自己的一切——我的痛苦、喜悦、恐惧、疯狂、不安、自大和自我矛盾。我能与他们分享自己的梦想。同样，我的朋友们也与我分享他们内心深处的情感。这些经验丰富了我。

在这么多年的婚姻中，以及在这些友谊中，我仍然在亲密这一领域中不断学习。当我体验着痛苦、愤怒、挫折、拒绝，与他人分享意义所产生的亲近感或被理解和接受而产生的满足感时，我对这些时刻的感觉正在变得更加敏锐。我知道了对于一个自己深深关心的人要产生消极情感是多么困难。我知道了对一种关系的期望会多么轻易地转变成对这种关系的要求。根据自身的经验，我发现对我而言最困难的事情之一就是在这种关系中根据当时的他/她自身去关心。而从我认为他们怎样，希望他们怎样，或感觉他们应该怎样出发对他人进行关心则要容易得多。 48
在根据他/她自己而进行关心时，抛弃我对他成为什么样的期望，抛弃要把他改变成符合我的需要的想法，要想建立起一种令人满意的亲密关系，这是一种最困难却也是收获颇多的方法。

以上所有这些都是我过去 10 年生活中发生了变化的部分。我发现自己变得对亲密和爱更加开放。

个人快乐和困难

在此期间，我曾经历过一些痛苦和许多快乐。最大的压力来自于应对海伦的疾病，她的病在过去五年中非常严重。她以最大的勇气来面对疼痛和处处受限制的生活。她的伤残向我们双方都提出了新问题——生理和心理上的——这些问题我们现在仍然在设法解决。它曾经是一段充满绝望和希望的艰难时期，而现在更多的是希望。

她通过努力抗争，经常是依靠自己顽强的毅力，在恢复到正常生活、重建生活目标上正在取得极大进步。但这可来之不易。首先她不得不做出选择，自己是否还想活下去，生活是否还有任何意义。然后我能独立生活这一事实又伤害了她。当她病重时，我感到我们时刻待在一起是个沉重的负担，而她需要照料更加重了这种感觉。因此我决定，为了自己的余生，我要过一种属于我自己的生活。这些以及我的价值观的改变常常深深地伤害了她。对她而言，她正在放弃过去贤内助的角色。这种转变使她对我和社会给予她那种社会赞同的角色感到气愤。对我而言，我对任何会再次将我与她束缚在一起的事情感到气愤；我顽固地抵制似乎会控制我的任何东西。在我们试图建立新的共同生活方式时，我们的关系出现了前所未有的紧张和困难，我们试图解决更多的情感问题，但是同时也出现了更多的诚实。

因此这一时期充满了抗争和紧张。但其中同样也包括一些积极经
49 验。三年前是我们的金婚纪念日——我们与两个孩子、媳妇和所有六个孙子一起在一个度假胜地度过了愉快的几天。令我们非常高兴的是，儿子和女儿不仅是我们的孩子，还是我们最好、最亲密的朋友，可以与他们分享我们的内心生活。我们曾分别对他们进行了多次亲密探访，也对全国各地的好友们进行了类似拜访。我们与这儿的朋友间的友谊还在不断加深——他们都比我年轻。

我喜欢园艺和长途散步。我得到的荣誉和回报远远超过了我应得的。最让我感动的是雷登大学在400年校庆之际授予了我荣誉学位，它是一位特使从这所古老院校送来的。还有许许多多因为我的作品而使自

己的生活受到影响或改变的人们给我写来了极私人性的信件。这些不断让我感到惊奇。我在改变一个南非男人或一个澳大利亚内陆女人的生活中能够起着重要的作用，这似乎仍然有些令人难以置信——有点像是魔法。

关于死亡的思考

那么现在我该谈谈生命的终结了。在我这个年纪我很少想到死亡，这可能会让你们感到惊讶。而目前人们对它的普遍兴趣则使我惊讶。

10～15 年前我非常肯定地认为死亡就是一个人的完全终结。现在我仍然认为最有可能就是如此；不过，我并不认为这是件悲惨或可怕的事情。我已经能够过着我自己的生活——当然并非完全，而是在一种令人满意的程度上——我的生命会终止也很自然。在其他人心中我已经在一定程度上不朽了。我曾说过，在心理学方面，我的儿女们遍布世界。此外，我相信我和其他人发展起来的思想和生活方式将会继续下去，至少在一段时间内。因此如果我作为一个个体，走到了生命的终点，但是我的某些方面仍然会以多种方式继续存在下去，这一点实在让人高兴。

我想在死亡来临前没有人能知道自己是否惧怕它。当然，死亡是黑暗中的终极跳跃，我想当死亡来临时感觉很可能就像是被麻醉了似的。 *50*
但是我从未对死亡真正感到过深深的恐惧。就我而言，我对死亡的恐惧与其环境有关。我害怕会导致死亡的任何长期而痛苦的疾病。我害怕由于中风而导致的思维老化或部分脑损伤。我更愿意迅速死去，在还未丧失自尊前就死去。我想到了温斯顿・丘吉尔（Winston Churchill）。我并不为他的逝世而哀伤。我哀伤的是死亡没有更早到来，使他尚能带着应有的尊严而死去。

虽然如此，过去 10 年中我所了解的一些知识已经修正了我关于死亡就是终结的看法。雷蒙德・穆迪（Raymond Moody，1975）对一些濒死者经验的描述使我印象深刻，这些人已经被宣布死亡但又活了过来。一些有关转世投胎的报告使我印象深刻，尽管转世投胎似乎只是一种非常不可靠的美好祝福。我对伊丽莎白・屈布勒-罗斯（Elisabeth

Kübler-Ross）的工作以及她对死后生命的论断很感兴趣。阿瑟·凯斯特勒（Arthur Koestler）的观点显然打动了我，他认为个体意识只不过是宇宙意识中的一部分，个体死亡后这部分就会被重新吸纳到整体之中。我喜欢他将个体比喻为河流最终会汇入波涛汹涌的海洋中，而当它进入无边无际的海洋时也就抛弃了泥沙。

因此我相信，我是以一种开放的态度来对待死亡。它应该是怎样就会是怎样，并且我相信自己会坦然接受它，不论它是生命的结束，还是生命的继续。

结论

我认为自己非同一般的幸运，无论是身体状况、婚姻、家庭、令人兴奋的年轻朋友们，还是从著作中获得的出人意料的丰厚收入。所以无论在哪个方面我都不典型。

但是对我而言，过去的10年是非常吸引人的——充满了冒险。我
51 能够敞开自己接受新思想、新情感、新经验和新冒险。我越来越发现，活着就是要抓住机会，在不确定时采取行动，投入到生活中去。

所有这些带来的是改变，对我而言改变的过程就是生活。我认识到如果我的生活是平稳、静止、按部就班的，那我就会如同行尸走肉。所以我接受困惑、不稳定、恐惧和情绪波动，因为它们是我愿意为一种流动的、困惑的、令人激动的生活所付出的代价。

当我回想自己这几十年人生时，只有在芝加哥大学咨询中心的那段日子可以与这段时光相比。它同样也饱含冒险、学习、个人成长和充实。但它同时还是一段深深缺乏安全感并从事着艰辛职业的奋斗的日子，比过去的这些年要艰难得多。所以我相信，如果我说就整体而言，过去这10年是最令我满意的10年，这绝对是一句真话。我已经逐渐能够做我自己并且从中享受到快乐。

当我还是个孩子时，体弱多病，父母告诉我他们曾经以为我年纪轻轻时就会死去。从某种意义上说，这种预测完全错了，但从另一种意义上说，它又完全正确。我说它是对的是因为我永远也不会老。因此现在

我同意这一预测：我相信自己会在年轻时死去。

当前——1979 年

我选择在这一章的最后部分集中谈谈十分充实的 1979 年——这一年里痛苦、哀悼、变化、满意和冒险都是那么明显而清晰。

经历临死过程

在我的妻子 1979 年 3 月去世前的 18 个月，曾有过一系列与海伦、我以及一些朋友都有关的经验，它们决定性地改变了我对临近死亡和人类精神延续性的看法和感受。这些经验是极个人的，有一天我会将它们完整地写下来。现在我只想略微提及。以下故事主要是关于海伦的，但我将集中于该经验中与我有关的部分。

海伦对精神现象和永生持极大的怀疑态度。不过，她和我应邀拜访了一个绝对诚实的灵媒，她没有收取任何费用。在那儿，海伦与她已过 52
世的姐姐进行了“接触”，其中涉及的一些问题是灵媒不可能知道的，我在一旁观看了这一切。传递出的信息极具说服力，它们都是通过一张结实的桌子轻拍出的字母提示的。后来，这个灵媒来到了我家，我自己起居室里的桌子也轻拍出了信息，我只能接受这一令人难以置信的、肯定不是欺骗的经验。

海伦还看见并梦到了她的家庭成员，这使她越来越相信自己会在“另一边”受到欢迎。随着死亡的临近，她在病床边“看到”了一些邪恶人物和魔鬼。但是当一位朋友说这些可能是她自己的想象时，她把他们都赶走了，最后告诉魔鬼说他到这儿来是个错误，她不会跟他走。从此魔鬼再也没有出现过了。

同样在那些日子里，海伦还看到了渐渐靠近的一种令人鼓舞的白光，它把她从床上托起来，然后又把她放回到床上。

在这一章里，我曾提到过去几年中我们间的距离拉开了许多。我想去照料她，但我根本无法肯定自己是否还爱她。一天，当她几乎处于弥留之际时，我陷入了完全无法理喻的狂乱之中。当我像往常一样到医院去喂她吃晚饭时，我发现自己滔滔不绝地向她倾诉我是多么爱她，她在我的生活中是多么重要，她在我们漫长的共同生活中起到了那么多积极作用。我感到自己以前也对她说过这些话，但是那晚我却是怀着前所未有的激情和忠诚。我告诉她不必觉得自己有义务继续活着，她可以根据自己的意愿自由选择活着还是离去。我还说希望白光那晚会再次来临。

显然，我使她从必须为他人而活着的情感中解脱了出来。事后我得知在我离开以后，她把楼层里的护士都叫到一起，感谢她们为她所做的一切，告诉她们她准备迎接死亡了。

到了早晨她一直处于昏迷状态，第二天早晨她就非常安详地去世
53 了，当时女儿握着她的手，我和几位朋友都在场。

我的一些朋友长期以来经常拜访前面提到的那个灵媒，那天晚上他们拜访了这位女士。他们很快与海伦联系上了，海伦回答了许多问题：昏迷时她听到了周围人所说的一切；她经历了白光走向她；她接触到了自己的家庭成员；她变成了一个年轻女性；她死得非常安详而且毫无痛苦。

我只是简略提及而没有详细描述这些经验，它们都使我对个体人类精神存在的可能性持更加开放的态度，而这些是我以前根本不可能接受的。这些经验使我对各种超自然现象产生了极其浓厚的兴趣。它们极大地改变了我对死亡过程的理解。现在我认为我们每个人都有可能是一种跨越时间的、持续的精神本质，偶尔会托身到一个人类身体中。

显而易见，所有这些思想与本章中的一些内容形成了强烈对比，而那些内容不过是头两年才写的。

活动与冒险

可能部分是尽管海伦去世了，部分是因为她去世了，我近来比以往接受了更多国内外的邀请，与其他成员一起参加了许多工作坊。其中包括在委内瑞拉为教育者举办的工作坊；与一位国外同行在罗马附近举办的一个大型而骚乱的工作坊；在巴黎为训练小组指导师而曾有的一段短暂而深刻的经验；在长岛举办的一次收获颇丰的以人为中心的区域性工

作坊（第二年与同样的东方同行们）；在普林斯顿举办的有许多外国参与者的以人为中心工作坊；在波兰华沙附近的一个度假胜地举办的一次颇为吸引人的工作坊；在纽约坡林举办的一次为期 4 天的美妙工作坊，其主题为“转变生活”。

我想评论一下以上提到的项目中的两个。由 90 人组成的普林斯顿 54
工作坊可能是我参加过的工作坊中最困难的。然而，至少有一位同事认为它是我们所参加的类似活动中最好的。对我而言，这是一次非常痛苦的经验，我感到整个小组刚刚形成一个团体。

我认为一些因素导致这次工作坊成为痛苦的经验。同事们做出了决定，这第七届的每年一次以人为中心工作坊将会是该系列的最后一次；虽然我们彼此间的关系非常密切，但是每个人都在朝不同方向发展，我们不希望这些以人为中心工作坊成为一种“例行”经验。同事们在长期的共同经验中可能变得比以前更容易接受消极的、敌意的、批评的情感——参与者们表达出了许多这样的情感，针对他人和我们的。有大量参与者来自国外，他们自由地说出了对美国以及美国参与者的轻蔑和愤怒。有两人非常清楚地知道工作坊该如何进行。（虽然他们的观点大相径庭，但是都强烈反对我们这种无结构式方法，而且各自都吸引了一批追随者，虽然人数还没多到足以改变工作坊的主要方向。）还有几位参与者表现出了深度个人混乱迹象。

一个试图发展自身进程、发现自身道路的大型小组本来就很混乱，再加上以上所有这些因素，结果真是可怕。人们频繁地表达出挫折和愤怒感。当一些人试图将工作坊引向创造性和积极的道路时，另一些人则打断了他们。实在让人怀疑这些人是否能感知并建设性地运用其自身所具有的力量。我们都是自己最大的敌人。只有在 10 天的工作坊将要结束之际，分歧才开始慢慢统一，一个团体才开始在分歧之上建立起来。然而，令我惊讶的是，许多参与者后来写信说他们从痛苦、骚乱和亲密中获得了十分具有积极意义的学习和改变。我也有收获，但却是艰难的。

一些原因使波兰工作坊显得不同寻常。我几乎不敢相信对我工作的
浓厚兴趣使得 90 个专业的、非专业的人们聚集在了一起。波兰的同行 55

觉得没有把握，所以主要是在场的 4 位美国同行在负责。当时我对此有些失望，因为我原希望波兰同行能起主要作用。当为期 7 天的工作坊进行到中间时，由于个体认识到了自己的力量并开始运用它，许多人尤其是专业人士使用它来伤害他人。伤害性的标签、诊断和巧妙的贬损开始变得普遍起来。在我眼中，它类似于普林斯顿的状况，于是我心想："噢，不要！不要再来一遍！"但是很大程度上要归功于一位美丽诚恳的波兰女同行，人们开始意识到这种行为的后果，于是它慢慢消失了。在工作坊结束之际，我们已经是一个亲密而友爱的团体了。

直到几个月后收到了一位参与者的来信，我才充分认识到所发生的事情，信中写到："这儿的人们谈论着在勒斯卡沙夫发生的'历史性事件'——那么多存在分歧的人们，那么多专业人士、精神病医师和心理学家们（每个人都认为自己对帮助关系的看法是最正确的），他们每天都在不停地彼此憎恨和贬损——现在他们却都整合了起来，并且没有丢掉各自的人格，也没有任何强迫。"我很高兴自己事先并不知道这些学术上的对抗和纷争。

我发现该小组作为一个整体，非常老练，充满智慧，而且常常比一个类似的美国小组更具学术性。他们的问题、情感、处理问题的方式以及对开放和诚实的渴望与我在任何一个地方所发现的都极其类似。

个人问题

当这一年快要结束时，我逐渐认识到自己还有爱的能力，还有生活享受和性的欲望。我发现自己很幸运地能发掘和建立一些关系而使这些需要得到表达。这其中有痛苦和伤害，但同样也有快乐和深刻。

1980 年的元月 8 日，一大群朋友来到了我家，他们带着食物、饮料、歌曲和惊喜来为我庆祝 78 岁生日。那是一个狂欢的、精彩的、欢声笑语的晚会——充满了爱、关怀、友谊和欢乐——我永远也不会忘记它。

56 因此我仍然觉得自己符合本章标题第二部分所说的。我感到自己虽然年纪在变老却仍在不断成长。

参考文献

Mitchell, A. Quoted in *Los Angeles Times*, February 28, 1977.

Moody, R. A., Jr. *Life after life*. New York: Bantam Books, 1975.

Stanford Research Institute. *Changing images of man*. Policy Research Report No. 3. Menlo Park, California, 1973.

Toynbee, A. Why and how I work. *Saturday Review*, April 5, 1969, p. 22.

4 临近 85 岁*

当这篇文章发表时，我可能已经度过了 85 岁生日。虽然我并不在乎举行庆祝仪式，但我内心却思考着 85 岁对我而言意味着什么。大部分时间里我都难以相信自己是如此幸运，因此这篇文章实际上表达了我个人的感激之情。

我身体健康精力充沛。上帝太眷顾我了。唯一的主要毛病是视力不好。阅读一直是我生活的主要组成部分，现在却变得困难费力。但是在我这个年纪只有一个严重毛病实在值得庆幸。

我有一个彼此亲密无间并互相支持的朋友圈，令人高兴的是我的儿子和女儿也包括在内。这种心灵“家园”对我而言太重要了。

能活着看到自己的工作在全世界产生影响，我深感幸运。昨天收到的两封信就是一个小小的例子。其中一封提到 1970 年至 1986 年间，共有 165 篇关于以人为中心小组方法的论文发表。令人震撼的是这 165 篇论文都是在日本撰写和发表的。另一封信告诉我在巴西召开的一个有关 57
当事人中心/以人为中心疗法的大型会议。我知道，在意大利、西德、

* *Person-Centered Review*, Vol. 2, No. 2, May 1987, 150-152. Reprinted by permission of Sage Publications, Inc.

大不列颠、澳大利亚、墨西哥、瑞士、奥地利、匈牙利和希腊等国家，都有人围绕着以人为中心疗法持续不断地进行着颇有意义的工作。

最近刚加入以上行列中的国家是苏联，它的加入也许是最让人兴奋的了。我最近刚从苏联回来，在那里参加了两个深度工作坊和一些公众集会。我几乎不敢相信自己的工作在那里也广为人知。我们对苏联心理学家的影响是深远的。我之所以这样肯定是因为莫斯科工作坊的许多成员在参加了工作坊的两天后，在一个最高科学委员会上公开谈论他们的经验。听到他们告诉其他人自己参加了工作坊后在个人和专业上的一些改变，对我而言就是最有意义的回报了。

很幸运的是，我个人有机会深深地卷入到世界上“热”度最高的三个局势紧张地区——北爱尔兰、中美洲和南非。若干年前，我曾经帮助组建贝尔法斯特（Belfast）的一个小组，其中包括好战的新教徒和天主教徒，还有英国人。甚至这些世代为仇、宿怨已久的人们在一个短期深度小组中也能够放下仇恨，友好相处。

1985 年，我曾是中美洲一个政策制定和公众意见决定小组的主要成员。小组成员分别来自哥斯达黎加、洪都拉斯、尼加拉瓜、萨尔瓦多、哥伦比亚、委内瑞拉、墨西哥、美国和其他 9 个对此感兴趣的国家。它是一种全新的、挑战性的、艰巨的经历，要与政府要员、大使、立法者、作家打交道——他们中的许多人对如何缓解紧张或共同对话的心理学知识几乎一无所知或毫无兴趣。我们从中受益匪浅。

1986 年，我和一名同事在南非组建了一个深度小组——参与者中黑人白人各占一半。我以前从未经历过如此沉重的仇恨、苦难和痛苦（在黑人身上），也从未经历过如此深刻的恐惧、罪恶感和偏见（在白人身上）。小组获得了成功的最好证明是 1987 年我被再次急切地邀请重返那里。

我相信，对于这些努力的重大意义，我不是在自欺欺人。当然我们
58 对于这些国家的总体状况并没有产生显著影响，但我很满意地得知，在小范围内，在每个气氛紧张的小组里，我们能够表明，有意义的对话是可以建立的，冲突是可以化解的，双方是可以建立更现实的理解的。我

们只是进行了小范围的实验，但它已经表明什么是可能的。现在的问题是社会是否愿意将这些工作坊推广开来。

就个人而言，我对自己能够参与到这些重要冲突中感到非常满意。在 65 岁时我从未梦想过自己会有这些经历！此外我也很感谢那些使这些冒险成为可能的人们。每次当我站在冰山之巅时，无数人的默默努力使工作得以顺利继续下去。

我对生命中的其他部分也充满惊讶和敬畏之情。我认识到，通过论著，我与成千上万的人们进行着个人接触！翻译成十几种语言后，我的文字深深触动了各国读者的心灵和生活，而受触动的读者人数之多是我难以想象的。由于我写下的所有著作和文章几乎都是因为我有话想说，所以我更感惊讶了。当前这种“面向市场”的写作方法对我而言太陌生了。因此我的作品传播如此广泛就使我备感惊讶了。知道自己触动了一个埃及男人、一位澳大利亚内陆女士和乔治亚苏维埃共和国的一名学生的生活，这是最有价值的事了。

我希望自己 85 岁时的生活超过我的计划、想象或期望。在结束之前，我必须还要提到爱，是它哺育了我的成长，丰富了我的存在，鼓舞了我的生活。我不知道自己何时会死去，但我知道自己的 85 年人生一定会是丰富多彩、令人兴奋的！

治疗关系

61 没有任何一部著作对美国心理咨询和心理治疗实践所产生的影响能超过卡尔·罗杰斯在1942年出版的《心理咨询与心理治疗》一书。正因为该著作的重要性，此处选择了其中三章。

颇具讽刺性的是，该著作介绍的并非一种全新的治疗方法。其他人也曾在咨询领域提出过一些进行更少指导、更少解释的方法，罗杰斯感谢了他们的贡献。他所做的首先是将这些人的发现综合起来，并对其进行了解释，清晰地描述了治疗过程，他将其称为“一种更新的心理治疗方法”。

随后，在《指导性方法对非指导性方法》中，他进行了区分。[对（Versus）在学术著作中是个强有力的术语。] 在这篇文章中罗杰斯将“指导性的”方法中咨询师的特定行为与“非指导性的”咨询师进行了对比，其详细程度前所未有。虽然这只是他研究治疗师行为的开始，但它却唤起了所有专业人士关注咨询师和治疗师们在关上办公室的门后实际上都做了什么。当治疗师们看到“指导性的咨询师平均比非指导性的咨询师多说了六倍的话”时，他们怎么会不去思考自己在治疗中实际说了多少话呢？

此外，除了罗杰斯为了说明一种更具非指导性的方法而列举出的个
62 案，如果书中不包括《赫伯特·布莱恩的案例》，那么这本书也不会如此重要，它是有史以来首个录制下来、完全写成文字并发表的心理治疗个案。该个案共进行了八次治疗，首次治疗的谈话内容在这里会原原本本再现出来，包括当事人（或者“被试”，简称“S”）和咨询师（“C”，罗杰斯本人）所说的每个字，还有罗杰斯对谈话的连续评论。

该书还使当事人（client）一词替代了患者（patient）而广泛使用起来，此前患者一词是用来描述接受咨询或治疗的成年人的典型术语。新术语表明了一种看待前来求助个体的新方式，并且由此而带来的一种看待医患关系的新方式。罗杰斯暗示许多专业人士都可以进行咨询或治疗工作，而不仅仅是接受过医学训练的精神病医生或精神分析师。由于这本书，罗杰斯成为了全国各地千百万名咨询师和治疗师的是非标准。通过如此清晰、如此极端、如此生动地呈现出“更新的咨询观”，他迫使这一行业对自身进行了前所未有的仔细审视。无论是否同意罗杰斯的观点，同行们发现自己都在根据他的标准衡量自己的行为。

然而不久以后罗杰斯就开始认识到自己工作中的局限性。他开始相信非指导性方法过分强调了特殊的咨询技术，而没有足够重视咨询师对当事人的态度以及当事人如何看待这种关系。渐渐地，他开始相信不是治疗师使用的技术而是关系的质量——尤其是治疗师的恰当性（真实性）、无条件积极关注（称赞、接纳、信任）和同感（从当事人的角度来理解他）在治疗性转变中起着更为重要的作用。在其最著名的文章之一中，他归纳了“帮助关系的特点”，本书也收录了这篇文章。

在又一个30年里，罗杰斯对当事人中心疗法或以人为中心疗法进行了研究和略微完善，并将其推广到治疗和所有人类关系中。最后，在1986年发表的《当事人中心/以人为中心治疗》中，他不仅概括了当事人中心疗法的基本观点，并且还提出了这种关系的一些新要素——一种 63
直觉的，甚至是精神性的维度——他在临死前才开始对它们进行更全面的探索。这篇文章是关于他在南非对一位女士进行咨询的过程。这么多年来他的同感能力不断提高，并在这次咨询中得到了有力体现，而这次所用的方法与50年前对赫伯特·布莱恩所用的方法间的相似之处是显而易见的。在他看来，一种相对而言非指导性的治疗方法保留了他所知道的最真实有效的沟通方法，它可以使治疗师与当事人相互交流治疗性成长中所必需的真实、称赞和理解。

我们还收录了两篇简短的后期作品，它们表明罗杰斯一生都对阐明治疗关系感兴趣。《情感反射》与《移情》不仅对治疗的一些重要领域进行了更多探索，并且还表明卡尔·罗杰斯在生命的最后岁月里仍然在积极思考如何在细节上完善当事人中心理论和实践。

5 一种更新的心理治疗方法*

治疗过程中有特色的步骤

再没有任何事比将一种观点诉诸文字更困难了。让我们来看看治疗过程。发生了什么事？在接触期间出现了什么？咨询师做了些什么？当事人做了些什么？以下部分将试图大致地，甚至是过分简洁地讲述治疗过程中的不同步骤，作者已经目睹它们出现许多次了，此外还将引用临床记录中的一些片段对其进行说明。虽然治疗中的这些不同方面是分别描述的并且按照特定顺序排列，但在此要强调的是它们并非独立事件。
64 各步骤间彼此联系、相互影响。它们只是大致按照此处描述的顺序出现。

1. 个体来是为了寻求帮助。正确认识到这一点是治疗中最重要的步骤之一。如同过去一样，个体控制着他自己，并且做出了最重要的、负责任的举动。他可能希望否定这是一种独立行为。但是如果进行引导，它就会直接导致治疗发生。还要指出的是，本身不重要的事件常常会为治疗提供令人满意的土壤以进行自我理解和采取负责任的行为，就如同那些更重要的时刻一样。阿瑟的治疗记录就是个很好的例子，这个男孩被送进一个补习班（心理学 411），自然也就接受了咨询。在首次谈话刚开始的三分钟内这种变化就发生了（录音机记录）：

C： 我并不太清楚你怎么会到这里来——我是说，我不知道是有人建议你来找我，还是你有些烦心的事情而想寻求帮助。

S： 我和 G 小姐在文科办公室谈过，她建议我参加这个课程。然后导师告诉我应该来找你，所以我就来了。

---

* *Counseling and Psychotherapy*. Boston：Houghton Mifflin，1942，30-45.

C： 这就是你选择这一课程的原因，因为有人建议你这样做。

S： 对。

C： 所以我想这同样也就是你来找我的原因。我是说——

S： 是的。

C： 嗯，现在，我想说的第一件事是：如果我能做些什么来帮助你解决一些让你烦恼的事情，我会非常乐意。但另一方面，我不想让你认为你不得不来找我，或者这是你课程中必须要做的一部分，或者诸如此类的想法。有时一个人会在学校遇到一些困难，或者有时在其他事情上。如果他们同其他人商量，并且努力找出问题的根源，他们能够更好地解决这些问题，但我想这取决于他们自己。我想在一开始就说清楚的是，如果你想来找我，也许我每周能安排一次时间与你讨论那些事 65
情——但你不是非这样不可。现在，我不知道——你可以告诉我更多关于你怎么会选了这门课——我相信是因为G小姐建议你这样做。

S： 是的，G小姐这样建议我的。她认为我的学习习惯不好。如果它们好的话，就会促进我的学习和任何事情。所以她认为如果我上了这门课，我会学到更好的学习习惯，更好地利用时间和精力等等。

C： 所以——你选它是为了让G小姐满意。

S： 对。不，不是那样的。它是为了提高我自己。

C： 我明白了。

S： 改掉坏的学习方法和习惯，更好地利用时间和集用精力。

C： 嗯。

S： 我选择——她向我提出建议，我为了自己好而选择了它。

C： 我明白了。所以你上这门课部分是因为她的建议，部分是因为你自己想学习这样一些东西，是吗？

S： 我想我需要它，所以我来了。（笑声。）

C： 嗯，现在，我更感兴趣的是，为什么你认为自己需要它而超过G小姐认为你需要它。为什么你认为自己需要它。

请注意，在首次谈话的最开始，该学生所说的话完全是依赖性的。他对选择这门课或来找咨询师完全不负责任。当认识并澄清了这一态度后，他的话逐渐向分担责任转变了（“她向我提出建议，我为了自己好而选择了它”），直到最后他对自己的行为负起了全部责任（“我想我需要它，所以我来了”）。它在咨询中导致的差异怎样强调都不过分。如果隐含着咨询师或第三者对该学生接受咨询负有责任，那么开始进行咨询
66 的唯一道路几乎就是建议或意见。如果当事人本人为自己接受咨询负起责任，那么他就会同样担负起解决问题的责任。

2. 帮助情境通常是明确的。从一开始当事人就应该知道咨询师并没有答案，而是咨询情境提供了一个地点使当事人在帮助下能发现解决自身问题的办法。有时这一过程相当一般化，而有时对该情境的界定则比较具体，例如约定会面的责任问题，或者采取步骤和所做决定的责任问题。

在以上所引用的与阿瑟的谈话中，我们发现了一个例子，它说明了咨询师定义情境的一种方法，即向阿瑟解释清楚他并没有义务这样做，而是可以根据自己的意愿决定是否进行咨询。显然，只有这种知性上的解释还不够。谈话的整个过程都必须强化这一观点，直到当事人感到在此情境中自己可以自由地找到所需的解决办法。

另一个例子是与一位母亲L夫人的首次会谈（她的会谈记录后面还会引用到）。由于对儿子强烈不满，这位母亲与十岁的儿子一起来到诊所。在两次诊断性接触后，发现问题在于母亲无法与儿子正常相处，于是询问母亲她是否愿意和孩子共同解决这一问题。她犹豫并有些害怕地同意了，于是她与心理咨询师进行了第一次接触。以下节选自咨询师的首次治疗性会谈记录（非录音的）。

> 眼看时间就要到了，我想以什么东西来结束这次会谈，于是我说：“你丈夫对你到这儿来同我们一起解决问题有什么想法吗？”她轻轻笑了起来，说：“嗯，他对这个不大关心。不过他倒说过自己可不想成为实验品或什么东西——不想像白鼠一样被对待。”
>
> 于是我说：“那么你可能也觉得会发生这样的事。”“嗯，我只是不知道要做些什么。”于是我向她保证她不必觉得我们会做任何奇怪或特别的事情；只不过是她同我、吉姆同A先生探讨一些事

情，来看看我们是否能共同解决问题，看看他们对当前情境的感受 67
如何，想想他们与家庭其他成员间的关系，并且形成对家庭内部成员间关系的看法。

对此她说：“嗯，也许还有玛佐丽——可能她也比较有趣。可能与她也有些关系。”

请注意，咨询师很清楚地表明了自己的任务是提供一种地点和气氛，使当事人能够想清楚问题、弄明白关系。她并未以任何方式暗示给出答案是自己的责任。母亲理解了这一点，其表现就是她自然而然地引入了问题的另一个新方面——妹妹——并且提出她也希望解决该问题。

还有一个例子也可以说明情境是如何经常从实际责任的角度进行界定的，无论它们是多么微不足道。在对一名学生的首次咨询中，在接触的早期对情境进行了一些字面上的解释，但在会谈将要结束时，改变发生了（录音记录）：

S：我想可能下次我再来的时候，会有些不同。可能我会对那时谈些什么有了更好的想法。

C：你可以下个星期五的这个时候来吗？

S：好的，我没问题。

C：这取决于你。

S：这取决于我吗？

C：我会在这儿等你。我很高兴自己能为你做些什么。

S：好的，先生，我想我会来的。

C：好的。

在这段简短的节录中发生了许多事情。该学生说出了有几分独立性的话，表明他至少打算为下次时间的使用承担部分责任。咨询师通过由学生决定会面而鼓励这种责任感。学生感到这只是一般的客套，所以通过以下的话又将责任推给了咨询师：“好的，我没问题。”当咨询师说明咨询情境是真正属于当事人的，该学生的惊讶显而易见，在录音中他
说：“这取决于我吗？”随后当他以一种肯定和决定性的方式做出反应 68

时，他的整个语气都改变了："好的，先生，我想我会来的。"——第一次真正地承担起了责任。

这样，通过语言、行动或二者的同时运用，咨询师帮助当事人感觉到了咨询时间是他的——运用这段时间，承担起责任，这是一个自由地成为自己的机会。对于儿童来说语言的作用更小些，几乎要完全从自由和负责任的角度对情境进行界定，不过隐藏的动力都是一样的。

3. 咨询师鼓励当事人自由地表达出与问题有关的情感。在某种程度上，它取决于咨询师的友好、感兴趣、接纳性的态度。在某种程度上，它取决于治疗会谈中不断提高的技巧。如果我们成功地让当事人感到时间是真正属于他的，他可以依照自己的意愿使用它，那么渐渐地我们就学会了不去阻止敌意和焦虑、关怀和罪恶感、矛盾和犹豫不决这些情感的自由出现和表达。我想正是在这点上咨询师发挥了最丰富的想象力，而且最快地提高了宣泄技术。从两次接触中的一些简短节录可以说明这一点，一次接触是与母亲L夫人，一次是与她十岁的儿子吉姆。这些都取自与母亲和孩子的第一次治疗接触。

在第一个小时里，这位母亲花了一半时间来举出一个个例子说明吉姆的不良行为。她谈到了他与妹妹吵架，不穿衣服，吃饭时发出令人讨厌的哼哼声，在学校表现不好，在家也不能帮上忙，诸如此类。她的每个评价都是对这个男孩的严厉批评。以下片段取自这份攻击性长篇演说的结尾部分（非录音）。

> 我说："你曾试图做些什么来帮助他，使他的行为如你所愿吗？""嗯，去年，"她说，"我们把他送进了一所特殊学校，并且我
> 69 尝试过对他的一些行为给予奖励，对做了不该做的事则扣除他的零花钱，但是一天刚完他的零花钱实际上就已经全用光了。我曾把他独自关在房里不理他，直到我感到自己快要疯了，几乎要尖叫起来。"于是我说："也许有时你的确——"她说道（非常快地）："是的，有时我的确因为这个而尖叫起来。我过去常常认为自己对他很有耐心，但现在不了。有一天一位亲戚过来吃饭，吉姆在晚餐中吹起了口哨。我叫他不要这样，但他仍然我行我素。最后他终于停了

下来。后来亲戚对我说，如果她叫他停下来而他不听的话，她会把他从椅子上打下去。但是我已经发现那样做对他毫无好处。”我说：“你觉得采用像她所说那样的强硬方法是没有好处的。”

她回答道：“是的。还有他在餐桌上的习惯，那是另一件可怕的事。他多数时间都是用手抓东西吃，尽管他有一套自已的纯银刀、叉、勺子。并且他可能会拿起一片面包吃下去，或者从中间吃出个洞来，或者把他的手指从一层层的面包片中一直插下去。你难道不认为像他这个年纪的孩子应该知道要怎样做吗?”我说：“这让你们两个感觉都很糟糕，你还有你丈夫。”

她回答道：“是的，当然。不过有时他也很好。比如说，昨天他一整天表现都很好，晚上他告诉爸爸说他是个好孩子。”

请注意，咨询师的唯一目的不是去阻止这种敌意和指责情感的表达。他没有试图去劝说这位母亲她的孩子是聪明的、正常的、令人同情地渴望得到关爱，虽然这些都是事实。咨询师在此阶段的整个作用就是鼓励当事人自由地表达情感。

听一听吉姆在同一时刻与第二位心理学家的接触片段就可以最好地说明这些从一个孩子的角度来说意味着什么。这是吉姆的第一次游戏治疗接触。他沉浸在某种简单游戏中，用黏土捏了一个泥人，他说那是爸爸。他玩了许多与该人物有关的话剧游戏，大多都围绕着吉姆试图让爸爸起床而爸爸却不起来（可以猜出，这与家里的情况相反）。吉姆用不同的声音同时扮演两个角色，以下摘自录音，插入了F（父亲）和J（吉姆）以表明用的是谁的声音。 70

F：“我想让你留下来帮帮我。”J：“我不。我想把它做成个什么东西。”F：“噢，是吗?”J：“是的，我想把它做成个什么东西!”F：“好的，来吧，把它做成个什么东西!”J：“好啊你！（打他并把头弄掉了。）他不会立即就报复的。哈，我要把你拿掉一块，惩罚他。好了，我要让你不堪一击，那是对他的惩罚。现在你还不去睡觉！（非常短暂的停顿。）噢，说，你刚才做什么了，睡觉去了?

哈，哈！”F：“我没有去睡觉。”J：“那好，你一定做了什么！我对你的厚脸皮已经厌烦了。起来，起来，起来（叫喊），来呀，爸爸，起来。”

过了一会儿，他假装有人将爸爸举在空中折磨。他的游戏如下：

J：“那个家伙让自己的孩子整天举着他，我们去揍他。（短暂的停顿。）他们抓到他了。”F：“嘿，让我下来。”J：“除非你答应让自己的儿子出去一天。”F：“不，我不会答应的。”J：“那好吧，你就不得不要在高处保持平衡了，瞧，你会喜欢的，你也会做到的。”F：“救救我，伙计们，我要掉下来了。救救我！”（停顿，他把泥人放开，摔碎了。）J：“一切都结束了，伙计们。（停顿。）他不在这儿。他在车里从悬崖上掉下去了。”

这两个片段说明如果咨询师不进行阻挠，这些情感会自然而然深刻而强烈地表达出来。咨询师在此过程中起到的不仅仅只是一种消极作用，可能最好将其描述为治疗的一个独立方面。

4. 咨询师接纳、承认和澄清这些消极情感。这里有个微妙之处，学生可能觉得很难把握。如果咨询师要接纳这些情感，那么他就必须准备好做出反应，不是对于个体所说的知性部分，而是对于隐藏其下的情感。有时这些情感是深深的矛盾感，有时是敌意，有时则是无能为力感。不论它们是什么，咨询师通过自己的言行努力创造一种气氛，使当事人能够认识到自己拥有这些消极情感，并且将其接纳为自身的一部
71 分，而不是将它们投射到他人身上或隐藏在防御机制之下。咨询师通常用语言澄清这些情感，而不是试图去解释其起因或讨论其效用——只是认识到它们存在，并且予以接纳。这样，一些诸如“你对此深感痛苦”、“你想改正这一错误，但同时又不想”、“你的话似乎表明你有很深的罪恶感”的话就会相当频繁地出现在这类治疗中，并且几乎总是让个体以一种更自由的方式继续进行下去——如果它们精确地描述了自己的情感。

这类帮助的例子已经给得够多了。在阿瑟个案的片段中，咨询师的每句话都是为了说明和澄清该学生所表达的来接受咨询的情感，而不是

对这些情绪的长篇解释。在L夫人个案的第一个片段中，咨询师并没有试图去反击这位母亲"像白鼠"一样被对待的隐约恐惧；她只是认识并接纳了这种恐惧。在此个案的第二个片段中，有更多例子说明了治疗的该方面。咨询师不带任何批评、争论、同情地接纳了这位母亲的疯狂感、无望、烦恼和绝望，仅仅将这些情绪作为一种事实予以接纳，并且将它们以一种比母亲所表达的更为清晰的方式通过语言陈述出来。咨询师关注的是母亲的抱怨情绪，而不是所说的内容，这一点还会提到的。这样，当母亲哀叹吉姆的餐桌行为时，咨询师没有就餐桌礼仪进行回应，而是回应了母亲对此行为的明显情感反应。然而，请注意，咨询师并未超越母亲已经表达出的情绪。这非常重要，因为走得太远太快、说出当事人尚未意识到的态度会造成真正的伤害。目标是完全接纳并认识当事人已经能够表达出的那些情感。

5. 当个体的消极情感已经完全表达出来后，随之就会微弱地、尝试性地表达出促进成长的积极冲动。对第一次学习这种治疗方法的学生 72
来说，最让他们惊讶的莫过于发现这种积极情感的表达是整个治疗过程中最肯定、最可预测的方面之一。表达出的消极情感越强烈越深刻（如果它们被接纳和认识到了），就越能表达出爱、社会性冲动、基本的自我尊重、渴望成熟等积极情感。

刚才提到的与L夫人的谈话就清楚地说明了这一点。在接纳了她所有的对抗情绪后，接下来不可避免的就是她应该逐渐转移到在其话语中忽然出现的积极情感，"有时他也很好"。

而吉姆，她的儿子，则在较长时间后才出现了积极情感。在三次接触中（每隔一星期）他一直都在玩着攻击性游戏，折磨、打杀父亲和魔鬼（有时也把它叫"爸爸"）的形象。在第三次接触的后半部分，他的戏剧游戏继续进行着，并变成了一个梦，然后又不再是梦。

> "不，这不是什么梦。我是认真的。现在这是对你的一个警告（揍泥人）。现在它会教你不要对孩子们耍花样！然后这家伙醒了过来，发现这全是个梦，于是他说：'是我该走出这些梦的时候了。'"随后吉姆停下玩弄泥人，在房子四周转了转。他从口袋里拿出一张

剪报，向心理学家出示了一张照片，说道："张伯伦看上去不错，所以我把他的照片剪下来带在身上。"

这是他第一次对某人表达出了积极情感。在那以后再也没有表达出一点敌意，而在治疗情境中的转变大致与在家庭中的转变相一致。

6. 咨询师接纳和认识表达出来的积极情感，并且也以同样的方式来接纳和认识消极情感。在接纳这些积极情感时并没有认可和称赞。在这种治疗方法中并不涉及价值观。积极情感与消极情感一样，只是作为
73 人格的一部分被接纳。正是这种同时接纳成熟和不成熟的冲动，攻击性和社会性态度，罪恶感和积极情感的表达，才使个体在其生命中第一次有机会理解真正自我。他不必为自己的消极情感进行辩护。他也没有机会过分评价自己的积极情感。在此情境中，洞察和自我理解会自发地产生。除非一个人曾亲眼目睹洞察力的发展过程，否则他将很难相信个体能如此有效地认识自己及其行为模式。

7. 这种对自我的洞察、理解和接纳是整个过程的下一个重要方面。它为个体发展至新的整合水平提供了基础。一名研究生发自内心地说："我实在不过是一个被宠坏了的、乳臭未干的小子，但我真的很想像正常人一样。我可不愿让任何人这样说我，但事实如此。"一位丈夫说："我现在知道了为什么妻子生病时我对她的态度很不好，尽管我不想那样。这是因为母亲预言说如果我娶了她，我就会总背负着一个病怏怏的妻子。"一名学生说："我现在知道了自己为什么会恨那个教授——他像父亲一样指责我。"L夫人，这位母亲的评论我们已经引述过了，她在几次治疗接触中表达出了大多数敌意和一些积极情感后，就自己与儿子的关系说出了一些令人惊讶的话。以下是咨询师的记录：

> 她提到的事情之一是他似乎渴望关注，但使用的方法却导致了消极关注。在我们就此问题进行了一些讨论后，她说："也许对他最有好处的是给他一些关怀和爱，并将这些完全与纠正他的行为分离开来。现在，我想我们过去太忙于纠正他而没有时间做别的事了。"她说出那样的话表明她真正感到了改变方法会更好些。于是

> 我说："你能看到这一点真是太好了，不需要别人来告诉你那就是你的真实感受。"她说："是的，我知道发生了什么。"

8. 与洞察过程相融合的另一个过程就是对可能的决定和行动进行澄清，这里要再次强调的是，列出的各个步骤彼此间不是相互排斥的， 74
并且它们也不一定严格依照所排列的顺序出现。通常这一过程与一种绝望感混杂在一起。实质上个体似乎在说："这就是我，对此我看得清楚多了。但我怎样才能以不同方式认识自己呢?"咨询师此时的作用是帮助澄清可能会做出的不同选择，并认识到个体正在经验的恐惧感和对于继续前进的胆怯，而不是督促个体做出某种行动或者提出建议。

9. 然后就是这种治疗方法吸引人的地方之一了，即开始出现细小的但极有意义的积极行动。一个极度退缩的高中男生在表达了对他人的恐惧和憎恨，并且认识到了自己内心深处对友谊的渴望之后，花了整整一个钟头列出了他为何如此害怕接受一个刚收到的社交邀请的所有原因。他甚至在离开办公室时说自己可能不会去。咨询师并没有催促他一定要去。同感使咨询师认识到做出这种行为需要极大的勇气，尽管当事人希望自己具有这种勇气，但他也许还不能迈出这一步。他参加了晚会，自信心得到了极大提高。

另一个例子还是L夫人，在说出了以上引用的那些有关洞察的话后，她立即出现了以下积极前进步伐。同样还是咨询师的记录：

> 我说："那么在他没有以任何形式提出要求时给予他关注和爱可能会对他大有好处。"然后她说："你可能不信，但是他已经这么大了却还相信圣诞老人，至少去年还这样。当然他可能是想骗我，但我可不这样想。去年他在商店里与圣诞老人说话的那些孩子们中是最高的。今年我必须告诉他真相。但是我很担心他会告诉玛佐丽。我正在考虑是否该告诉他真相并让它成为我们之间的秘密。我会让他知道他现在已经是个大男孩了，不能告诉玛佐丽。这是我们之间的秘密，他是个大男孩了，可以帮我保守秘密了。此外，如果我能让她早些上床——她是个很不安分的小家伙，但是如果我能让

> 她早些上床——也许他能帮我忙些圣诞节的事。然后在平安夜——
> 75 我们在那时就开始了圣诞节——当我们在准备时我会把其他孩子都送到奶奶家去，而吉姆可以留在家里帮我。”她述说的方式就好像她对吉姆能帮忙感到非常高兴。（到目前为止她似乎真的对此事的热情超过了其他任何事。）于是我说：“真让人高兴，不是吗，想想看你有个十岁的儿子可以帮你准备圣诞节。”她的眼睛亮了一下，回答说他可能觉得帮她很好玩，而且她觉得这会对他大有好处。我回答说我也这样想，当然要试一下。

对此的唯一评价是一旦获得了洞察，所采取的行动就很可能适合于新的洞察。这样，对自己和儿子间的关系在情感上有了更好理解之后，L夫人将这种洞察转化成了行动，而这种行动表明了她的收获有多大。她的计划通过一种巧妙的方式给予了吉姆特别关爱，帮助他变得更成熟，同时避免了使妹妹产生嫉妒——简而言之，它表明现在她能够带着发自内心的动机来实施该行为，解决问题。如果在对她进行诊断后提出这种建议，那么几乎肯定会遭到拒绝，或者以某种会导致失败结果的方式执行。当它发自于她想做一个更好、更成熟母亲的内在愿望时，结果就会是成功的。

10. 余下步骤就不需要详细叙述了。一旦个体获得了大量洞察并带着恐惧尝试性地做出了一些积极行动后，余下方面就是获得进一步成长的要素。首先是进一步洞察——当个体获得了勇气去更深入地探究自身行为时，他对自我的理解就会更全面、更准确。

11. 当事人会逐渐出现更多整合了的积极行动。对做出选择的恐惧会减少，对自我导向的行动更有信心。现在咨询师和当事人在一种新的意义上进行合作。彼此间的个人关系达到最牢固点。很常见的是当事人
76 第一次想知道咨询师个人的一些情况，并且表现出一种非常特殊的、友好而由衷的兴趣。开始对提出的行为计划思考讨论，但是先前那些显而易见的依赖性和恐惧感再也没有了。为了举例说明，以下片段选自一位母亲的最后几次会谈记录之一，她已经成功地获得了洞察。

J夫人说："我不知道你对我们，对帕蒂和我做了些什么，但一切都变好了。应该说在过去三个星期里，我不能再想要一个比她更好的小姑娘了。噢，昨天她的表现可有些不好。我叫她时她不愿过来，是没有马上过来。她过去是有些坏，但还没那么讨厌。我不知道你是否能明白我的意思，但是现在对她的淘气的看法不同了。嗯，她似乎不那么讨厌了，尤其在我看来是这样。"咨询师回应道："我想我知道你的意思。她拒绝你并不是为了伤害你。"J夫人点点头说："是的。事情应该就是如此。"

正如在这类治疗中经常会出现的那样，某些行为还会继续存在下去，但是这位母亲对这些行为以及自己处理它们的能力有了完全不同的感受。

12. 当事人会逐渐感到不再需要帮助并认识到与咨询师的关系必须结束。他们常常会为占用了咨询师这么多的时间而感到抱歉。咨询师还是一如既往地帮助当事人认清这种情感，通过接纳和认识到当事人正在对控制治疗情境变得更有信心，并且希望不再继续接触。与最初一样，当事人不是必须要离开，咨询师也不去试图挽留当事人。

在此治疗过程中，当事人很有可能表达出个人情感。当事人常常会宣称"我会怀念在这儿的时光；我对这些接触感到非常愉快。"咨询师可以对这些情感表示感谢。毫无疑问，当个人成长就在我们眼前发生时，我们的确会在一种有益范围内卷入自己的情感。接触有时间限制，当事人对结束接触虽然有些不太情愿但对他却是有益的。有时，在最后一次接触中，当事人会提出一些老问题或新问题，似乎想 77
要维持这种关系，但是气氛就与最初的那些接触完全不同了，那时的问题才是真的。

以上这些是治疗过程的基本要素，存在于各种组织中，存在于处理各种问题时——父母及其子女，甚至是幼儿；婚姻咨询；学生的适应不良和神经质行为；职业选择困难；总而言之，在个体面临严重调适问题的大多数情况下。

应该认识到的是，以上分析可能会在组织上有所不同。在一个如此微妙的过程中，任何试图将它划分为各个步骤和要素的努力都包含着许多主观性和不准确性，而不是客观性和准确性。然而，作为一个整体，以上所描述的治疗方法是一个有序的、连续的过程——其主要框架甚至是可以预测的。它与一种松散的、机会性的、强调“个案间各不相同”的方法截然不同。该过程具有足够的统一性，它为实验验证提供了适当假设。

6 指导性方法对非指导性方法*

指导性观点和非指导性观点的各自特点

这些观点在咨询上的差异绝不是一种理论上的。在其未发表的论文《咨询会谈过程的一种测量方法的发展和评估》中，波特（E. H. Porter）收集了一些与持指导性观点和非指导性观点的咨询师有关的资料。虽然在其各种比较中涉及的会谈数目较少，但是结果的一致性却令人印
78 象深刻。波特请一组专家评委们听了 19 段录音记录下来的咨询会谈，并请他们将其中所有的咨询师的反应和谈话划分成不同类型，后面我们会描述这些类型。此外，他还请评委们根据会谈的指导性将其分成不同等级。对评委们的指导语是：“表中的 11 代表咨询师在会谈中进行了完全指导。表中的 1 代表咨询师在会谈中直接或间接地拒绝承担起指导责任，结果是当事人不得不担负指导会谈的责任。你们不用判定咨询师是否进行了好的指导或非指导。只根据指导性和非指导性的相对程度对会谈分类。”

等级评定结束后，将指导性较强的会谈与指导性较弱的会谈进行了比较，它们在模式上的一些差异明显地表现了出来。根据波特收集的资料，将他发现的一些事实进行重新分组后，这些差异可以用经过修订的表格形式表现出来。在波特的 19 个会谈中，有 9 个的指导性等级相当

* *Counseling and Psychology*: Boston: Houghton Mifflin, 1942, 118-128.

低，在 11 点量表中的等级是从 1.5 至 5.6，指导性的平均得分是 3.3。剩余的 10 个会谈则指导性非常明显，等级是从 9.3 至 10.8，平均值为 10.2。[1] 5 位咨询师作为低指导组的代表，6 位咨询师则作为高指导组的代表，因此结果不会受到任何一位咨询师具体操作的特别影响。每组都包括熟练和非熟练的咨询师，以及一系列会谈的开头、中间和结尾片段，两组在这些方面都大致相当。

如果我们现在查看资料，来看看两组咨询师在反应或交谈类型上是 79
否具有各自特点，那么就会发现明显的不同。指导组运用较多的反应类型有 11 种，非指导组运用较多的反应类型有 3 种，而有 4 种类型则被两组运用得几乎同样多。

这一结果如下所示（表 6—1、6—2、6—3）。需要注意的是，整个研究都只限于会谈中咨询师一方，而没有对当事人的反应进行分类。表中有波特界定的、评委们使用的描述性分类。每项后面都有评委们所使用过的一个简短的说明性举例，目的是使界定的意义更具体。右栏是指导组和非指导组咨询师的每次会谈的各项得分。

表 6—1　　　　指导组咨询师的技术特点

	项　目	每次会谈的平均得分 指导组	 非指导组	
1a. *	咨询师将会谈界定为诊断或治疗过程。 例："我不知道你的问题是什么，但我们可以部分通过测试、部分通过在这儿的会谈而找出它。"	1.7	0.5	
2b.	咨询师指定话题但让当事人就此话题进行展开。 例："你愿意告诉我更多有关内容吗？"	13.3	6.3	
2c.	咨询师指定话题并限定所要谈论的特殊问题。 例："你已经接受咨询多久了？""在这儿还是家里？""是在什么课上？"	34.1	4.6	80
3d.	咨询师根据测试和评估结果等来确定某一问题、其产生根源和需要矫正的方面。 例："你的问题之一是你从来没有机会将自己与他人进行比较。"	3.7	0.3	

① 也许这一明显对立在咨询中是不典型的。

3e.	解释测试结果，但是不同于指出某一问题或其产生根源等。 例："这表明32%的大学新生阅读测试材料的速度比你快。"	1.2	0.1
3f.	表达出与当事人有关的赞同、不赞同、震惊或其他各种个人反应。 例："好！太好了！这是个良好的开始。"	2.6	0.6
4.	咨询师就问题或治疗进行解释、讨论或提供信息。 例："嗯，我认为这不是唯一原因。一些对此了解很多的人也会像那些一无所知的人一样感到紧张不安。"	20.3	3.9
5a，b.	咨询师直接地，或通过使用提问技巧，或通过回答该如何做而对当事人的行动做出指导。 例："我想你应该放弃那份工作并且尽可能多花些时间在学业上。"	10.0	1.3
5c.	咨询师通过列举并评价证据、表达个人观点、说明赞同或反对的理由，从而影响当事人做出决定。	5.2	0.3
5f.	咨询师再次给当事人打气。 例："现在你可能遇到了许多困难，但不要被它们吓倒。你会很好地解决它们的。"	0.9	0.2

＊每项前的数字是波特所使用的，它表明该项目在其等级评定访谈中的顺序。一般来说，第1类指这些技术与界定会谈情境有关；第2类指这些技术与会谈情境的开始和发展有关；第3类指这些技术与发展当事人的洞察力和理解有关；第4类指这些技术与提供信息或解释有关；第5类指这些技术与指导当事人的行为或促使其做出决定有关。

81 **表6—2**　**非指导组咨询师的技术特点**

	项　目	每次会谈的平均得分 指导组	 非指导组
1b.	将会谈界定为由当事人负责指导会谈的进行、做出决定等。 例："有时人们发现，与他人一起讨论自己所面临的问题会有助于问题的解决。"	0.5	1.9
3b.	咨询师做出反应，表明对刚才所说的话中表达出的情感或态度的认识。 例："这让你感到很沮丧。"	1.2	10.3
3c.	咨询师做出反应，表明对刚才所说的话之外所表达出的情感或态度的认识。 例："可能你今天上午本不想来的。"	0.7	9.3

表 6—3 两组共同运用的技术

项目		每次会谈的平均得分 指导组	非指导组
2a.	在咨询师的引导下迫使当事人选择并展开话题。 例："今天上午你在想什么?"	0.6	0.6
3a.	咨询师做出反应，表明对主题内容的认识。 例："测试是在星期二进行。" "啊！两种方法都不起作用。"	6.1	6.0
5d.	咨询师指出决定权在于当事人。 例："这取决于你。"	0.4	0.6
5e.	咨询师表明接受或同意决定。 例："我想你做得对。"	0.8	0.6

一些有意义的比较 82

对这三个表格进行考察后就会得出两种治疗方法颇有意义的一些差异。首先，指导性咨询师在咨询情境中更为活跃——他们说得更多。在每个指导性会谈中，咨询师做出的反应平均有 107 个可以分类的项目，而在每个非指导性会谈中则只有 49 个。当然，与此相反，当事人说的就少得多。在分析了这些会谈中的单词总数后，波特发现咨询师的用词量与当事人的用词量二者间的比率在 0.15 到 4.02 之间。换而言之，一种极端是当事人所说的话几乎是咨询师的 7 倍，而另一种极端则是咨询师所说的话是当事人的 4 倍——一个说明了什么是试图"打岔"的统计学例子。如果比较一下处于这两个极端的咨询师，那么就会发现第二个咨询师所说的话是第一个的 25 倍。

咨询师和当事人用词量的比率与指导性程度密切相关。在 10 个指导性会谈中，平均比率是 2.77，咨询师所说的话几乎是当事人的 3 倍。而在非指导性会谈中，平均比率是 0.47，咨询师比当事人所说的话少一半多。从这两个比率中可以注意到，指导性咨询师所说的话几乎平均是非指导性咨询师的 6 倍——这是整个研究中最显著的差别之一。它生动地描述了一个事实，即在非指导性咨询中是当事人"说出自己的问题"，而在指导性咨询中则是咨询师对当事人说。

从以上表格中我们还发现方法上的差异主要在于劝说当事人、指出需要矫正的问题、解释测试结果、提出特定问题等技巧——所有这些都
83 是指导性方法的显著特点；而认知和解释当事人在言谈举止中表达出的情感则是非指导性方法的一个技术特点。在此我们要再次强调二者间的根本不同，指导组强调的是控制会谈并使当事人朝着咨询师选择的目标前进的那些技术，而非指导组强调的则是使当事人更清楚地意识到自己的态度和情感并随之促进其洞察力和自我理解的那些方法。

由于表6—1，表6—2，表6—3中的比较似乎表明指导性咨询师在会谈中要活跃得多，因此还对同一资料进行了另一种比较，即在表6—4中按使用频率在平行列中列出每组最常用的咨询技术。这里只列出了每组最常用的7种，因为其他技术运用很少。表6—4中对这些技术的界定比前面几个表格更正式。各项最后括号里的数字表明了它在每个会谈中的平均频率。

表6—4　　最常用技术（按频率排列）

指导性咨询师组	非指导性咨询师组
1. 提出极其具体的问题，并将回答限定在是、否或特定信息内。(34.1)	1. 以某种方式确认当事人刚表达出的情感或态度。(10.3)
2. 解释、讨论或提供一些与问题或治疗有关的信息。(20.3)	2. 解释或确认通过一般举止、具体行为或早先的言语所表达出的情感或态度。(9.3)
3. 指出会谈的话题但让当事人就此展开。(13.3)	3. 指出会谈的话题但让当事人就此展开 (6.3)
4. 为当事人的行动制定计划。(9.4)	4. 确认当事人刚才谈话中的主题内容。(6.0)
5. 确认当事人刚才谈话中的主题内容。(6.1)	5. 提出极其具体的问题，并将回答限定在是、否或特定信息内。(4.6)
6. 列举证据并劝说当事人采纳已计划好的行动。(5.3)	6. 解释、讨论或提供一些与问题或治疗有关的信息。(3.9)
7. 指出需要改进的问题或情况。(3.7)	7. 将会谈情境界定为当事人有责任来使用它。(1.9)

从表 6—4 中我们可以初步得出一些结论，不过必须要记住的是， 84
这项研究中的会谈数目非常小，尽管如此，这些会谈全部都通过电子录音设备完整地记录了下来，这就提高了研究的价值。可以说，指导性咨询的特点之一是咨询师提出许多具体问题，并且也期望得到具体回答；特点之二是咨询师提供信息和解释。这两种技术解释了在此类治疗会谈中咨询师的大部分作用。此外咨询师还使当事人有机会就某些具体话题发表意见，并指出他所观察到的当事人需要改进的问题或情况。他对当事人所说的主题内容进行澄清、复述或确认。通过为当事人制定行动计划并用证据和个人影响力来说服当事人采纳该行动计划，咨询师试图使当事人发生改变。

另一方面，非指导性咨询的特点是当事人更活跃，更多谈论自身问题。咨询师的基本技术是帮助当事人更清楚地认识和理解自己的情感、态度和反应模式，并鼓励当事人对此进行讨论。咨询师项目中的一半属于这些类型。咨询师还可以通过复述或澄清当事人谈话中的主题内容以更好地达到这一目标。他也给予当事人一些机会来表达对具体话题的情感，但是他较少提出一些具体问题以获得相关信息。偶尔他会提供一些与当事人情境相关的信息和解释。咨询师还会将会谈情境再次界定为它基本上是当事人的情境，当事人可以利用该情境来促进自身的成长，虽然这一技术使用得不是很频繁，但也不少。

实践意义。可能有人会认为，作者花费了不必要的篇幅来指出不同 85
咨询师和治疗师之间在指导性上存在着真正的、根本的差异。作者试图将这些差异尽可能陈述清楚的原因在于，所有咨询师都明显地倾向于认为自己是非强制性、非指导性的。大多数在指导性等级评定上得分高的咨询师都不相信自己在会谈中起着引导作用，选择目标，向当事人建议如何做，并劝说他们这样去做。结果自然就是人们倾向于认为所有咨询都基本相似，技术差异也很小。波特的研究意义就在于它说明了事实并非如此，认识到治疗观的截然不同而不是毫无事实依据地假设治疗观都是一致的将有助于提高我们对心理治疗的理解。

如果读者想对以上给出的一些事实进行验证，那么可以使用一种简陋仪器逐字记录下任何一个会谈。如果他只看任意一方的语言，那么就会有以下发现：(1) 如果只看咨询师所说的话就足以得出会谈的要点和一般倾向，那么该会谈显然是指导性的；(2) 如果只看当事人所说的话就会对整个会谈有恰当的认识和了解，那么该咨询显然是非指导性的；(3) 如果看了任意一方所说的话后困惑不解，并且咨询师或当事人任何一方所说的话都无助于了解会谈要点，那么该会谈则处于指导性和非指导性之间。

内在目的

隐藏在指导性和非指导性方法的这些差异背后的，是重要的咨询哲学和价值观上的更深层差异。在应用科学领域，价值观是决定选择何种
86 技术的一个因素，而且通常是一个重要因素。因此我们应该了解指导性和非指导性咨询的内在目的。

二者在目的上的第一个基本差异围绕着谁选择当事人的目标这一问题。指导性咨询假定，咨询师选择当事人要达到的、符合其需要和社会允许的目标，然后帮助当事人努力达到该目标。言下之意是咨询师比当事人要高明，因为它假定后者无法担负起选择自身目标的全部责任。非指导性咨询的基础则是假定当事人有权选择自己的生活目标，尽管这一目标可能与咨询师为其选择的目标不一致。这种方法还相信，如果个体对自己及面临的问题稍有洞见，那么他就有可能做出明智的选择。罗伯特·威尔德（Robert Waelder）对这一观点进行了精辟论述，不过因为其学术背景，他用弗洛伊德术语将自己的观点表达了出来。“弗洛伊德精神分析的基本观点……是公平地对待患者的内部冲突……精神分析师不参与到这些永无休止的斗争中的任何一方，他的唯一目的就是使冲突的无意识成分上升为意识，从而使阳光和空气进入这一战场。他认为如果一个成人的成熟本我充分运用所有相关力量，那么它应该就能够找到一种适当的、说得过去的、至少是非病理学的方法来解决这些冲突，并且能够在满足欲望和有效控制这些欲望之间找到一种可行的

均衡。"*

非指导性方法十分重视每一个体都有心理独立、维护自身心理完整 87
性的权利。指导性方法则十分重视服从社会、能力强者指导能力弱者。这些观点与社会和政治哲学以及治疗技术都有着颇具意义的关系。

由于价值判断上的这些差异，我们发现指导组倾向于将重点放在当事人提出的问题上。如果解决问题的方式是咨询师赞同的，如果症状消除了，那么就认为治疗是成功的。非指导性组将重点放在当事人本人身上，而不是问题上。如果当事人通过咨询而获得了足够的洞见去理解自己与现实情境间的关系，那么他就能够选择方法去适应对他具有最高价值的现实。他也具有了更好的能力去处理未来出现的问题，因为在独立处理自身问题上有了更深入的洞察力和更多经验。

显而易见，非指导组的方法适用于那些有能力为自身问题找到适当而合理的解决方法的绝大多数当事人。在这种观点看来，对于精神病人、心智不健全者或者甚至在他人帮助下都无法解决自身问题的一小群人，咨询不能只是唯一的方法。它也不适用于那些环境对他们提出了不可能做到的要求的儿童和成人。然而，对于绝大多数调适不良的个体而言——儿童、青年人、成人，在他与其社会环境间做出一些合理的调整是可能的。对于这一类人，一种鼓励成长和形成责任感的治疗方法是很有益的。

参考文献

1. Porter, E. H. The development and evaluation of a measure of counseling in-

---

* 摘自《心理治疗中的共识领域》一文，载《美国矫正精神病学》杂志第 10 卷第 4 期 (1940 年 10 月)，705 页。有趣的是，威尔德博士说出这番话的目的是为了强调他感到弗洛伊德精神分析所特有的一种观点。然而，研讨会上持其他观点的代表们却指出，这是一切有效的心理治疗方法都共同具有的基本原则之一。此外，会议主席古德温·华生 (Goodwin Waston) 博士对讨论进行总结时评论说："我们似乎已经得出了一个结论，即精神分析的确为一种关系的形成做了大量的最初推动工作，而在这种关系中治疗师试图不让自己的价值观对患者产生影响，并且过去 20 年中其他所有心理治疗方法都在朝着这个理想发展。"同上，708 页。

terview procedures. Unpublished Ph. D. dissertation, Ohio State University, Columbus, Ohio, 1941.

88 # 7 赫伯特·布莱恩的案例

首次会谈

星期六第一次

C1. [①] 嗯，昨天我们谈论是否要继续进行下去，我不知道自己对你的想法是否有了清楚的认识，所以请继续告诉我一些这方面的情况。

S1. [②] 嗯，如果要我尽可能准确地表达出自己的想法，我会把它描述成在多个领域都有所体现的一种障碍。

C2. 嗯。

S2. [③] 在我幼年时，印象最深的障碍症状是语言方面。我一直到六年级还有语言障碍。然后，随着慢慢成熟，我发现自己在性方面存在障碍。不过，不是窥淫狂那种，只是在性交时；我常常会出现性交障碍。
89 小腹还会出现不舒服的紧张感，打个比方说，就像一把冰冷而坚硬的斧头或者其他这类东西压制着性冲动不让它释放出来。

C3. 嗯。

S3. [④] 现在，另一件有趣的事，这种不良感觉最初出现在胸部。那儿有一种钝痛和冰凉感。在障碍出现的某些情境中，有时我的手会变得

---

① *Counseling and Psychology*: Boston: Houghton Mifflin, 1942, 265-287.

为了便于查阅，整个访谈中咨询师（C）和当事人（S）的反应都进行了编号。伴随着会谈资料的脚注也相应地进行了编号。

通过这种很宽泛的开放式问题，咨询师使当事人能够以自己希望的任何方式讨论自身问题。注意 S1，S2，S3 都是对这一个问题的回答。

②③④ 当事人所说的这些话是神经症患者对自身问题进行描述的经典例子。各种身体症状、紧张情绪都很典型。随着个案的深入，读者会希望比较最初呈现的问题和导致基本困难的真正问题。请注意，这位阅历丰富的当事人对自身问题的描述也非常复杂。而单纯的当事人对自身问题的描述也简单。在这两种情况下，最初说出的问题都不大可能就是根本问题。

冰凉，心跳加快。随后那种感觉会向下，就那样。我只能描述成这样了。我的意思是，实际上我猜想——我的意思是，我这样来描述那种感觉向下发展的情形。

C4. ① 嗯。它让你比以前更痛苦还是没什么差别？

S4. ② 我不知道该怎么说。我过去对自己的语言障碍感到很痛苦，尽管它实际上并没有那么糟糕。我过去，呃——我过去口吃——口吃得非常严重，呃——于是我就——就让自己不去想它并多多少少强迫自己忘记它，无论如何向前走，尽管进入某些情境让我感到非常紧张。

C5. 嗯。

S5. ③ 但是——呃，后来，实际的感受好像——感受好像变得——好像变得，应该说，被压抑了，还有转移了。也就是说，我感到它加深了，并且在下移过程中变得更加压抑了。我的意思是，这就是我的感觉。

C6. 嗯，嗯。

S6. ④ 胸部的感觉还只是一种模模糊糊的冰冷、钝痛感，然后随着这种感觉往下移动，它变得越来越强烈。有时感到非常痛。我就像是被控制住了，以前也是这样，在生活的各个方面都遇到了障碍。

C7. ⑤ 一种真切的疼痛感，这是你的意思吗？

---

① 这是一个中等程度的指导性问题，限定当事人就某个具体问题进行讨论。然而，这个问题明确地对布莱恩先生所表达出的情感进行了回应，而不是对其谈话中的知性成分做出回应。也许咨询师只确认当事人所表达出的内容会更好，他可以这样说：“你已经注意到了在这些症状上出现了真正的改变吗？”

② 提到自己以前的口吃问题时，布莱恩先生开始口吃起来，并这样持续到了 S5。

③④ 当事人所说的这些话是神经症患者对自身问题进行描述的经典例子。各种身体症状、紧张情绪都很典型。随着个案的深入，读者会希望比较最初呈现的问题和导致基本困难的真正问题。请注意，这位阅历丰富的当事人对自身问题的描述也非常复杂。而单纯的当事人对自身问题的描述也简单。在这两种情况下，最初说出的问题都不大可能就是根本问题。

⑤ 咨询师的这一反应肯定会有助于会谈的发展。必须已经有证据使咨询师肯定这些是心理上的而不是器质性的毛病。一般反应是以某种方式质疑它们是否真的存在。任何这种含义都会使当事人产生防御心理并使他们一心要证明自己的痛苦是真实的。咨询师确认他正在描述真实的痛苦使布莱恩先生感到自己得到了真正理解，并且使他有可能继续说出自己在何时不痛苦（S8）。

90 **S7.** 噢，是的。

C8. 呣。

S8. 然后有时在短时间里它又神秘地消失了。我的意思是，它的消失没有任何特殊原因。我解脱了，然后我会在这一短暂时间里变得非常活跃、非常高兴——的确是这样的——“哦，当我从中解脱出来时每个月有一两天我很开心，但我从来不知道它们何时会再来临，或者我的痛苦生活何时——”

C9. ① 你说你感到它的确使你在生活的许多方面遇到障碍吗？

S9. ② 实际上是生活的所有方面——你可以提到的任何事情。我害怕见人，我害怕推销自己的摄影生意。我非常憎恶所有活动，甚至跳舞。正常情况下我很喜欢跳舞。但是当我的老毛病，你想怎么叫它都可以，牢牢地控制了我时，跳舞简直就是一种折磨。我注意到自己的肌肉能力不一样。在那些好日子里，我能和谐地与其他人一起唱歌。

C10. 呣。

S10. 那时我的耳朵能使我在声音上与他人保持和谐。但是当障碍出现时，我似乎就失去了这种能力，就像失去了跳舞能力一样。我感到非常迟钝和僵硬。

C11. ③ 呣，所以你在工作和娱乐上都有障碍。

91 **S11.** 我什么事也不想做，只是躺着。我对任何活动都毫无兴趣。

C12. ④ 你就是觉得自己无法做任何事，是这样吗？

S12. 嗯，实际上我觉得就像那样压着我（指着腹部），近得就像我能指出它，哦——正压着我的发动机，你可能会这样说。

---

① 这里似乎很明显，咨询师刚刚消化了当事人在 S6 中所说的后半部分内容，现在正对它做出反应。我们的录音显示，这种事经常发生并且反应常常不是针对刚说过的话，而是针对早先的话。不必对此提出批评。在口头上进行了确定的情感是真实的，这种确认使布莱恩先生对它进行了更充分的展开，将它带入了更彻底的开放之中。对情感进行了确认以后通常都会这样。

② 这里我们首次对布莱恩先生的症状有何后果略微有所了解。它使他无法进行工作和社交活动。

③④ 很好的非指导性反应的例子，咨询师只是确认了当事人表达出的情感，使谈话更容易进行下去，并使当事人继续探究自身的态度。

C13. ① 嗯。你——尽管它给你造成了困难，但你很肯定这不是生理上的问题吗？

S13. 哦，我知道它不是生理上的问题。原因有几个——一个是我曾经做过全面体检。另一个是它离开我，离开我非常，非常突然。在半分钟内，我就会完全改变。

C14. ② 是那样吗？（停顿。）你能告诉我有关这些时候的事情吗？

S14. 嗯，就是痛苦的重压感离开了我。它从来没有因为相同的想法而离开。我是说，我会想其他一些事情或者使用自我精神分析技术以求能有所帮助。有时某些想法会使我解脱。但在另一些时候这些完全同样的想法——完全同样的自我技术却毫无作用。

C15. ③ 呣。因此你感到它的来去完全不受自己控制。 92

S15. 是的。我的印象是整个事情——与我的意识思想毫无关系或者说它不在我的意识控制之下。因此除了在我刚才提到的窥淫狂状态下——如果我感觉很糟糕，我就会注意去看，看到一个赤裸的女人，我就会感到高兴。

C16. 那时你就不会感到任何压抑或痛苦。

S16. 是的。很奇怪，它常常似乎是个试金石——

C17. 你感到它是某种线索。

S17. 嗯，是的，我想是。现在，有时我能从性交中得到快乐——有时，却不快乐——几乎就是一种机械的过程——我没有多少感觉。

C18. ④ 所以在那种情境下，你根本不能肯定自己能从这种感觉中解

---

① 该问题及其回答似乎是整个接触过程中进行严格诊断的一个单元。这位当事人明显适合接受咨询。他已成人，并且有足够能力控制自身环境来做事。他承受着心理痛苦，正如他在会谈中所表现的。他的智力明显高于平均水平，这从他的用词中可以看出来。该问题在这里得到了解决。不管是否有意要达到这个目的，咨询师精明地解决了这一问题，而这需要诊断方面的知识。

② 这是个指导性的、用于诊断的问题，它使当事人处于提问——回答的框架之中，并且由此造成了一个停顿，而咨询师必须打破这种停顿，这次使用的是一个不那么具有指导性的问题。

③ 这种反应类型表明咨询师已经在深入思考当事人表达出的情绪化态度。他非常明确地对该情感做出了反应，而完全没有理睬表达出的内容。

④ 显而易见，这是咨询师笨拙地试图对布莱恩先生所说的他只有在“窥淫情境”中才能获得满足的话进行回应。

脱出来，或者从困难中解脱出来。

S18. 嗯，我事先知道如果自己这一天过得很糟糕，它仍然对我没多大好处。我从困难中解脱了出来，非常忽然地解脱了出来，所以我能顺利进行下去。

C19. ① 但是，我是说，它不一定会发生，我是这样理解的，在你描述的一种窥淫狂情况下，你很肯定——

S19. ② 我那时总会有快感，是的。

C20. ③ 嗯，你自己认为这是一个线索。你能想起来它与什么有关吗，或者说它的根源在哪里？

93 **S20.** ④ 嗯，我能找到根源。当我还很小的时候，那时是一年级，有两个女生和我们住在一起，她们常常在我面前不穿衣服；我想她们实际上是故意那样的，我感到了性快感。

C21. 你说那是什么时候？哪个年级？你谈到了自己当时在读几年级？

S21. 一年级。

C22. 我知道了。

S22. ⑤ 我那时大约五岁。那是我最早获得的性快感，它与某种幻想联系在一起。我想我曾对它进行过更多的分析——那种感觉实际上是一种间接的下体裸露癖；也就是说，当我知道那女孩不是偶然地而实际上是故意对我裸露她的身体时，那种快感更强烈。

---

① 显而易见，这是咨询师笨拙地试图对布莱恩先生所说的他只有在“窥淫情境”中才能获得满足的话进行回应。

② 请注意，如果咨询师想准确地发现真正的问题是什么，那么他就必须跟随当事人的情感模式。这时，咨询师也许已经紧紧抓住了这些问题中的任何一个并把焦点集中于此——腹部的生理症状，从窥淫中得到满足，这些听上去似乎难以抑制，以及性调适不良，社会情境调适不良。通过提问对以上各领域进行调查可能会发现哪个问题是最有意义的，但是也可能永远找不出隐藏其下的更深层问题。这会是一个最耗费时间的过程，而且不一定成功。显然更快速和现实的办法是鼓励当事人述说，完全相信他会渐渐地将咨询师带到问题的核心。

③ 显而易见，咨询师再次感到有必要使用中度程度的指导性问题，以使会谈继续下去。问题是接着当事人在S16中的话提出的，咨询师只对情感进行确认可能会更好些，如说：“在那种情境中你肯定会得到满足。”

④⑤ 请注意布莱恩先生在这几段话中是如何将问题的所有责任都推到了其他人身上。咨询师捕捉到了这种隐含的情感并至少在C24中对此做出了部分反应。

C23. ① 呣。你对这件事的各个方面进行了一些分析。你能说说对这件事的更多想法吗？你说你感到这可能是它的根源——

S23. ② 嗯，当然那可能解释了积极情感。现在来解释消极情感。我生长在一种非常严格的维多利亚式和清教徒式环境中。我母亲有一次甚至因为我与一位朋友谈话而打我。她认为那很可怕。我们谈到了各种动物等等，她被吓坏了。我记得她的情绪变得非常激动。她问道："你们谈到蝗虫了吗?""你们提到动物了吗?"然后又问："你们提到人类了吗?"她的情绪逐渐达到高潮，然后因为仅仅提到了这些东西就打我。 94
我想如果说说就很可怕的话，要做就更可怕了。我父亲有着十分明确的禁欲思想——它是一种中世纪的概念——"苦行"——这类东西。他在年轻时就曾严格地做过所有那类事情以使自己更高尚。作为一个年轻人，他太热衷于这类事情了。我想这源自于他母亲。她是一个忠实的加尔文教徒——非常反对打牌、跳舞等这类事情。他很依赖母亲。我敢肯定是她控制着他的生活。

C24. 所以你感到自己的亲人部分地造成了你的问题?

S24. ③ 嗯，我敢肯定，从心理上而且当然从哲学上你可以将问题追溯到那里。不过，是的，我认为这完全是条件反射。不过我不知道认识到这种条件反射是否会影响到治疗，或者是否必须有其他东西。我过去曾以为如果我能够回忆起所有童年的事情，并把它们从潜意识带到意识中，那么我就会获得解脱，然而不是根本想不起什么，就是有些事的确发生过我却想不起来，或是即使想起来了也毫无用处。

C25. ④ 无论你做了什么都无法使你从问题中解脱出来，是这样吗?

---

① 一种非常宽泛的非指导性引导类型，它通常都会带来很多成果。

② 请注意布莱恩先生在这几段话中是如何将问题的所有责任都推到了其他人身上。咨询师捕捉到了这种隐含的情感并至少在 C24 中对此做出了部分反应。

③ 在知性上，当事人"知道所有的答案"。除非咨询能给他提供知性内容以外的东西，否则咨询显然会失败。

④ 在这里咨询师很容易陷入有关治疗方法的知性讨论之中。咨询师做的只是对情感做出反应。

95 **S25.** 是的，当我有时的确想起了一些不愉快的童年经验时，痛苦加深了而不是缓解了。所以我——

C26.[1] 于是你就带着这个问题生活了这么多年。为什么它现在变得更糟糕了，或者说你现在为什么要如此急切地想办法解决它呢?

S26. 嗯，它不久前才变得让人无法忍受。我宁愿死也不愿意像现在一样活着。

C27. 你宁愿死也不愿像现在一样活着吗? 你能告诉我更多有关的情况吗?

S27. 嗯，我希望如此。当然我们总是生活在希望里。

C28. 是的。

S28. 但是——不，我并没有任何自杀念头或任何这类想法。它就是——理智地来看，我感到自己——自己正处于痛苦中，我不想继续生活在痛苦中。(停顿。)

C29. 嗯，你能说得更详细些吗——它怎样对你的生活造成了如此大的障碍，使你有时宁愿去死?

S29. 嗯，我不知道自己是否能将这种感受描述得更精确。它就是一种——一种非常压抑的、痛苦的沉重感，就像一把斧头压在整个腹部上，向下压，我几乎能——我几乎能感觉到那个位置，我感到它非常强烈地压迫着我，就是说，就是说它正向下到达了我能量之源上，所以不管我怎样努力，障碍依然存在。

C30.[2] 它的确对你在其他任何有关方面都产生了影响。

S30. 是的。唔。甚至在生理上。当我走路时，也就是说，当我感觉很糟糕时，我会躬着走路，就像肚子痛一样，我的确感到疼痛，心理上的。

---

① 咨询师为什么在这里打断当事人的话呢? 这似乎是个非常不必要的指导性问题，它打断了情感的表达。它导致当事人做出简短的回答后陷入了停顿 (S28)，而咨询师不得不用另一个颇具指导性的问题来打破停顿。这反过来又导致了重新述说一遍最初就已经描述过的症状 (S29)，只有这样才能再次开始对情感进行确认。这个细小的例子说明了咨询师的笨拙处理方式会延误咨询进程。

② 这些反应是对当事人的情感化态度模式的一种颇有成果的跟随。

C31. ① 嗯。它使你就像半个人一样，是吗？只有一半的能力来工作——

S31. 是的。就像我体内真的有把斧头一样，你可以这样说。我感到它就处在我的能量核心——通过那种痛苦的方法它被阻碍和压抑了。它存在于深处，因为当我得到解脱时我感到了一种深层能量的流动。

C32. ② 当你感觉良好时——你感觉非常不错。

S32. 哦，是的，是的。充满了活力——思维敏捷多了，一切都很 *96*
好。我尝试的任何事做得都很成功。

C33. ③ 你希望能找到方法使自己更长时间处于这种充满活力的状态中，是吗？

S33. 哦，是的。时时刻刻都那样。我并没有找到任何原因使自己不能这样。整个事情都是心理上的原因造成的，我想克服它。

C34. ④ 嗯，我想做到这一点可能的方法之一就是你再详细地谈谈它以怎样的方式阻碍了你，我是说，例如在工作方面或其他事情上。

S34. 嗯，它造成的障碍太普遍了，几乎在我能提到的任何事情上，这是真的。现在，你想让我继续谈它阻碍我的方式吗？

C35. 嗯，可能不用了。不过你感到它的确阻碍了你去做任何自己想做的事吗？

S35. 在那些糟糕的日子里我什么事也不能做，它不是你们也许称为懒散的那种状态，虽然在他人看来似乎就是如此。它实际上是一种受阻的感觉；也就是说，我感到了内心的冲突。我有一种强烈的内部感觉，觉得能量受到了抑制，所以使人看上去懒洋洋的。

C36. 体内有许多能量，但是却被压抑了。

---

①②③ 这些反应是对当事人的情感化态度模式的一种颇有成果的跟随。

④ 这是咨询师首次试图口头界定咨询关系，它只是朝着该方向的一种微小姿态。然而，咨询师的每个反应都倾向于以某种方式建构这种关系，当事人这时一定对这种关系非同一般的自由性以及不具有任何强烈指导性有了认识。在简短的解释后，要使当事人再次成为谈话的主导并且随心所欲地自由谈话会有一些小小的困难（S34 和 C35）。然而，从这里开始，当事人继续着谈话，并首次将自己的问题描述成一种冲突。

S36. 是的。我对此感觉很明显。

C37. 你说这些感受意味着大量的冲突。你能就此再谈谈吗？

S37. 嗯，就是对能量的抑制，不论在哪个方面当我希望自己充满活力时。也就是说，如果——如果我当时有这种抑制感，而有人希望我
97 参加晚会，或者是有工作等着我去做，或者是我想阅读些什么或想一些问题时，我无法完成这些事情。但当我感觉良好时，我能干好很多事，你瞧，糟糕的日子太让人沮丧了，因为我知道自己在解脱时能做些什么。

C38. 你感到如果自己状态良好，那么在能力和成就等一切方面都是很好的。

S38. 我曾写过一些深受 M 大学教授们赞扬的作品。现在我发现自己写不出来了——顺便说一句，那是最后受阻碍的事情之一。我直到大三时文章都还写得不错，然后就不行了。

C39. 嗯。那么在某个时间里你甚至什么也写不出来了吗？

S39. 是的。从那以后我就再也不能写作了，除了非常偶然地还能写一下。但是我喜欢写作，它可能是我主要的抱负——写小说。我曾经在 M 大学上过小说写作课，我很喜欢这门课——成绩是 A。

C40.① 那么告诉我，是什么使你停止了写作呢——我是说，如果你能找出原因的话。

S40. 是一种感觉使我停止了写作。也就是说，我对自身疾病的印象是它是一种感觉——从来没有任何连续的意识形态模式。它只是一种盲目的感觉。

C41. 然后这种感觉慢慢积累起来，直到你再也无法写作吗？

S41. 我不知道它是慢慢积累成那样，还是写作与其积累没有多大关系。

C42. 我明白了。嗯，那么，也许它变得更集中于写作。

---

① 该指导性问题与当事人的情感一致，而在即兴提问和回答的谈话中，不可能做到完美。尽管如此，咨询师可以做出如下更好的回应：“你喜欢写作，但这阻碍了你的写作。”抓住并认识自相矛盾的冲动常常显得有些困难。

S42. 嗯，写作出现了问题，这也起到了阻碍作用。

C43. ①因此那个圆圈逐渐变大，直到你想做的任何事情都被包括在了那个阻碍活动的圆圈之内。

S43. ②除了窥淫。 *98*

C44. ③因此你从窥淫中得到的满足几乎是你现在唯一肯定能得到的满足。

S44. 嗯，是的，窥淫和食物。

C45. 胃口还不错。嗬。

S45. 嗬，尽管在我情况很不好的时候，胃口会大大减退。不过这很少发生。

C46. ④嗯，我想也许在共同讨论中我们能做的事情就是完全把这件事弄清楚——找出它对你的意义，它为什么会在各种情境中对你造成障碍，并且逐渐看看我们是否能找到办法来处理它。我想那是——

S46. ⑤当我对自己进行分析的时候，我敢肯定我有某种冲动去紧握住它不放——它是——

C47. 有什么东西？

S47. ⑥一种维持这种抑制的冲动——它是自相矛盾的。显然，我从中得到了某种内部满足。

C48. ⑦你感到自己有某种紧握住它不放的倾向，尽管你不喜欢它。

---

①②③ 对态度的适当确认使情感的表达又回到了在 C18、C19 就已经进行了轻微确认的问题上。录音记录表明这经常发生。如果当事人表达出了对他有意义的某种态度，而咨询师没有正确理解或者没有适当确认，那么该态度很可能随后还会表达出来。另一方面，适当的确认会使表达更深入。

④ 此处咨询师做出了更加全面和令人满意的尝试，试图界定当事人可以期望从咨询中得到帮助的类型。

⑤⑥ 是否因为咨询师的话听上去几乎是要结束会谈了才使当事人表达出了这一极有意义的情感呢？或者仅仅是在叙述了表面症状后，他现在准备好了确认这些症状在某种程度上是自己所希望的？在此会谈中，他已经历了表达自身问题的三个水平。首先它们被描述为痛苦、折磨、调适不良。然后（S35）它们被描述为体内的冲突力量。现在它们又被确认为尽管渴望改变却又紧抓住不放的一些症状。实际上这就是洞见的开始，是对自我的更清晰认识。

⑦ 幸运的是，咨询师认识到并说出了当事人表达出的矛盾情感。这使得当事人能够进一步表达出在首次会谈中最有意义的那些情感。在情感的探究上也有了明显进步，不再仅仅处于表面水平。

S48. 而且，当然，事情总是如此——我感到心理上的改变就是这
99 样——如果一个人一心一意想要改变，那么改变自然就会发生。当然，这样说也许有些多余。我不知道。我对这些事的印象，或者说我对它们的直觉是，我应该说得更准确些，就是如果这个人真的想要改变，那么改变为什么就会发生，所以一定有原因，或者一定有某些原因——我的确感到自己有某种情绪要抓住这种神经症——不愿放弃它。

C49. 你确信如果自己一心一意想要除掉它，也许你就能除掉它。

S49. 我知道那样就可以除掉它。但是，当然，那是从除掉它的角度来界定一心一意的，所以它变得用词重复。

C50. 是的。嗯。但是你说有时你的确感到有种倾向要去紧握住它不放。你能再说得详细些吗？或者什么时候你有这种感觉？

S50. 我与它抗争，但我知道自己的抗争并没有花足够的力量。我知道自己人格中的另一面希望维持这种状况。嗯，毕竟，所有这些都发生在我的体内，正是因为这样可以把它称为一场内战。

C51.[1] 问题的一部分是找出谁和什么是你体内的敌人。

S51. 是的。我感到有某种隐藏的试金石为压抑提供了动力，并且——我感到这是一种盲目的冲动，毫无逻辑，但是绝非无法改变，也就是说，我的意思是，除了逻辑还有其他办法，当然——

C52.[2] 换而言之，你无法找到其中的原因——其他任何人也不能，是吗？

100 **S52.** 是的。换而言之，我的印象是自己对问题有着全面认识，并且就算是我——就算是没有新的想法出现，那也与改变无关。也就是说，当然，不管怎样我有一套劝说理论。当然，那是在哲学领域。我不相信有人曾被逻辑或推理说服过——涌动在改变之下的是情绪的暗流，而且逻辑也只不过是一种合理化——就像一个用来挂衣服的架子。

---

① 这里咨询师抓住机会用当事人自己的话再次界定了咨询意味着什么。

② 这位知性而老练的当事人能够用语言表达出大多数当事人的感受——讨论、辩论或劝说都不能解决他的问题。

C53. ①换而言之，你认为没人可以说服你从这种状况中解脱出来。

S53. ②是的。我感到自己已经知道了其中的道理，但那对治疗不起作用。现在，我感到在最后一次分析中——我想精神分析可能是一种有声望——有声望的劝说。我感到如果我相信你比我知道得更多——不管在逻辑上如何——就是说，我感到在逻辑上我们是平等的，但是你在某些情绪改变技术上比我知道得多。

C54. ③换而言之，如果你感到自己对我逐渐有了足够的信心等等，那么我就可能使你发生一些改变，但你自己是不可能很好地做到这一点的。

S54. ④嗯，让我们这样来说。现在，人格中想要改变的这一部分在 *101*
投票中获得了多数。我们将不得不改变力量的平衡。现在，怎样改变它——怎样成为大多数——我不知道。我自己曾经尝试了好几种技术并且也曾与 M 大学的一个人谈过；我的感觉是——现在它有些像是成了一种哲学上的——该怎么说呢？——有些无所适从，就是说，当你处在一种消极部分占主要地位的情境中时，你怎么会有动力来改变这种情境呢？

C55. ⑤你感到自己已经对它进行了相当透彻的分析；你认识到它是你体内一种力量的平衡。

---

① 这里，再次地，咨询师很容易做出赞同或反对的反应。但是他明智地没有这样做，而只是澄清了当事人所表达出的态度。

② 这里当事人将咨询过程说成是精神分析。在 S48 中也提到了自己的神经症。使用技术术语的是当事人而不是咨询师。咨询师是否应该试图去纠正他，解释这种咨询过程与典型的精神分析间的差异都值得怀疑。它几乎肯定会成为一场知识上的讨论，延误真正的咨询进程。

③ 这段话很有趣。咨询师本来可以利用这个机会界定自己在这类治疗中的角色。然而，他只是确认了当事人的依赖性情感。也许这样做更好。如果他没有确认这种情感，那么毫无疑问它还会再次出现。

④⑤ 在这次交流中，当事人明确要求咨询师为自己提供需要的动力。咨询师既不赞同也不反对。他进一步将关系界定为能够做出明确决定的一种情境。在 C56 的结论中，咨询师说你“是否希望投出和现在一样的票”，这其中隐含了当事人从未表达出的一种统一和谐。这是咨询师开始进行解释，而它的确十分微妙，很容易做过了头。

S55. ①但我无法依靠自己的力量从中解脱出来，就像以前那样。

C56. ②是的。我想你的确对该情境进行了相当不错的知性分析，而且你感到自己无法依靠自身力量从中解脱出来。不过，当我们对这一事情进行探究之后，也许你至少能清楚地决定自己是否希望投出和现在一样的票，或者是否有其他的方式——

S56. 嗯，再打个比方说，我感到自己有许多能量，储存了许多能量——现在，我想做的是使消极一方转向积极一方。当球（这一过程）一旦开始启动，你可知道，哪一方将会进展得最快，并赢得双倍的增益。但是当消极情绪占主导地位时，改变怎么会出现呢？

C57. ②你能否——不是今天，但是有个问题你可能想思考一下，这些消极投票到底是什么？

S57. 嗯，按照我现在的分析，它就像是存在于所有这些领域中的
102 一种总括性感觉。你的意思是，我能将这种感觉——你的意思是它是否具有任何意识形态方面的内容吗？

C58. 我想如果我们从具体角度来谈谈它，可能会有更多收获。你说你喜欢跳舞，例如说。而且这种事也会突然发生，阻碍了你从跳舞中获得乐趣。嗯，你能告诉我更多有关情况吗——我的意思是当你正在跳舞时你的感觉是什么，或者它就像是什么——

S58. 晦。嗯，我非常喜爱音乐，尤其是原创音乐，也就是，即兴而作的音乐——就是说，当音乐家没有在看时——当他们闭上眼睛随着

---

①② 在这次交流中，当事人明确要求咨询师为自己提供需要的动力。咨询师既不赞同也不反对。他进一步将关系界定为能够做出明确决定的一种情境。在C56的结论中，咨询师说你“是否希望投出和现在一样的票”，这其中隐含了当事人从未表达出的一种统一和谐。这是咨询师开始进行解释，而它的确十分微妙，很容易做过了头。

② 这是在该小时里咨询师犯下的第二个错误。咨询师没有对情感进行确认。他没有做出反应如“你感到必须有人使改变开始”，而是提出了一个直接问题深入到当事人情境中。如果布莱恩先生完全意识到自己的“消极”情绪为何会占据主导地位，那么他也就不需要帮助了。咨询师除了得到一个令人困惑的、有些防御性的回答，一无所获（S57）。随后咨询师又提出了另一个直接问题，试图将当事人与某个具体情境即跳舞联系起来（C58）。当事人做出了部分回应，然后明显退缩了，说了一个具有哲学性的长句（S59），而这与他的问题并没有直接关系，也完全不具体。咨询师只是通过确认他从思考哲学问题中可以得到快乐而将他引导开来（C60）。然而，会谈的该部分，从C57～C67，由于两个指导性问题而收获不大。这表明当时没有认识到的错误是多么容易使建构性治疗的过程发生偏离。

感觉写出来的音乐。我喜欢那类东西的创造性，而且我喜欢节奏感强的音乐，我感到当自己在跳舞时，那是一种表达方式，它使我在没有被阻碍时获得满足感。我不——

C59. 嗯。你喜欢用韵律来表达，你喜欢它的音乐性。

S59. 我不是说跳舞就是最好的——它并不一定是一种更高尚的活动方式——也就是说，我并不——嗯，我并不认为它比其他活动更高尚。价值观是绝对个人的事情。并不存在一种放之四海皆准的价值评判标准——也就是说，我们要么喜欢一个东西要么讨厌它。将我们的好恶道德化毫无用处。一种娱乐形式并不比其他娱乐形式更高尚或更低级。换而言之，我并不对价值观进行哲学上的评价。当然，我们都在心理上对它进行评价。与情感有关的东西——人们不应该将它理智化——不应该进行评价。人们可以评价财富，但我不知道它们怎样能评价——

C60. 你喜欢对自己的大多数想法进行一些哲学含义上的思考，是吗？

S60. 是的。我从这种哲学思考中获得了极大乐趣。我有几个朋友——我们坐几个小时谈论哲学。

C61. 你真的喜欢它吗？

S61. 是的。特别是（他说出了某个思想流派）。我对它很感兴趣。

C62. 嗯。当你讨论哲学问题时，障碍问题怎么样——从中解脱了， 103
还是没有？

S62. 没有。这很有些让我伤心。当我充满激情地讨论哲学问题时，有时会出现语言障碍——也许你现在注意到了我的停顿。现在，我停顿不是因为我在搜寻词汇，尽管那是一种——嗯，我想让它看上去如此，有点像——你可能会称作的保护性修辞。

C63. 以那种方式保护你自己吗？

S63. 是的。我想让人们以为我正在搜寻准确的词汇——我的思想很严谨，但是实际上我完全知道自己想说什么，而且当我表达流畅时，我的遣词用句非常准确，不需要搜寻词汇。

C64. 因此在那种特殊情境中，你的障碍使你无法展现出最好的、流畅的自己。并且在那种情境中，这种语言障碍基本上——

S64. 嗯，是的。我的意思是它看上去像——嗯，就不会再有任何其他障碍了。除了说话没有进行其他形式的活动，当然，那是我注意到的事——也就是说，当然思维——我的思维同样在某种程度上也受到了阻碍——也就是说，它们总是分不开的。当我能更流畅地说话时，我也就能更流畅地思维。

C65. 嗬。

S65. 但是即使当我能清晰地思考时，我说话有时还是会出现障碍。它是最后一个消失的障碍。当我在进行哲学讨论时，我对自己不能像其他人那样流畅地表达而感到非常生气，因为我知道自己与他们一样聪明。虽然我能坦然面对，但还是不能把实际的口头语言表达好。

C66. 如果你能像其他人一样很好地表达自己的思想，你会在讨论中表现得和他们一样出色或者更好。（停顿。）嗯，你还想到了整个事情的其他某些方面吗？

S66. 让我想想，我们提到了——音乐、工作和性。我觉得，再重申一遍，它就是有点泛作用的东西。

C67. 并且，我推测，你对此感到非常泄气。

S67. 我有这种感觉——它使我远远没有达到自己的最高极限，我想它是其中一个根本原因。如果——嗯，当然，如果我毫无想象力也不聪明，也许——嗯，我不知道，这很难说；也许每个人都认为自己有一个远远没有达到的最高极限，但是不管比较，我不——我基本上对拿自
104 己和他人比较不感兴趣。我只想尽最大努力来充实自己的人格。

C68. 并且你对自己非常有信心——

S68. 一点也不怀疑。我知道自己还有许多巨大潜力远远没有挖掘出来。在艺术和智力领域——

C69. [1] 因此至今你的整个生活状况是如果没有这个障碍的阻挠，你会变得真的很出色。而且正如你所说的，你感到自己却又在某种程度上

---

[1] 咨询师总结了已表达出的两个重要态度。这句话同样也描述了典型的神经症模式。“我的人生将是引人注目的，”神经症患者说，“要不是因为神经症阻碍了我进行各种尝试。”

以某种方式维持着那种障碍。

S69. 有某种冲动——有某种原因解释了消极情绪为何会占上风，并且甚至在我与消极情绪抗争时，我知道为何抗争处于劣势而消极情绪占优势。

C70. 你在争战开始前就知道自己被打败了吗？

S70.[①] 不过我总希望自己会偶然发现某种试金石而使这种障碍消失。不，我是个满怀希望的人——有时我也很纳闷——相比较而言，我想自己已经很不快乐了，不过有时我很纳闷为何自己还如此兴致高昂，以一种方式——也就是说，我有一种满怀希望、兴致高昂的天性，并且我所有的朋友都认为我是一个乐天派，然而我知道自己年复一年地经历着——有时这种悲惨感受单调得令人感到可怕——日复一日体验着同样的感受而且在晚上也是如此。我常常做噩梦，在这种时候，睡觉根本就不能让我放松。

C71. 嗯。嗯。

S71. 所以我感到自己总在做噩梦，就像过去一样，一年到头都是如此。有时它真的很吓人。

C72. 嗯。是很枯燥乏味。不过除此之外，你感到自己——你仍然 105
感到自己能找到出路或者挣出一条路来。

S72. 在我的幻想中我常常想象自己被治好了，并获得了一定成就。我从未有过悲观的想象。在我的想象中，改变后的本我被治好了，因此我的潜能可以得到发挥。

C73. 是的。你想象自己取得了哪方面的成就呢？

S73. 嗯，我想写作——我喜欢音乐和舞蹈，我想成为鉴赏女性美的行家，我还想拥有奢侈的生活——比如说一年有 2.5 万或 5 万美元。

C74. 你有一个普遍较高的——

S74. 我知道自己能做到。我知道得很清楚自己以前就能做到这一

---

① 已经取得了真正进步的当事人这时又暂时地重新讲述自己的最初症状。接受这一态度（C72）导致了更积极的观点。

点，因为当我正常时我会做得很好，虽然它们只是短暂的火花，但是在这些短暂瞬间所取得的成就告诉我，如果完全从问题中解脱出来的话我能做些什么。

C75. 所以减轻了这种障碍后，你真的可以自由得多。

S75. 也许我应该澄清一下自己的立场。我希望出名但并没有中产阶级的野心。我是这样一种人，如果我得到了自己想要的，我不会在乎世界为我鼓掌还是嘘声一片——我就是自己的最高法庭。

C76. 唔。

S76. 不过——嗯，也许这毫无意义——我不知道。

C77. 嗯，这是有意义的——你有自己的——你说你有自己的标准并且用这些标准来衡量自己的行为——

106 **S77.** 如果我写了一部小说，我希望它能赚钱，但是如果不赚钱的话，我自己对它感到满意就行了。钱也不是太重要。

C78. ① 嗯，你已经很好地全面地描述了自己的情况。我想在一次谈话中可能我们就只能做这么多了。

S78. 总而言之，我想也许问题的根源在于性方面，但是性障碍，就是说，是一种阻碍了一切的基本障碍。我不知道对你而言这是否太弗洛伊德式了，但我感到性是一种动力也是其他活动的能量之源。

C79. ② 嗯，现在，我这样来看，我们也可以朝着这个方法努力。我认为解决这些问题的最好方法是，你下次再来时，谈谈目前自己最关心或最让你烦恼的那些方面。也许是性方面；也许是与它完全不同的其他东西。无论什么它都是你目前最关心的，让我们来分析、探究它。也许我们能发现一些消极投票是什么。我的意思是，如果你能更清楚地感觉到这种力量的平衡由哪些内容构成——为什么你会以某些方式希望保留这个痛苦的问题——那么我们就会向前迈进。

---

① 咨询师开始准备结束会谈。他暂时描述了医患关系，但没有证据表明这有任何坏处。他可以简单地说："你已经探究了自身问题的许多方面，也许今天我们能做的就这么多了。"

② 该谈话的第一部分有助于界定当事人对咨询会谈的方向负有的责任。在最后部分，咨询师回到了早先就曾延误治疗的同一个直接问题上（C57），并不明智地试图将此问题布置为"家庭作业"。这似乎是会谈中的第三次犯错。

S79. ①嗯，我想我知道自己为什么想保留它。我这样做是为了从窥淫中获得快感，因为我知道否则我就根本无法从中得到快感。另一方面，当没有障碍时我可以从性交中获得快感，但当障碍又出现时，记忆中的性交就不再是快乐的了，就是这样。

C80. 嗨。

S80. ②换而言之，我们的记忆不是发生在过去，而是在当前，所以当我处于神经质时我不能愉快地回忆起自己在解脱时的快乐经验。

C81. 嗨。好的，这很有帮助。这对你有价值——它使你能够—— 107
当你处于烦恼中时，这的确很糟糕，它使你获得某种形式的满足——

S81. ③嗨。我想另一个原因可能是它总是可以使我获得满足而性交却不能。也许这是我紧抓住神经症不放的一个原因，因为我总是能进行窥淫想象。

C82. 嗨。

S82. ④我肯定这是——这种心理障碍是一种恐惧。而且我承认自己对性活动的确有维多利亚式的恐惧，也许在维多利亚式的观念中，可能窥淫没有真正性交那么可怕。

C83. 这是为什么你的罪恶感可能更小——

S83. 嗨。嗯，它更强大——

C84. ——并且更不用担心受到惩罚——

S84. ——但有一种罪恶感。也许我能用图示来说明。这儿（指着头）和这儿（指着胸）我很平衡。我明确地知道自己想要什么以及怎样得到它。但是下面这儿（指着下腹）有障碍。过去是这儿（胸）比这儿（头）的问题更让我困惑，但是自从消极情绪向下移到了这儿（腹部）以后，情况就变成了——在理性上、在心里我是个无宗教信仰者，但是骨子里却完全是个清教徒。

C85. 是的。这种描述很贴切。嗯，你下次来的时候我们再讨论各

---

①②③④ 当事人决定立即回答咨询师的问题。在某种程度上这代表了更多的洞见，而在某种程度上这几乎肯定是当事人试图延长会谈。咨询师明确地停止了会谈（C85）。

种原因吧。现在，我们应该——我在你来之前查看了自己的日程安排。下星期二的四点我有空；这个时间对你方便吗？我想也许我们下个星期可以进行两次接触——我不能肯定以后的接触是否也能这样频繁。

S85. 嗯，我想开始时最好接触频繁一些，不是吗？

C86. 如果安排得过来的话，嗯。

S86. 嗯，现在我的时间可以根据你的时间而调整。我的意思是，这件事对我太重要了，只要你约定日子我就会相应地调整自己。

C87. 嗯，那我们就定在星期二的四点和星期五的四点吧。

108 **S87.** 星期二和星期五的四点。

C88. 你的时间调整得过来吗？

S88. 我在星期二的 1：45 看牙医，是的——四点钟之前他会给我看完的。

C89. 嗯，那么我就把它写在日历上了。

S89. 星期二和星期五，都在四点吗？

C90. 都在四点。

S90. 好的，先生。

C91. 那好，我们会知道我们能做些什么的。

S91. 好的。

8 帮助关系的特点*

对心理治疗的兴趣使我对任何一种帮助关系都感兴趣。这里的帮助关系是指至少有一方愿意促进另一方的成长、发展、成熟、功能提高和应对生活的能力。从这种意义上说，另一方可以是个体或一个小组。换而言之，帮助关系可以定义为其中一方意欲使一方或双方更多地欣赏、表达和运用个体潜在的内部资源。

显而易见，这一定义涵盖了广泛范围，它包括了通常旨在促进成长

* *Personnel and Guidance Journal*, Vol. 37, 1958, 6-16.

的各种关系。当然这其中也应该包括父母与子女间、医生与患者间的关系。师生关系通常也包括在内，虽然一些教师并没有想到去促进学生的成长。这其中几乎包括了所有的咨询师—当事人关系，不论是教育咨询、职业咨询或个人咨询。在个人咨询中还应包括心理治疗师与精神病 109
人、治疗师与神经症患者的关系，以及治疗师与数量日增的那些为了提高自身功能或加速个人成长的所谓正常人的关系。

这些主要是一对一的关系。但我们还应该考虑到旨在帮助关系的大量个体—小组互动。一些指导师认为自己与全组间的关系应是促进成长，而另一些指导师却可能不这么想。小组治疗指导师与其小组的互动也包括在这里的帮助关系中。团体咨询师与其团体间的关系也是如此。工业咨询师与管理小组间的互动也日渐成为一种帮助关系。也许以上这些都说明了一个事实，即我们和其他人参与其中的大量关系都属于这类互动，其目的都在于促进发展、成熟和适当的功能。

问题

但是那些的确能提供帮助、促进成长的关系具有哪些特点呢？另一方面，即使某种关系的目的也在于促进成长和发展但它却不具有帮助性的特点就不值一提吗？对于这些问题，特别是第一个问题，我愿意带领你们跟随我的思路，说出目前我对这些问题的看法。

研究结果

首先，人们自然会问是否有实证研究给予这些问题一个客观答案。到目前为止，这一领域的研究还不多见，但已有研究却是令人激动且有启发性的。这里我不可能提到所有研究，但我会尽可能地举出 110
已有研究及其大致研究结果。要做到这一点，简化是必要的，我也很清楚自己对于提到的研究没有进行完全公正的评价。但我会尽力把事实呈现出来，并激起你们思考这些研究的兴趣，如果你们以前没有思考过的话。

态度研究

大多数研究都与帮助者的态度有关，它决定了一种关系是促进成长还是阻碍成长。让我们来看看这样一些研究。

费尔斯研究所（Fels Insfifute）的鲍德温（Baldwin）等在若干年前对亲子关系的一项细致研究显示了一些有趣证据。在各种各样父母对子女的态度中，“接受—民主”类型似乎对成长最为有利。这类父母对待子女的态度是关爱和平等的，与其他类型家庭的孩子相比，其子女的智力发展更好（IQ 提高），更富创造力，情绪的稳定性和自控性更强，更不易激动。尽管最初在社会性发展方面有些迟缓，但是他们到达入学年龄后会成为受欢迎的、友好的、温和的领导者。

如果父母的态度属于“积极拒绝”型，那么其子女的智力发展有些滞后，对自身能力发挥较差，有些孩子缺乏创造性。他们情绪不稳定，具有反叛性和攻击性，爱争吵。父母态度属于其他类型的孩子则处于这两个极端之间。

我敢肯定，这些研究发现与儿童发展联系起来，没有什么值得我们惊讶的。但我想指出的是，这些结果同样也适用于其他关系，如果咨询师、医生或指导者充满关爱，并把这种感情表达出来，尊重自己和对方的独立性，展现出一种非占有式的关心，那么他们的这种态度就如同父母对子女那样能够促进自我实现。

让我们再来看看另一个截然不同的领域所做的研究。怀特霍恩（Whitehorn）和贝茨（Betz）调查了年轻住院医生在精神病房治疗精神
111 病患者时所获得的疗效。他们从中选出了 7 位疗效显著的医生进行特殊研究，还选出了 7 位治疗效果最差的医生。每组大约治疗了 50 个病人。研究者考察了所有可能方面来探究 A 组（成功组）与 B 组有何不同。结果发现了几点显著差异。A 组医生倾向于从各种行为对患者有何个人意义的角度来看待精神病，而不是将他视为个案史或一种描述性诊断。他们的工作目标在于促进患者人格发展，而不是减轻症状或治愈疾病。研究发现，对患者起到了促进作用的医生在与患者的每日互动中，基本使用的是积极个人参与——一种人与人的关系。他们较少使用“消极许

可”的方法。他们甚至较少使用解释、指导性建议或强调患者的日常看护这类方法。最后，他们比B组更多地发展出了一种患者对医生充满信任和信心的医患关系。

尽管笔者谨慎地强调这些研究发现仅与对精神病患者的治疗有关，我对此却不大赞同。我推测在所有类型的帮助关系研究中都会发现类似结果。

另一项有趣的研究是关于被帮助者如何感知这种关系。海因（Heine）研究了为寻求心理治疗帮助而分别接受了精神分析、以人为中心和阿德勒式（Adlerian）各种不同治疗的个体。虽然治疗类型不同，这些当事人却都报告了自身所发生的相似变化。但这里我们感兴趣的是他们对医患关系的知觉。当被问及是什么导致了这些变化时，他们的解释随治疗师的治疗取向不同而不同。但更有意义的是，他们对于帮助性的主要因素的看法是一致的。他们指出，医患关系中的以下态度因素是导致其自身产生变化的原因：对治疗师的信任；获得治疗师的理解；在选择 112
和决策时的独立感。他们发现最具帮助性的治疗方法是治疗师清楚而坦白地说出当事人隐隐约约和举棋不定的情绪感受。

尽管治疗师的治疗取向不同，关于医患关系中的哪些因素是非帮助性的，这些当事人仍有着高度统一的看法：治疗师的态度例如不感兴趣、疏远和距离感、过度同情都被认为是非帮助性的。关于方法方面，他们发现治疗师对于某些决定直接给出明确建议或强调过去而不是当前问题都对自身帮助不大。间接给出的指导性建议会在中等程度上被感知到——既不明确产生帮助，也并非毫无帮助。

在一项被广泛引用的研究中，费德勒（Fiedler）发现不同取向的心理治疗专家们都与当事人形成了一种相似的关系。但人们却不太清楚将专家与非专家区分开来的这种医患关系的特点。这些特点是对当事人的意思和情感的理解力；对当事人态度的敏锐性；热切关注但非过度情感卷入。

奎因（Quinn）的一项研究揭示了对当事人的意思和情感的理解与哪些方面有关。令人惊讶的是，其研究表明对当事人意思的“理解”在本质上就是渴望去理解的一种态度。奎因仅仅根据治疗师在会谈中的话语录音而得出了这些结论。评估者并不知道治疗师在回答什么问题，也不知道当事人对治疗师的话所作的反应。但是，研究却发现这样也可以对理解的程度进行较好的评估，就如同听了前后语境后进行评估一样。这些证据似乎可以得出以下结论，即被传递的是一种希望去理解的态度。

至于医患关系的情绪方面，西曼（Seeman）发现心理治疗是否成功与医患间一种强烈的、不断生成的彼此喜欢和尊敬有关。

113 迪塔斯（Dittes）的一项有趣研究表明了这种关系的微妙性。迪塔斯使用心理电流反射这一生理指标测量了当事人的焦虑、威胁感和警觉反应，并对治疗师的接纳性和许可性进行了评估，然后求出二者间的相关。结果发现，即使治疗师的接纳性有轻微减弱，皮肤电反应也会有显著提高。显而易见，当个体感觉到这种关系中的接纳性下降时，机体就会出现面对威胁时的反应，甚至在生理水平上。

即使我们不对这些不同研究的结果进行完全整合，至少也会注意到一些东西。其中之一就是事实表明，重要的是治疗师的态度和情感而不是其理论取向。治疗师的态度比他采用的方法和技术更重要。另一点值得注意的是，对当事人产生重要影响的是如何感知治疗师的态度和方法，正是这种感知才是最关键的。

“人为的”关系

让我转到一种截然不同的研究上来，你们可能觉得其中有些很令人厌恶，但不管怎样它与帮助关系的本质有关。这些研究涉及我们可能会称之为人为的关系。

沃普兰克（Verplanck）、格林斯布（Greenspoon）等人已经表明，在医患关系中可以形成言语行为的操作条件反射。简单地说，如果研究者说“嗯”或“好的”，或在某些话后点头，由于受到了强化，这类话语出现的次数就会增多。研究已经表明，通过这种方法可以使个体更多地运用各种不同词句，如复数名词、敌意的话、观点陈述等。在这些强化中个体完全意识不到自己受到了影响。其意义就在于通过这种选择性强化，我们可以任意使这种关系中的另一方依照我们的强化目的而更多地使用某些词语，说出某些话。

林斯利（Lindsley）的研究结果表明，进一步运用了斯金纳（Skin- 114
ner）等人发展出的操作条件反射原理后，慢性精神病患者可与某种机器形成一种"帮助关系"。这种机器有点类似于自动售货机，可以预先设定对各种行为进行奖赏。最初它只用糖果、香烟或图片来奖赏患者的压杠杆行为。但是可以将机器设定为患者可以看到经过多次压杠杆后，关在一只笼子里的饿猫就能够喝到一滴牛奶。这是在培养利他行为。根据研究者的设计，对隔壁房间另一名患者的类似亲社会或利他行为就会得到奖赏。可能被奖赏的各类行为的唯一限制在于实验者设计的机器灵巧性。

林斯利报告说，某些患者在临床上获得了明显改善。我个人对一名患者的案例描述印象深刻，他从日渐恶化的慢性精神病状态改善到了被允许自由活动。显而易见，这种改变离不开他与机器间的互动。随后，实验者决定研究经验消退，用更个人的话说，就是即使按压杠杆成百上千次，也不会有任何奖赏出现。患者逐渐退步，日渐邋遢、封闭，自由活动不得不取消。这种（对我来说）令人难过的事件似乎表明，即使是在一种与机器的关系中，如果希望这种关系对患者有帮助，那么可信赖性相当重要。

另一项人为关系的有趣研究是由哈洛（Harlow）及其同事们完成的，这次实验对象是猴子。出生后立即与母猴分开的小猴在实验的一个阶段中，遇到了两个物体。一个可以称为"坚硬母亲"，是用电线编成的倾斜圆柱体，上面有可供小猴吃奶的奶嘴。另一个是"柔软母亲"，是用泡沫橡胶和毛巾布做成的类似圆柱体。尽管小猴所有的食物都是从"坚硬母亲"那里获得的，但它却明显更喜欢"柔软母亲"，而且这种喜欢与日俱增。录像显示它明显与柔软母亲"黏糊"在一起，与它玩耍， 115
喜欢它，当陌生事物出现时，抱着它寻求安全感，并以此安全感为基地探索令人害怕的世界。在此研究众多有趣而富有挑战性的意义中，有一点似乎是明白无误的，那就是直接的食物奖赏并不能代替小猴所需要和渴望的一些东西。

两项近期研究

让我以最近进行的两项研究来结束这一涉及范围广泛、可能让人困惑的研究举例吧。首先是安斯（Ends）和佩奇（Page）进行的一项实验。针对那些在一家州立医院已经住院 60 天的顽固慢性酗酒者，他们尝试了 3 种不同的小组治疗法。他们预期，以学习二因素理论为依据的方法最为有效，以人为中心疗法次之，精神分析治疗效果最差。但实验结果却表明，以学习理论为依据的方法不仅无效，反而有害。其结果比未进行任何治疗的控制组情况更差。精神分析法取得了一些积极成效，而以人为中心疗法造成的积极转变最为明显。为期 1 年和 1 年半的跟踪调查证实了医院中的研究结果，它表明以人为中心疗法组的持续改变最显著，精神分析疗法组次之，随后是控制组，最后是学习理论疗法组。

我对这一研究感到困惑不解，研究者认为应是最有效的方法却被证明是最无效的，这很少见。经过思考后我相信自己从学习理论疗法的描述中发现了问题所在。在要点上，其中包括了（a）指出并标明希望改变的行为，（b）客观地找出当事人做出这些行为的内在原因，（c）通过再教育形成更有效的问题解决习惯。但是在所有这些互动中，目标却是非个人的。治疗师“尽量不让自身人格以人性化的方式参与治疗中”。
116 “医疗师强调其活动中的个人匿名性，也就是说，他必须注意去避免其自身的个体人格特点对患者产生影响”。当我试图从其他研究的观点来解释这些事实时，在我看来，这正是此方法失败的最可能原因。努力不把自身看做一个人同时把另一个人视为一个物体来对待，这种做法是不会对患者有多大帮助的。

我要说的最后一项研究是由霍克兹（Halkides）刚刚完成的。她的出发点是我有关治疗有效性的充分必要条件的一个理论设想。她假设，当事人积极的人格改变程度与 4 个咨询师变量有重要关系：（a）咨询师对当事人表现出的同感程度；（b）咨询师对当事人表现出的积极关注

（无条件积极关注）的程度；（c）咨询师的真诚程度，其言语与内心情感的一致性；（d）当事人情绪表现强度与咨询师的反应间的一致程度。

为了检验这些假设，她首先根据许多客观标准选择了各由 10 个个案组成的“最成功”组和“最失败”组，然后记录了每个个案的一段早期和晚期会谈。她从每次会谈中随机抽取了 9 个当事人—咨询师互动单元——一段当事人的话和咨询师的反应。这样每个个案中就有了 9 个早期会谈和 9 个晚期会谈。这样她就有了几百个随机排列的单元。一个失败个案的一段早期会谈单元后面可能是一个成功个案的一段晚期会谈等等。

然后有 3 位评估者——他们不知道这些个案或其治疗成效如何，或任何一个单元取自何处——听这一材料 4 遍，用 7 点量表对每个单元进行等级评定：首先是同感度，其次是咨询师对当事人的积极关注度，再次是咨询师的和谐度或真诚度，最后是咨询师的反应与当事人的情绪表现强度间的一致度。

我想所有知道这一研究的人都会认为这是个极其大胆的冒险。这些 117
评估者在听了单一的互动单元后就能够对以上所提到的这些微妙问题做出可信的评估吗？此外，就算评估具有一定可信度，每个个案中的 18 个当事人—咨询师交流只是其成千上万个这种交流的一个小样本，它们会与治疗效果有任何关系吗？希望太渺茫了。

研究发现却出人意料。结果表明评估者间具有很高的信度，其评估结果间的相关为 0.80 或 0.90，除了最后一个变量。研究发现成功个案中，明显具有较高的同感理解度，差异显著性水平为 0.001。同样，在成功个案中无条件积极关注水平也较高，差异显著性水平为 0.001。甚至连咨询师的真诚度或和谐度，即其言语与情感的一致性程度也与个案治疗效果有关，差异显著性水平同样是 0.001。只有咨询师的反应与当事人的情绪表现强度间的一致度与治疗效果的关系含糊不清。

同样有趣的是，早期会谈和晚期会谈在这些变量的高水平上并不存在显著差异。这意味着咨询师的态度在整个会谈中是相当一致的。如果他具有高同感度，那么他从头到尾都会如此。如果他缺乏真诚，那么在早期和晚期会谈中都是这样。

同任何研究一样，这项研究也存在着局限。它关心的问题是一种特定类型的帮助关系，即心理治疗。它只考察了认为有意义的4个变量。可能还有其他许多有意义的变量。虽然如此，它推动了帮助关系的研究。让我用最简单的方式评价这些发现。它似乎表明，仅凭咨询师行为的一个极小样本，就能较好地评估他与当事人间的互动水平如何。它还
118 表明如果咨询师真诚或透明，即其言语与情感保持一致而非互不相符；如果咨询师无条件地喜欢当事人；如果咨询师理解了当事人根本的真实情感，那么就很有可能形成一种有效的帮助关系。

评论

这些研究至少都对帮助关系的本质进行了考察。它们考察了问题的不同方面，并从极为不同的理论出发进行了研究，方法各不相同，彼此间也不能直接进行比较。但是在我看来，它们都得出了几项颇为肯定的结论。显而易见，帮助关系与非帮助关系存在不同特点。这些不同特点在根本上一方面与助人者的态度有关，另一方面与“被助者”对关系的知觉有关。同样显而易见的是，迄今为止，研究并未对帮助关系是什么、它如何形成给出任何最终答案。

我如何创造出一种帮助关系?

我相信从事人类关系领域工作的每个人都会遇到如何运用这些研究成果的类似问题。我们不能盲从这些发现，或者忽视已被这些研究证明是颇有价值的个人特性。在我看来我们不得不运用这些研究，根据自己的亲身经历对其进行检验，形成新的更个人化的假说，并将其应用到我们自身更个人化的关系中，然后再对其进行检验。

所以，我不是试图告诉你们如何运用以上研究发现，而是想告诉你们在这些研究和我自己的临床实践中出现的某些问题，以及当我进入所希望的帮助关系中时指导我行为的一些尝试性的、不断变化的假说，这种帮助关系可能是与学生、同事、家人或当事人的关系。让我列举一些

问题和思考吧。

1. 我能够使对方认为自己在某种深层次上是值得信赖、可依靠、 119
前后一致的吗？研究和自身经验都表明了这一点的重要性，而且多年来我发现自己所坚信的正是回答这一问题的更深层、更好的方法。过去我认为，如果我满足了使自己值得信赖的一切外在条件，如信守约定、为谈话保密等，并且如果我在会谈中做到前后一致，那么就可以使自己值得信赖。但是经验却说明，虽然我表现得始终接受当事人，事实上却感到很不安、怀疑或无法接受，那么在长期咨询中当事人肯定会意识到我前后不一致，不值得信赖。我已经认识到要做到值得信赖并不需要前后严格一致，而是要真实。我曾用“真诚”一词来描述自己想具有的特点之一，其含义是不论我此时的情感或态度如何，它都应该与我对此态度的知觉相符合。只有做到这一点，我在此刻才是一个统一整合的人，这样我就能成为内心深处的我自己。我发现他人经验是可以信赖的，这是一个事实。

2. 与此密切相关的另一个问题是：我能够完全将自己作为一个人的真实自我表达出来而使双方毫无误会地进行沟通吗？我相信自己建立帮助关系失败的原因大多数可以归结为以上两个问题没有获得令人满意的答案。当我被对方烦扰而自己却毫无知觉时，我的交流中就包含了自相矛盾的信息。我说的话传达出一种信息，但同时我还以某些微妙方式传达出了自己感到的烦扰。这会使对方困惑不解，产生怀疑，但他可能同样也没有觉察到问题产生的原因。当我作为父亲、治疗师、教师或指导者，由于对觉察自身情感的自我抵御而没有倾听到发自内心深处的声音时，就会出现这种失败。它使我明白，希望建立帮助关系的任何人都应该知道的最基本知识是：使自己透明、真实，这样才是安全的。如果
我在某种特定关系中是真诚的，如果我或对方都不隐瞒与此关系相关的 120
各种情感，那么我几乎敢确定这种关系是帮助性的。

可以用一种你们可能会感到奇怪的方式表达，即如果我能与自己建立一种帮助关系——如果我能敏感地觉察并接纳自身的情感——那么我就很有可能与他人建立一种帮助关系。

从这点来说，接纳自我并将自我展现给对方，是我所知最艰巨的任务之一，也是我从未完全做到的。但是，认识到这就是我的任务本身就已经大有益处了，因为它帮助我发现已经变得混乱的人际关系问题出在哪里，并使这种关系重新走回建设性轨道。它已经表明，如果我想促进他人的个人成长，那么我就必须成长。这常常是很痛苦的，但也是获益匪浅的。

3. 第三个问题是：我能够使自己对对方产生积极态度吗？——温暖、关心、喜欢、有兴趣、尊重等态度。这并非易事。我发现自己对这些情绪有一定程度的恐惧感，我常感到其他人也是如此。我们害怕如果让自己自由地体验对他人的这些积极情感，我们可能会深陷其中。它可能会导致对我们的各种要求，或者我们会对自己的信任感到失望，这些结果让我们害怕。于是，我们的反应会是使自己与他人保持距离——疏远感，一种“专业”态度，一种非个人的关系。

我强烈感到，任何领域专业化的重要原因之一就是保持这种距离。在临床领域我们发展出了详细的诊断公式，将人视为一个物体。在教学和管理中，我们发展出了各种评估程序，于是人再次被视为一个物体。通过这些方法，我相信，我们可以使自己避免体验到一种关心，而这种关心在我们认识到两个人间的关系时就会产生。即使在某种关系中或在这种关系的某些时刻，如果我们能够学会关心对方才是安全的，将对方作为一个我们对其有积极情感的人而与之联系在一起才是安全的，那么我们就真正获得了进步。

121 4. 我从自己的亲身经验中学到的另一个重要问题是：作为一个人我能做到足够坚强而与对方分离开来吗？我能够像对待他人一样也坚定地尊重自身的情感和需要吗？我能够拥有并在需要时表达出自己的情感吗，就像它们是属于我的一些东西，而且与对方的情感独立开来？我自身的独立性足够强吗，使我可以不因他的痛苦而萎靡不振，不被他的恐惧所吓倒，或不被他的依赖性所吞没？我的内在自我是否足够坚固而使我认识到自己没有被他的愤怒所摧毁、没有被他的依赖性需求所控制、没有被他的爱所奴役，我独立于他而存在、拥有自己的感受和权利？当我能够自由地感受到自己作为一个独立的人所拥有的这些力量时，那么我发现可以让自己在理解和接纳他人方面走得更深入，因为我不害怕迷失自己。

5. 下一个问题与此也有密切关系。我自身是否足够安全而允许他的分离？我能够允许他成为真正的他自己吗——诚实或欺骗的、幼稚或成熟的、绝望或自大的？我能够给他发展的自由吗？或者我认为他应该听从我的建议，或应该有点依赖我，或按照我的样子塑造自己吗？关于这些问题我想到了法森（Farson）所做的一项有趣的小研究，该研究发现调整性较差、能力较弱的咨询师倾向于一致化，要求当事人以他为榜样塑造自己。另一方面，调整性较好、能力较强的咨询师能与当事人通过多次交谈进行互动，并在这一过程中不干涉当事人的自由，让他不受咨询师人格的影响而发展出自己的人格。我更愿意自己是第二类人，无论是作为父亲、指导者还是咨询师。

6. 我问自己的另一个问题是：我能够让自己完全进入他的情感和个人意义的世界而感同身受吗？我能够完全步入他的私人世界而不想进行任何评价和判断吗？我是否能灵敏地进入它，并在其中随意徜徉而不践踏被对方视为珍贵的意义？我是否能精确地感受它，并且不仅能捕捉到其经验所具有的外显意义，而且还能捕捉到那些在他看来只是模糊或混乱的隐藏意义？我能否毫无限制地将这种理解扩展开来？我想起了一位当事人，他说过："每当我发现有人理解了我的一部分时，那么我就 122
知道他们肯定不会再理解我了……我一直在努力寻找的就是有人能理解我。"

就我个人而言，我觉得比起一个教室中的学生们或一个小组中的全体人员，在个体当事人身上更容易感受到这种理解并进行交流。我总有一种强烈的冲动想使学生们"正直"，或想指出小组某成员思想上的错误。但是，当我能够让自己在这些情境中理解对方时，同样也是收获颇丰的。此外，对于治疗中的当事人，以下事实常使我印象深刻：哪怕是一点点的同感理解——即试图去捕捉住当事人令人困惑又复杂的意思却失败了——都是有帮助的，尽管毫无疑问如果我能清楚地发现和确切地表达出其经验中的意义（这是他自己都感到模糊不清的），那么帮助是最大的。

7. 还有一个问题是，我能接纳对方呈现出的每一面吗？我能按照他本来的面目接纳他吗？我能沟通这种态度吗？或者我能有条件地接纳他，接纳他情感的某些方面而无声或公开地反对其他方面吗？根据我的经验，如果我的态度是有条件的，那么他就不能在我无法完全接纳的那些方面获得改变或成长。此外，当我试图去发现自己为何不能接受他的所有方面时——是在事后而且有时已经太迟了——我常常发现这是因为他情感中的某些方面使我有恐惧感或威胁感。如果我要起到更大的帮助作用，那么我自身就必须在这些方面获得成长并接纳我自己。

8. 以下是一个非常实际的问题：我能够在这种关系中具有足够的敏感性，以使自己的行为不被对方感知为一种威胁吗？我们正开始研究心理治疗的生理伴随情况，这一工作验证了迪塔斯的研究，该研究表明个体太容易在生理水平上表现出威胁感了。当治疗师反应中的用词让当事人感觉稍微有点强硬，当事人的心理电反射——皮肤电阻——就会急
123 剧下降。对于诸如“你的确看上去心烦意乱”的话，指针几乎都快摆到记录纸外。我尽量避免这种甚至极微弱的威胁，这样做并不是出于对当事人的过度敏感，仅仅是因为经验使我明白，如果我能尽量彻底地将他从外在威胁中解脱出来，那么他就能够开始体验并处理对他而言具有威胁性的内心情感和冲突。

9. 前面问题中一个具体却重要的方面是：我能将他从外在评价的威胁中解脱出来吗？几乎在我们生活中的每一时刻——家里、学校、工作时——我们都会发现自己处于外在评价的奖惩之下：“那是对的”；“那是淘气行为”；“那可以得 A”；“那是个失败”；“那是个有效的咨询”；“那是个糟糕的咨询”。从生到死，这类评价都是我们生活中的一部分。我相信对于某些机构和组织如学校、单位，它们都具有一定的社会价值。与其他任何人一样，我发现自己也总是在进行着这种评价。然而，根据我的经验，它们无益于个人成长，因此我相信它们不是帮助关系的一部分。很奇怪的是，从长期来看积极评价与消极评价一样具有威

胁性，因为告诉某人他不错就意味着你也有权指出他不好。所以我逐渐感到我越能使一种关系免于判断和评价，对方就越有可能认识到评价、责任的核心隐藏在自己内心深处。其经验的意义和价值在于最后分析中，这取决于他自己，是多少外在评价都无法改变的。因此，我想建立起一种关系，在这种关系中我不对他进行评价，即使是在自己的情感中。我相信这样可以使他解脱而成为一个自我负责的人。

10. 最后一个问题：我是否能把另一个体作为一个正在成长中的人来对待，或者我会受他的过去和自己的过去束缚吗？如果在遭遇他时，我把他视为一个不成熟的孩子、一个无知的学生、一种神经质人格或一个心理疾病患者，所有这些观念都会限制他在此关系中的成长。耶路撒冷大学的存在主义哲学家马丁·布伯（Martin Buber）曾经说过：“证实对方”。这句话在我看来颇有深意。他说：“证实意味着……接纳对方 124
的整个可能性……我能在他身上认出、理解他一直在重新成为的那个人……我在自己身上证实了他，然后是在他身上，在这种可能性上……它现在能够获得发展，逐渐形成。”如果我将对方接纳为一个早已被过去固定成形了的、诊断分类了的、塑造了的个体，那么我就是在证实这种狭隘的假设。如果我将他接纳为一个正在成长的过程，那么我就是在尽我所能去证实或挖掘他的潜在性。

正是在这种意义上，我认为致力于研究操作条件反射的沃普兰克、林斯利、斯金纳与布伯一样，都是哲学家或神秘主义者。至少他们在原则上相同，都采用了一种奇怪的方式。如果我将一种关系仅仅视为强化对方的某些话语方式或看法的一个机会，那么我就会倾向于将他证实为一个物体——一个基本上是机械的、可操纵的物体。如果我将这视为他的潜力，那么他就会倾向于以支持此假设的方式行动。另一方面，如果我将一种关系视为“强化”他所有方面的一个机会，将他视为具有一切存在潜力的人，那么他就会倾向于以支持这个假设的方式行动。这样我就已经——用布伯的术语来说——证实了他是一个活生生的人，能够获得创造性地内在发展。我个人更欣赏第二种假设类型。

结论

在文章前半部分，我回顾了一些研究结果，它们促进了我们对关系的认识。为了使这种认识牢记于心，我随后列出了一些问题，它们都是我作为一个人，进入各种关系时从内在、主观角度出发而提出的。如果我能够从自己身上回答所有这些问题，那么我相信我所参与其中的任何关系都会是帮助性的，都会使人获得成长。但是我却无法对大多数这些问题给出一个肯定的回答。我只能试图去寻求肯定答案。

在我脑海中已经产生了一种强烈地猜测，即最理想的帮助关系是一
125 个心理成熟者所创造出的那种关系。或者换句话说，我创造出促进他人作为独立个体而成长的关系的能力大小就是对我本人成长程度的一种测量。在某些方面这是个令人不安的想法，但它同样也是充满希望的、富有挑战性的想法。它表明如果我对创造出帮助关系感兴趣，那么展现在我前方的是一份诱人的终生职业，我的潜力会不断延伸发展，获得成长。

令我不安的是这篇文章可能与你们的兴趣和工作不大相干。如果这样，我很抱歉。但我至少可以感到欣慰的是，致力于人类关系领域和试图了解该领域基本规律的我们所有人都投身在这一当今世界最重要的事业之中。如果我们带着思考尽力将自己的工作理解为管理者、教师、教育咨询师、职业咨询师和心理治疗师，那么我们的工作会决定这一星球的未来。因为未来依靠的不是物理科学，而是试图了解和处理人类间的互动——试图创造出帮助关系的我们。所以我希望我向自己提出的这些问题能在你们以自己的方式试图促进关系中的成长时，对你们的理解和认识有所帮助。

参考文献

Baldwin, A. L., J. Kalhorn, and F. H. Breese. Patterns of parent behavior. *Psychol. Monogr.*, 1945, 58, No. 268, 1-75.

Betz, B. J., and J. C. Whitehorn. The relationship of the therapist to the outcome of therapy in schizophrenia. *Psychiat. Research Reports* #5. *Research techniques in schizophrenia*. Washington, D. C., American Psychiatric Assocaition, 1956, 89-117.

Buber, M., and C. Rogers. Transcription of dialogue held April 18, 1957, Ann Arbor, Mich. Unpublished manuscript.

Dittes, J. E. Galvanic skin response as a measure of patient's reaction to therapist's permissiveness. *J. Abnorm. & Soc. Psychol.*, 1957, 55, 295-303.

Ends, E. J., and C. W. Page. A study of three types of group psychotherapy with hospitalized male inebriates. *Quar. J. Stud.* Alcohol, 1957, 18, 263-277. *126*

Farson, R. E. Introjection in the psychotherapeutic relationship. Unpublished doctoral dissertation, University of Chicago, 1955.

Fiedler, F. E. Quantitative studies on the role of therapists' feelings toward their patients. In Mowrer, O. H. (Ed.), *Psychotherapy: theory and research*. New York: Ronald Press, 1953, Chap. 12.

Greenspoon, J. The reinforcing effect of two spoken sounds on the frequency of two responses. *Amer. J. Psychol*, 1955, 68, 409-416.

Halkides, G. An experimental study of four conditions necessary for therapeutic change. Unpublished doctoral dissertation, University of Chicago, 1958.

Harlow, H. F. The nature of love. *Amer. Psychol.*, 1958, 13, 673-685.

Heine, R. W. A comparison of patients' reports on psychotherapeutic experience with psychoanalytic, nondirective, and Adlerian therapists. Unpublished doctoral dissertation, University of Chicago, 1950.

Lindsley, O. R. Operant conditioning methods applied to research in chronic schizophrenia. *Psychiat. Research Reports* # 5. *Research techniques in schizophrenia*. Washington, D. C.: Amercian Psychiatric Association, 1956, 118-153.

Page, C. W., and E. J. Ends. A review and synthesis of the literature suggesting a psychotherapeutic technique based on two-factor learning theory. Unpublished manuscript, loaned to the writer.

Quinn, R. D. Psychotherapists' expressions as an index to the quality of early therapeutic relationships. Unpublished doctoral dissertation, University of Chicago, 1950.

Rogers, C. R. The necessary and sufficient conditions of psychotherapeutic personality change. *J. Consult. Psychol.*, 1957, 21, 95-103.

Seeman, J. Counselor judgements of therapeutic process and outcome. In Rogers, C. R., and R. F. Dymond, (Eds.). *Psychotherapy and personality change*. University of Chicago Press, 1954, Chap. 7.

Verplanck, W. S. The control of the content of conversation: reinforcement of statements of opinion. *J. Abnorm. & Soc. Psychol.*, 1955, 5I, 668-676.

Whitehorn, J. C., and B. J. Betz. A study of psychotherapeutic relationships between physicians and schizophrenic patients. *Amer. J. Psychiat.*, 1954, Ⅲ, 321-331.

127

9 情感反射与移情*

情感反射

虽然对于此术语被用于描述治疗师反应的一种特定类型我负有部分责任，但是这么多年来，我已经对它颇感不快了。主要原因之一是“情感反射”常常被当做一种技术进行传授——有时甚至是一种非常教条化的技术。根据当事人谈话的书面记录，期待学习者进行一种“正确的”情感反射——或甚至更糟，从多项选择表中选出“正确”反应。这种训

---

* *Person-Centered Review*, Vol. 1, No. 4. November 1986, 375-377, and Vol. 2, No. 2, May 1987, 182-188. Reprinted by permission of Sage Publications, Inc.

练与有效的治疗关系几乎毫不相干。由此我已经极其讨厌使用这一术语了。

与此同时我知道自己在会谈中的许多反应——正如已公开的会谈案例显示的那样——看上去像“情感反射”。对此我由衷反对。我很明确地正在努力不去“反射出情感”。

我收到了来自朋友和昔日同事，哈佛的约翰·希利恩（John Shlien）博士寄给我的一封信，它使我更加进退维谷。他写道：

> “反射”受到了不公正的谴责。当你形容它在迟钝的人们手中可能会变得死板而毫无价值时，你的批评是对的，而且文笔优美。但是你忽略了另一面。在真诚的、知性的、富有同情心的倾听者手中它是一种富有艺术性的精湛工具。它使发展当事人中心疗法成为可能，而这是仅依靠哲学所办不到的。对此技术不应有的诽谤导致了在“和谐”名义下的愚蠢选择。

对此问题冥思苦想之后，我得出了一个双重结论。作为治疗师，我努力不去“反射情感”。我试图去判定自己对当事人内心世界的理解是 128
否正确——我是否将它视为他或她此刻正在经验它。我的每个反应都包含着未说出的问题：“这正是你所体验到的吗？我准确地捕捉到了你此刻正在体验到的色彩、内容和感受了吗？如果没有，我希望使自己的知觉与你一致。”

另一方面，我知道在当事人看来我们正竖立着他或她当前经验的一面镜子。在旁人看来，通过反射，这种情感和个人意义似乎显得更加明确。

所以我建议不将这些治疗师的反应称为“情感反射”，而改称为“理解测试”或“知觉检查”。我相信，这类术语会更准确。它们会有助于治疗师的训练。它们会提供一种健全的反应动机，一种提问欲望而不是“反射”趋向。

但是在理解当事人的经验时，我们能够意识到这些反应的确就像一面镜子。西尔维娅·斯莱克（Sylvia Slack，1985，pp. 41-42）对此进行了美妙的描述，她在一次有许多听众参与的治疗会谈中说出了自己的反应，谈话进行了录像。

> 观看录像带能帮助我更清晰地看到咨询过程。罗杰斯博士就像一面神奇的镜子。我将光线射向那面镜子。我向镜中观望以求瞥见真实自我。如果我感觉到镜子受到了射入光线的影响，那么反射的形象就会看上去扭曲变形而不可信。尽管我意识到了射出的光线，但是只有通过镜子的反射和澄清其本质才能被真正看清。我对这些光线及其揭示出的自我颇感好奇。这一经验使我有机会不受旁观者看法的影响而认识自己。对内心自我的了解使我能够做出更适合内部自我的选择。

正如她在此指出并继续描述的那样，治疗师的理解必须敏锐而正确，以使镜中形象清晰而不扭曲，这非常重要。这意味着要将我们自己的判断和价值观放在一旁，从而能够十分准确地抓住当事人正在经验的确切意义。

进行这些思考并将其写下来对我而言是个认识的过程。我能够继续
129 从一个治疗师的角度，通过尝试性地描述或刻画当事人的内心世界来检测对他或她的理解。我能够认识到对于当事人而言，这些反应至多不过是一个构成了他或她此刻世界的、意义和知觉的清晰镜像——一个逐渐清晰和产生洞察的形象。

移情

针对治疗师的情感、情绪可以大致分成两类。首先是对治疗师的某些态度和行为产生的一种可以理解的情感反应。当事人可能会对治疗师的专家优越感产生反感。他们感到自己被轻视，从而产生消极反应。治疗师错误或不成熟的解释也会导致这种反感产生，使当事人感到自己被草率对待或误解。当事人可能会对治疗师规定自己做什么而感到愤怒。有位当事人在一次治疗中与弗里茨·珀尔斯（Fritz Perls）配合得很好。后来，在观看了治疗录像后，她对治疗师和自己都感到愤慨。“为什么

我做了所有那些他要我做的事情?!”在这类情况中，治疗师可能意识到了当事人的消极态度只不过是对其言语或行为的一种自然反应，也可能没有意识到这一事实。

治疗师的行为同样可能导致积极情感。以下行为都可能使当事人感到温暖和爱：治疗师给予当事人的出乎意料的深深理解；让当事人感到舒适的细微关怀动作；一些小动作如当当事人处于痛苦的挣扎时刻，将手放到其手臂上；一些小动作如海因茨·科胡特（Heinz Kohut）向一个痛苦的精神分析对象伸出“两个手指”；一些小事如帮当事人穿上厚重的外套，或偶尔在暴风雨中开车送当事人。在这些情况下，当事人喜欢或爱上治疗师、并希望获得相应爱的回报是完全合理的。同样的，治疗师可能意识到是自己的言语或行为决定了当事人的情感，也可能没有意识到这一事实。

第二类当事人反应是与治疗师的行为略微有关或毫无关系的情绪。这 130
些情绪被从其真正的源头“转移”到了治疗师身上。它们就是投射。开始可能是对治疗师说——“你像我的父亲”或“你像我讨厌的一个人”——然而这种强烈的情感源于当事人自身，而不归因于治疗师的行为。

这些投射的情感可能是爱、性欲、崇拜和喜爱等积极情感。它们也可能是消极的——憎恨、轻蔑、恐惧和不信任。它们的真实对象可能是当事人生活中的父母或其他重要个人。或者可能是当事人不敢面对的、对自我的消极态度——这一点较少被认识到。

从以当事人为中心的观点来看，在对这些情感做出反应和处理时，没有必要分清楚它们是由治疗师造成的还是投射。这种区分具有理论意义却没有实践意义。在治疗的交互作用中，最好以相同的方法来处理所有这些态度——无论是积极的或消极的、“移情”的或由治疗师引起的反应。如果治疗师具有敏锐的理解力和真正的接纳性、非评价性，那么治疗会顺利度过这些情感。完全没必要将转移到治疗师身上的态度划分到哪一类，治疗师也没必要接纳这种依赖性，它通常是其他心理治疗方式的一部分，尤其是精神分析。在当事人不改变治疗师角色的情况下，治疗师完全有可能接受这些依赖性情感。

虽然所有这些在早先发表的一个案例中已经得到了很好的说明，但仍然值得认真考察。

当事人是一位30多岁的未婚女士，她显然深受困扰。早期治疗中她痛苦地挣扎在与其父亲可能存在的乱伦关系而产生的罪恶感中。她不能肯定自己描述的那些事件是否确实发生过，或只是自己的臆想。她的语速很慢，治疗师可以做异常完整的记录，因此以下内容几乎一字不漏。摘自三次会谈的这些片段说明了她“移情”的深度，以及治疗师的反应方式。它们表
131 明在当事人中心治疗中进行情感表达时，“移情”消失的方式。

第9次会谈

S：今天早上我把外套挂在了外面而不是你的办公室里。我说过自己喜欢你，我担心如果你帮我穿上外套，我会转身吻你。

C：你认为这些爱的情感可能会促使你吻我，除非你能阻止自己不这样做。

S：嗯，我把外套放在那儿的另一个原因是我想依赖谁，但是我又想向你表明我不必依赖谁。

C：你既想依赖谁，又想证明你不必依赖谁。

会谈接近尾声

S：我从未告诉过任何人他们是我认识的最不错的人，但我却告诉了你。这不仅仅是性的问题，还有其他一些东西。

C：你真的很喜欢我。

第10次会谈——会谈即将结束

S：我想自己在情感上极度渴望做爱却没有任何举动……我想要的是与你做爱。但我不敢问你，因为我害怕你会避而不答。

C：你有这种极度的紧张感，非常想与我发生关系。

S：（持续这种情绪，最后。）我们能否做点什么？这种紧张感太糟糕了！你能帮我缓解这种紧张吗……你能否给我一个直接答案？我想这

可能对我们都有好处。

C：（温和地。）答案是不。我能理解你现在有多么绝望，但我不想那样做。

S：（停顿，放松的叹气。）我想这对我有好处。只有在沮丧的时候我才想这样做。你充满力量，这也给了我力量。

第 12 次会谈

S：（沉默了两分钟，然后开始用吃力而乏味的声音讲起来，而这与她平常的语气截然不同。她并没有看着治疗师。说话间有许多重复，但以下片段给出了主要思想。）你觉得我想来，我才不呢！我再也不会来 *132*
了。毫无用处。我不喜欢你。（她的声音变得恶毒。）我恨你！我希望你根本就没存在过。

C：（声调与她的情感强度相符。）你恨我——非常憎恨！

S：我想我会把你扔到湖里去。把你碎尸万段！你以为人们会喜欢你，才不是……你以为自己能吸引女人，你不能……我希望你去死。

C：你憎恶我并恨不得除掉我！

S：你认为我父亲对我做了不好的事，但他没有！你认为他不是个好人但他是。你认为我想做爱，但我不！

C：你觉得我完全误解了你所有的想法。

S：你以为自己能让人们走进来告诉你一切，他们会认为自己正在得到帮助，但他们没有！你不过是喜欢让他们痛苦。你以为自己能对他们进行催眠，但你不能！你以为自己不错，但不是。我恨你，我恨你，我恨你！

C：你觉得我就是喜欢让他们痛苦，而且也不帮助他们。

S：你以为我总是不直截了当，但我是。我恨你。我所经历的一切只是痛苦，痛苦，痛苦。你以为我不能引导自己的生活，但我能。你以为我好不了，但我能。你以为我产生过幻觉，但我没有。我恨你。（长时间的停顿。以疲惫、精疲力竭的姿势斜靠着桌子。）你以为我疯了，但我没有。

C：你很肯定我以为你疯了。

S:（停顿。）我被捆住了，却无法使自己松开！（声音绝望，眼泪流了下来。停顿。）我产生了幻觉，必须把它赶走！……（继续谈论她深刻的矛盾，谈到了她曾有过的幻觉，声调极度紧张，但态度却与治疗刚开始时截然不同。）

随后的会谈

S: 我知道在办公室里自己不得不摆脱这些。我觉得自己能够平静下来并对你诉说。我知道你理解。我无法说出我恨自己。虽然这是事实但我无法说出来。所以我想到了所有这些丑恶的事情来告诉你。

C: 你无法说出对自己的一些感受，但却能说出对我的感受。

133 **S:** 我知道我们正在接近问题的根源……（Rogers，1951，pp. 211-213）

以下是对这些摘录的一些点评。它们再次表明，当治疗条件出现时，治疗进程会向前推进。它们表明此假说解释了所谓的移情，就如同它解释了所有其他情感一样。

这一案例表明如果治疗师的理解准确而且具有真正的接纳性，如果不进行解释和评价，“移情”态度就会消退，情感会指向其真正的对象。在这种安全氛围中，不大必要去否定感知，结果是当事人对自身经验的意义有了更准确的感知，获得了新洞察。

值得一提的是当治疗师对她的问题做出回答并声明（出于伦理道理）不愿与其发生性关系时，他的话仅仅是为了自己，也只与自己有关。这并不是在解释她的行为，也没有对她的要求做出评判。

在我看来，解释会延缓——而不是促进——治疗过程。如果治疗师说：“我想也许你在要求重现与你父亲的乱伦关系”——这很可能是一个正确解释——但它几乎肯定会遇到强烈的阻抗。

精神分析师们常谈到阻抗以及处理它的困难。认识到有两种类型的阻抗会有好处。一种是揭露的痛苦——对自己和他人——那些在此之前一直拒绝去感知的情感。此外就是对治疗师的阻抗，它是由治疗师引起的。提供解释、做出诊断和其他评价——这些常常是阻抗产生的原因——然后治疗师又必须处理这种阻抗。

以下就是当事人中心疗法的特有优点。通过创建一种安全的关系，当事人不必抵制治疗师，因此也有更多的自由来处理源于其自身的阻抗，就如同本个案一样。她发现情境很安全，能让她认识到投射到治疗师身上的所有想法和情感实际上都是她对自己的想法和情感。

在我看来，似乎明白无误的是，处理所有针对治疗师的情感的最有效方法就是通过创建一种符合当事人中心疗法所提出条件的治疗关系。将移情作为治疗中非常特殊的一部分加以处理，并将其当做治疗核心，我认为这样做是个严重的错误。这种方法助长了依赖性并延长了治疗。它制造出了一个新问题，其唯一目的似乎就是使治疗师获得知性满足——表明他或她具有多么高超的专业水平。我对此深感痛心。

我还要阐明另一个观点。如果处理“转移性神经症”在治疗中如此 134
重要，并促使人格和行为产生更深层的变化，那么为什么没有资料来支持证明这一点？何处有治疗记录显示精神分析法更有效、效果更深远？为什么不愿公开在治疗师处理这一分析过程的核心问题时到底发生了什么？

我曾在多年前阅读过一份完整的精神分析治疗记录，并有机会听到精神分析治疗的简短片段，我相信自己能理解为什么不愿公开这些资料。因此关于移情问题会有争论，但仍然没有资料依据。除非精神分析者们愿意将自己的工作公开，接受专业的详细考察，否则这些问题就不可能获得最终答案。

参考文献

Rogers，C. R.（1951）. *Client-centered therapy*. Boston：Houghton Mifflin.

Shlien，J.（1986，April 2）. Personal correspondence.

Slack，S.（1985，Spring）. Reflections on a workshop with carl Rogers. *Journal of Humanistic Psychology*，25，35-42.

135 10 当事人中心/以人为中心疗法*

当事人中心或以人为中心的疗法是什么意思呢？对我而言它表达出了我整个职业生涯的基本主题，该主题已经在经验、与他人的互动和研究中得到了认识。该主题已经在许多领域得到了应用并被证明效果良好，到后来它有了“一种以人为中心的疗法”这个宽泛的名称，似乎是最合适不过了。

这种疗法的核心假设可以简单叙述如下：个体在其自身内部有着广阔的潜力可用于自我理解，改变自我概念、态度和自我导向的行为——并且只要向其提供具有促进作用的一种可界定的氛围，那么这种潜力就能被开发出来。

无论在治疗师与当事人的关系中，父母与子女的关系中，领导与小组成员的关系中，教师与学生的关系中，还是管理者与同事的关系中，这种促进成长的氛围都包括三个条件。实际上，这些条件适用于任何以个人发展为目标的情境。我在以前的文章中已经对这些条件进行过详细论述（Rogers，1959，1961）。在此我从心理治疗的角度进行简短总结，不过它也适用于以上提到的所有关系。

第一个要素是真诚、真实或恰当。咨询师在关系中越以真实自我出现，不带职业面具或伪装自己，那么当事人就越有可能以一种建设性的方式获得改变或成长。真诚意味着治疗师毫不隐瞒自己此刻的情感和态度。当时强烈的情感体验或出现在意识中的想法要与对当事人表达出的内容相近或相符。

136 创造一种改变氛围的第二个重要态度是接纳、关心或称赞——无条件的积极关注。如果无论当事人怎样，治疗师都持一种积极的、非评价的、接纳的态度，那么就更有可能使治疗获得进展或使当事人发生改

* In Kutash, I. and Wolf, A. (Eds.), *Psychotherapist's Casebook*. Jossey-Bass, 1986, 197-208.

变。接纳包括治疗师关心当事人在当时体验到的任何情感——困惑、厌恶、恐惧、愤怒、勇气、爱或自豪。它是一种非占有性的关心。如果治疗师完全无条件地而不是有条件地称赞当事人，那么治疗就更有可能获得进展。

关系中有促进作用的第三个方面是同感。这意味着治疗师准确地感觉到当事人正在体验到的情感和个人意义，并与当事人沟通这种接纳性理解。在最佳情况下，治疗师深深地进入到对方的私人世界中，不仅能够认清当事人意识到的意义，而且还能认清那些当事人尚未意识到的意义。对于这种非常特别的、活跃的治疗类型，倾听是我所知道的能促进改变发生最有力的力量之一。

整体看来，已经有越来越多的研究证据支持这一观点，即如果提供了促进性条件，人格和行为的确会发生改变。从 1949 年至今，在美国和其他国家这种研究就一直在进行着。研究表明，心理治疗中的态度和行为、在学校的学习状况以及精神分裂症行为都有了改善。总而言之，它们令人信服（Rogers，1980，研究总结）。

信任

实践、理论和研究都清楚地表明，以人为中心疗法的建立基础是一种对人的基本信任。这可能是它与我们的文化中大多数观点最大不同之处。几乎所有的教育、管理、商业和大部分宗教、家庭生活、心理治疗的基础都是一种对人的不信任。必须设定目标，因为人被视为缺乏选择适当目标的能力。必须引导个体朝着这些目标发展，否则他或她就可能偏离已选择好的道路。教师、父母、督导者必须发展出各种程序以确保 137
个体正在朝着目标前进——考试、监督、讯问。个体被视为生而有罪的、破坏性的、懒惰的，或以上三者皆有——如同一个必须时刻监视着的人。

与此相反，以人为中心疗法依靠的是每个活着的机体都表现出的实现倾向——成长、发展、实现其全部潜能的倾向。这种存在方式相信人类是积极地朝向一种更复杂、更完全的发展方向前进。我们要释放的正是这种发展方向。

另一特点

以上我描述了一种促进成长关系所具有的几个特点，它们已经被研究所考察和证实。但是近年来我的视野已经扩展到了一个至今还无法进行实证研究的新领域。

当处于最佳状态时，作为一名小组指导或治疗师，我发现了另一个特点。我发现当自己最接近内在的、直觉的自我时，当我接触到自己内心不为所知的部分时，当我也许在关系中处于一种轻微改变了的意识状态时，无论我做什么似乎都有很好的治疗效果。那么仅仅呈现我自己就起到了放松和有益的作用。我无法迫使这种经验产生，但是当我能放松自己并接近自我的超验核心时，我在关系中的行为方式就可能显得奇怪而易冲动，我无法对这些行为方式进行理智的评判，而它与我的思维过程也毫无关系。但是这些怪异行为的结果却是正确的，以某种不寻常的方式。在这些时刻，我的内在精神似乎已经延伸并触及了对方的内在精神。我们的关系超越了它本身，成为了某种更大事物的一部分。产生了极大的成长、治疗效果和能量。

这种超验现象有时在我参与的小组中曾经出现过，改变了其中一些参与者的生活。一位工作坊的参与者对它进行了如下精彩的描述："我
138 发现它是一种深奥的精神体验。我感觉到了团体的统一精神。我们共同呼吸，共同感受，甚至代表他人发言。我感觉到了将我们每个人融合在一起的'生命力量'——不管它是什么。我感到它没有通常的'我'或'你'的激烈争论——它就像一种沉思体验，我感到自己就是意识的中心。然而尽管有那种超乎寻常的统一感，每个人的独立性也从未像现在这样清晰过。"

我认识到了以上描述中所蕴涵的神秘性。显而易见，我们的经验是超验的、无法言表的、精神上的。我不得不相信，我和其他许多人一样，低估了这种神秘的精神维度的重要性。

在这一点上我与一些物理学界和化学界的更高深的思想家们没有什

么不同（Capra，1982）。当他们将自己的理论进一步推进，描画出了一个非凝固的、仅仅是能量摆动的“实在”时，他们同样也开始谈到超验的、无法言表的、意料之外的现象——一种我们在以人为中心疗法中所观察和体验到的现象。

那么，以人为中心疗法在根本上是一种通过态度和行为表达自己的存在方式，它创造出一种促进成长的氛围。它是一种基础哲学而不仅仅是一种技术或方法。当运用这种哲学时，它会帮助个人扩展自身能力的发展。当运用这种哲学时，它同样还会促进他人发生积极的改变。它赋予个体力量，而当这种个人力量被感觉到后，经验表明它会被用于个人和社会的转化。

当这种以人为中心的存在方式运用到心理治疗中时，它会促进当事人的自我探索和自我发现，并最终导致当事人在人格和行为上发生积极的改变。当治疗师在关系中创造出了这些条件时，他/她就成了当事人的旅伴，将伴随当事人完成这段通向自我核心的旅行。我相信，以下个案就说明了这一过程。

简——及其改变过程

偶尔，当治疗师和当事人的关系正处于改变中时，这时的谈话可以显示出治疗过程中的几个方面。我与简的谈话就是这样一个例子。它是 139
一个历时半小时的示范性治疗，在有 600 人参加的一个工作坊内进行，地点是南非的约翰内斯堡。

有几个志愿者报名，第二天早晨，就在谈话即将开始前，我的同事露丝·桑福德（Ruth Sanford）告诉简她被选中作为当事人。

简和我面对面坐着，以使观众能从侧面看到我们的互动。我们调节并试了各自的麦克风。然后我说希望安静一会儿以使自己集中精神。我还说她也可以利用这段时间安静下来，她点点头表示自己会的。我利用这段时间忘掉技术问题，集中精神面对着简，并以开放性的态度对待她可能表达出的任何东西。

从这里开始，材料选自录音记录的谈话。给出的片段中包括了主要话题和有意义的问题。省略的材料则是对一些话题的进一步解释或者追问一些遗漏问题。

读者们应首先将整个谈话看一遍，只看我和简所说的话而跳过时不时出现的对治疗过程的评价，我相信这样做是会有收获的。阅读第二遍时就可以停下来思考对每小段的评价了。

卡尔：我现在准备好了。我不知道你想和我谈些什么，因为我们之间除了问好之外没有过任何交往。但是无论你想说什么，我都会乐意倾听。(停顿。)

简：我有两个问题。第一个是对婚姻和孩子的恐惧。另一个就是年龄问题——衰老。我发现自己不敢展望未来，它让我感到非常恐惧。

卡尔：这是你的两个主要问题。我不知道你想先谈哪一个。

简：我想更迫切的问题是年龄问题。我想从这个问题开始。如果你能帮助我解决它，我会十分感谢的。

卡尔：你能告诉我更多关于你对衰老的恐惧吗？当你变老时，怎么了呢？

140 **简：**我感到自己处于一种恐慌状况。我现在 35 岁，还有 5 年就到 40 岁了。这很难解释。我总是想逃避它。

卡尔：这种恐惧足以使你真的——它真的使你感到恐慌。

简：是的，并且它影响到我作为一个人的自信。(卡尔：㖿。)仅仅是在过去的 18 月里，两年里，我才忽然开始认识到：见鬼，什么事都赶上我了。我怎么会有这种感觉呢？

卡尔：你大约在一年半前才有了这些强烈的情绪。(停顿。)那时有没有什么特别的事情似乎引发了这种情绪呢？

我的最初反应有两个目的。我想让她感到展示自己是绝对安全的，因此我确认了她的情感并提出了一般化的、不具威胁性的问题。我的另一个目的是避免使谈话朝向某个特定方面发展或做出任何判断。谈话发展的方向将完全取决于她。

简已经从诉说自己的问题开始转向经验自己所感觉到的恐慌了。她的态度很明显，希望我能提供一些帮助。

简：我想不起来了，真的。嗯，我母亲在53岁时去世了。（卡尔：哞。）在许多方面她都是一个非常年轻、非常聪慧的女人。但我想这可能与她有关。我不知道。

卡尔：你有点儿觉得如果你母亲那么早就去世了，你也可能会这样。（停顿。）而且时间似乎越来越急迫了。

简：是的！

简已经在运用关系的安全性探索自己的经验了。她并没有意识到其中的意义，但无意识性使她想到了母亲的去世。

我的反应表明我正在开始走进她的内心世界，而且我有些超越了她的描述。她回答“是的！”肯定了我对她的世界的感觉。如果她说“不，不是这样的”，那么我就会立刻放下自己的想法，努力去发现她的话对她到底意味着什么。当我试图理解她时，我对自己反应的正确性并没有把握。 141

简：当我回顾母亲的一生时——她才华横溢——但晚年却不幸成了一个苦命的女人。这个世界欠她太多了。现在我不想再那样了。此时此刻，我还没有那样。我有着非常充实的人生——有时令人兴奋有时也令人伤心。我学会了许多也有许多还需要去学习。但是，我的确感到曾经发生在母亲身上的事情正在我的身上发生着。

卡尔：所以它就像一个幽灵。你的部分恐惧是：“看看在母亲身上都发生了什么，而我正在沿着相同的路走下去，（简：是的。）也许我也会感到同样的一无所有。”

简：（长时间的停顿。）你想问我更多的问题吗？因为我想这会帮助你更了解我。我不能——一切都像是旋风一般（卡尔：哞，哞。）盘旋着。

卡尔：在你心里一切正在快速盘旋着，你不太清楚从哪儿（简：从哪儿开始。）下手。我不知道你是否想更多地谈谈你与母亲的生活之间的关系，你害怕它吗？或者是别的什么？

当事人出现长时间的停顿通常是有益的。我饶有兴趣地等待着，看随后会发生什么。

首先她明确指出，在她心里我是权威，我是医生。她会满足我的要求。

在我这方面，我在口头上并没有拒绝跟随医学模式，做一个全能的医生。我只是不在行为上表现得是个权威。相反，我表现出理解她的困惑，并留给她一片广阔领域来发挥。

有趣的是，她打断了我并替我把话说完。这表明在她的经验中，她正在认识到我们在这一探索中是连为一体的——在桌子的同一边，而不是医生在一边，“患者”在另一边。

142 **简：**不过，年纪越大，我对婚姻的恐惧感越强。现在它们是否有关系，我不知道。但是对婚姻、责任和孩子的恐惧——我发现非常、非常令人恐惧。并且它随着年龄增长而越来越强烈——

卡尔：它是一种对责任的恐惧，对有孩子的恐惧。而且所有这些似乎都是一种不断增长的恐惧，所有这些恐惧似乎都在逐渐增强。

简：是的。我并不害怕责任。例如，当它与工作、友谊或某些事情有关时。但是在我看来婚姻非常——

卡尔：因此你不是一个不负责任或类似这样的人——（简：是的，根本不是。）你对工作负责，对朋友负责。只是在想到被婚姻束缚时——它就像地狱般可怕。

长时间的停顿使简敞开了自己，并探索她对婚姻的恐惧。

当事人“逐渐地区分和辨别其情感和知觉的对象，包括……他自己、他的经验，以及它们间的相互关系”（Rogers，1959，p. 216）。当简认识到自己的恐惧——不是针对责任而只是针对一种特殊责任时，她当然符合我理论中的这段话。

我们现在显然已是伙伴了，共同去探索了解她的自我，她深层的内心自我。我们随意地插入彼此的说话中。

简：（长时间的沉默后。）你想让我说话吗？

卡尔：我希望自己能帮助你解决正在你脑海中盘旋的那些事。

简：唔，（停顿。）我真的没想到自己今天会被叫上来。否则我会列份清单！（停顿。）我的问题可能——我热爱艺术，不是吗？我非常喜欢音乐和舞蹈。我希望能抛弃一切，把自己的生命奉献给音乐和舞蹈。但不幸的是，我们今天生活在其中的社会强迫每个人去工作并遵循某种社会标准生活。我并不对此感到后悔。我怀念它，它是我真正想做的事。但是我怎样去做呢？这是否关系到——就像我说的，我正在变老，于是我总是转身想逃避。

卡尔：你告诉我的是，你的确有一个生活目标，你的确有自己真正 *143*
想做的事——（简：哦，是的。）你想把自己奉献给音乐、艺术，但你感到社会不允许你这样做。可是你想做的是抛弃其他一切，全神贯注于自己热爱的音乐。

简：是的。

当简努力想知道自己的探索该向哪个方向进行时，她试图将责任推给我。我只是表达出了自己非常真实的感受。

她的下一句话显著证明了让当事人指导会谈所具有的巨大优势。第一个长时间沉默将她引向了对婚姻问题的探索。它引出了一个她自我形象的令人惊讶的积极方面。对于一个似乎不太肯定的人，她对艺术的热爱却似乎是肯定的。

我的反应的作用在于使她完全意识到自己的积极目标。向当事人举起一面镜子是有帮助作用的。

从治疗过程的观点来看，简“在意识中对过去曾拒绝感知或在意识中被扭曲的情感有了完全的体验”（Rogers，1959，p. 216）。

简：在过去的 18 个月里一切——非常奇怪，但是——情况变得极为重要。过去我相信，当一个人的年纪越来越大时，他就变得更有耐心，更有忍耐力。我一直不曾担心过世上的什么。只是到了现在我才有了真正的问题，而且我不知道怎样去解决它。

卡尔：在过去的 18 个月里，一切似乎都非常、非常重要——每一时刻，生活的每一方面（简：是的。）似乎都更为重要，更有意义。问题也似乎更深入了：“我准备做些什么？”

简：（停顿。）你能回答我一个问题吗？卡尔博士？你觉得婚姻问题和衰老问题二者之间有联系吗？

卡尔：是的，我感到在你的谈话中它们是有联系的，你说恐惧感越
144 来越强，随着时间的流逝，对婚姻、孩子和责任都是如此，就如同对衰老的恐惧一样——它似乎是一个恐惧包。并且除此之外，你曾说过“我知道自己想做什么——但是我不能”。

简正体验着自己生活中的紧迫问题并且对解决它们感到无能为力。依照着一个熟悉的模式，她转向权威寻求答案。

她已经在谈话中将这两个问题联系在了一起，我只不过是把她自己的感受以及它们的意义再反馈给她。我并不是坚持拒绝给予她任何答案，但我深信最佳答案只能出自当事人的内心，而简所说的话实际上就是在回答她的问题。

简：呣。它不是——它与给予完全无关。仅仅是害怕被套住。就像我现在被年龄套住了一样。

卡尔：你有一种被**套住**的感觉，被自己的年龄套住，并且同样害怕被婚姻套住。（停顿。）所以生活的前景令人恐惧。

跟随着她的探索找到恰当词汇——恰当比喻——来描述她的感受是很有意思的。她曾使用了恐惧、恐慌、极为重要的情感，现在用的是被套住。找到一个单词、一个短语、一个比喻来准确地描述出此刻内心感受的意义可以帮助当事人更完全地体验这种情感。

我此刻正相当自如地在她内心世界里漫步，感受她的感受，甚至在她还未完全将它用语言表达出来时。

简：是的。（停顿。）我仍然坚持着，（卡尔：呣）。你知道，我试图将这些埋藏于内心深处。（停顿。）我没有走进办公室说：“请帮帮我，我35岁了。我该怎么办呢？”根本不是这样的。我能坚持，如果我想继续穿短裤、扎马尾辫的话，但不是这样的。它是——它是害怕

被套住。

卡尔：你心里的那些恐惧并没有妨碍你在世界上运转。你过得不错，但是尽管如此，在你内心深处有着各种恐惧，而最大的恐惧就是害怕被套住，在各个不同方面。

她越来越意识到自己此刻的体验与所面对的世界的虚伪性之间的不 *145*
相称，但我却错误地没有对这种情感做出反应。此外我还错过了她偶然提及的短裤和马尾辫，这明显是她自我概念中的另一个积极方面。如果治疗师错过了有意义的内容，通常他会有另一次机会，这一机会在下次交流中出现了。

简：尽管人们对我说："简，你正值盛年。你得到了身边的一切！"但是他们根本不知道我的内心感受。

卡尔：是的。在旁观者看来，你正值盛年，得到了身边的一切。但那不是内心的简。内心的简与那大不相同。

简：（长时间的停顿——低声嘀咕。）你想让我说些其他事吗？（卡尔和观众笑了起来。）我在台上紧张得不得了！

卡尔：你随时想说什么就说什么，因为我感到自己正在了解那个内心感到恐惧的小简。

简：因此我说得越多，就越能帮助你了解我，对吗？

卡尔：你也越了解我。

简：这可能有关系，它可能对你有帮助：不知是否与我过去经常参加业余戏剧表演有关，我不知道，但是我喜欢扮演淘气的小女孩。当我想逃避或希望得到某件东西时，我就会扮演那个淘气的小女孩。

卡尔：你对此非常清楚。（简笑了。）你在许多场合扮演它。（简：它的确很有用！）它有用——淘气的小女孩能逃避一些东西。你还说了另一件事：你试图帮助我。我希望我们在这儿所做的事能帮助你。（简：谢谢。）（停顿。）因为——我感到在你告诉我一些事情时，它不是为了我。我希望通过告诉我们这些事能使你更好地了解自己。

这里简最明确地说出了自己对关系的看法：如果让她向我提供信

息，她会照做的，以便让我这个专家能够帮助她。我试图将责任转移给
146 她，但不知是否成功了。我相信她并没有理解我在说什么，她说“谢谢”就清楚地表明在她看来我仍然是主动的帮助者。

扮演成一个淘气的小女孩与她的问题有何联系呢？我不知道，但是我深信她的无意识心理会将我们带到与她的恐惧关系最密切的方面。

简： 我曾经和另一个人讨论过这个问题，她也曾有过这种经验。她知道它对一个人的精神所造成的伤害。她自己也有过类似感受。她说：“你知道，它非常奇怪，但是我能够克服它，在一段时间后——在一两个人的帮助下。”我想重要的是（停顿。）能够找到某个你能信任并且对他有信心的人陪你一起度过这段时间。但是很难找到这样的人。

卡尔： 你希望有个自己能真正相信的人来帮助你度过这个困难时期。

简： 嗨，从被套住中。（笑声。）所以，我不知道怎样去应对它。我真的不知道。

卡尔： 你感到它超出自己的能力了。

简： 嗯，它是我日常生活的一部分，你知道，从醒来那刻起到上床睡觉时。显然我并没有和许多人讨论过它。我想是因为害怕别人的反应，真的。重要的是试图找到某个也有过类似经验的人——他知道你现在的感受是什么。

卡尔： 因此你的确在寻找——某个人，某个你需要的人，某个你希望的人，某个你能信任的人。

她很好地描述了每个人都渴望的无判断的、理解的、关心的、值得信任的关系。它很好地描述了一种真正的治疗关系，同时它又一次证明了在根本上，“当事人知道得最清楚”。

简： 是的。我试图依靠自己的力量完成它，但我发现这很难。（卡尔：是的。）如果有人鼓励我，说“我知道你能做到的，你能做到的，你会做到的”，那就会——

卡尔： 那样的确会有所帮助。

简：只要有一个能信任我的人。

卡尔：一个对你有足够信任的人说："当然你能做到的——你没事。 147
你会克服它的！"但是你无法对自己说出这些。

简：是的——我试图更积极一些，并拿它开玩笑。但是我，我就是非常害怕。我在退缩。我没有前进——（长时间的停顿。）我曾试过——把它推到一边。我曾试过——忘掉它。我曾试过在自己想到它时让自己打住。但是即使这样也没用。（停顿。）它几乎就是，只能打个比方来说，我似乎正在走进黑暗。我正在走出光明走进黑暗。（卡尔：啊。）你明白我的意思吗？（卡尔：是的，当然。）因为我现在又感到了恐惧——

卡尔：它是如此冒险，从光明的地方走出来走进黑暗，走进未知世界。（简：是的。）这是一种冒险，如此令人恐惧。

简：（停顿。）我想不到还能说些其他什么，除了——我怎样才能克服它呢？（停顿。）此刻我真的感到它是一个非常孤立的问题——我敢肯定有些人克服了它，有些人则没有。他们可能会想："见鬼，问题到底在哪里？"我有时甚至拿它和自己开玩笑，说："我想我会在报纸上登一个广告——你从不（笑声）知道自己会得到什么回复！"（停顿。）这是个笑话，你知道，我试图将它一笑了之。

卡尔：但是你如此希望有这么个人，他来自于外界，能给你信心，能帮你度过这个困难时期。

简：是的，因为尽管我的确也做祈祷——我对宗教有自己的感受——我相信精神的发展。此外，对我来说，这可能是对来世善恶的因果报应（karmic）的一种条件反射，我不知道。当然，那是另外一回事，我心里在想：它是我发展中的一部分，就像以前一样。但我感到这还不够；我必须还有身体上的接触。（停顿。）我能与某人联系起来——

在这整个片段中，她完全经验了自己的绝望，应付恐惧的无能为力，渴望有人帮助自己，确信帮助必须来自于外界，以及掩盖痛苦的笑脸。

在心理上，我陪伴她沿着这条沮丧之路走着。她从光明走向黑暗的 148

比喻的确启发了我。我随后的反应说明了原因。

卡尔：你能与之联系的某个人。我猜测——这似乎是个愚蠢的想法，但是——我希望那些朋友中有那个淘气的小女孩。我不知道这对你是否有任何意义，但是如果那个活在你内心的活泼、淘气的小女孩能陪伴你从光明走向黑暗——就像我说的，那也可能对你根本毫无意义。

简：（用一种困惑的声音。）你能就此对我说得更清楚些吗？

卡尔：简单地说，你最好的朋友之一可能就是你隐藏在内心的自己，那个害怕的小女孩，那个淘气的小女孩，那个没有完全显露的真正的你。

简：（停顿。）我必须承认——你刚才说的那些话，回头看看它——我已经大大丢失了那个淘气的小女孩。实际上，在过去的18个月里，那个淘气的小女孩已经消失了。

这是一种直觉反应，我已经学会了去相信它。它自己在我内心形成并希望表达出来。我尝试性地提出了这个建议，从她最初的茫然和困惑表情中，我以为它可能毫不相干并且毫无帮助，但是她随后的反应表明它触及了她内心深处的某种东西。

我高度评价这些直觉反应。它们偶尔会出现（这是我第一次在录音中捕捉到），但是却几乎总能促进治疗。在这些时刻我可能处于一种略微改变了的意识状态，栖息于当事人的世界，完全与该世界协调一致。我的无意识性控制着我。我所知道的远远超过了自己的意识心理所感觉到的。我没有有意识地形成自己的反应，它们仅仅是在我内心浮现出来，从我对对方世界的无意识感觉中浮现出来。

卡尔：已经消失了。唔，唔。（笑声。）那么我没有错。也许你应该把她找出来！（笑声。）

简：你想要她的号码吗？（笑声。）

149 **卡尔：**我想！（笑声。）我想她会很顽皮，我并不认为她会十分害怕。听上去她非常鲁莽！（笑声。）

简：（怀疑地。）即使我变老，我也仍然可以是一个淘气的小女孩吗？

卡尔：嗯，我不知道——我才 80 岁，但我仍然可以是一个淘气的小男孩。（更多笑声和掌声。）

简：（笑起来。）我对此不做任何评价！（停顿。）那会改变我对婚姻的感受吗？

卡尔：我想这是一个你正在问自己的非常有意义的问题。如果你是自己内心那个小女孩的好朋友，你会不再那么害怕婚姻吗？我为她在过去 18 个月里失踪了而感到难过，真的。

简：（停顿。）你很对。你真是说到点子上去了。而且——

显而易见，我们的关系已经成为了一种令人感到舒适的、伙伴性的共同探索。我们能够以幽默的态度对待严肃的事情。这是一种开放的、信任的关系。

简已经认识到了她以前一直在否认自己的经验和自身中一个有意义的部分，而这是一个极其重要的事实。

我喜欢自己的反应。它们是自发而有趣的，但意图却完全是严肃的。

卡尔：我很抱歉，但是我们不得不马上结束谈话了。

简：好的——我已经快了 15 分钟了，因为我总迟到。（笑声。）

卡尔：又老了 15 分钟？（更多笑声。）

简：（笑起来。）让我们看看，现在是十——

卡尔：是的，我想我们要结束了。这样行吗？

简：好的。您给了我很大的帮助，我由衷地感谢您。

结束似乎有些唐突，但是时间到了，她对情境开起了玩笑，这似乎表明，她在结束谈话时并没有被迫的感觉。此外，这也表明了谈话本身真正结束了。

会谈中的有意义要素 150

该会谈包括了以人为中心疗法或任何帮助关系的许多特点。我会提到其中一些特点。

1. 不带评价地接纳她在自己的经验中所发现的各种情感、各种想法、各种方向的改变、各种意义。我相信这种接纳是完全的，只有一个例外，注意到这一点是有用的。她渴望有人依赖、将我当做会提供答案的权威而依赖，我对这种渴望给予了真正的接纳。请注意，我接纳了她的依赖愿望，但这并不意味着我在行为上会满足她的期望。我能更容易地接纳她的依赖情感，因为我知道自己的立场，而且我知道自己不会成为她所希望的权威人物，尽管在她眼里我是的。

但是在一个地方我的接纳是不完全的。实际上她说，“我会谈得更多些，以对你的任务有所帮助”，我并没有完全接纳她对我们之间关系的认识，而是两次试图改变她的认识却都失败了。事实上，我的回应是“我们现在所做的是帮助你，而不是我”。她没有注意这句话，但这并没有对治疗过程造成不良影响。

2. 深刻地理解她在自己的经验中所发现的情感和个人意义，尽可能地去经验她的感受。我非常成功地进入了她的个人世界，使她逐渐感到我们的关系是安全的，从而能够表达出心里的任何想法。

这种敏锐的同感是如此深刻，以至于在某一时刻我的直觉占据了主导地位，并且似乎以一种神秘的方式，与她自身非常重要的一部分进行了接触，而她自己已经与这部分丧失了接触。这时我们可能处于一种共同的、交互的意识改变状态。

3. 陪伴她探索自我。作为一名治疗师，我不想引导当事人，因为对于自身痛苦的根源她比我了解得更清楚。（当然，这种了解是无意识的，但不管怎样它在那里。）我不希望自己的理解落后于她，因为随后的探索会令她非常害怕。我所希望的是陪伴在她身边，有时落后一步，有时当我对我们所走的路看得更清楚时则领先一步，而领先的这一步只能依靠直觉的引导。

151 4. 相信“机体智慧”会引导我们走向问题的核心。在会谈中我完全相信她会走进与其痛苦有关的领域中。无论我可能是个多么老练的治疗师，我都无法猜测出她母亲的去世或她对艺术的热爱或她多年前在舞台上扮演的角色与解决她的恐惧会有何联系。但是当给予信任以后，她的机体，她的无意识心理——随便你怎么称呼它——就能够找到那条通向核心问题的道路。

因此，作为一名治疗师，我希望让我的当事人有机会以自己的步伐走自己的路，找到自身冲突的核心。

5. 帮助当事人完全经验自己的情感。最好的例子就是当她让自己完全地经验被套住后的绝望感时，一旦这种困扰情感在深度和广度上获得了完全感受后，个体就能够前进了。它是改变过程中的一个重要前进部分。

值得一提的是，当她很肯定地说："你真是说到点子上了"时，显而易见她正在经验到某种明确的帮助，不过她没有说出这种帮助是什么。这无关紧要。重要的是经验，治疗师不必准确地知道帮助是什么(不过在该个案中她第二天告诉了他)。

也许指出这些特点可以更清楚地表明以人为中心疗法导致了一种非常微妙的、通常复杂的过程，而该过程有着一种机体自身的发展方向。对治疗师而言，完全地表现出理解和关心对促使该过程的出现是极其重要的，尽管最关键的事件发生在当事人的情感和经验中。

简的结局

谈话刚结束，在向参与者描述自己的经验时，简说："对我而言，非常奇怪的是，虽然我非常紧张，但是我发现它令人兴奋。我需要帮助，我想我已经找到了答案，谢谢卡尔博士。"如果不是因为随后的交谈，这些话可能会被认为仅仅是出于礼貌。

第二天早上，简告诉我她与"淘气小女孩"的沟通触发了一次自我 152
探索。她认识到在过去 18 个月里，不仅淘气的小女孩失踪了，而且自我的其他一些部分也消失了。"我认识到作为一个完整的人面对生活，我需要找回那些丢失了的自我部分。"她说对她而言这次谈话已经被证明是一次"震撼灵魂的体验"。在谈话中开始的过程会在她身上继续下去。

参考文献

Capra, F. *Turning Point: Science, Society and the Rising Culture*. New York: Bantam Books, 1982.

Rogers, C. R. A theory of therapy, personality and interpersonal relationships, as developed in the client-centered framework. In Koch, S. (Ed.), *Psychology: A Study of a Science*, Vol. 3. *Formulations of the person and the Social Context*. New York: McGraw-Hill, 1959, 184-256.

Rogers, C. R. *On Becoming a Person*. Boston: Houghton Mifflin, 1961.

Rogers, C. R. Client-centered psychotherapy. In Kaplan, H. I., Sadock, B. J. and Freedman, A. M. (Eds.), *Textbook of Psychiatry*, 3. Baltimore: William and Wilkins Co., 1980, 2153-2186.

过程中的人 155

当人类从婴儿成长为成人时，一种裂缝在内心逐渐发展起来，这种裂缝使我们的当前觉知与我们自身更深层的“经验”分裂开来。为了获得赞赏和爱，我们学会了压抑自身的一些情感和表达，而它们注定是不会被我们生活中的重要他人接受的。我们对被爱和被接受的需要能够削弱我们保持“和谐”、完整和真实的能力。当还是婴儿时，“评判标准”牢牢地存在于我们内心，但是随着我们的身体、情绪和知性逐渐成长起来，我们学会将来自外部世界的评判标准“内化”，直到我们中的许多人再也不能认识到内部和外部的区别，再也不知道真正的自我。

这些是卡尔·罗杰斯在其一生中所观察、研究和论述的一些问题。他一次次地描绘了当事人尤其身处其中、而普通大众也会经验到的过程，即与自身的重要部分失去联系并且失去自尊，而心理和社会问题也就不可避免地从这种不和谐中产生。

埃伦·韦斯特（Ellen West）的个案就最生动而悲惨地说明了这种破坏过程。在《埃伦·韦斯特——以及孤独感》中，罗杰斯对这一著名心理治疗个案提出了自己的分析，精彩地描述了埃伦逐渐与自己以及身边所有人疏远的过程。

虽然作为一个个案，埃伦·韦斯特的经验说明了一个困惑的患者是
如何逐渐与“她的有机体智慧”失去联系的，但在某种程度上，一般而 156
言，同样的基本现象也会发生在调适良好的个体身上。在《迈向现代价值之路：成熟个体的价值判断过程》一文中，罗杰斯对这个内部转变过程进行了更透彻、更概括的描述，即我们从婴儿时的自我决定慢慢转变成了将自我评价的能力转交给了外部世界。在我们某些人身上这种自我

的丧失达到了如此严重的程度，以至于再也不能意识到自身机体此刻的经验——我们不再知道自己在想什么或感受是什么。

罗杰斯很少关注人类处于两难情境时的消极或不幸方面，他最大的兴趣总是在于探索“成为一个人”的过程——发现、接纳并在适当时机表达个人存在的更深层、更完全的水平，并生活在这种水平上。这篇有关价值评判的文章的第二部分描述了个体如何才能重新获得对自己的生活进行价值评判的能力并对自己的生活负责。在结尾部分他讨论了自己的治疗经验是如何使他确信，更成熟的价值判断过程不仅可以促进个人成长，而且还可以对整个人类做出建设性的贡献。

《我们应该结婚吗?》一文选自罗杰斯 1972 年出版的著作《择偶：婚姻及其选择》。在这篇文章中，他饶有兴趣地将该发展过程应用到了在婚姻中丧失和找回自我的具体经验中。他举例说明了两种婚姻关系，一种最终以离婚收场，另一种则通过诚实地表达出一些令人痛苦的真相而使关系获得了改善。在这两种情况下，罗杰斯经常提到的他对所有人类关系的看法起到了重要作用，即如果压抑那些强烈的或持续的情感，那么关系就会受到不良影响。一如既往，罗杰斯强调的并不是伙伴关系的结果，尽管没人能质疑它对夫妻双方的极端重要性，他强调的是双方各自内部以及彼此间健康或不健康的交流过程。

在结尾部分，无论是讨论婚姻，治疗中的个体，还是普通人在认同
157 感、孤独感和关系中的挣扎，罗杰斯的兴趣总是要回到过程中的人。他对成为一个人的过程的洞察和精彩论述吸引了许许多多从事类似工作的专业和业余人士。

11 埃伦·韦斯特——以及孤独感*

我愿意就现代人所感到的基本疏离感发表自己的看法。然后我会表

---

* *Review of Existential Psychology and Psychiatry*, Vol. 1, No. 2, May 1916, 94-101. Also in expanded form in Rogers, C. R. and Rosenberg, R. L., A *Pessoa Como Centro* (São Paulo, Brazil: Editoria Pedagógica e Universitária Ltda., 1977) and *A Way of Being* (Boston: Houghton Mifflin, 1980), 165-180.

明自己是如何将埃伦·韦斯特视为由这种孤独感发展到悲剧性程度的一个例子的。

看待孤独的方式有许多，但是我将关注经常在当事人和其他人身上可以看到的这种孤独感的两个要素。首先是个体与自我及其经验着的机体的疏远。在这种根本性的分裂中，经验着的机体在经验中感受到了一种意义，但是意识自我却牢牢地抓住另一种不放，因为这样才能获得他人的爱和接纳。这样，我们就有了一种潜在的致命分裂，大多数行为受意识感知的意义控制，但是由于个体缺乏与自我进行自由沟通的能力，生理机体所感觉到的其他意义却被否认和忽视了。

我们孤独感中的第二个要素是缺乏一种关系，在这种关系中我们将自己的真实经验——进而是我们的真我——与他人进行沟通。如果没有一种关系使我们能够沟通分裂自我的两个方面——我们意识中的虚假外表和我们经验中的更深层水平——那么我们就会有一种没有与其他任何人类真正接触的孤独感。

这种孤独感只是现代人才有的吗？可能是的。在现代社会以前，个
体为了获得重要他人的关爱同样也会忽视自身经验。但是他接受的虚假
外表，他现在感觉到的在自身经验中发现的意义，成为一套统一的、拥 158
有强大支持的信仰和意义系统。他所处的整个社会组织倾向于以同样的方式感知生活和经验，因此当无意间放弃了最深层的自我时，至少他还有一个连贯的、受尊敬的、被赞许的自我并根据这个自我来生活。例如，一个早期清教徒在否定自己机体经验的巨大领域时一定会经验到许多内部压力。然而，他是否经验着与我们今天的当事人一样强烈的疏离感和孤独感就值得怀疑了。

与早期更类似团体的成员一样，现代人抛弃了自身经验而采纳了会带来爱的生存方式，但是他接受的虚假外表只是来自于父母或少数他人，而他又不断地认识到虽然有些人赞同这种虚假外表，但是其他人却以完全不同的方式看待生活。没有一个虚假外表是所有人都认可的。这样，在某种前所未知的程度上，现代人经验着孤独、封闭和疏远，而这些源于其自身的更深层存在和他人两方面。

在本文的余下部分我将讨论这种非常根本的疏远感的现代类型，其中会以资料十分丰富的年轻女士埃伦·韦斯特的个案为例。

我很高兴选择该个案作为此次讨论的基础。首先，埃伦·韦斯特的日记和信件使叙述增添了许多个人色彩，其中还包括医生、心理治疗师和诊断师的观察和报告，这更增加了其完整性。其次，德文（Binswanger，1944—1945）和英文（Binswanger，1958）都有对此个案的完整描述。最后，此个案说明了一些最著名的前一辈精神病学家和心理治疗师们思考和工作的方式。

我不可能给出埃伦·韦斯特的整个不幸历史——它在出版时占了30多页而且排版紧凑——但是我会选择她生活的几个关键事件并加以评论。

首先，她的青少年时期。我认为她在20岁以前是一个统一的、整
159 合的正常人。医生们很容易在个体发展史中看出病理学征兆，特别是以一种事后诸葛亮的态度，但是在这里我却看不到任何病理学的迹象。埃伦是一个活泼、坚强、敏感、叛逆、爱提问、好胜、情绪化、表达力强、多变的女孩——简而言之，一个活生生的人。她非常热爱自己的父亲，十分希望自己是个男孩——直到她遇到了一个自己喜欢的男孩。她思考着人生的目标。她对自己获得巨大成就有着理想主义的梦想。这些特点中没有任何一项预示着她会有一个黑暗的未来。恰恰相反，她似乎是一个非常善变而敏感的青春期女孩，有着大好前途。

“她的20岁充满了快乐、憧憬和希望。”（此处和以下引文均出自May等，1958。）她渴望找到一个充满活力、严谨稳重的爱人。她从饮食中享受到快乐。但是这一年她与自我发生了一次意义重大的疏远。“她爱上了一个浪漫的外国人，但却按照父亲的意愿结束了这段感情。”这方面的资料比较缺乏，但是从她没有提出任何抗议这点，我猜测，她采纳了父亲的感受就像它们是自己的一样。如果我们将此片段大致描述出来，她的认识可能是这样的：“我想我的感受是自己在恋爱。我感到自己做的这件事是积极而有意义的。但是我的经验并不可靠。我并不是在恋爱。我的投入并不是一个有意义的尝试。我不能受自身经验的引

导，否则会犯错，会失去父亲的爱。”

在这段时期的几个星期内她暴饮暴食并长胖了——形成主要症状的最初表现。只有受到同伴的嘲笑后她才开始节食，这可能表明她开始对自我缺乏信任。她逐渐感到自己需要按照他人的期望来生活，因为自身冲动是不可信赖的。

不难看出为何这之后不久她就开始蔑视自己，甚至将死亡视为“一位美丽的女士”。总而言之，她是一个不值得信任的机体，其经验会使人误入歧途，理应遭到蔑视。她的日记中写着“怀疑和畏惧的阴影”，随后它被解释为害怕长胖。同样毫不令人惊讶的是她害怕自己内心的 160
“邪恶精神”——追逐着她的那些不被接受的、遭到否认的情感。

我相信这并不是她的自我和隐藏情感间的第一次真正疏远，但毋庸置疑的是，这次疏远意义深远。它在很大程度上摧毁了她对自我能够自治的信心。尽管她的精神好了起来，又开始了一段幸福生活，但是她已经抛弃了自我的一部分，并将父亲的情感内化成了自己的。

在这段时间里她的情感起伏波动。她想成就一番伟业；她希望进行一场社会革命；她学习很刻苦；她为孩子们建立了阅览室。但有时她却是“一个胆怯的、尘世间的蠕虫”；她渴望死亡并且让家庭教师重读“好人命不长”这句话。偶尔，“生命再次胜利了”。她“与一位马术老师闹得很不愉快”。她“感情失控”。她过分关心自己的体重。

在她 24 岁时，另一件事使她更完全地丧失了自我信任。尽管她自己仍然不很肯定是否需要女家庭教师，但她在学习中是愉快的。“日记中散发着生活和感官上的快乐”。她爱上了一名学生。显然她很投入，从这段感情的持久性和无处不在可以看出这一点。她坠入了爱河，但是父母再次坚持认为她的经验是错误的。他们要求两人暂时分开。所以在她看来这种关系一定是不真实、不明智的，最好放弃。再次地，她不信任和忽视了自己的体验并内化了父母的情感。她放弃了这段感情，并且，一起放弃的还有对自己能够进行明智的自我引导的信任。只有他人的经验才是可以信任的。这次，她向医生寻求帮助。

如果这次她进行了反抗，如果她有力量为自身世界的自身体验而抗争，那么她就会忠实于自己更深层的情感，就会很有可能挽救回潜在的、自治的自我。然而反抗没有出现，只有可怕的消沉和对自己身体的憎恶。显而易见，它是应对生活时的一个完全不值得信任的有机体。她
161 放弃自我的程度可以通过其极度节食表现出来。正如她后来所说："我体内的某种东西抗议我变胖。抗议我变得健康、双颊丰满红润，成为一个纯真、充满活力的女人，与我的真正本性相符。"

换而言之，如果她信任了自己的情感、欲望和体验，那么她就会成为一个充满活力、丰满的年轻女人并嫁给自己爱的那个学生。但是她的情感已经被证明是完全不可信的，她的欲望和体验全都是不值得信任的引导。因此她不仅必须否认自己对爱人的感情，而且还必须节食以迫使自己的体形符合他人期望，但这却完全与她自己的内心趋势相反。她已经完全丧失了对自身经验的信任，不再将它作为生活的基础。

我将对另一段插曲作简短评价。她发现自己的表兄是个可能的伴侣，而这一选择得到了家庭的赞同。他们打算结婚。但是在两年多的时间里，直到28岁了，她还在表兄和自己爱的那个学生间犹豫不定。她去看望那个学生并与他决裂，用她的话说，带着"公开的伤痛"离开了。我们对这次最关键互动的内容一无所知，但是我猜测这时她的心理生命是安危未卜的。她应该相信自身体验选择所爱的人还是应该选择表兄呢？她自己的感情对表兄更冷淡些，但是选择表兄她就会获得预料中的被赞同感。我想她模糊地认识到了如果选择那个学生，那么她就选择了一条未知的、自治的道路。如果选择表兄，那么她就会按照他人的期望生活下去，但这样做安全而且受到他人赞同。她选择了表兄并嫁给了他，这样更加抛弃了对自我的信任。①

32岁时，经常在她脑海里萦绕的念头是自己必须变瘦。为了达到
162 这个目的她实行了节食，并每天服用60颗泻药！毫不奇怪，她没有多

---

① 为了表明不同人对相同片段的看法会有多么大的差异，以下是宾斯万格(Binswanger)博士的评论，他比较了她所感觉到的"理想"自我部分和"现实"自我部分之间的抗争。他比较了"天上（理想）世界中的金发爱人和双脚牢牢地踏在尘世上的另一个人(表兄)……尘世生活再次胜出了"。恐怕这表明——不仅对于宾斯万格也对于我——当我们试图进行"客观"的观察时，我们的价值观还是表现了出来！

少力量。她尝试过精神分析但帮助不大。她说：“我分析了自己的心理，但是一切只停留在理论上”；“分析师能给予我洞察力，但不是治疗效果”。然而，当由于环境因素而中断分析后，她的情况变得更糟了。

在这段时间里，她谈到了自己理想中的爱人，那位学生。她在信中对丈夫说：“那时你是我准备接受的生活，我准备为了你放弃自己的理想。但它是……一个迫不得已的解决方法。”她孤注一掷地试图接受他人期望她具有的情感，但是她不得不强迫自己。

自此以后，她自我内部的疏远导致了更多疏远和越来越强烈的远离他人的疏离感。当第二个分析师在她接受治疗的医院里使用她所熟悉的模式再次对她进行精神分析时，她首次企图自杀，这毫不令人惊讶。她的丈夫希望在医院里陪伴她——她也希望他和自己在一起。但是分析师，这个父亲形象的代表，知道得更多并让她的丈夫离开了。他进一步摧毁了她对自我引导能力仅存的任何信任。

在那以后，疏离感更严重了，悲剧也临近了。她去看更多的医生，找更多的精神病师，在那些治疗她的人眼里，她逐渐成为了一个令人感兴趣的物体。最后她被安置到了宾斯万格博士的疗养院里，在那儿待了好几个月。

在这段时间里对她的诊断仍然还是各不相同。著名的精神病学家埃米尔·克拉帕林（Emil Kraepelin）在她沮丧时进行诊断，认为是抑郁症。第二个分析师的诊断是一种“严重的强迫性神经症，并伴有间歇性沮丧狂”。一位咨询医生说她的问题是一种“渐进展开式心理变态”。他认为她不属于精神分裂症患者，因为并没有出现智力障碍。然而布鲁勒（Bleuler）和宾斯万格博士都一致认为她属于“渐进式精神分裂症”。他们认为她康复的希望非常渺茫并说：“很显然，从这种状况中解脱出来意味着某种自杀。” 163

既然埃伦已经知道了这些评价，她一定开始不再把自己看做一个人，而是某种陌生的、异常的机械，完全不受自己控制，正在走向毁灭。在所有这些“诊断”中我们竟然找不到一丝痕迹表明医生认识到了他面对的是一个人！因此也就不难理解埃伦的话了：“我对着自己就像是面对陌生人一样。我害怕我自己。”或者，在某些时刻：“此刻我是清醒的——我在与自己本性的抗争中痛苦地煎熬。命运希望我肥胖、强壮，但我自己却想苗条、纤弱。”的确，她在与自己本性的抗争中痛苦煎熬。她的机体希望变得健康、强壮，但是内化了的“我”——她为了取悦他人而接受了的虚假自我——就像有一次她所说的，希望变得苗条和“理智”。

英明的医生们丝毫不顾自杀风险，得出了以下结论：“没有任何确定可靠的治疗方法能解决她的问题。因此我们决定接受患者提出的离院要求。”她离开了医院。三天后，她看上去不错而且很快乐，数年来第一次饮食正常，然后她服用了剂量足以致命的毒药。她才 33 岁。她自己的话就是最好的墓志铭：“在两种敌对力量彼此互相倾轧的舞台上，我感到自己十分消极被动。”

在埃伦·韦斯特的生活中，是什么导致了如此致命的错误呢？我希望我已经表明了自己的观点，即导致错误出现的是我们每个人的生活中都在一定程度上发生的事情，但是在她的身上却被夸大了。婴儿时期，我们生活在自己的经验里；我们信任它。婴儿饥饿时，他不会怀疑自己的饥饿感，也不会质疑自己是否应该想方设法获得食物。他根本没有意识到这些，他是一个信任自我的机体。但是实际上，有时父母或他人会对他说：“如果你有*那种*感受，我就不爱你了。”于是他感受着自己*应该*有的情感，而不是他真正的情感。在这种程度上，他建立起了一个感受着应有情感的自我，只是偶尔会恐惧地瞥见包括了自我的自身机体的实际经验是什么。在埃伦的个案中，这种过程以一种极端方式进行着。在
164 生活中大多数最重要的时刻，他人使她相信自己的经验是无效、错误、不真实、不健全的，而且她*应该*有着完全不同的感受。对她而言不幸的是，她对父母的爱，尤其是对父亲的爱太强烈了，以至于她放弃了相信自身经验的能力，而代之以他们的或者他的经验。她放弃了成为她自己。毫不奇怪，一位医生在她生命的最后一年里做出了以下评论：“虽然在儿童时期她完全有着自己的独立见解，但是现在她却彻底地依赖他人意见。”她不再知道自己的感受是什么，自己的态度是什么。这是最

孤独的一种状态——几乎完全与个体的自治机体分离开来。

她的治疗出了什么问题呢？她是一位聪慧而敏感的、前来求助的年轻女性。以现代标准来看，对病状的诊断似乎是非常令人满意的。但是为何会导致治疗彻底失败呢？我敢肯定各人看法不一，但我想谈谈自己的观点。

治疗的最大弱点在于接收她的医生中没有一个似乎把她当做一个人来看待——一个值得尊重的人，一个能够进行自治选择的人，其内心经验不仅值得信任而且也是一笔宝贵的财富。

她更多地似乎是被视为一个物体。第一个分析师帮助她看清了自己的情感但没有去体验它们。这只是使她更将自己视为一个物体，使她与自身体验更加疏远。她很明智地说出了“治疗师能给予我洞察力，但不是治疗效果”。分析师告诉她，她是一个具有这样那样动力的个体。她赞同他的意见，尽管肯定不是在体验了这些动力情感的基础上。她只不过是跟随着早已将她孤立起来的模式罢了——不信任自己的体验，而试图相信和感受自己应有的情感，专家告诉她的情感。

然后就是在她的诊断上令人啼笑皆非的争论，显然她自己也知道这些。医生们对她属于哪种类型的患者各执己见：她是沮丧狂患者，她是强迫性神经症患者，她是抑郁症患者，她可以被治愈，她不能被治愈。随后就是最终的、令人难以置信的决定：她是有自杀倾向的精神分裂症患者，没有治愈的希望，因此我们要让她走，任她自杀。这至少是一个 165
实现了的预言。

“我尖叫着但是他们听不到。”埃伦的话在我耳边响起。没有人曾经将她当做一个人而倾听她的声音。儿童时期以后——也许甚至在此之前——她的父母、两位分析师、各位医生都未曾给予她足够的尊重，倾听她的内心深处。他们没有把她视为一个能够应对生活的人，一个其自身体验值得信任的人，一个内心情感值得接纳的人。在这种情况下，她怎么能倾听自我、尊重自己内部的体验呢？

“我感到孤立无助。我坐在一个玻璃球里。我透过一堵玻璃墙看着人们。我尖叫着，但是他们听不到。”多么绝望地渴求一种两个人之间的关系啊。她从未体验过布伯所说的"在接触中治疗"。没有人能够接触到本来的她，接纳本来的她。

看到这个悲惨的个案使我愤怒（这很显然），但它同样也鼓舞了我。我对可悲地浪费了一个人类生命而感到愤怒，受到了鼓舞则是因为我感到在多年的治疗中我们已经掌握了足够的知识，如果埃伦·韦斯特今天能到我的办公室来，或者到许多我所认识的治疗师的办公室去，她会得到帮助的。让我来描述这种可能性吧。为了使描述最生动逼真，我假设她在 24 岁时来到我的办公室。这是她确实到医生那儿寻求帮助的时间，所以假定如果在今天她会寻求心理帮助是合理的。这是她在父母的坚持下，与所爱的学生刚刚分手后不久。

尽管只是在阅读这一个案，我敢肯定自己会毫无阻碍地接纳这位沮丧、不快乐、瘦弱、自我节食的年轻女士。我会感觉到她是怎样的人以及她的潜能是什么，并且我会希望她成为自己、发挥潜能，或者做到两者中任何一点。

我敢肯定我们的接触会在诸如下列主题中开始："我很沮丧，但它没有原因。""我不能忍受孤独，但我不知道为什么。""我恨自己变胖，我不得不苗条，但我同样不知道原因是什么。""我真的爱这个学生，但我不相信它会是一个明智选择。我的父母认为他不适合我。"当我理解
166 了这些情感并接纳了她有权感受到这些情感时，其他态度会尝试性地、令人害怕地出现：与未婚夫分手使她感到失望；她曾经深爱过他，现在仍然如此；她对父亲的憎恨（一种令她非常恐惧的情感）。慢慢地，逐渐地，她就会发现自己能够体验，能够对父亲既爱又恨，对我既爱又恨，既害怕又渴望独立生活，既渴望是个男人又渴望是个女人，既渴望成为一个丰满、充满活力、令人满意的妻子又渴望成为一个苗条、聪颖、积极进取的社会改革家。她不仅能体验到饥饿感和美美进餐让自己丰满起来的渴望，还能体验到害怕自己变胖、变丑，被朋友嘲笑。她会说、而她也的确说过："我害怕自己，害怕每时每刻会毫无防备出现的那些感受。"渐渐地，她能够坦然体验这些情感了，它们都是她自我的组成部分。

她会发现其中一些情感的确是非常令人害怕的。令人害怕的事情之一就是发现和体验在成为一个独立的人的过程中所遇到的风险和令人兴奋的事。另一个人，我的一名当事人，在一段话中表达出了这种认识，埃伦很可能也会这样说。她说：

> 我经历了所有的恐惧感……似乎真的就像是我被四分五裂、不堪一击……不过，我仍然还有一种**力量感**……我现在是从内心感受到了它，一种波涛汹涌感，或者是力量……真正巨大而强壮的某种东西。不过最初它几乎就是一种身体上的**单独感**。类似于从一个自己一直依附其上的支撑物上割离开来……（停顿。）我感到现在自己打算开始去做更多的事情。

这个例子说明了我所说的在安全的关系中充分而接受性地经验一种情感是什么意思。根据我的判断，它代表了一种改变的时刻——可能是生理上的、不可逆转的改变。如果埃伦以一种类似方式经验了自我的这些不同隐秘方面，那么她就会发现自我正在改变。这一次，浮现出的改变了的自我会建立在她的机体反应和内部经验的基础之上，而不是以他人的价值观和期望为基础。

她会发现不必再与自己的本性和情感抗争了。此外，她会发现当自 167
己能以开放性的态度对待所有经验时——不仅包括自身内部经验，还包括对他人的要求和态度的经验——她就有了一个赖以生活的基础。她会发现，如果能开放地对待自身经验并敏感地倾听它的意义，那么这些经验就会为自己的行为和生活提供富有建设性的指导。

这并不是说治疗过程会是一帆风顺的。作为一个人——有时要反对她的父母，有时要顶住社会压力，并经常要在后果尚未明确时做出选择——它会是痛苦的、代价巨大的，有时甚至是可怕的。但它会是非常珍贵的：成为自己值得付出巨大代价。它还会有其他许多珍贵的方面。

在治疗关系中，当自我完全被接纳后，她会发现与自我进行更完全的沟通是安全的。她会发现自己不再有孤独和疏离感，另一个人能够理解和分享其体验所具有的意义。她同样还会发现，在该过程中她与自我成为了朋友——自己的身体、情感和渴望不是敌人而是自我中友好而积极的部分。她不必再说出那些绝望的话："我在与自己本性的抗争中痛苦地煎熬。"她的两种根本疏离感也会消解。她会与自我形成一种良好的沟通关系。她同样还会发现在一种关系中完全成为自我是安全的。结果就是，她会发现自己在与他人的关系中更多地保持了自我，并且再次发现在与他人的关系中保持真我并不是危险而不安全的，而是相当令人满意的。

根据我的判断，通过这种过程玻璃墙就会瓦解。她会发现生活是具有冒险性的，而且常常令人痛苦。她会发现自己如何做才能最好地调和那些复杂而相互矛盾的情感将使她永远困惑。但是她会充满活力而真实，并与自我和他人保持接触。她会自己解决现代人最大的孤独感。

我自信而乐观地描述了如果埃伦有机会接受以人为中心治疗，可能会有什么结果，我不会为此而感到抱歉。我的经验使我只能得出这样的
168 结论。我不敢肯定她是否会获得我所指出的那样大的进展，但是如果我能创造出一种人与人的治疗关系，那么她会朝向该方向发展的，对此我毫不怀疑。

就我自己而言，我从埃伦的案例中也有所收获。首先，我们把人当做物体对待的各个方面——无论是诊断、分析，还是理解——我们都是从我们的治疗目标上来考虑的。这种把人物化的做法对于生理疾病是有帮助的，但并不能成功地治疗心理疾病。只有当我们作为个体与他们有联系，在关系中以个人身份出现，并站在他们的立场去体验，才可能会取得成功。只有这种深层次的接触才能消除当事人与治疗师之间的陌生感。

参考文献

Binswanger, L. Der Fall Ellen West. *Schweizer Archiv für Neurologie und Psychiatrie*, 1944, 53, 255-277; 54, 69-117, 330-360; 1945, 55, 16-40.

Binswanger, L. The case of Ellen West. In May, R., Angel, E., & Ellenberger, H. F. (Eds.), *Existence: A new dimension in psychiatry and psychology*. New York: Basic Books, 1958.

May, R., Angel, E., & Ellenberger, H. F. (Eds.), *Existence: A new dimension in psychiatry and psychology*. New York: Basic Books, 1958.

12 迈向现代价值之路：成熟个体的价值判断过程*

价值观问题在今天备受关注。几乎在每个国家，年轻人都对其价值导向深感困惑；与宗教相关的价值观已经丧失了大部分影响；每种文化 169 中阅历丰富的个体似乎都对自己所尊敬的目标感到不确定和困惑。要找到原因并不难。世界文化，在所有方面，似乎都在逐渐变得科学化、相对化，我们过去所接受的那种严格的、绝对的价值观显得不合时宜了。也许更重要的是，实际上现代个体从每个角度都受到了分歧的、互相矛盾的价值观的冲击。人们已经不再可能像不太遥远的过去那样，心安理得地接受祖先们或所属团体的价值体系，并且不对该体系的本质和假设进行考察而过完自己的一生。

在这种情况下，旧的价值导向似乎处于一种分裂或崩溃的状态也就不足为奇了。人们质疑是否存在，或者能否有一种普遍的价值观。人们时常感到，在现代世界中，我们也许已经不再可能具有任何普遍的或跨文化的价值观基础。这种不确定和困惑所带来的一个自然结果就是，人们逐渐关注、感兴趣并寻找一种能在当今世界站得住脚的、健全或有意义的价值观方法。我也关心这个问题。我还在自己的领域——心理治疗中体验到了更具体的价值观问题。在治疗中当事人的价值观情感和信仰经常发生改变。他或我们怎样才能知道他们是否朝着一种健康的方向改变呢？或者如有些人所宣称的他只不过是接受治疗师的价值体系呢？心理治疗仅仅只是治疗师不自觉地将自己未被承认的、未被考察的价值观

---

* *Journal of Abnormal and Social Psychology*, Vol. 68, No. 2, 1964, 160-167.

传递给深信不疑的当事人的工具吗？或者这种价值观的传递应该是治疗师公开的目的吗？他应该成为维持和传授一种适合当今社会的价值体系的现代牧师吗？这样一种价值体系应该是怎样的呢？对这些问题的讨论已经有许许多多，从以实验为基础的研究如格莱德（D. D. Glad，1959）所提出的观点到更具思辨性的争论。整个文化所面临的普遍问题常在被称为治疗关系的文化小系统中痛苦而又具体地明显表现出来，事实常常就是如此。

我愿意尝试去寻找一种适当的方法来解决这整个问题。我观察到随着个体从婴儿成长为成人，他的价值观方法发生了改变。我观察到，如果他很幸运地继续朝向真正的心理成熟发展，进一步的改变会发生。许
170 多这种观察都源自于我作为一名治疗师的经验，它使我有大量机会看到个体如何走向一种更丰富的生活。根据这些观察，我相信自己看到了一些指导性线索，它可能提供一种价值判断过程的新概念，在现代社会更站得住脚。我在以前的文章中（1951，1959）曾经尝试着提出这些想法；我现在愿意更清楚、更完整地将它们陈述出来。

需要强调的是，我进行这些观察的观点角度并不是一种学者或哲学家的：我说这些话依据的是我对运转着的人的经验，我与他共同度过了治疗的亲密经验，并且与他共同度过了成长、改变和发展等其他情境。

一些界定

在给出这些观察前，也许我应该说明我所指的价值观是何含义。已经使用的界定有很多，但是我发现查尔斯·莫里斯（Charles Morris，1956）所做的一些区分是很有用的。他指出价值观是一个应用于不同方面的术语。我们用它来指代任何生物在其行为中所表现出的对某种事物更偏好的趋向性。他将这种偏好行为称为操作价值观（operative values）。它不必涉及任何认知的或概念性的思考。它只是当机体选择某物而拒绝另一物时在行为上所表现出的价值选择。当放置在一个简单的Y形迷宫里的蚯蚓选择光滑的一侧分支而不是铺着砂纸的一侧分支前进时，它表现出的就是一种操作价值观。

该术语的第二种用法可以称为构想价值观（conceived values）。这是指个体优先考虑一种象征化了的事物。在这种优先选择中，通常会对导向该象征化事物的行为后果有所期望或预见。例如选择“诚实是最佳之道”就是这样一种构想价值观。

该术语的最后一种用法可以称为外界价值观（objective values）。当人们希望自己所说的话受到外界赞同，而不管自己是否的确有此感受时，使用的就是此含义。我要说的几乎根本不涉及最后一种界定。我关 171
注的是操作价值观和构想价值观。

婴儿的价值评判方式

让我首先来说说婴儿。活生生的人从一开始就有一种清晰的价值评判方式。他偏好某些东西和经验，而拒绝另外一些。我们从研究他的行为中就能够推断出，他偏好那些维持、促进或实现其机体的经验，并拒绝那些不能达到这些目的的经验。观察他一会儿：

> 对饥饿的评价是消极的。他常常大声而清楚地将这一点表达出来。
>
> 对食物的评价是积极的。但获得满足后，他对食物的评价就变成消极的了，刚才他还如此渴望的相同的牛奶现在则会被吐出来，或者刚才还让他满意的乳房现在则会遭到拒绝，他把头从乳头移开，脸上带着一种有趣的讨厌和嫌恶的表情。
>
> 他喜欢安全感，以及与安全感有关的拥抱和呵护。
>
> 他因为新经验本身而喜欢它，我们可以从他很高兴发现自己的脚趾、到处摸抓探索和永无止境的好奇心中发现这一点。
>
> 他明显不喜欢疼痛、苦味和突然发出的巨大声响。

所有这些都很平常，但是让我们看看这些事实都告诉了我们哪些与婴儿的价值评判方式有关的东西。首先它是一种灵活的、不断改变的价值评判过程，而不是一种固定的体系。他喜欢并讨厌同一种食物。他喜欢安全感，但又喜欢新经验。这些最好被描述为一种机体价值评判过程，在该过程中他所经验的每个成分、每个时刻被权衡、选择或拒绝，在某种程度上都取决于此刻它是否使机体得以实现这一标准。这种复杂的经验权衡明显是一种机体性的而不是意识的或象征性的功能。这些是操作价值观而不是构想价值观。不过该过程却能够处理复杂的价值问
172 题。我想你们可能还记得这样一个实验，即在婴儿面前放有20种或者更多的天然食物。一段时间后，他们明显地倾向于喜欢那些有助于自身的生存、成长和发展的食物。如果一个小孩在一段时间内专门进食了淀粉食物，那么这种状况便会为蛋白质的大量吸收而得到平衡。如果有时他选择的食物中缺乏某种维生素，那么他随后会选择那些富含这种维生素的食物。他在价值选择中运用了身体智慧，也许更确切地说应该是其身体的生理智慧指导着他的行为，结果导致我们可能会认为是客观健全的价值选择。

婴儿进行价值评判的另一方面是，评价过程的根源或地点明确地在于他自身内部。与我们许多人不一样，他*知道*自己喜欢什么、讨厌什么，并且这些价值选择的根源严格地存在于他自己内部。他就是价值评判过程的中心，他自己的感觉为选择提供了依据。这时他不受父母认为他应该选择什么的影响，不受牧师的影响，不受该领域最新“专家”观点的影响，也不受广告公司花言巧语的影响。根据自己的亲身经验，其机体用非语言的方式在说：“这对我有益”，“那对我有害”，“我喜欢这个”，“我很讨厌那个”。他会嘲笑我们对价值观的关注，如果他能理解的话。怎么会有人不知道自己喜欢什么、讨厌什么、什么对自己有益、什么对自己有害呢？

价值评判过程的改变

这种高效而基础健全的价值评判过程发生了什么呢？是什么事情导致我们将它代之以大多数成人所采用的更僵硬、不确定、无效率的价值评判方法呢？我将力求简洁地叙述我认为它发生的主要方式之一。

婴儿需要爱，渴望它，趋向于做出那些会使这种期待中的体验再次出现的行为。然而这就使问题复杂了。他扯小妹妹的头发，听到她的尖

叫和抗议让他感到很满意。随后他就会听说自己是“一个淘气的坏孩子”，而且这还会被打手所强化。他没有得到关爱。如果这种经验一再 173
重复，许许多多其他人都这样，那么他就逐渐学会了“感觉良好”的东西在其他人眼里常常是“坏的”。随后下一步发生了，他会如同其他人一样对自己采取相同的态度。现在，当他再扯妹妹的头发时，他会严肃地对自己说：“坏孩子。”他正在内化他人的价值判断，将它转化为自己的。他已经抛弃了自身机体的智慧，放弃了评价的根源，试图在行动上遵照他人设定的价值评判标准，这样做的目的是为了使自己继续获得爱。

再以一个较大年龄水平为例。一个男孩尽管可能没有明确意识到但却感觉到，如果自己想成为一名医生而不是艺术家，就会得到父母更多的爱和称赞。逐渐地他将成为一名医生更好的价值观内化了。他从根本上开始希望成为一名医生。随后在大学里尽管指导老师相信他有能力通过化学课，但他却为自己化学考试总不及格而苦恼，而要想成为一名医生化学是必不可少的。只有在咨询会谈中他才开始认识到自己完全与自身的机体反应、与自身的价值评判过程失去了接触。

让我再举一个例子，它来自于我教的一个班，一群未来的老师。我在课程开始前要求她们：“请列出两三条你最希望传递给自己将要接手的孩子们的价值观。”她们列出了许多价值观目标，但其中一些让我感到惊讶。有一些如“正确地说话”，“用规范英语，不要用 ain't 之类的词”。其他人提到了整洁——“根据指示办事”；一位老师解释她的希望是“当我告诉他们将名字写在右上角而将日期写在名字下时，我希望他们就那样做，而不写成其他形式”。

我承认自己感到有些恐惧的是，在这些女孩中有些人竟然认为将要传递给学生的最重要价值观是避免语法错误，或者认真听从老师的指示。对此我感到困惑不解。当然这些行为在她们自己的生活中未曾作为最令人满意和有意义的成分而被经验过。她们列出了这种价值观只能由 174
一个事实来解释，即这些行为获得过赞许——并由此内化为自身极其重要的价值观。

也许这些事例表明了个体为了获得或维持爱、赞许和尊重，放弃了婴儿时代自己内部的评价标准，转而依赖他人的标准。他学会了基本不信任自身经验可以指导自己的行为。他从他人身上学到了大量的构想价值观，并采纳了它们，尽管它们可能与自身经验存在巨大差异。由于这些概念没有建立在他自己的价值评判基础上，因此它们更倾向于僵化、刻板，而不是灵活机动。

一些内化模式

我相信，我们大多数人正是以这种方式，积累起了我们赖以生活的内化了的价值模式。在当今这个极其复杂的文化里，我们内化为希望的或不希望的模式来自于各种根源并且在意义上常常十分矛盾。我将列举出一些人们普遍接受了的内化模式。

> 性欲和性行为多半都是不好的。形成这种内化的根源有许多——父母、教堂、教师。
>
> 不服从是不好的。父母、教师与军队共同强调了这一观念。服从是好的。毫无疑问的服从甚至更好。
>
> 赚钱是最好的。这种构想价值观的根源要说起来简直是太多了。
>
> 不断学习书本知识是很好的。
>
> 为了娱乐而浏览或漫无目的的翻阅是不好的。这两种观念的根源在于学校和教育体系。
>
> 抽象艺术，或“时髦”艺术是好的。被我们称为行家的那些人是这种价值观的发动者。
>
> 共产主义是绝对不好的。这里政府是主要根源。
>
> 爱你的邻居是很好的。这一观念来自于教堂，也许来自于父母。
>
> 合作和小组工作好于独自单干。这里同伴是重要根源。
>
> 欺骗是聪明的表现，是期许的。同伴再一次是根源。
>
> 175 喝可口可乐、嚼口香糖、电冰箱和汽车是完全期许的。这种观

念不仅来自广告，而且也被世界各地的人们所强化。从牙买加到日本，从哥本哈根到九龙，“可口可乐文化”已经被认为是最期许的。

这只是无数构想价值观中的一个小小的、各种各样的样本，个体常常将这些价值观内化，并将它们作为自己的价值观，却从未思考过自身内部机体对这些模式和事物的反应。

成人价值评判的一般特点

我相信从以上内容中可以清楚地看到，一般成人——我感到自己在说我们大多数人——的价值观方法都具有以下特点：

其大多数价值观都是从其他重要个体或群体内化而来的，却被当做了自己的。

大多数事件的评价标准在于他自己之外。

其价值观的设定标准在于它们在多大程度上能使自己获得爱或被接受。

这些构想价值观与其自身的经验过程要么根本毫无联系，要么联系模糊。

通常在其自身经验和这些构想价值观之间存在广泛的、未被认识到的矛盾。

由于这些观念不能在经验中获得检验，因此他必须以一种僵化刻板的方式遵从它们。其他选择会导致其价值观的崩溃。由此其价值观是“正确的”——就像永不变更的莫迪斯法典和波斯法典。

由于它们是无法检验的，因此也就没有解决矛盾的现成办法。如果他从团体中获得观念认为金钱最重要，而从教堂中获得观念认为爱自己的邻居是最高价值观，那么他会无法发现哪个对自己更有价值。因此，现代生活的一个普遍方面就是生活在完全矛盾的价值观中。我们平静地讨论着向俄国投掷一枚氢弹的可能性，但随后却发现自己看到一个小孩受苦的头条新闻时双眼已噙满了泪水。

由于他已经将评价标准从自己转到他人身上，并且与自己的价

176 值评判过程失去了接触，因此他对自己的价值观深深缺乏安全感，并且这种价值观也很容易受到威胁。如果某些这样的观念遭到了破坏，什么来取而代之呢？这种威胁的可能性使他更加僵化或困惑地，或者既僵化又困惑地固守着这些观念。

基本的差异

我相信这里所描述的个体代表着我们大多数人，他的大多数价值观都是内化而来的，被他作为固有观念而遵守着，很少进行检验或测试。我们将他人的观念转化为自己的，而与自身功能的潜在智慧失去了联系，失去了对自我的信心。由于这些价值观的构成常常与我们的自身经验存在巨大差异，因此我们在某种非常根本的方式上与自我分离开来，而这是造成许多现代人感到紧张和不安全的原因。个体观念与其实际经验之间、个体价值观知性结构与其内部未被认识到的价值评判过程之间的这种根本差异——这是现代人与其自身的根本疏离的一部分。这是治疗师需要解决的一个主要问题。

恢复与经验的接触

一些个体幸运地超越了我刚刚描述的那种情况，在心理成熟上获得了更好的发展。在心理治疗中我们努力提供一种有利于个体心理发展的氛围。在生活中我们同样也能看到这种心理成熟的发展，不论生活是否为个体提供了一种治疗氛围。我将集中探讨自己在治疗中所看到的这种价值观取向的进一步成熟。

首先让我附带说明一下治疗关系并不是与价值观无关的。事实恰恰相反。在我看来，当它最有效时，它具有一个基本价值观：即此人，这个当事人，是有价值的。作为一个人他具有独立性和独特性。只有当他感觉并认识到自己是一个人时，他才能逐渐开始看重自己与众不同的方面。最重要的是，尽管最初会遇到许多困难，但是他能够开始感觉自己内心正在发生着什么，自己此刻的感觉，自己的体验，以及自己如何反
177 应。他运用自身经验来直接指导自己形成准确观念并指导自己的行为。

根德林（E. T. Gendlin，1961，1962）曾经精彩地描述过它发生的方式。随着他的经验对他越来越开放，随着他能够在自己的感觉过程中越来越自由地生活，他的价值评判方法就会发生显著的改变。它开始具有许多婴儿时期的特征。

与经验有关的内化了的价值观

通过回顾我所给出的一些内化了的价值观的简单例子，并且指出当个体接近自己内部经验时会发生什么变化，也许我能够说明这个问题。

> 治疗中的个体回顾过去并认识到："但是我喜欢扯妹妹的头发——这并不就让我变成坏人。"
>
> 当他更接近自己的体验后，化学总不及格的学生认识到——"我并不看重当一名医生，尽管我父母这样；我不喜欢化学；我不喜欢为成为一名医生而步步前进；有这些感觉并不意味着我就是个失败者。"
>
> 成人认识到性欲和性行为可以获得极大的满足并令人回味无穷，也可以是肤浅、短暂、令人不满意的。他跟随自己的体验，而它常常与社会规范不相符。
>
> 他用一种崭新的价值观方法来看待艺术。他说："这幅画深深打动了我，让我感触颇深。一幅抽象派作品也会如此，但是我看重它并非因为它是抽象派作品。"
>
> 他认识到有时自己的合作经验是有意义、有价值的，而有时则希望独自一人单独行动。

成熟个体的价值评判

更成熟的个体发展出的价值评判过程在某些方面与婴儿期非常类似，而在某些方面则大不相同。根据特定时刻以及对该时刻所经验到的 178
有益和可能实现的程度，它做出灵活而变通的反应。价值观不是被僵化地遵从，而是在不断变化。去年还有意义的图画现在已不再有趣，与他人共同工作的方式以前感觉还不错而现在似乎不再合适了，那时看来正确的信念现在只有部分是对的或者可能错了。

这种人对经验进行价值评判的另一个特征是高度区别性，或用语意学家的话说，具有延展性。如同我的未来教师班中的成员所学到的那样，一般原则不如敏感的区别反应有效。一个成员说："面对这个小男孩，我就是感到自己应该非常严厉，而他似乎也欢迎那样，我对自己那样做感觉良好。但是在大多数时间里面对其他孩子时，我根本就不那样。"她根据自己与每个孩子的关系经验来指导自己的行为。我在举例时就已经指出过，这种人的反应与先前相当僵化单一的、内化了的价值观相比，具有大得多的区别性。

另一方面成熟个体的方法类似于婴儿的方法。评价标准再次牢固地建立在个体内部。提供价值评判信息或反馈的正是他自己的经验。这并不意味着他不接受可以从其他途径获得的所有证据，但是这意味着会以它本身面目接受——在证据之外——并且它不如其自身反应有意义。这样，可能有位朋友告诉他某本新书很令人失望，他看了两篇对该书的消极评论。由此他初步假设自己不会高度评价这本书。然而如果他看了这本书，他的判断将会以自己的感受为基础，而不是其他人的话。

该价值评判过程还涉及让自己立即进入当前经验中，努力去感受和澄清其中所有的复杂意义。我想起了一位当事人，当他在治疗快要结束了却被某个问题难住时，就会把头埋在手里说："我现在的感觉是什么呢？我想知道它是什么。"然后他就会安静而耐心地等待，倾听自己。
179 直到他能够分辨出自己此刻经验的确切滋味是什么。与其他人一样，他正在试图接近自己。

在接近自我内部经验时，该过程比婴儿时期要复杂得多。对于成熟的人，它所涉及的范围要广泛得多，因为在此刻经验中要回忆起过去的所有相关知识。此刻不仅仅只有当前的感觉，还有过去类似经验的意义。其中蕴涵着新旧两种经验。所以当我经验一幅画或一个人时，我的经验中包括了我过去面对图画或人时所积累下来的知识，以及这次特定的经历带给我的新影响。同样，对于成熟的人，经验还包含了对结果的假设。"我现在感到自己很想再痛饮一杯，但是过去经验表明我会在早上后悔的。”“直接表达出我对这个人的消极情感是令人不愉快的，但是过去经验表明在一种持续关系中这样做从长远来说是有益的。”过去与未来共存于这一时刻并进入到价值评判中。

我发现在我谈及的这种人身上（这里我们可以再次看到与婴儿的相似性），价值评判过程的标准是经验的物体在多大程度上使个体获得自我实现。它使他更丰富、更完整、发展更完全吗？这听起来似乎是一种自私的或非社会化的标准，但事实却证明并非如此，因为与他人的深层帮助关系被经验为实现自我。

与婴儿一样，心理成熟的人相信并使用其机体智慧，不同之处在于他能够有意识地这样做。他认识到如果自己能相信自我的一切，那么其感受和直觉会比意识更明智，而自己作为一个整体的人也会比仅仅运用思想更敏锐和准确。因此他会毫不畏惧地说——“我感到这种经验（或这件事，这个方向）是好的。也许以后我会知道为什么我感到它是好的。”他信任自我的全部。

从以上描述中可以明显看出，成熟个体的这种价值评判过程并不容
易或简单。该过程是复杂的，做出选择常常是十分困难和令人迷惑的， 180
而且也不能保证所做的选择就一定会促进自我实现。但是由于个体能够接受任何存在的证据，由于他对自身经验是开放的，因此错误是可以更正的。如果选择的一种行动无益于促进自我，那么他就会感觉到，并能够做出调整或修正。他能够进行最大限度的反馈交流，因此就像船上回转仪的罗盘一样，他能够不断调整方向，朝着更能成为自己的方向发展。

与价值评判过程有关的一些命题

我将通过叙述包括了该观点基本要素的三个命题，来进一步说明以上论述部分的含义。虽然不可能设计实验研究来全部考察这三个命题，但是通过科学方法对每个命题进行一定程度的考察还是可能的。还要指出的是，尽管我在论述这些命题时语气是肯定的，但这只是为了表达清晰，实际上它们显然只是尝试性的假设。

1. 人类个体内部存在一种实现有组织的价值评判过程的机体基础。

假设这种基础是人类与动物世界中的其他物种所共有的。它是任何健康机体的生命功能中的一部分。它是接收反馈信息的能力，它使机体能够不断调节自己的行动和反应，以获得最大限度的自我提高。

2. 如果个体对自身内部经验持开放态度，那么人类的这种价值评判过程会有效地促进自我提高。

我已经尝试着举出了两个例子来说明接近自身经验的个体：尚未学会有意识地否认自身内部过程的婴儿；重新发现了这种开放状态优点的心理成熟者。

3. 帮助个体对经验形成开放态度的一种方法是建立一种关系，在这种关系中他作为一个独立的人而被称赞，在这种关系中他的内部经验
181 获得了同感理解并受到了重视，在这种关系中他能够自由地经验自己和他人的情感并丝毫没有威胁感。

该命题显而易见来自治疗经验。它简洁地描述了治疗关系的基本特征。对此已经有了一些实证研究，其中一个不错的例子就是巴瑞特-勒纳德（Barrett-Lennard，1962）的研究，其结果支持了这一论述。

与价值评判过程结果有关的命题

现在到了任何价值观理论的关键部分。其后果是什么？对于这个新领域，我想就该价值评判过程所导致的行为特征开门见山地提出两个命题。然后我会从自己作为治疗师的经验中提供一些证据来支持这些命题。

4. 在那些对自身经验正在形成更开放态度的个体身上，存在一种价值导向的有机共同性。

5. 这些共同的价值导向是为了促进个体自身的发展，促进其所在团体中他人的发展，并且有利于其种类的生存和进化。

在我的经验中一个令人震惊的事实是，如果在治疗中尊重个体，让他有更多的自由去感觉和发展，那么就会出现某些价值导向。这些价值导向不是杂乱无章的，相反却具有令人惊讶的共同性。这种共同性与治

疗师的人格无关，因为我曾经在人格迥异的治疗师所接待的当事人身上看到了这种共同性。这种共同性似乎也不是任何一种文化影响所造成的，因为我曾经在各种不同的文化中看到这种导向性，如美国、荷兰、法国和日本。我认为这种价值导向的共同性原因在于我们都属于同一种类——就如同某个人类婴儿个体倾向于选择与其他人类婴儿相类似的食物，治疗中的某个当事人个体会选择与其他当事人相类似的价值导向。作为一个种类，可能某些经验成分能促进个体的内部发展，并且个体在真正自由选择情况下都会选择这些经验成分。

我将指出这样一些价值导向，它们是我在当事人朝向个人成长和成 182
熟的发展过程中所看到的。

他们倾向于抛弃虚假外表。伪装、防御、面具倾向于被消极地评价。

他们倾向于抛弃“应该”。消极地评价“我应该做或应该这样那样”这种强迫性情感。当事人抛弃了自己“应该怎样”的想法，不论是谁发出了这个命令。

他们倾向于不再迎合他人期望。消极地评价为了取悦他人而取悦他人。

积极地评价做到真实。当事人倾向于成为他自己，体验自己的真实感受，成为本来的我。这是被极其偏好的。

积极地评价自我导向。当事人发现自己在做选择、指导自己的生活方向时变得更加自豪、更有信心了。

开始积极地评价个体的自我，个体自己的感觉。最初当事人轻视和绝望地看待自我，而现在则开始认为自己和自己的反应都是值得尊重的。

积极地评价过程。最初当事人渴望达到某种固定目标，而现在则开始喜欢发展潜力的过程所带来的兴奋感。

也许最重要的是，当事人开始对自己所有的内部和外部经验持一种开放态度。以一种开放、敏感的态度对待自己的内部反应和情感，他人的反应和情感，以及客观世界的现实——这是他明显喜欢的一种导向。这种开放性成为了当事人最有价值的资源。

积极地评价对他人的敏感性和接纳性。当事人开始欣赏他人的真实自我，就如同他开始欣赏自己的真实自我一样。

最后，积极地评价深层关系。与他人建立一种亲密、真实、完全沟通的关系是每个个体的一种深层需要，它被高度地评价。

这些是我在朝向人格成熟发展的个体身上观察到的一些被偏好的导向。尽管我敢肯定以上所列内容是不恰当的，也许在某种程度上不准
183 确，但是令我感到兴奋的是它们很可能存在。让我来解释一下为什么。

我发现有意义的是，当个体被作为人而受到珍视时，他所选择的价值观并不包括所有可能性。在这种自由氛围中，我没有发现有人重视欺骗、谋杀和偷窃，有人重视自我牺牲，而有人却只重视金钱。与此相反，似乎存在一种深层的、隐藏着的共同性。我敢相信，当人类完全有自由选择自己深为珍视的东西时，他会选择那些能够促进自己和他人的生存、成长和发展的事物、经验和目标。我假设，当人类机体处于一种促进成长的氛围中时，其特点就是选择这种自我实现和社会化的目标。

由此可以得出一个推论，即在任何文化中，如果使个体处于一种作为人而被重视和尊重的自由氛围中，那么成熟个体就会选择和偏好这些相同的价值导向。这是一个能被检验的极有意义的假设。它意味着尽管我所谈到的个体可能没有一个连贯的或者稳定的构想价值观，他内部的价值评判过程中也会出现具有跨文化、跨时间的连续性的价值导向。

我发现的另一个含义是，出现了我所描述的灵活价值评判过程、并且价值导向一般符合以上我所列出的那些个体，他们在人类进化的持续过程中是高度有效的。如果人类要想在这个星球上生存，他就必须更好地适应新问题、新情况，就必须从全新而复杂的情况中选择出哪些对发展和生存有价值，就必须在选择时对现实有着准确认识。我相信，心理成熟的个体就如同我所描述的那样，具有一些品质，而这些品质能使他重视那些可能促进人类生存和提高的经验。他在人类进化过程中会是一个有价值的参与者和引导者。

最后，我们似乎又回到了价值观的普遍性这个问题上，但是路线却

不同。并没有一种普遍价值观“就在那儿”，也不是某个团体——哲学 184
家、统治者或牧师——所强加的一种普遍价值系统，而是从人类机体经验中可能产生出普遍的人类价值导向。治疗中的证据表明，当个体接近自身机体的价值评判过程时，个人的和社会的价值观就会自然而然地出现，并被经验。我的观点是，尽管现代人已经不再相信宗教、科学、哲学或任何信仰系统能给予他价值观，但是他在自己内部可以发现一种机体价值评判基础，如果他能重新学会与这种基础进行接触，那么事实会证明这种基础是解决我们所有人都面临着的复杂的价值观问题的一种有组织的、可采纳的社会性方法。

总结

以上我试图呈现出自己在心理治疗经验中所进行的一些观察，它们与人类寻找一些令人满意的价值评判方法的基础有关。

我描述了婴儿是如何直接进入一种与其世界的评价互动，欣赏或拒绝那些对其自我实现有意义的经验，并且运用他那虽然弱小但却复杂的机体所具有的智慧。

我认为，我们似乎丧失了这种直接评价的能力，而我们的行为方式或行动所依据的价值观是它会给我们带来社会赞许、关爱和尊重。为了获得爱，我们放弃了价值评判过程。由于现在我们生活的中心在于他人，因此我们感到恐惧和不安，而且必须严格依附于我们已经内化了的价值观。

但是如果生活或治疗为我们提供了条件来促进持续的心理成长，我们就会朝着某种精神性前进，发展出一种既具婴儿的直接性和灵活性、又在内涵的丰富性上远远超出的价值观方法。在我们与经验的交互作用中，我们再次成为了价值评判的根源。我们偏好那些从长远来看会使自己获得提高的经验，我们充分利用认知学习和功能的丰富资源，但同时也相信自己的机体智慧。

我指出这些观察导致了某些基本论断。人类自身内部具有一种进行 185
价值评判的机体基础。如果他能自由地与自己内部的这种价值评判过程进行接触，那么其行为方式就会有利于自我提高。我们甚至知道有些条件能使他与自身经验过程进行接触。

在治疗中，这种对经验的开放性会导致一种似乎跨个体甚至也许是跨文化的价值导向出现。用更老套的话说，与自身经验保持接触的个体开始重视一些价值导向，如真诚、独立、自我导向、自我了解、社会责任感、热爱人际关系。

我的结论是，当个体朝向心理成熟发展时，或更准确地说，当个体对自身经验变得更加开放时，就有可能出现一种新的普遍价值导向。这种价值观基础似乎会有助于自我和他人的提高，并且会促进一种积极的进化过程。

参考文献

Barrett-Lennard, G. T. Dimensions of therapist response as causal factors in therapeutic change. *Psychological Monographs*, 1962, 76 (43, Whole No. 562).

Gendlin, E. T. Experiencing: A variable in the process of therapeutic change. *American Journal of Psychotherapy*, 1961, 15, 233-245.

Gendlin, E. T. *Experiencing and the creation of meaning*. New York: The Free Press of Glencoe, Division of the Macmillan Co., 1962.

Glad, D. D. *Operational values in psychotherapy*. New York: Oxford University Press, 1959.

Morris, C. W. *Varieties of human Value*. Chicago: University of Chicago Press, 1956.

Rogers, C. R. *Client-centered therapy*. Boston: Houghton Mifflin Co., 1951. Chapter XI, 522-524.

Rogers, C. R. A theory of therapy, personality and interpersonal relationships. In S. Koch (Ed.), *Psychology: A study of a science*, Vol. Ⅲ. *Formulations of the per-*

son and the social context. New York：McGrawHill，1959，185-256.

13 我们应该结婚吗？* 186

让我们来看看一些事实。在加利福尼亚，1970 年有 17.3 万对新人喜结良缘，而有大约 11.4 万桩“婚姻解体”。换而言之，每 100 对夫妻中就有 66 对永远分手了。无可否认，这是一幅扭曲的画面，因为 1970 年一项新法律开始生效，它允许夫妻双方不用指责“有错的一方”，只要双方达成协议，就可以“解除”婚姻。婚姻解除 6 个月后正式生效，而不再是过去的一年。那么让我们再来看看 1969 年。那一年每 100 对结婚的夫妻中，有 49 对离婚。也许应该有更多的夫妻离婚，但是他们在等待着新法律生效。在洛杉矶市，1969 年离婚数是结婚数的 61%。1970 年，在新法律下，该市的婚姻解体数达到了结婚数的 74%。每 4 对夫妻结婚就有 3 对离婚！1971 年洛杉矶市发放了 61 560 张结婚证书，同时接受了 48 221 起离婚申请，是结婚数的 79%。这些并非最后行动，因为在一段时间里人们还不知道最后结果，但是这些举动表明了意图。这样，1971 年每 5 对打算结婚的夫妻中，就有 4 对打算解除婚姻！在 3 年时间里，国内最大城市之一的离婚率分别是 61%、74%和 79%。我相信这些夫妻、这些数字在试图告诉我们一些东西！

你们有些人也许会说：“是的，但那是加利福尼亚。”我有意选择了这个州，因为加利福尼亚今天的社会文化行为就是美国其他地方——无数方面已经表明——明天的行为。此外，我选择洛杉矶市是因为一个城
市中心今天的行为会成为美国明天的正常行为。因此，一个非常中肯的 187
说法是，在加利福尼亚每两桩婚姻中就有超过一桩婚姻以解除伙伴关系而结束。在城市——人们受教育程度更高而且一切也都紧跟现代潮流——比率是 3/4 甚至 4/5。

在与年轻人的接触中，我明显感到现代年轻人倾向于对婚姻制度持

* *Becoming Partners*：*Marriage and Its Alternatives*. New York：Delacorte Press，1972，9-21.

不信任感。他们已经看到其中太多的缺陷了。他在自己的家庭中经常看到婚姻的失败。相反，只有当一个男人与一个女人间的关系能够促进双方的提高和成长时，它才是有意义的，才值得去努力维护。在早期殖民地时代，这个国家的丈夫和妻子常常组成一个必不可少的工作小组，而现代婚姻已经没有多少是出于经济原因了。现代年轻人不再受宗教上的束缚，认为一桩婚姻应该持续下去“直到死亡将我们分开”。相反，他们倾向于认为将婚姻永远维持下去的誓言显然是自欺欺人。观察已婚夫妇的行为就可以明显看出这一点，如果夫妻双方彼此忠诚，那么他们会宣誓只要婚姻让彼此充实满意，双方就会“同甘共苦”。

许多人对当前的婚姻状况深感忧虑。他们认为它表明我们的文化已经丧失了道德标准，我们处于一个堕落的时代，愤怒的上帝迟早会惩罚我们这种不道德的堕落。我赞同有许多迹象表明我们的文化的确处于危机之中，也许正处于崩溃的边缘，但是我倾向于从另一个角度来看待它。对许多人（包括许多已婚夫妇）来说，现在是令人痛苦不堪的时期。中国有句古谚说：“宁做太平犬，勿为乱世人。”我们也许正生活在这个乱世之咒中。

在我看来，我们生活在一个重要而不确定的年代，而婚姻制度是一个不确定状态中最保险的东西。如果50%～75%的福特或通用汽车在
188 早期使用中就完全散架了，那么就会有重要措施来解决这个问题。我们没有这种组织良好的方法来处理我们的社会制度，因此人们或多或少有些盲目地在摸索寻找着替代婚姻的办法（当然只有不到50%的人成功了）。未婚同居，公社生活，大规模儿童照料中心，连续一夫一妻（一次次离婚），确立女性自我权利的女性解放运动，取消有罪概念的新离婚法——这些都是在摸索寻找着未来男女关系的某种新形式。比我更大胆的人才能预测还会出现什么。

相反，在本章中我会描述一些真正的婚姻，它们彼此间形式各异，每个都提出了深刻的问题——关于道德，关于实用性，关于个人合意性。我希望即使它没有为我们提供现成答案，也能为思考和个人决策提供一些参考。

琼为何结婚

让我们来听听琼，一个现已离婚的年轻女士，在会心团体中关于自己的婚姻背景都说了些什么。我发现她的叙述对我大有启发，后面我将会与大家分享我的体会。以下是琼的话：

我想自己结婚的原因全都是错的。那时结婚是理所当然的事。“我的朋友全都结婚了。我该怎么办呢？我是大四的学生，我已经相当老了。我最好想想结婚的事。我不知道自己还能干些什么别的。我能教书，但这还不够。”

我嫁的人是个很受欢迎的男人，而我是一个非常缺乏安全感的人，感到非常不安全；于是我想，噢，天呐，我在和这个人交往而人人都喜欢他，所以也许如果我嫁给他，人人也都会喜欢我！我嫁的那个人，我并不觉得他真正在倾听我的话，但我的确感到安全。还有，毕业后我不知道该干什么——这就是我结婚的原因。

过了一会儿她更详细地谈起了自己婚前的想法。

我订婚的原因是因为我一个很要好的朋友订婚了，她有了一枚很漂亮的戒指，并且在制定着所有结婚计划。我的朋友们在说： 189
“天呐，琼，你和麦克斯什么时候结婚呢？你们迄今为止已经交往3年了。你最好别让他跑了。如果你让他跑了，你就是个傻瓜!”我母亲说：“噢，简，你准备什么时候再去找一个像麦克斯那样的人？他如此杰出，有责任感，成熟而又让人有安全感。”我觉得：“这是我应该嫁的那个人，因为我的好友、室友和母亲都这样说。”尽管我心里有一些疑问，我想：“噢，你是如此缺乏安全感又如此愚笨，竟然不知道自己的真实感受。”我想：“他们知道什么最适合你而你自己却不知道，所以你最好听从他们的建议。”

我鼓起了足够勇气告诉麦克斯自己为何要嫁给他，我说自己真的很害怕结婚，还说：“我不知道自己这样是否真的做对了。”他说：“别担心。你会学着爱我的。”我的确学会了像爱兄长那样去爱他，但却没有超越这种感情。

> 当一切结婚礼物已经拆开，一切新鲜感已经消退，拥有孩子的新鲜感也已消退后，我开始真正地感到："噢，你这个白痴，你应该倾听一下自己。"——因为我曾经对自己说过这些，但我就是不愿意听，因为我想自己太糟糕了，不知道什么最适合自己。所以我过去根本就是对的。

在我看来，琼的经验说明了几个问题。首先，它表明我们每个人是多么容易屈服于社会压力。一个大四女生应该打算结婚，社会上都是这样认为的。

建议的危险性如此清楚地表现了出来。出于爱和关心，她的母亲和好友都知道她最适合做什么。指导他人的生活是多么容易而按照自己的想法生活是多么困难啊！

害怕直接面对自己的问题。琼知道自己缺乏安全感。她知道自己对未来感到恐惧。她认识到无法正视自己的情感。但是她没有公正而直接地面对这些内部问题，她的行为和我们许多人一样。她为自己建造了一个假象，那就是能在自身之外找到解决问题的办法——在他人身上。

190 最后，令我印象深刻的是，与其他许多人一样，琼毫不信任自己的情感和自己内部的独特反应。她对这种关系隐隐约约产生了一丝怀疑，怀疑自己是否真爱这个男人，怀疑自己是否真的准备好了将一生托付给这个男人。但这些只是感觉，*只是感觉*！只有结婚生子之后，她才认识到自己的内心反应是多么值得信赖的向导，如果当初自己信任它们倾听它们。

失去自我——及其对婚姻的影响

下面我会描述一桩破裂了的美满婚姻。我想从中我们可以看到导致它失败的一些原因。以下是一个大有前途的年轻新闻工作者杰伊和一个对国际问题与艺术感兴趣的社会学学生珍妮弗之间的故事。我已经认识他们许多年了，他们的父母也是我的朋友。他们相遇时都是 20 岁左右，随着发现双方的共同兴趣都是国际问题，他们的友谊也渐渐深厚起来。他们现在都 40 出头了。双方的家庭背景都是受过教育的，不过杰伊的父亲，一位非常有教养的人，基本上是自学成才的。他们的宗教信仰不同，但却不是那么正统，他们的信仰可以更确切地描述成人道主义。他们结婚了，而这桩婚姻似乎的确非常美满。几年后一个男孩和一个女孩诞生了。这时，分歧产生了。在杰伊的家庭和文化背景中，人们是非常宠爱孩子的。他认为怎么对孩子好都不过分，孩子的每个要求都应得到满足。珍妮弗在一定程度上同意他的看法，然而这不是她的教育方式，并且她与杰伊在这个问题上出现了公开分歧。杰伊似乎是个令人尊敬的父亲。与许多男人不同，他最喜欢的事情莫过于与孩子们共同度过一天了，在那段时间里他自己完全就像个孩子。

工作的升迁要求杰伊在国外度过一段时间——在欧洲、拉丁美洲和亚洲一些国家。每次旅行全家人都跟随前往。他们遇到各种有趣的人，探察新文化，杰伊和珍妮弗甚至在一些国外项目上共同工作。这似乎是一桩理想的婚姻，家庭也非常美满。然而双方的人格和行为都存在一些 191
细小的缺陷——这些缺陷因为对方的缺陷而逐渐明显起来，慢慢地，由于他们没有坦诚相待共同探讨这些问题，最后这桩理想婚姻再也令人无法忍受了。让我来非常精练地描述一下这种微妙的、持续下降的关系。

婚前的珍妮弗极其独立、富有创造性和革新性，常常做些他人不敢做的事或项目。然而在婚姻中她接受了贤内助的角色，按照他所希望的方式去做他想做的事。她认为这是一个妻子应该做的。她告诉我，她甚至在婚前写信给他，说她对自己并没有太大信心，希望在他的生活中实现自己的生活。

杰伊是个非常有魅力的男人，一个才华横溢的知识分子，一个让人兴奋的健谈者。毫不奇怪，他常常邀请朋友们到家里来。他是晚会的中心，而珍妮弗则出色地准备了食物、饮料和晚会装饰。她曾试图参与谈话并引入自己的话题，但通常都失败了。在某种程度上，她对这种情况的愤恨日积月累，尽管它从未显露出来，直到结婚已经 12 年或 14 年后。在此之前，她从未真正意识到自己有任何愤恨。也许这应该归结于她的家庭，在那里消极情感几乎从未表达出来过。

无论如何，在没有意识到发生了什么事的情况下，她将自己的愤恨转向了内部。她怎么能如此不恰当、如此毫无用处、如此不赞赏地不能像其他人那样欣赏自己的丈夫呢？她完全放弃了自我，以试图成为杰伊所希望和需要的妻子。索伦·克尔凯郭尔（Søren Kierkegaard）的话浮现在我的脑海中："最大的危险，即丧失自我，可能会悄然而过却似乎算不上什么；其他任何损失，如失去一只胳膊、一条腿、五美元等，则肯定会引起注意。"虽然这句话写于一个多世纪前，但它毫无疑问是珍妮弗的真实写照，而她许多年后才发现了这一损失。

他们关系中的另一个重要事实是杰伊在许多方面明显依赖她，尤其
192 在做重要决定时。虽然外表看来他是极有能力的专业人士，但他似乎很难做出决策，并且常常让珍妮弗说出她认为他应该做出什么决策。然后他就做出该选择。如果出现了问题，那么她自然就有部分责任，而他也会巧妙地让她知道这些。

他的依赖性和无法成为一个强有力的、有主见的父亲使得珍妮弗身上积累了越来越多被压抑的愤怒，直到她惊恐地发现，自己憎恨听到他的汽车下班后回家的声音。她的反应是"我的第三个孩子回家了"，一种深深的失望感像乌云般压在她的心头。

对于两人间关系的所有消极情感，她都无意识地将其转向内部了，这导致她越来越抑郁，直到自杀念头越来越频繁地出现。有一天她发现自己的行为会使自己走向死亡。她确信自己毫无用处，杰伊和自己的父母都不会想念她，没有人关心她，她最好结束这一切。随后她内心的某种东西提出抗议了。最起码有一种感觉是自己有活着的权利。她立即坐下来给自己认识并信任的一位精神科医生写了封信，要求尽快见面。她开始接受治疗，并持续了很长时间。

毫无疑问，这是她生活的转折点，却不是婚姻的转折点。随着她对两人间的关系持一种更加开放的态度，她长期积累起来的一些愤怒和怨恨朝杰伊发泄了出来，常常令他无所适从。他给了她想要的一切，他是个热爱家庭、妻子和孩子的父亲。这个称他是依赖性的、作为一个男人不够性感的、憎恨他在社交谈话中调动起人们兴趣的、愤怒的、与过去不同的女人是谁？她的父母也感到了同样的困惑，因为她向他们倾泻着很久以前堆积而成的愤恨，而这些与目前的关系没多大联系。

杰伊强烈感到自己不应为当前状况而受指责，自己一直扮演着一个好丈夫应该扮演的角色，显而易见珍妮弗“病了”。他一直都是慷慨的、 193
对她有帮助的、令人兴奋的，而且完全忠诚。他无法理解这种状况，当然感到要改变的不是自己。这样，尽管他们几次试图在婚姻咨询师的帮助下解决一些问题，但这些努力都没有成功，并且在某些方面还使情况更加恶化。杰伊总是能以一种清晰而让人满意的方式展现自己，结果甚至连咨询师在某种程度上都被他说服了，这让珍妮弗更为愤怒。

珍妮弗开始要求杰伊成为她所期望的丈夫。而对杰伊来说，他只是希望珍妮弗回到自己已经了解了几乎 15 年的贤内助角色。如果她能再变回到以前的亲爱妻子，他就会仍然还是那个亲爱的丈夫。这桩婚姻变得日益紧张，两人间充满了敌意，直到离婚成为最明智的选择。

对这桩婚姻我只想作两点评论。尽管杰伊和珍妮弗不是天造地设的一对，但是各个方面都使人们相信它会是一桩美满姻缘。人们很容易事后诸葛亮般地说，如果珍妮弗一开始就坚持真实自我，这桩婚姻就会有多得多的纷争还有多得多的希望。理想状态是，如果当她最初感到自己在谈话中处于被支配地位时就能将自己的憎恨向他表达出来，那么很有可能就会找到某种令双方都满意的解决办法。对自己不得不带孩子感到不快，对他的依赖性感到烦恼，对他缺乏进攻性感到失望，如果她能在最初就表达出这些情感，情况也会好得多。如果她能在这些态度出现时就说出来，在它们积累成高度压力前说出来；如果她能在这些情感产生时就说出来，而不是在它们变成责备前，那么他们就会更有可能彼此加深了解，更有可能找出解决问题的办法。一桩原本可以非常美满幸福的婚姻却失败了，这似乎让人感到惋惜。从中走出的珍妮弗坚强而富有创造性，并且我相信，她永远不会再牺牲自己以迎合他人的需要和要求。 194

对于杰伊——如果当这些情感发生时他能面对它们——一定会认识到他并不像自己所认为的那样总是一个优秀的父亲和丈夫，并不总是对的，他给婚姻带来的不仅是爱和关心（他确实如此），还给妻子带来了憎恨和不适感，那么他就会变得更有人情味，更孩子气，更易犯错误。然而，他确信自己是优秀的丈夫和父亲，至少在他看来婚姻没什么问题，直到珍妮弗由于某种未知原因而“偏离了轨道”。他认为婚姻的解体是不必要的，错误的。在他看来，珍妮弗对两人间关系的思考逐渐变成了对某事物的一幅丑陋的讽刺画，而该事物实际上却是美丽、富有创造性，并且常常是令人愉快的。他对此简直无法理解。一个如此优秀的人竟然缺乏一种洞察力，这实在让人感到悲哀。

挽救婚姻

从一位年轻妻子，佩格·莫尔的咨询中，我收获颇多。虽然事情发生在多年前，但是她的忧虑、我的收获还历历在目。佩格在我教的一个班级中，她充满活力，自然率性，富有幽默感，容貌轮廓长得像全美小姐。但是不久后她就来进行咨询。她抱怨丈夫比尔对自己非常严肃而且沉默寡言，不和自己分享他的想法，不体谅人，性生活不和谐，他们正在迅速地疏远。我发现自己的感受是，“如此充满活力而吸引人的女孩竟嫁给了一个木头人，真是太不幸了！”但是随着她继续讲述自己的看法，她将自己更加敞开来，面具消除了，画面发生了急剧变化。她对自己的婚前生活表现出了深深的负罪感，当时她同一些男人都有过交往，大部分是已婚男人。她认识到自己虽然同大多数人交往时是个快乐而自
195 在率性的人，但同丈夫在一起却变得僵硬、节制、缺乏活力。她还看到自己要求他成为自己希望他成为的那种人。

这时，咨询由于我离开了该市而被打断了。她继续给我写信，诉说自己的感受并说：“如果我能对他（她丈夫）说出这些，那我在家里就会做回自己。但是这会影响他对人们的信任吗？如果你是我丈夫并知道了真相，你会厌恶我吗？我真希望自己是个纯洁的女孩。我把事情弄得一团糟。”

以下部分出自她的一封信。她诉说了自己曾经多么焦躁不安——一天晚上同事们来访时自己的态度是多么不好。他们走后，

> 我为自己的举止如此糟糕而感到不安……我仍然对自己和比尔感到郁闷、内疚和愤怒——并且在他们来时心情也很沮丧。
>
> 于是，我决定去做自己一直真正想做的事，因为我感到它超过了我能从任何男人那儿期望得到的——告诉比尔是什么原因使我的

举止如此糟糕。它甚至比告诉你还难——那已经够难了。我无法详细地说出来，但是我设法说出了对父母的一些可耻感受，然后是那些“该死的”男人。我听到他说出了最美妙的事：“噢，这个也许我能帮帮你”——当时我正谈到自己的父母。他也很宽容地接受了我的所作所为。我告诉他自己在许多场合都感到非常不自在——因为我从未被允许过做这么多事情——甚至是学会如何玩牌。我们交谈，讨论，真正深入到了双方的许多感受中。我没有完全告诉他关于那些男人的一切——他们的名字，但是我的确让他知道了有多少。噢，他是如此理解我，事情也都解决了，**我信任他**。我现在不再害怕告诉他那些不断在我脑里盘旋的愚蠢、微不足道、不合逻辑的情感了。如果我不再害怕，那么这些愚蠢的事情也许很快就会消失。在我给你写信的另一个晚上，我几乎打算要逃离了——我甚至想到了离开这个城市。(逃离整个事情。)但我认识到自己只是在逃避它，除非面对它，否则不会感到快乐。我们讨论了孩子问题，虽然我们决定等到比尔学业快结束时才生孩子，但我对这种安排感到很高兴。比尔和我 196
在希望为孩子们做些什么的问题上看法一致——并且最重要的是对于我们**不**希望对他们做些什么的看法也一致。因此如果你不再收到任何充满痛苦的信件，那么你就知道事情一如预料地那样进展顺利。

现在，我想知道——你自始至终都知道这是为了使比尔和我更靠近，而我唯一能做的事吗？我不停地告诉自己这对比尔不公平。我以为它会破坏他对我和任何人的信任。我曾在自己和比尔之间树立起了一个如此大的障碍，以至于我几乎感到他是个陌生人。我推动自己这样做的唯一办法是认识到，如果我不尝试一下他对困扰我的这些事的反应，那对他就太不公平了——没有给他一次机会来证明他是可以信任的就离开了他。他向我证明的甚至比这还多——他也曾饱受一些情感的煎熬——对他的父母，对许多普通人。(Rogers，1961，pp. 316-317)

那些试图在婚姻中戴着面具生活的夫妻们消耗了多少心理能量，这是个有趣的问题。佩格清楚地感觉到，她只有维持一种值得尊重的虚假外表才会被接受。与珍妮弗不同，不管怎样她意识到了自己的情感，但她相信如果将它们表达出来，自己会完全遭到拒绝。

对我而言，这个故事的意义不在于她告诉了丈夫自己过去的性经验。这并不是我从中学到的东西。我知道在一些幸福婚姻中夫妻一方对另一方隐瞒了自己的某些经验而能够泰然处之。在佩格的个案中，这种隐瞒导致了巨大障碍，因此她无法在婚姻关系中保持真实自我。

根据实际经验，我发现了一个对自己很有帮助的法则，即在任何持续关系中，任何持续存在的情感最好表达出来。压抑它只会破坏这种关系。第一句话并非随随便便说的。只要是一种有意义的持续关系，只要是一种重复出现或持续存在的情感，就必须将该情感在关系中公开。否则，那些未表达出的情感就会逐渐危害这种关系，就如同在佩格的个案中那样。因此，当她问道："你自始至终都知道这是为了使比尔和我更
197 靠近，而我唯一能做的事吗?"，我的回答取决于她的意思是什么。我当然相信正是她与丈夫分享了自己的真实感受后才挽救了她的婚姻，但是否有必要告诉比尔她的行为细节则是只有她自己才能决定的事情。

附带说一下，几年后的一份出生通知和信件表明他们的婚姻和孩子都很健康。

参考文献

Rogers, C. R. *On Becoming a Person. Boston*: Houghton Mifflin, 1961.

理论与研究

在其毕生事业中，卡尔·罗杰斯常常被学院派们批评为“软性的”、 201
非学术性的、不切实际的、或“无分量的”。正如一位评论者所言：“与另一位美国哲学家，赫克勒贝瑞·芬恩（Huckleberry Finn）一样，卡尔·罗杰斯几乎可以四处漂流，因为他的船吃水太浅了。”还有人说：“心理学中‘软性’的一面需要硬性的思考时而他却以‘软性’的方式来对待它。”

这种指责颇具讽刺意味，因为心理学理论尤其是研究非常关注罗杰斯职业生涯中的前35年。实际上，1956年与其他两位著名心理学家肯尼思·斯彭斯（Kenneth W. Spence）和沃尔夫冈·科勒（Wolfgang Kohler）一起，他甚至被美国心理学会授予第一届杰出科学贡献奖。对罗杰斯的评价如下：

> ……（他）发展出了一种使心理治疗过程的描述和分析客观化的富有创意的方法，形成了一种对心理治疗及其对人格和行为治疗效果的可验证性理论，并进行了深入而系统的研究，以展示该方法的价值，探究和检验该理论的意义。在攻克那些涉及对个体的理解和矫正的、难以应付的问题时，他丰富的想象力、坚韧不拔的意志和对科学方法的灵活应用使心理学的这一领域进入了科学心理学的范围。

在获得的众多荣誉中，这是他一生中最引以为豪的。后来，当他1963年移居加利福尼亚后，研究在他的工作中所占的分量减少了；但
他总是很尊重研究，经常引用自己和他人的研究，不仅在治疗中，而且 202

在教育、会心团体和其他自己感兴趣的领域中。

此处选编的第一篇文章，《我在两项研究中的收获》描述了罗杰斯三四十岁的一段时光，那时他开始更关注心理学研究。它摘自于1986年4月对罗杰斯进行的录音访谈，是加利福尼亚大学在圣巴巴拉的“人本主义心理学档案之口述历史项目”中的一部分。它捕捉到了罗杰斯早期工作中的一些个人兴趣和最初的研究导向。

选编的下一篇文章突出显示了心理治疗历史中的一个重要发展——用录音机记录心理治疗并在心理治疗的研究和训练中使用这些记录。当时罗杰斯和几乎所有人都不知道，耶鲁的人类关系研究中心在1935年已经录制和转写了第一个完整的精神分析个案，但却从未发表过。直到罗杰斯与他的学生伯纳德·克夫纳（Bernard Covner）发展出了自己的录音设备，记录和转写了大约100个谈话，并在罗杰斯的《咨询与心理治疗》(1942）中发表了完整的《赫伯特·布莱恩的案例》，专业人士才开始注意到将这个有力的新工具用于该领域的发展。

今天，盒式录音机和录像带已经成为所有人都可以广泛使用的普通工具，人们很难想象录音治疗谈话的先驱们曾遭遇的巨大困难。《提高心理治疗技术中对谈话进行电子录音的应用》向读者叙说了当初一些令人兴奋的事情，却并未说出记录过程的高度复杂性。实际上，要求有两台录音机，这样当一台机器转面时另一台就能开始一字不漏地记录。大约每3分钟就得这样做一次。同时还要不断清除唱针弄到机器里的刮片。几个月内，罗杰斯和克夫纳就收集到了约800张录音盘。罗杰斯的大多数研究以及随后的许多专业研究都正是因为他发展并推广的录音技术而变得可能。

这部分余下的两篇文章是罗杰斯所喜欢的。《治疗中人格改变的必
203 要充分条件》简洁但极概括地以“如果—那么”（if-then）的实证研究术语叙述了罗杰斯的心理治疗理论。这是他最具启发性的重要文章之一，引发了他本人和他人许多富有成果的研究。

由于对这篇短小的理论文章感到满意，两后年罗杰斯继续写下了一篇长达70页的文章，即《在当事人中心框架中发展起来的一种治疗、

人格和人际关系理论》，并发表在柯赫（Koch）的多卷著作《心理学：一种科学的研究》（1959）中。罗杰斯相信，这是自己最具学术性、最完整、最完善的理论叙述，他非常喜欢它，并且常常困惑于几乎没有人知道或关注这篇文章。

由于我们赞同柯赫的文章是罗杰斯最重要却鲜为人知的作品之一，因此这里我们节选了其中的1/4，它代表了整个作品的范围和风格。不包括在内的是一份17页的文末汇编，其内容是对术语的界定，支持大多数理论观点的附加研究参考文献，以及对每个主要假设及其研究背景的进一步讨论。尽管与他典型的个人写作风格相比，该作品相对较枯燥，但是我们相信对于细心的读者，它具有优美的文笔和丰富的内涵。

14　我在两项研究中的收获*

我想说一个故事，它与我个人和我的职业生涯密切相关，而且我想它也与心理学领域有关。这个故事涉及一种设备的使用，我发展出这种工具来评估一个孩子的背景和当前状况，并帮助他规划未来。这种评估 204
以过去为基础，却着眼于未来。因此，这个故事涉及使用该工具来看它是否能预测青少年未来的犯罪行为。它涉及了一些发现，而这些发现曾令我如此惊讶，以至于我无法相信它们。因此这项研究曾有一段时间被我束之高阁。所以它涉及两年后对该研究的重复（我想在社会科学中重复研究并不很常见）——而重复研究验证了所有主要发现。直到那时，我才准备相信这些发现。这些发现具有一种特性，如果认真对待这种特性的话，那么它会极大地改变我们的社会政策。并且，最后，这些发现使我将自己的毕生事业投入到心理治疗领域。因此这些是我为何要讲述这个故事的部分原因。

---

* 该文从前从未发表过。最初的1986年访谈转写稿由罗杰斯在谈话后即对其进行了首次编辑。为了便于阅读并删除无关资料，这里进行了进一步编辑。文中保留了非正式的谈话风格。

方法：发展和早期应用

一定是在 20 世纪 30 年代早期我发展出了一套儿童状况评估系统。我称之为“成分因素法”，其目的在于为儿童行为诊断提供一种更好的方法，而不是在我看来徒劳无用地给儿童行为贴上各种标签。它以个案史研究和 8 个因素的分级为基础。分级是为了显示出个体因素是否有损于儿童健康，或者它是否有助于儿童健康正常的调整和行为。

一些相关因素有：家庭生活质量和影响；儿童健康史或身心状况；经济文化背景和影响；儿童的智力发展；少年的社会经验；遗传因素；教育影响。

我那时认识到，自己的观点是相当决定论的。在我看来，这 7 个因素的确解释了行为。然而，我的确将另一个内部因素也包括在了其中——儿童自我理解、自我洞察的程度；对自我的现实接受和对身处其中的状况的现实评价；对自我责任感的接受。所有这些都包括在那第 8 个因素中。

205 “成分因素法”的特殊之处在于它不仅能评估儿童的状况，而且还能进一步指出哪些因素是可改变的而哪些是不可改变的，从而有助于制定一项治疗计划。尽管我们对儿童的遗传有些无能为力，但我们可以干预儿童的社会经验。我们可以干预家庭环境。我们有希望干预自我理解。所以在个案中，我们可以决定，哦，显而易见，这个因素确实是无法改变的，但另一个因素却可以改变。我现在仍然认为它是分析个体可能性的一种非常敏锐的方法。我从未对它进行太多整理。我不敢肯定我们是否曾大量使用过它，即使是在发展出它的罗切斯特儿童研究所。噢，对该工具本身的发展已经谈得够多了。1937 年我曾将它相当透彻地写了出来。1939 年它发表在我的著作《问题儿童的临床治疗》中。

不过，也许在结束工具这个话题之前，我应该对它进行一点描述。例如，我记得等级是从－3 到＋3，即 0 是平均数。对不同等级会给出一些举例，以帮助等级评定者使自己的评估标准化。例如，在遗传上，等级－3 的例子是，“父母都是低能的”。在社会经验上，等级－3 的例子是，“与兄弟姐妹或同学相处不好；爱争吵；虐待其他儿童并对小孩和动物很残酷；在尝试性社会调适机会中失败”。我假定最后一项指的是促进家庭安置——我不敢肯定。另一方面，社会经验为等级＋2 给出的例子可能是：“参与小组游戏；朋友们不是少年犯；与他人相处良好；受到邻居和老师同学们的喜欢；收集了一些不错的邮票；有三个很要好的朋友。”我不敢很肯定收集邮票与这有何关系，但是也许这使人感到这些分级在某种意义上是相当粗糙的，不过它们是对状况的整体评估。

以下是对自我洞察因素进行分级的一些实际例子。－3：“拒绝讨论其不法行为；不愿或不能讨论由家庭冲突导致的一些问题；否认自己应 206
负的责任，即使在事实面前。”自我洞察的＋2 等级：“爽快地承认其不法行为；认识并接受父母间的对抗和拒绝；有计划并乐意合作；负起自己应有的责任；坦白地说出事实；认识并理解母亲的变化无常以及她本人对个人责任感的需要；在行为和制定未来计划上积极回应并合作。”也许这能使人们对分级的资料基础有一些了解。现在，下一步就是该工具在研究中的使用。

最初研究

当比尔·凯尔（Bill Kell）决定将成分因素法运用于其导师的研究中时，那一定是我在俄亥俄州最初的日子里。他决定看看该工具是否能预测少年犯的未来行为。他有大量的资料来源：哥伦布斯少年研究处。该处保存有多年来对少年犯的研究资料以及后来的缓刑报告。凯尔没有翻阅后续资料，而是考察了对 155 个少年犯的最初研究，并且根据成分因素法对其进行了分级。然后他翻阅了后续资料。这些个案中超过一半的后续资料不充分，但有 75 个个案具有最初研究和充分的后续资料。

通过运用这些后续资料，他对最初研究后个案在二三年内的调适进行了等级评定。我想，在这方面各等级是显而易见的。－3 等级指那些违法行为还在继续并且加剧了的少年。＋3 指那些社会调适、教育调适令人满意、甚至也许非常不错的少年。然后他把两者放在一起。我可以说，整体而言，成分因素分析的总得分与后续资料之间存在很高的正相关，这表明它的确有某种优点。

207 毫无疑问，我们两人在研究开始前都对结果有一些想法。我十分确信，家庭环境在预测未来行为上可能是最重要的决定因素。我想比尔也是这样认为的，或者社会经验可能是决定性因素。然而，结果完全出乎我们意料，对自我洞察的相当粗糙的等级评定却最能预测未来行为。它与未来行为的相关竟然是令人震惊的 0.84，显著性水平为 0.01。社会经验排列第二，相关为 0.55，而家庭影响与未来行为的相关为 0.64。

当时，我完全没有准备好相信这一发现。这也让我感到困惑。它表明 20 世纪 40 年代早期，虽然我已经涉足“治疗会谈”很深了，但一定还是认为决定儿童行为的主要因素是外部的。外界力量决定个体将会出现何种行为。我简单地认为一定是研究存在漏洞。

值得关注的一个原因是我们对这些等级评定的信度进行了一项小规模研究——我想六位心理学家对这些个案的评定都是相同的——对于大多数因素，信度是合理的。它并不非常高，但却合理。自我洞察因素的信度最低，这再次使我认为它不会具有高预测性。于是，像以前的其他研究者一样，我把这些发现搁置一旁而简单地拒绝接受它们。我想一定是研究存在某种漏洞。我将它束之高阁。当然我并没有忘记它。它给我留下了深刻印象。

证实

1942 年比尔完成了导师的研究，两年以后，当时正在寻找研究题目的海伦·麦克内尔（Helen McNeil）决定重复他的研究。她同样来到了哥伦布斯少年研究处。她挑选了一组新个案，完全与比尔的不同。在对背景进行等级评定、收集资料和评定后续行为方面，她完全遵循了相同步骤。附带提一下，我想我没有说这些都是违法的男孩和女孩，尽管男孩占绝对多数，少年犯通常都如此。她的样本与比尔的样本在年龄上
208 没有显著性差异。平均年龄在 14 岁到 15 岁之间，年龄范围从 8 岁到 17 岁。其他因素也都相似。

她的研究在所有主要方面证实了比尔的研究。她得出的相关要低得多，这当时让我深感困惑。我不敢贸然地说我认为真正原因在于她不是

一个感觉敏锐的等级评定者。她所有的等级评定倾向于聚集在一起，因此她没有得出高相关。但是，同样地，自我洞察出现在第一位，随后是社会经验；后面的排列就有些不同了。

我猜想，那时，弗吉尼娅·埃克斯兰（Virginia Axline）正在进行游戏疗法，她所取得的成就中显示出的才华和天赋给我留下了深刻印象。我已经做了更多的咨询工作，对其有效性也更信服。无论如何，我那时准备好了去相信这些发现。不过，有趣的是我并没有立即对这两项相关研究进行整理，我不记得这样做的原因是什么了。它发表于1948年（Rogers，Kell & McNeil）；那是在我去了芝加哥之后。因此，现在我有两项研究都表明自我理解程度，自我接受程度，儿童能够接受其现实状态的程度，儿童对自我负责的程度——这些因素预测了未来行为。

然而，由于我如此强烈地相信家庭环境是决定性因素——这些孩子中有许多来自极端贫困家庭，正因为如此，他们许多人被安置到较好的家庭中——我想，“啊，这就是原因。让我们来研究一下那些来自贫困家庭而在后续时间里仍然留在那些家庭中的孩子们。”令我震惊而又无法相信的是，即使在这些个案中，自我理解仍然比家庭环境更具有预测性。

我为该研究而感到自豪，因为它是真正的研究。它的发现不是我所期望的。它的确教给了我某种极其重要的东西，尽管在一段时间里我不能相信这些发现。

意义

我想强调一下当时的整个情况对我显得如此重要的一些原因。它对 209
我个人很重要，因为一生中我不相信自己的研究发现只有为数不多的几次，而它就是其中之一。它在科学上也是一个重要事件，一位科学家发现了某种十分出乎意料的结果而导致他或她当时并不相信这些发现。它给我上了重要一课，使我认识到有时结果本身比我知道得更清楚。当然，它如此重要，因为它是使我继续从事心理治疗事业的因素之一，该因素在预测未来行为上似乎最具意义。因此，我对当时的情况印象深刻，因为我感到它在社会性上非常重要——实际上，在其社会意义上具有某种革命性。

我想，大多数改变行为的努力——儿童和成人的行为——都倾向于集中在改变环境上。我的著作《问题儿童的临床治疗》主要也是关于这些——你如何改变家庭环境、学校环境、娱乐状况——通过特殊班级、特别辅导等。毫无疑问，所有这些因素的确都很重要。不过我想如果我们分析一下用于治疗儿童和成人的经费使用情况，就会发现大量经费都用于了改变环境，而相对较少部分被用于改变个体自我概念。我们没有真正接纳这一事实，即个体看待自我的方式是预测其未来行为的最重要因素，因为伴随现实自我概念的是个体对发现自己身处其中的外界现实和情境的现实知觉。因此，直言不讳地说，如果这些发现被证实（尽管我并不相信，对这一关键性的禀性作过其他任何研究），我们就会极大地改变对待那些困境中的个体、问题儿童、少年犯、罪犯和各类偏离社会者的方式。

另一个具有社会重要性的方面是：已有许多研究都是针对少年犯、惯犯等，这些研究大多数都让人很沮丧。它们表明来自恶劣居住环境和
210 破裂家庭的儿童倾向于重蹈覆辙。这些令人沮丧的事实似乎表明未来希望渺茫。而另一方面，这些发现则在社会意义上十分具有希望。尽管我们承认对大量外界因素无法改变许多，但仍然有些东西是可以改变的，通过我们以前从未想到过的方法，通过小组治疗，通过个体治疗，通过老师在教室中持更好的态度。对于如何改变自我概念、自信、信任自己和自尊，我们知道许多方法，所以我们有一种颇具社会希望的方法来看待和处理越轨和违法行为。

为了说明这一点，我从已发表的发现中画出了一些我想我会读的段落。谈到惯犯研究和少年犯们令人痛心的故事时（我应该补充的是当前研究并不完全与该结论相矛盾），我们写道："的确，不良遗传、有害的机体因素以及未受教育这些都在一定程度上会导致调适不良。但意义重大的事实是，比其他所有因素都容易导致自然改变或有计划改变的因素——个体对自我和现实的接纳性——同样也对决定其未来行为起着最

重要的作用……个体并非被塑造了他的、不可改变的力量所左右，该研究表明在其未来行为中最潜在的影响力在某种程度上是可以改变的，而不需要改变其身体或社会遗传、或其当前环境。最有力的决定因素就在于个体自身的态度中。”

“该研究传达的最后一个含义是，如果个体对自我和现实的看法如此重要——其防御程度、自我接受程度、对现实的评价、独立性和计划性程度、客观进行自我批评的程度——那么该领域还需要大量研究。”

参考文献

Rogers, C. R. *The Clinical Treatment of the Problem Child*. Boston: Houghton Mifflin, 1939.

Rogers, C. R. Kell, B. L. and H. McNeil, The role of self-understanding in the prediction of behavior. *Journal of Consulting Psychology*, 1948, 12, 174-186.

15 提高心理治疗技术中对谈话进行电子录音的应用* 211

在俄亥俄州立大学，可以安装对咨询会谈进行电子录音的设备，这样就完全准确地保留了谈话中所说的每一个字，以及声调的变化。这些记录下的谈话已经被证实在训练临床心理学和咨询高级学员时极有价值。它在许多方面帮助他们认识到自己作为咨询师和治疗师，在心理学工作中会面对哪些责任。

该设备包括临床会谈室中的一个隐秘而无方向性的麦克风，它与另

* *American Journal of Orthopsychiatry*. Vol, 12, 1942, 429-434.

一个房间里的双面录音机相连。这样做可以在空白录音盘上对谈话进行连续录音。我们还使用了带有金属基座的醋酸盐碟片。我们大量地直接使用这些录音，将它们放给一个或一组咨询师听。然而，对于最深入的学习，最好是将谈话用笔记录下来，这样就可以对每个反应进行更深入的研究。为了达到此目的，我们设计了一种机器，它能使速记员就像在速记专用录音机上那样通过耳机听取录音并将材料打出来。她可以通过
212 一个脚踏板随意地升降指针，这样她就能听一段话并把它打出来，然后再听下一句，就像在速记专用录音机转写器上那样。最近发表的两篇文章对该设备进行了完整描述（Covner，1942）。

已有可能对各种咨询和治疗谈话进行录音（迄今为止对纯诊断性谈话的研究还为数不多）。对大学生的咨询，包括学习问题和个人调适不良，对问题父母和问题儿童的治疗，对幼儿的游戏治疗，这些都已经被录音。在这些咨询中，有些是受训中的咨询师做的，有些是经验丰富的心理学家做的，因此代表了各种熟练水平。总而言之，我们录音并转写了将近 100 个谈话。

在教授心理治疗概念时的用途

这些全部录音下来的谈话在各个方面都很有用。首先，它们提供了有关当事人各种各样态度的一幅生动而清晰的画面，而这比咨询师从概要描述中所能获得的任何东西都要有意义得多。例如，学生们可能很难相信游戏疗法能为敌意和攻击性情绪提供一个真正的发泄处，但是与一个 10 岁男孩吉米进行游戏接触的录音消除了任何怀疑。他在与一个代表父亲形象的泥人玩耍时所进行的连续评价——他有时也把这个泥人称为魔鬼——只有通过录音的声调变化才能完全理解。“哈，我要把你拿掉一块，你活该!”该主题出现了好几次。另一主题围绕着男孩试图让父亲起床，其中吉米用不同声音同时扮演两个角色。“起来，起来，起来，起来，来呀，来呀爸爸，起来！……”“我不!”“那么你就那样，就那样，一整天就那样!”（将泥人打得支离破碎，同时高兴地吹着口哨。）那些从未接触过游戏疗法的心理学专业学生甚至都从该录音中清

楚地认识到这种疗法通常能使最强烈的情绪得到释放。

在学习诸如当事人的阻抗这样的话题时，录音是极为重要的。它使学生可以对各种反应进行最细微的研究，并在咨询师尚未认识到轻微阻抗之前就发现它的许多迹象。实际上，对录音的研究使我们对心理治疗 213
中的阻抗形成了一种新看法。我们感到，对治疗师的阻抗完全是因为咨询师探究得太多，或者太快就进行了解释，而这既不是治疗所需要的，对它也没有任何建设性意义。本文的随后部分将对此进行说明。这里仅需要指出的是，通过研究录音转写稿，以及倾听录音音调的变化，咨询师们不仅对阻抗的含义有了清晰得多的认识，而且也对第一个“是的，不过——”变得更加警觉，而不再是当会谈被打断时才认识到当事人的阻抗。

一些难懂的概念如“洞察”可以通过这些录音进行仔细而清楚的探索。自我理解的逐渐发展得到了较好的说明。随着当事人在连续谈话中表达出正在改变的自我知觉，对他在感知自我的方式上逐步前进的、建设性的改变也能够进行精确研究。

B先生：上次分析中我们谈到，我更喜欢这些神经质症状了，但却更不看重它们了。

咨询师：是的，那是一个好办法——

B先生：或者换而言之，我想自己正在开始更看重自尊了，否则我不会在乎的。

我们的一些录音也很好地说明了真正的洞察是以何种方式转变成指向新生活目标的积极行为的。谈到B先生，在以上描述的洞察出现前的两次谈话中，他完全无法确定希望自己是神经质的还是健康的，希望自己维持当前水平还是选择艰难的成长之路。他希望咨询师首先把自己治愈，然后再走出去以健康的方式面对各种生活情境。但是第7次谈话时，他就获得了自己完成这一任务的勇气。谈到自从上次谈话后在自己心里发展起来的信念时，B先生说：“我有了一种清晰的感觉——我说，
‘现在你知道自己是不会在真空中治愈的。你只有在面对真实情境时才 214

能获得成长。’我说，‘以前你说的话（希望咨询师治愈他）都不 过是一派胡言。你寻找的只是一种逃避情境的方式，而不是治愈自己的方式。’”在做了进一步的积极计划后，他将自己新发现的行为导向和行为决定总结如下：“嗯，那么，总而言之，我想我应该找出所有的健康情境并进入其中。”他随后的健康行为很好地说明了这不是些空话。

这些简短的事例都说明，模糊的治疗概念的含义和定义可以通过一种完全真实的方式呈现出来，如机器录音，而不是以摘要的形式从带有偏见的观察者、咨询师的观点出发。

录音作为教授咨询过程的一种方式

也许录音最有意义的用途在于督导过程。咨询师们一致认为，听了自己的谈话录音后都受益匪浅并且甚至不用督导师提醒就能改正自己的错误。然而，这种录音最有效的用途却与正在接受临床训练的心理学者们的实习课有关。在这种实习课中，每个心理学者对一个案进行深入治疗。尽可能把彼此的接触谈话录音。小组对这些录音下来的谈话进行仔细分析，并对咨询师使用的方法也进行透彻讨论。在这种督导讨论之前和之后的谈话的录音证实，该过程能颇为有效地提高咨询技巧。

这种对咨询过程的分析讨论在许多方面丰富了我们的思考。有三点需要特别指出。首先，大多数咨询师都远比自己认为的要更具指导性。尽管大多数咨询师都说自己的目标是不再将自己的指导强加于谈话中，并使当事人在表达情感和选择行为方式上具有最大限度的自由，但是其
215 谈话录音却表明他们经常违背该目标。也许听录音的最大收获在于它能使治疗师发现自己何时问了指导性问题，何时打断了当事人情感的自发表达，或者何时试图对当事人提出建议或提供解决问题的办法。一位具有一定经验的咨询师在看了两篇自己的谈话录音转写稿后写下了以下评论。“咨询师只有在看了这些谈话后，才会认识到自己的咨询已经沉陷到了多深的黑暗之中。他几乎无法相信自己确实说过这样的话。他以为自己知道得更清楚。他认为自己能在谈话过程认识到自己犯下的许多错误，尽管显而易见事实并非如此。”

值得指出的第二点是，谈话录音几乎总能为谈话中出现的阻抗、敌对或委靡不振提供线索。某次谈话结束后每位咨询师都会感到：“某一时刻我们正在获得真正的进展，然后突然发生了什么将它打断了。”谈话录音以及效果更好的转写稿几乎总能使咨询师确定问题的原因在哪里。探查式的、指导性的问题，过早进行解释，使当事人表达出压抑态度的评论，一些无意的建议或意见，没有认识到表达出的矛盾情感——这些错误都可能阻碍治疗进程。通常它们如此清晰地显露出来，以致让咨询师很难理解自己怎么会犯下如此的大错。

以下例子摘自一位调适不良的高中男生的第二次谈话，他正抱怨自己的母亲。

男孩：她是一个社会工作者，顺便说一下。她时刻不停地谈自己的当事人，几乎让每个人都要发疯了。

咨询师：你感到也许她对他们的关心超过了对你的关心？

男孩：嗯，我——呃——多少有一点。噢，我不知道——我并不为此烦恼或类似其他什么的。

此处咨询师试图指出男孩自己尚不能表达出的一种态度，其结果是
他先承认了这种情感，然后又否认了。这是一种阻抗的开始，它随着谈 216
话的继续而变得强烈。当男孩谈到自己的父亲时咨询师又犯了同类
错误。

男孩：我从经验中知道他与人们相处得不好，而我母亲却不这样。这也很奇怪，因为他的工作就是与人打交道。但我想他似乎瞧不起别人。

咨询师：这使你讨厌他，因为他瞧不起你。

男孩：我并不认为他瞧不起——嗯，他有些瞧不起我，但不像他对大多数人那样。呵，他说起大多数人时就像他们只不过是蠢材或什么东西。我不知道——这让我有些反感，因为，嗯，我并不讨厌任何人，除了一两个人。每个人都有可取之处，你知道。

咨询师：但是你相当不喜欢他，是吗？

男孩：不，我并不认为自己不喜欢他，但是他让我没有其他选择。

我们可以相当肯定，在咨询师对该谈话的一般报告中，男孩阻抗的原因难以确定。谈话录音显示，每当咨询师超越了男孩自己所表达出的情感时，男孩清楚地表现出了不接受。毫不奇怪，下次谈话时男孩就坦白地说他不想再谈自己的问题了。对这些谈话录音的仔细研究使咨询师非常清楚地认识到自己犯了什么错误，并使他在以后的接触中尽量克服这种倾向。

另一方面，谈话录音同样清楚地表明了那些导致洞察和重新定向出现的技术。如果咨询师完全认识和澄清了当事人所表达出的情感，那么当事人基本态度的语言表述方式就显而易见了。洞察自发产生的方式同样也是明白清楚的——如果治疗师不进行解释、称赞、批评或提出意见，而是集中精力帮助当事人清楚地看见和接受那些他能够表达出的情
217 感。勇气的增长，朝积极方向迈出的尝试性步伐，以及使治疗变得不再必要的逐渐增长的独立性，这些同样也都能进行细致研究。对这些谈话进行如此深入的分析，使毫无经验和经验丰富的咨询师都对治疗过程有了一种崭新理解。这种新的理解必然会给其治疗会谈注入活力，并使其获得提高。

会谈录音在研究中的应用

这种资料不仅在教授基本概念和提高咨询技术中颇有价值，它还为研究提供了极其珍贵的原始资料。它首次为研究咨询和治疗过程提供了机会，并完全以客观资料为基础。它使一些研究变得可能。三项已经完成或正在进行的研究值得一提。

第一项研究（Porter，1941）发展出了应用于咨询评估的量表。该量表提供了大约 20 个分类，咨询师的所有反应都可以划分到这些类别中。可以根据它们在治疗中的功能对其进行分组——发展问题情境，发展洞见，促进当事人的活动，或界定谈话关系。或者也可以将它们分为指导性组和非指导性组。这项研究得出的一些尝试性结论很有趣。研究发现，所设计的工具是对谈话进行评估的一种有效又可信的方法。研

究还发现，每位咨询师在倾向于使用的技术类型上具有一种明显模式，而他与不同当事人进行接触时使用的技术都是类似的。指导性和非指导性的咨询师在所用的技术上存在巨大差异。在被研究的小组中，指导性咨询师所说的话几乎是当事人的3倍，而非指导性咨询师所说的话还不到当事人的一半。这些尝试性的发现为许多新研究提供了可能性。

第二项研究正在进行中，它试图将当事人的所有反应进行有意义的分类。这样就有可能研究咨询师和当事人反应间的相互作用和模式。例
如，咨询师的哪种话最易使当事人说出与自我有关的情感？咨询师的哪 218
种话最易使当事人产生阻抗？或者接受？我们很清楚地知道这些问题的答案并不简单，而且仅一项研究也不可能回答这些问题。其意义在于我们第一次有了足够的资料来解决这些问题。

正在进行的第三项研究与一般会谈报告的准确性有关。无论是经验丰富还是缺乏经验的咨询师，都几乎会在咨询结束后立即记下会谈以作个案记录。研究将这些主观记述与录音进行了比较。录音资料使我们可以对各种遗漏和歪曲进行研究。虽然该研究尚未结束，但是我们完全可以说职业工作者在会谈记录中所包括的那些资料相对较准确。然而，遗漏之处远比所包括的要多得多，遗漏的既有极具意义的资料，也有无关紧要的东西。研究结束后，它应该会对所有个案工作都颇有意义。

我们希望，对各录音程序方面进行的这些概要而不完全的描述会使人们对这种解决心理治疗问题的方法产生兴趣。这些相当新的机器设备的使用第一次为考察心理治疗过程以及教授和提高心理治疗技术提供了一个坚实的基础。治疗不必再是模糊不清的，而治疗技术也不必再是一种凭直觉得到的天赋。心理治疗可以成为一个以已知的、验证过的原则为基础的过程。此处描述的录音程序使我们开始对治疗的基本要素有所了解，为我们开启了通向极有意义的研究的大门，并使得我们能够将心理学工作者训练成更胜任的治疗师。

参考文献

Covner, Bernard J., *Studies in phonographic recordings of verbal material*: I. The use of phonographic recordings in counseling practice and research. II. Advice for transcribing phonographic recordings of verbal material. *Journal of Consulting Psychology*, Vol. 6, 1942, 105-113 and 149-151.

Porter, E. H., The development and evaluation of a measure of counseling interview procedures. Unpublished Ph. D. dissertation, Ohio State University, Columbus, Ohio, 1941.

219

16 治疗中人格改变的必要充分条件*

多年来我一直致力于对痛苦中的个体进行心理治疗。近年来我发现自己日益关注从该经验中概括出所涉及的一般原则。我试图从自己在治疗工作中经常身处其中的、微妙而复杂的人际关系中发现其固有的任何规律、任何统一。目前这种关注的成果之一就是试图用正式术语叙述一种心理治疗、人格和人际关系理论，它围绕并包括了在我的经验中出现的现象。在这篇文章中我将叙述该理论中很小的一部分，对其进行更详细的说明，并探查其意义和用途。

问题

我想对自己提的第一个问题是：是否有可能用清晰的、可界定的、可测量的术语来叙述那些造成建设性人格改变发生的必要且充分的心理条件？换而言之，我们是否准确地知道哪些要素是促进心理治疗改变必需的？

---

* *Journal of Consulting Psychology*, Vol. 21, No. 2, 1957, 95-103.

在回答这一主要问题前，让我先非常简洁地处理一下该问题的第二部分。“心理治疗改变”、“建设性人格改变”这类短语所指何意？该问题同样值得深入而认真地思考，但是这里就让我提出一种符合这篇文章 220
目的、也许大家都能接受的普通含义吧。这些短语的意思是：个体人格结构的改变，包括表面和深层水平，而治疗师会赞同这种改变的方向意味着更好的整合、更少的内部冲突、更多的能量用于有效的生活；从一般认为是不成熟的行为朝向成熟行为的改变。这种简洁的描述可能足以说明我们思考先决条件时所指的那种改变。它可能同样还表明了决定该改变的标准的方式。[①]

条件

我对自己和同事的临床经验以及可得到的相关研究进行思考后，已经归纳出了几个条件，在我看来它们是促使建设性人格改变发生所*必需*的，并且具备所有这些条件就*足以*使该过程开始。对此问题进行研究后，我对显示出的简单性感到惊讶。我并不敢确定以下叙述是正确的，但是希望它作为一种理论具有价值，即它陈述或隐含了一系列有待证实或推翻的假设，由此可以澄清和丰富我们在该领域的知识。

由于我在本文中不打算解答悬疑，所以我会立即用一些精确而概括性的术语叙述出我认为是人格改变过程的 6 个基础条件。一些术语的含义不会立刻显现出来，但是会在随后的解释部分清楚地显现。我希望读者看完整篇文章后，这些简洁的叙述会具有更多意义。不再做更多介绍了，就让我来陈述基本理论观点吧。

为了使建设性人格改变发生，以下这些条件必须存在并持续一段 221
时间：

1. 两人处于心理接触中。

2. 第一个人，我们称之为当事人，处于一种失调状态中，情绪不稳定或焦虑。

---

① 已完成的研究表明该标准是可测量、可确定的。

3. 第二个人，我们称之为治疗师，在这种关系中是和谐或整合的。

4. 治疗师对当事人是无条件积极关注的。

5. 治疗师对当事人所说的内部框架有着同感理解，并试图将自己的这种经验与当事人沟通。

6. 治疗师的同感理解和无条件积极关注与当事人的沟通达到了一个最低程度。

其他条件都不是必需的。如果这 6 个条件存在，并持续一段时间，那就足够了。建设性人格改变过程随之就会发生。

一种关系

第 1 个条件指明一种最低程度的关系，一种心理接触必须存在。我假设只有在一种关系中才会出现有意义的积极人格改变。当然这只是一个假设，它也可能被推翻。

条件 2 至 6 通过界定关系中每个人的必需特点而界定了这种必要关系的特点。第 1 个条件的所有意图在于指明这两个人是处于某种程度的接触中，彼此在对方的经验场中意识到了一些差异。也许双方有某种“阈下知觉”差异就足够了，尽管个体可能没有意识到这种影响。这样可能很难知道一个僵直性昏厥症患者是否认为治疗师的出现对自己而言有所不同——任何不同——但几乎可以肯定的是在某种机体水平上他的确感觉到了这种差异。

222 除了以上提及的那种难以划分界限的情境，用操作性术语来界定该条件相对而言较容易些，这样就可以从一种凭经验而不为情感所动的研究观来判断该条件是否存在。最简单的判断方法就是当事人和治疗师的感觉。如果彼此都意识到与对方处于个人或心理接触中，那么该条件就满足了。

治疗改变的第 1 个条件如此简单，因此也许应该将它称为一种假设或先决条件，以区别于以下条件。然而，如果没有它，余下条件就毫无意义，这就是将它包括在其中的原因。

当事人状态

当事人必须“处于一种失调状态中，情绪不稳定或焦虑”。这是什么意思呢?

在我们发展出的理论中，失调是个基础概念。它指机体实际经验与个体自我概念之间的一种差异，只要它代表了该经验。因此，一名学生可能在一种完全的或机体的水平上对大学和在某建筑的 3 楼进行的考试感到恐惧，因为这些可能表明他缺乏一种基本的适应胜任感。由于这种恐惧感完全与其自我概念不符，因此该经验在其意识中的代表（扭曲的）是爬上该建筑或其他任何建筑的楼梯时会产生一种莫名恐惧感，并且不久就是穿过校园时的莫名恐惧感。由此，其机体经验到的情境意义与该经验在意识中的象征性代表就存在一种基本差异，而意识中的象征性代表不与其自我概念相冲突。在此个案中，承认害怕自己不能胜任就会与其自我概念相矛盾；而承认不可理解的恐惧感则不与其自我概念相矛盾。

另一个例子是位母亲，只要独子打算离开家她就会莫名其妙地生病。真实愿望是保有自己获得满意感的唯一源泉。在意识中知觉到这一 223
点会与她认为自己是个好母亲的形象不一致。然而，生病却与其自我概念相符，该经验就以这种扭曲的方式表现出来。因此，知觉到的自我（此个案中是需要照料的生病母亲）与实际经验（此个案中是希望保有自己的儿子）之间再次出现了一种基本矛盾。

当个体没有意识到自身内部的这种矛盾时，那么他就容易产生焦虑和困扰。一些经验会如此突然或明显地发生，以至于不能否认这种矛盾。因此，个体很容易产生焦虑困扰。

如果个体模糊地意识到了自身内部的这种矛盾，那么就会产生我们称为焦虑的一种紧张状态。并不需要明确地认识到这种矛盾。只要阈下知觉到它就足够了——也就是说，意识到了对自我的某种威胁却对该威胁的内容毫无所知。在治疗中经常可以看到这种焦虑，当个体逐渐意识到与其自我概念相冲突的一些经验要素时。

要对 6 个条件的这第 2 项给出精确的可操作性定义并非易事，但是在某种程度上已经做到了这一点。几位研究者通过个体对一些自我参考项目进行一种Q分类的方法对自我概念进行了界定。这使我们对自我有了一个操作性的认识。个体的所有经验就更难把握了。霍多尔科夫(Chodorkoff)将它定义为一种Q分类，它是治疗师独立对相同的自我参考项目进行分类后的结果，而治疗师的分类以他在投射测验中对个体的认识为基础。这样，其分类中同时包括了个体经验的意识和无意识成分，因此代表了（不得不承认以一种不完美的方式）当事人的所有经验。这两种分类间的相关对自我和经验间的失调进行了粗略的操作性测量，当然低或负相关代表了高度失调。

关系中治疗师的真实性

第3个条件是，在这种关系中治疗师应当是一个和谐、真实、整合
224 的人。这意味着在关系中他坦诚而深刻地体验着自己，他对自我的认识准确地代表了其实际经验。这与故意或无意地表现出虚假外表完全相反。

治疗师没有必要（也不可能）是一个完美的人，向当事人展示自己在生活的各个方面都具有整合性和统一性。治疗师在这种关系中准确地成为自己，在此刻做真实自我就足够了。

要说明的是，这其中包括了心理治疗中认为不理想的方面。其经验可能是“我害怕这位当事人”或者“我的注意力太集中在自己的问题上了，以至于我几乎无法倾听他在说什么”。如果治疗师在意识中不否认这些情感，而是坦然接受它们（如同其他情感一样），那么就达到了我们刚才说的条件。

治疗师在多大程度上向当事人公开真实自我是个令人困惑的问题。当然治疗师的目的并不是表达或谈论自己的感受，但是起码他不应该向当事人隐瞒自我。有时他可能需要说出自己的一些感受（向当事人、同事或督导者）。

对第3个条件下一个操作性定义并不很难。我们再次要谈到Q技术。如果治疗师对与关系有关的一系列项目进行分类［与费德勒和鲍恩

(Bown) 所发展出的项目表类似]，他就会了解自己在关系中的经验。如果几位曾经观看过会谈或听过会谈录音（或看过会谈的有声电影）的评价者现在对相同的项目进行分类，以代表他们对关系的理解，那么第2次分类就应该捕捉住治疗师行为中的那些要素以及他意识到的和未意识到的推断出的态度。这样，治疗师的分类和观察者的分类两者间的高相关就大致代表了治疗师在关系中的和谐或整合的一种操作性定义；而低相关则相反。

无条件积极关注 225

如果治疗师发现自己将当事人经验中的每个方面都作为当事人自身的一部分而接纳了，那么他就正在经历着无条件积极关注。这一概念是斯坦达尔（Standal）提出的。它意味着接纳是无条件的，不是“你只有如此这般我才喜欢你”。它意味着对此人的一种“珍视”，杜威（Dewey）曾使用了这一术语。它相对于一种有选择的评价观——“你这样做是不好的，那样做是好的”。对于当事人表达出的消极的、“坏的”、痛苦的、恐惧的、防御的、病态的情感，以及“好的”、积极的、成熟的、自信的、社会性的情感，对于他前后矛盾和前后一致的方面，它都予以同等程度的接纳。它意味着将当事人作为一个独立的人而关心，允许他有自己的情感，自己的经验。一位当事人将治疗师描述为“促进我对自身经验的感受……那（这）是我的经验而我的确拥有它：想我所想，感我所感，愿我所愿，惧我所惧：没有‘如果’、‘但是’或‘事实上不是’。我们假设，如果人格要发生改变，就必须有这种接纳”。

与前两个条件一样，第4个条件也是个程度问题，如果我们就特定的研究操作来界定，这一点立即就很清楚了。(“无条件积极关注”也许是一个不太合适的词语，因为它听上去像一个绝对的、全有或全无的意向性概念。也许从描述中可以明显看出，完全的无条件积极关注只在理论上存在。从一种临床经验观点来看，我相信最准确的叙述应该是有效的治疗师在与当事人进行接触的许多时刻中给予当事人无条件积极关注，但是他有时只能给予一种有条件积极关注——并且有时可能是一种消极关注，尽管在有效的治疗中很少如此。正是在此意义上无条件积极关注作为一种程度问题存在于任何关系中。）给它下定义的方法之一是如条件 3 描述的那样对关系进行 Q 分类。

226 如果治疗师和观察者都将反映无条件关注的那些项目列为该关系所具有的特点，那么就可以说无条件积极关注存在。这些项目可能包括按以下顺序排列的一些陈述："我对当事人所说的任何事情都不感到嫌恶"；"我对当事人和他所说的话既不赞同也不反对——只是接纳"；"我对当事人亲切友善——对他的弱点、问题和潜力"；"我不想对当事人的话进行评论"；"我喜欢当事人"。如果治疗师和观察者都认为这些项目是关系所具有的特点，或者不具有与这些项目相反的特点，那么就可以说符合了条件 4。

同感

第 5 个条件是治疗师对当事人的意识和自己的经验具有一种准确的同感理解。感觉当事人的个人世界，就仿佛它是你自己的，但是却不丧失"仿佛"的性质——这就是同感，而它对于治疗似乎是必不可少的。感受当事人的愤怒、恐惧或困惑，就仿佛它是你自己的，但你自己却不感到愤怒、恐惧或困惑，这就是我们要描述的条件。当当事人的世界如此清晰地展现在治疗师面前，而他自由地在其中穿行时，他就不仅能使当事人清楚地知道他的理解，而且还能说出当事人在自己的经验中几乎都没有意识到的意义。一位当事人如此描述了第二个方面："每当这个时候又一次的，我的思绪情感乱成一团，来自四面八方的网将我紧紧束缚，从体内不同部位涌出各种冲动，我感到自己不堪重负——这时就像一束阳光穿过云层和茂密的树叶在森林小径中洒下一缕光明，你给予了一些评论。[它使]画面变得清晰，纠缠理顺了，变得井井有条。结果就是——前进感，放松感。这些是阳光。"费德勒的研究表明这种深入的同感对治疗很重要，该研究中经验丰富的治疗师在描述关系时都认为
227 以下这些项目很重要：

治疗师能很好地理解患者的感受。

治疗师从不对患者的意思有任何怀疑。

治疗师的评论要符合患者的心境和他所说的内容。

治疗师的声调要完全表明他能分享患者的感受。

可以用不同方法对治疗师的同感下一个操作性定义。其中之一是如同条件 3 描述的那样用 Q 分类进行描述。如果治疗师和观察者都将描述同感的那些项目列为该关系的特点，那么就认为这一条件存在。

界定该条件的另一种方法是让当事人和治疗师都对描述当事人情感的一些项目进行分类。双方独立进行分类，该任务代表了当事人在刚结束的谈话中所经验到的情感。如果当事人的分类和治疗师的分类两者间是高相关，那么就可以说存在准确的同感，低相关则反之。

测量同感还有一种方法，就是让受过训练的评价者通过听会谈录音而对治疗师同感的程度和准确性进行等级评定。

当事人对治疗师的了解

最后一个条件就是当事人在最低程度上认识到治疗师对自己的接纳和同感。除非就这些态度进行了一些沟通，否则在当事人看来这些态度在关系中就不存在，并且根据我们的假设，治疗进程也无法开始。

由于态度不能被直接感知，所以更准确的说法可能是当事人从治疗师的行为和言语中认识到治疗师在某种程度上接纳和理解了自己。

对此条件下一个操作性定义并非难事。当事人可以在一次会谈结束后，对有关自己和治疗师之间关系的一个项目表进行 Q 分类（相同的项目表也可用于条件 3）。如果一些描述接纳和同感的项目被当事人列 228
为关系的特点，那么就可以认为该条件存在。就我们目前的知识水平，“在最低程度上”的含义尚不确定。

评论

到目前为止，我已经简明而实事求是地提出了我认为促使心理治疗改变发生的一些必需条件。我既没有给出这些条件的理论背景，也没有解释在我看来它们之所以有效的动力何在。对此问题感兴趣的读者可以在已经提到的文章中找到相关资料。

不过，我对以上提到的每个条件至少都给予了一个操作性定义。我这样做是为了强调一个事实，即我所说的不是一些含糊的东西，如果会出现其他某种含糊结果，那么理想的做法就是应该将它们提出来。我提出的这些条件即使在我们现有的技术水平下也可以进行大致测量，并且我对每个例子都提出了特定的操作方式，尽管我相信更严谨的研究者会设计出更恰当的测量方法。

这样做的目的是为了强调，在我看来，与动力有关的知识在验证这种“如果—那么”的假设时是不必要的。因此，从另一个领域来举例说明就是：如果一种物质，一系列实验表明这种物质是盐酸，与另一种物质混合，一系列实验表明这种物质是氢氧化钠，那么这种混合就会产生盐和水。无论将此结果归于魔法还是用最恰当的现代化学理论术语来解释，它都是事实。与此类似，在此我们假定某些可定义的条件会导致某些可定义的改变发生，而无论我们如何解释它，这种事实都存在。

由此推导出的假设

用清晰准确的术语叙述任何理论的主要价值就在于可以从中得出能
229 进行验证的特定假设。这样，即使那些被假设为必要且充分的条件更有可能是错的（我希望并非如此），它们同样也能促进该领域的科学发展，因为它们提供了一个可以去糟粕留精华的操作基础。

由该理论推导出的假设依次为：

> 如果6个条件（如同操作性定义的那样）存在，那么当事人就会发生建设性的人格改变（如同定义的那样）。
>
> 如果一个或多个这些条件未满足，那么就不会发生建设性的人格改变。
>
> 这些假设在任何情境下都成立，无论该情境是否称为“心理治疗”。
>
> 只有条件1是二分的（即它要么满足要么不满足），其余5个条件都在不同程度上发生，每个都是连续体。由于事实如此，就出

现了另一个假设，而它可能是最容易检验的：

> 如果所有6个条件都满足了，那么条件2至6存在的程度越大，当事人发生的建设性人格改变就越显著。

目前，以上这些假设只能以这种一般形式进行陈述——这意味着所有条件都同等重要。毫无疑问，实证研究可以对这些假设进行提炼。例如，如果当事人的焦虑程度高，那么其余条件的重要性就降低了。或者如果无条件积极关注的程度高（如母亲对孩子的爱），那么也许中等程度的同感就足够了。但此刻我们只能猜测这些可能性存在。

一些含义

有意义的省略

如果说在已给出的心理治疗的必要条件中有任何令人吃惊的特征的话，那么也许就在于省略掉的要素中。在当今的临床实践中，似乎治疗师的行为除了描述过的那些条件外还有许多其他条件，而它们都是心理治疗所必需的。要说清楚这一点，最好提及我们对研究和经验进行深思熟虑后省略掉的一些条件。

例如，我们并没有指出这些条件适用于一类当事人，而那些条件则 230
是使另一类当事人发生改变所必需的。也许当今临床工作中最流行的观念莫过于治疗神经病用一种方法，而治疗精神病则用另一种方法；治疗强迫症必须满足某些条件，而治疗同性恋则必须满足另外一些条件，等等。正是因为持有一种相反的临床观点，我有些“忐忑不安和战战兢兢”地提出心理治疗的必要条件存在于一种单一形态中，尽管当事人或患者对它们的使用可能截然不同。①

① 我仍然坚持自己的这一假设，尽管柯特纳（Kirtner）刚刚完成的一项研究对它提出了质疑。柯特纳发现，在一组从芝加哥大学咨询中心获得的26个个案中，当事人解决生活困扰的方法模式存在巨大差异，而这些差异与心理治疗是否成功相关。简而言之，将自己的问题看做与自身关系有关、是自己造成了问题并想改变的那些当事人更有可能成功。用语言表达出自己的问题、自我责任感弱的当事人更有可能失败。由此其中的含义就是该组的心理治疗还需要满足其他一些条件。然而，目前我会坚持自己的已有假设，直到柯特纳的研究被证实，并且我们知道了一个可供选择的假设来代替它。

我并没有说这 6 个条件是当事人中心疗法的必要条件，而其他条件则对于其他心理治疗方法是必需的。当然我深受自身经验的影响，而该经验使我形成了一种称为“以人为中心”的观点。尽管如此，我陈述该理论的目的在于叙述适用于会产生建设性人格改变的任何情境，无论我们是在考虑经典精神分析、其任何现代分支、阿德勒心理疗法或其他方法。显而易见，根据我的判断，实证研究不会证实许多被认为是必要的条件的确是必要的。对已提出的一些假设进行的检验会帮助人们认识这个令人困惑的问题。当然我们可能发现不同治疗方法造成了不同类型的
231 人格改变，而每种心理治疗都有一些各自的必需条件。除非说明了这一点，我才假设任何类型的有效心理治疗都会产生人格和行为的类似改变，并且只有一套必需的前提条件。

我并没有说心理治疗是一种特殊的关系类型，与日常生活中所有其他关系类型不同。相反，至少在短暂时刻，许多亲密的友谊明显满足这 6 个条件。然而，这通常只是暂时性的，随后同感就会消退，无条件积极关注也变得有条件了，或者“治疗师般的”朋友开始具有某种程度的虚假性或防御性。因此治疗关系被视为这种建设性品质的一种增强和延长，而这种建设性的品质常常存在于其他关系中，但持续时间至多只是暂时的。

我并没有说治疗师要求具有特殊专业知识——心理学的、精神病学的、医学的或宗教的。特别针对治疗师的条件 3、4 和 5 要求的是经验，而不是专业知识。如果要求治疗师必须具有这些知识，那么在我看来也是应该通过临床训练而获得——这也许是专业训练的一部分，但通常却并非如此。持有如此偏激的观点给我带来了麻烦，但我从自己的经验中只能得出这一结论。我相信，知识训练和掌握信息会产生许多有价值的结果——但是成为一名治疗师却不是其中之一。

我并没有说心理治疗中治疗师必须对当事人做出准确的心理诊断。与同行们持有如此不同的观点再次给我带来了麻烦。当某治疗师在任何心理的、精神病的或心理卫生中心花费了大量时间对当事人或患者进行令人精疲力竭的心理评估，那么似乎这一定对心理治疗颇为有用。然而我对治疗师观察得越多，对费德勒等人的研究考察得越多，我就越坚信

这种诊断在心理治疗中是不必要的。[①] 认为它对心理治疗很必要的原因甚至可能仅仅是害怕承认它在大部分情况中不过是大量浪费时间。我只观察到了一个与心理治疗有关的有用目的。一些治疗师对自己与当事人间的关系感到不确定，除非进行了这种诊断。没有这种诊断时他们对当事人感到害怕，无法具有同感，无法进行无条件积极关注，发现自己需要在关系中进行一种伪装。如果他们事先知道当事人有自杀冲动，就会更接受它。因此，对于一些治疗师而言，他们从诊断中获得的确定感是使他们自己整合于关系中、并经验同感和完全接纳的基础。在这些情况下进行心理诊断当然会使治疗师感到更自如，从而增强治疗效果。但即便如此它也不是心理治疗的一个基本前提。（有一次我曾开玩笑地提出，这些治疗师们通过看其他个体而非此患者或当事人的诊断结果，同样也可以让他们感到自如。有时心理治疗的继续进行会证明诊断是不准确的，而这也不会让人感到特别烦恼，因为在治疗过程中人们总是期望着去发现诊断的不准确之处。） 232

主要通过指出省略了些什么，也许我已经给出了足够多的事例来说明，我所假定的那些心理治疗的充分必要条件是引人注目并非同一般的。如果我们通过考察治疗师的行为来决定那些假设是心理治疗中必不可少的，那么列出的项目就会长得多，复杂得多。

该理论有价值吗？

除了对其进行提炼和概括而带来满足感之外，本文所提供的这种理论陈述有何价值呢？我愿意更详尽地说明我相信它可能具有的价值。 233

它会给研究领域指明方向并提供动力。由于它认为建设性人格改变的条件是普遍性的，因此它极大地扩展了研究机会。心理治疗并不是旨在促进建设性人格改变产生的唯一情境。企业领导者和军事领导者的训练计划的目的也在于此。教育指导或计划的目的也常常是发展人格和智

---

① 此处我并不是想说诊断评估毫无用处。我们自己在人格改变研究中也大量用到这类方法。它作为受质疑的心理治疗的前提条件是有用的。

力技巧。社会机构的目的在于改变青少年罪犯和犯罪分子的人格和行为。这些计划为广泛验证我所提出的那些假设提供了一个机会。如果研究发现，当假设条件没有满足时建设性人格改变也发生了，那么理论就必须进行修正。然而，如果假设得到了支持，那么结果就是大有意义的，不仅对于制定这类计划而且对于我们认识人类精神和行为的动力都有意义。在心理治疗领域里，将连贯一致的假设运用到各流派治疗师的工作中会使人们获益匪浅。同样，对假设否定和肯定都具有同等重要性，它们都有意义地丰富了我们的知识。

对于心理治疗实践，该理论同样也提供了一些值得思考的有意义的问题。其含义之一是各种心理治疗技术相对而言并不重要，除非它们是满足某一条件的途径。例如，在当事人中心疗法中，我已经对“情感反射”进行了描述和评论。对于此处提出的理论而言，该技术根本不是治疗的一个必要条件。然而，如果它提供了一种途径使治疗师能够表达出敏锐的同感和无条件积极关注，那么它就是一种可以使治疗的必要条件得到满足的技术途径。同样，根据我提出的理论，一些技术对于治疗也都不是必要的，如人格动力解释、自由联想、梦的分析、移情分析、催
234 眠、生活风格分析以及提供建议等。但是，每项技术都可以成为满足我所提出的那些必要条件的一种途径。治疗师可以通过解释来表达出无条件积极关注。治疗师可以通过倾听自由联想而表达出自己正在体验到的同感。在处理移情时，有效的治疗师常常在关系中表达出自己的整体性和和谐性。其他技术与此类似。但是正因为这些技术可以表现出治疗的必要成分，所以任何一种也可以表现出与假设的治疗条件截然相反的态度和经验。情感可以以一种表明治疗师缺乏同感的方式而“反射”出来。解释的方式可以表明治疗师高度的有条件积极关注。任何一种技术都可以表明治疗师正在经验着一种与其自身意识相反的态度。因此我们所提出的理论的价值之一就是它可以帮助治疗师更批判地来思考自己的经验、态度和行为中属于心理治疗必需要素的那些成分，以及不属于心理治疗必需要素或甚至是有害的那些成分。

最后，在那些旨在使个体人格结构和行为发生建设性改变的计划

中——教育、改过自新、军事或企业等方面，该理论可以作为一种尝试性标准对计划进行测量。除非得到大量研究验证，否则它不能作为一种有效标准，但是，如同在心理治疗领域一样，它可以有助于促进批判性分析并形成其他条件和假设。

总结

从一种更广阔的理论背景来看，建设性人格改变过程的出现有 6 个必要充分条件。我对每个条件都给出了简短的解释说明，以及可用于研 235
究的操作性定义。指出了该理论对于研究、心理治疗以及旨在促进建设性人格改变的教育和训练计划所具有的含义。此外还指出根据该理论，一些通常被认为是心理治疗中必不可少的条件却是不必要的。

参考文献

Bown, O. H. An investigation of therapeutic relationship in client-centered therapy. Unpublished Ph. D. dissertation, University of Chicago, 1954.

Chodorkoff, B. Self-perception, perpetual defense, and adjustment. *J. abnorm. soc. Psychol.*, 1954, 49, 508-512.

Fielder, F. E. A comparison of therapeutic relationships in psychoanalytic, non-directive and Adlerian therapy. *J. consult. Psychol.*, 1950, 14, 436-445.

Fielder, F. E. Quantitative studies on the role of therapists' feelings toward their patients. In O. H. Mowrer (Ed.), *Psychotherapy: theory and research*. New York: Ronald Press, 1953.

Kirtner, W. L. Success and failure in client-centered therapy as a function of personality variables. Unpublished master's thesis, University of Chicago, 1955.

Rogers, C. R. *Client-centered therapy*. Boston: Houghton Mifflin, 1951.

Rogers, C. R., and Dymond, Rosalind F. (Eds.). *Psychotherapy and person-*

ality change. Chicago：University of Chicago Press，1954.

Standal，S. The need for positive regard：a contribution to client-centered theory. Unpublished Ph. D. dissertation，University of Chicago，1954.

236

17 在当事人中心框架中发展起来的一种治疗、人格和人际关系理论*

我们系统思维的一般结构

在进一步详细陈述我们的理论观点前，我认为对该理论构想各个部分之间的联系进行一些描述是很有帮助的。

最开头部分是心理治疗和人格改变理论，它与观察到的事实联系最紧密并获得了许多证据支持，建构该理论是用来解释我们所经验到的心理治疗现象。

在该理论中，有关于人格本质和行为动力的一些假设。它们有些显而易见，而有些则晦涩不明。这些已经进一步发展完善成了一种人格理论。其目的是使我们对人类机体及其发展动力进行一种尝试性的理解——试图去理解在治疗中走向我们的那个人。

在治疗和人格理论中晦涩不明的某些假设是关于治疗结果的——因此，是关于一个更具有社会建设性和创造性的个体。近年来，我们已经在努力勾画出治疗理论目标的图画，一个有着最大创造力的、自我实现的和功能完全发挥的人。

在另一方向，对治疗关系的理解引导着我们去构造与所有人际关系有关的理论，把治疗关系仅仅作为一种特殊个案。这是一种崭新的和尝试性的发展，我们对其前景充满信心。

237 最后，如果我们的治疗观点有效，那么它们就可以应用于人类经验和努力的所有那些领域，只要该领域涉及（a）人际关系和（b）目的在于

---

* In Koch，S.（Ed.），*Psychology：A Study of a Science*，Vol. 3. *Formulation of the Person and the Social Context*. New York：McGraw-Hill，1959，184-256.

发展或改变人格和行为。由此，就相应出现了一系列与这些领域有关的部分发展的理论，如家庭生活、教育、团体领导、团体紧张和冲突局面。

图 17—1 有助于读者看清并理解理论的各个不同方面之间的联系。要指出的是，看此图应从中心开始，然后向四个方向发展。还请记住， 238
当从中心开始时也更容易对理论产生误解。总之，边缘区域比中心区域所获得的支持证据要少。图中还有随后各命题的标明数字，这样读者在阅读任何特定部分时，就可以翻回前面查阅它与理论框架中其他部分间的有机关系。

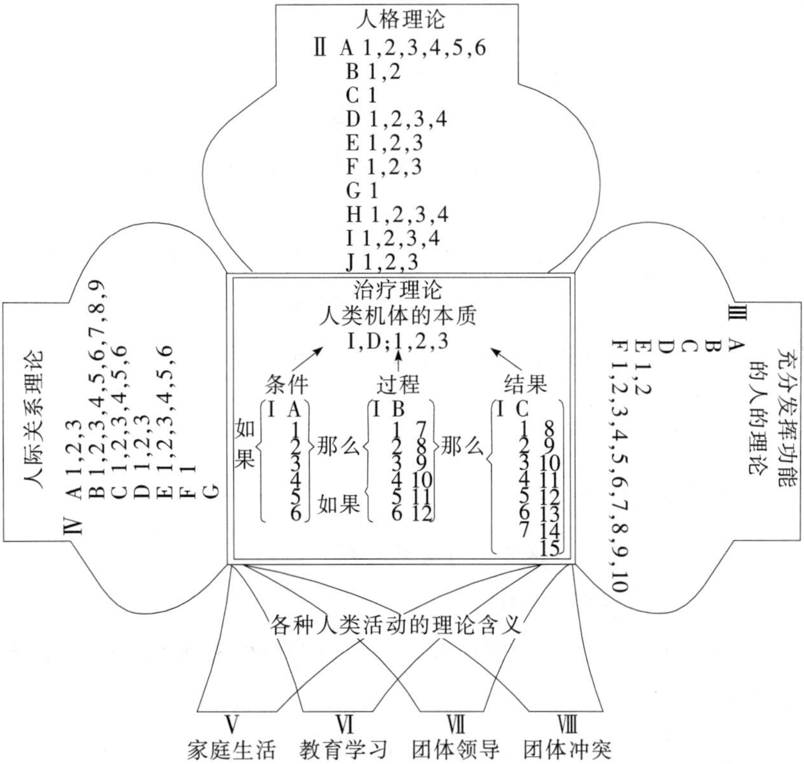

图 17—1　治疗、人格和人际关系理论结构图

在对这些理论本身进行阐述之前，我要强调它基本上是团队努力的结果。我已经对维克托·雷米（Victor Raimy）、理查德·霍根（Richard Hogan)、斯坦利·斯坦达尔（Stanley Standal)、约翰·巴特勒（John Butler）和托马斯·戈登（Thomas Gordon）等人的理论给予了书面感谢。其他许多人也以已知和未知的方式启发了我的思想，但我要特别提到鲍恩、代斯蒙德·卡特赖特（Desmond Cartwright)、阿瑟·库姆斯（Arthur Combs)、根德林、马斯洛、西曼（Julius Seeman)、希利恩和唐纳德·斯尼格（Donald Snygg）等人，他们对我将要提出的理论有着极其宝贵的影响。但由于他们自身对经验的解释常常使其产生不同思路，所以这些人对下面我要提到的理论绝对不负任何责任。

Ⅰ. 治疗和人格改变理论

该理论是一种假设。如果特定条件存在（自变量），那么带有某些特征的过程（因变量）就会发生。如果这一过程（现在又成了自变量）发生了，那么特定的人格和行为改变（因变量）也就会出现。对此将特别论述。

在这一部分和随后部分中将会以较小篇幅简要地对该理论进行正式阐述。在正式阐述中的那些楷体术语或短语已在前面章节中给出了定义，并将按照该定义理解。余下段落是做出的一些解释，并未依照正式阐述的形式。

A. 治疗过程的条件

要产生治疗效果，这些条件必须存在。

1. 两人处于心理接触中。

2. 第一个人，我们称之为当事人，处于一种失调状态中，情绪不稳定或焦虑。

239 3. 第二个人，我们称之为治疗师，在这种关系中是和谐的。

4. 治疗师对当事人是无条件积极关注的。

5. 治疗师对当事人的内部参考框架有着同感理解。

6. 当事人至少在一个最低程度知觉到了条件 4 和条件 5，即治疗师对自己的无条件积极关注以及治疗师的同感理解。

证据。证实的证据，特别是第 5 项的证实证据可以在费德勒和奎因的研究中找到。费德勒的研究表明，在不同取向的经验丰富的治疗师所创造的治疗关系中最为突出的一个特征就是他们能够站在当事人的角度去理解当事人。奎因也发现治疗师的交流质量在治疗中具有关键的意义。这些研究都说明了同感理解的重要性。

西曼发现咨询师对当事人的喜欢程度与治疗是否成功有着重要联系。西曼和利普金（Lipkin）都发现那些感到治疗师喜欢自己的当事人常常会更加成功。这些研究倾向于证实条件 4（无条件积极关注）和条件 6（当事人的知觉）。

尽管临床经验能够支持条件 2，即当事人情绪不稳定或焦虑，但与此相关的研究却很少。加拉格尔（Gallagher）的研究表明焦虑程度较低的当事人从不会深入到治疗中，而是中途放弃。

B. 治疗过程

当以上所说条件存在并一直持续时，治疗过程的发展就开始具备以下特征：

1. 当事人通过语言和/或运动，在表达其感受时越来越自由。

2. 他表达出的感受越来越多地提到了自我，而不是非自我。

3. 他越来越能区别和分辨出其感受与知觉的客体，包括其所处环境，其他人，其自身，他的经验，以及它们彼此间的关系。其知觉变得更放松更具外延性，或者换而言之，其经验有了更准确的象征性。 240

4. 他表达的感受越来越多地提及某个经验与自我概念的失调。

5. 他逐渐在意识中体验到这种失调的威胁。

   a. 就是因为治疗师对当事人不断的无条件积极关注，不仅有对失调和焦虑的关注，也有对协调和焦虑解除的关注，这种威胁体验才可能出现。

6. 在意识里他完全体会到了过去被意识否定或歪曲的感受。

7. 他的自我概念被重新组合来吸收和包括以前被意识所歪曲或否定的那些经验。

8. 当进行这种自我结构重整时，他的自我概念越来越与其经验相一致；现在自我包括了以前极具威胁性而不在意识当中的那些经验。

a. 因为威胁性的经验少了，所以一个必然趋势就是意识中的知觉紊乱或否定也就少了。换句话说就是防御性降低了。

9. 他更能够体验到治疗师的无条件积极关注而没有一种威胁感。

10. 他越来越感受到一种无条件的积极自我关注。

11. 他越来越体验到自己是评价的核心。

12. 他更少从价值条件的角度对经验做出反应，而更多地是从一种机体评价过程的角度。

证据。描述治疗过程的这些项目，有许多已经不同程度地得到确凿证据的支持。我们许多记录在案的治疗案例就支持了第 2 项（自我提及
241 的增加），但还未简化为一种统计学的发现。斯托克（Stock）的研究支持了第 3 项，它表明当事人自我提及的表达变得更客观，其强烈情绪也更少了。米切尔（Mitchell）也指出当事人的知觉具有了更大的外延性。

罗杰斯做的一个案例的录音带提供了客观的临床证据支持了第 4 项、第 5 项和第 6 项。

瓦尔加斯（Vargas）的发现与第 7 项有关，它从新的自我知觉出现的角度指出了自我重整的方式。霍根和黑格（Haigh）研究了在此过程中防御性的降低，如同 8a 所描述的那样，这些发现确定无疑。罗杰斯所做的一个详尽个案调查支持了自我与经验间的协调性获得了提高。霍多尔科夫则发现这种协调与防御解除有关。

第 10 项，斯奈德（Snyder）、西曼、雷米、斯托克、施特罗姆（Strom）（83）、希尔罗（Sheerer）和利普金等人的研究很好地验证了当事人积极自我关注的增加。拉斯金（Raskin）的研究最清楚地表明了当事人倾向于把自己当做评价核心，不过支持它的证据却来自希尔罗、利普金和凯斯勒（Kessler）。

C. 人格和行为结果

结果和过程之间没有明显的区别。过程的项目仅仅是结果的不同方

面。因此以下陈述也可以包括到过程中去。为了便于理解，与成果、结果有关，或在治疗关系之外观察到的变化在此都已经归类了。这些就是假设相对持久的变化：

1. 当事人越来越协调，对经验也越来越开放，防御性也更少。

2. 因此，他也更现实，客观，在知觉上有更多的外延。

3. 因此，在解决问题上也更有效。

4. 他的心理适应得到了改善，更接近最佳状态。

   a. 这源于 B7 和 B8 中描述的自我结构的变化，也是该变化的延续。

5. 由于自我和经验更一致（以上 C4），对威胁的易受伤害程度也降 242
低了。

6. 以上 C2 的结果就是，他对于其理想自我的感知更现实，也会更易实现。

7. C4 和 C5 改变的结果就是其自我和理想自我更加一致。

8. 由于自我和理想自我更一致（C6），自我和经验更一致，所以各种类型的紧张都降低了——生理紧张、心理紧张，以及被定义为焦虑的具体心理紧张类型。

9. 他的积极自我关注程度得到了提高。

10. 他认为评价中心和选择中心在自身内部。

    a. 由于 C9 和 C10，当事人更自信了，自我指导性也更强了。

    b. 由于 C1 和 C10，其价值标准是由一种机体评价过程来决定的。

11. C1 和 C2 的结果是，他更现实、更准确地感知他人。

12. 由于更少地歪曲对他人的认识，他体验到了对他人更多的接受。

13. 他的行为在各个方面都有所改变。

    a. 因为经验中吸收到自我结构里的比例增加了，所以属于自我的能够被承认的行为的比例也增加了。

    b. 相反，被否认为自我经验的、觉得“不是我自己”的行为比例减少了。

c. 因此，会感知到其行为更多地受自己控制。

14. 他的行为也被他人认为更适应社会，更成熟。

15. C1，C2，C3 的结果是，他的行为更有创造性，更适应每一种新情况和新问题，更充分地表达了他自己的意图和价值观。

证据。有关结果理论陈述的证据有非常确定的，也有模棱两可的，
243 还有不能证实的。格鲁莫恩（Grummon）和约翰（John）根据 TAT 的判断，发现了防御性的降低。霍根和黑格也在这一点上给出了少量证据。关于认知更广阔的外延（第 2 项），约尼茨（Jonietz）发现治疗导致了认知上的改变，而米切尔也发现这些改变朝着外延方向发展。

根据 TAT、罗夏墨迹测验（Rorschach）、咨询师评价和其他指标，戴蒙德（Dymond），格鲁莫恩和约翰，海墨维茨（Haimowitz）和莫里斯（Morris），明奇（Muench），莫萨克（Mosak），考恩（Cowen）和库姆斯等的研究也支持了第 4 项，即适应性获得了提高。然而，卡尔（Carr）在 9 个罗夏墨迹测验案例中却没有发现这种改变。

鲁迪科夫（Rudikoff）发现正如第 6 项所言，理想自我变得更易实现。自我和理想自我的一致也被巴特勒、黑格和哈特利（Hartley）证实，而它对于适应性的意义则得到了汉隆（Hanlon）、霍夫斯塔特（Hofstaetter）和奥康纳（O'Connor）的支持。

治疗后生理紧张降低了，森特福德（Thetford）和安德森（Anderson）的研究验证了这一点。许多研究者以不适—缓解商数为指标已经证实了心理紧张的降低：如阿萨姆（Assum）和利维（Levy），科弗（Cofer）和钱斯（Chance），考夫曼（Kaufman）和雷米，纳塔利·罗杰斯（N. Rogers），齐美尔曼（Zimmerman）。

也有证据很好地证明了积极自我关注的增加，如同 IB 所言。评价和选择中心的转移则得到了拉斯金和希尔罗所提供证据的支持。鲁迪科夫也提出证据表明当事人能够更现实地认识他人。希尔罗、斯托克（Stock）和鲁迪科夫也表明了当事人能以更易接受的方式来认识他人，如同第 11 项中假设的那样。戈登和卡特赖特也提供了复杂证据，但一

般来说不能证实这一点。

第 13、14 项指出的行为改变可以在罗杰斯的研究中找到支持证据，该研究表明在治疗获得成效的个案中，当事人及其朋友都观察到其行为更加成熟了。霍夫曼（Hoffman）发现当事人在访谈中描述的行为变得 244
更加成熟了。约尼茨有关墨迹知觉的研究也为第 15 项中的假设提供了一些支持证据。

Ⅱ. 人格理论

对于治疗中出现的个体我们获得了一些认识，在整理这些认识的过程中，形成了一种人格发展和行为动力的理论。需要重申前面的警告，并特别指出该理论的最初命题离我们的经验最远，所以最受质疑。然而，当你一直读下去的时候，就会发现命题变得越来越接近治疗经验。同上，那些定义好的术语和结构都用楷体表示，意义也与之前定义的一致。

A. 婴儿的基本特点

个体在婴儿期至少具有这些特点。

1. 他把自己的经验作为现实来感知。他的经验就是现实。
   a. 因为谁也不可能完全了解孩子的内部参照系统，所以没有谁比孩子更有潜力去意识他自己的现实。
2. 他有一种实现自身机体的固有趋向。

3. 他根据基本的实现趋向与其现实进行互动。这样其行为就是机体的一种有目标导向的尝试，目的是在感知到的现实中满足其体验到的实现需要。

4. 在此互动中他作为一个有机整体、一个格式塔来活动。

5. 他使用机体评价机制，把实现趋向当做一个参考标准来评价经验。那些被感知为维持和发展机体的经验就获得积极评价。相反，那些没有维持和发展机体的经验获得消极评价。

6. 他的行为趋近那些被积极评价的经验，而回避那些被消极评价的经验。

245 **B. 自我的发展**

1. 随着实现趋向的一部分——分化趋向的发展，在一种存在意识和功能意识中，个体的部分经验分化出来并被符号化。这种意识可以称为自我经验。

2. 通过与环境的互动，尤其是与包括重要他人的环境的互动，个体存在和功能意识中的表征变得越来越精细，并形成一个自我概念，一个其经验场中的知觉客体。

C. 积极关注的需要

1. 随着自我意识的萌芽，个体也出现了一种积极关注的需要。这是人类的普遍需要，无处不在并历时持久。这种需要是先天的还是习得的与理论无关。但提出此概念的人——斯坦达尔（80）认为这种需要是习得的。

a. 这种需要的满足必须参照另一个体的经验场。

(1) 所以它常常是模棱两可的。

b. 它与个体的许多经验都有关联。

c. 它是互惠的，当某个体意识到自己在满足另一个体的积极关注需要时，他必定也会体验到自身积极关注需要的满足。

(1) 因此满足他人的这一需求和通过他人体验到自己需要的满足都会有所收获。

d. 这种需要十分强大，任何社会他人的积极关注都与整体关注情结相联系，而个体通过该整体关注情结与该社会他人相联系。

(1) 所以比起机体评价过程，个体更迫切地需要一个重要的社会他人表达出的积极关注，并且比起在实现机体中能获得
246 积极评价的经验，个体更趋向这种他人的积极关注。

D. 自我关注需要的发展

1. 无须通过社会他人的积极关注传达，个体就可以体验到与任何特定的自我经验或自我经验群相关的积极关注的满足或受挫。这种形式的积极关注就称为自我关注。

2. 自我关注需要是一种习得的需要，其发展与自我经验和积极关注需要的满足或受挫间的关系相关。

3. 这样，个体就可以不受任何社会他人的影响而体验到积极关注或失去积极关注。在某种意义上，他成为了自己的重要社会他人。

4. 如同积极关注一样，所体验到的与任何特定自我经验或自我经验群相关的自我关注都与整体自我关注情结相联系。

E. 价值条件的发展

1. 当个体的自我经验被重要他人区分为值得给予更多或更少的积极关注时，自我关注就有了相似的选择性。

2. 当一种自我经验仅仅因为值得给予更多或更少的自我关注而被避免（或寻求）时，那么就可以说个体获得了一种价值条件。

3. 如果个体只应体验到无条件积极关注，那么就不会形成价值条件，自我关注就会是无条件的，积极关注和自我关注的需要也就不会与机体评价不一致，个体将一直都处在心理调适的状态下，并且会完全发挥其功能。这一连串事情都是假设为可能的，所以在理论上非常重要，尽管在现实中它不会发生。

F. 自我与经验之间不一致的发展

1. 因为自我关注的需要，个体根据存在其内部的价值条件来选择性地感知其经验。

   a. 那些与价值条件一致的经验就在意识中被准确地感知和符号化。 247

   b. 那些与价值条件相悖的经验则估计与价值条件相符而被选择性地和扭曲地感知，或者是部分地或全部地被意识否定。

2. 所以在机体中出现的那些不被认可为自我经验的经验就不能被正确地符号化，也不能以准确的符号形式被组织到自我结构中。

3. 所以，自从根据价值条件第一次有选择地感知时，这种自我与经验之间的不一致、心理失调及脆弱状态就在某种程度上出现了。

G. 行为不一致的发展

1. 如同 F 描述的那样，由于自我和经验之间不一致，一种相似的不一致也出现在个体的行为中。

a. 有些行为与自我概念一致，能维持、实现和提高自我概念。

(1) 这样的行为在意识中被准确地符号化。

b. 有些行为维持、提高和实现那些没有被吸收到自我结构中去的机体经验。

(1) 这些行为要么不被认可为自我经验，要么被歪曲地或选择性地感知，从而与自我相一致。

H. 威胁体验和防御过程

1. 当机体在不断地体验时，出现了一种与自我结构（及其相应的价值条件）不一致的经验，它被下意识地感知为具有威胁性。

2. 威胁的本质是如果该经验在意识中被准确地符号化，那么自我概念就不再是一个协调一致的格式塔，价值条件就会被推翻，自我关注需要也会受挫。一种焦虑状态就会出现。

248 3. 防御过程就是阻止这种事情发生所做出的反应。

a. 这个过程包括了选择性感知或对经验的歪曲，以及/或者在意识中否认此经验或部分此经验，从而使整体经验认知与个体的自我结构相一致，与其价值条件相一致。

4. 除了保持以上一致性，防御过程的普遍后果就是一种认知僵化，因为它必须歪曲认知——不准确地认知现实，因为它对信息进行歪曲和省略，并且带有意向性。

I. 崩溃和解体的过程

以上阐述的人格理论或多或少适用于每一个体。以下章节则描述了那些只有特定条件存在时才会发生的特定过程。

1. 当经验与自我间的不一致非常严重，或者某个明显与自我不一致的经验突然出现时，机体的防御过程就不起作用了。

2. 随着下意识地感知到这种不一致，焦虑体验就产生了。焦虑程度的强弱取决于自我结构受威胁的程度。

3. 由于防御过程不起作用，经验就能够在意识中被准确地符号化，并且自我结构的格式塔就被意识中的不一致经验所打破。结果出现了一种解体状态。

4. 在解体状态下，机体有时以明显与经验相一致的方式来活动，而这些经验迄今为止被意识所歪曲或否定；而有时则是自我暂时控制了局面，机体可能以与自我相一致的方式来活动。因此，在这种解体状态下，自我概念（包括歪曲的认识）与那些在自我概念中没有被准确地符号化或包含的经验之间的紧张就以一种混乱的经验单位表现出来，向机 249
体提供用于调节行为的“反馈”。

J. 重整过程

在 G 和 H 部分描述的情况中（此外也许在 I 中描述的崩溃情况中，尽管与此相关的证据较少），有可能出现一种重整过程，它提高了自我和经验之间的一致性。该过程如下：

1. 要使防御过程反向发展——即使通常感到具有威胁性的经验能在意识中被准确地符号化，并且接纳到自我结构当中，需要某些特定条件。

   a. 价值条件必须减少。

   b. 无条件自我关注必须增加。

2. 具备这些条件的方法之一就是获得某重要他人的无条件积极关注。

   a. 要想获得无条件积极关注，必须存在一种同感理解。

   b. 当个体感知到了这种无条件积极关注时，存在的价值条件就会减弱或消失。

c. 另一个结果就是他自身无条件积极关注的增加。

d. 如果以上条件中的 2a 和 2b 都满足，威胁感就会降低，防御过程也将会逆转，那些常常感到具有威胁性的经验将会被准确地符号化，并整合到自我概念中去。

3. 以上 1 和 2 的结果就是个体会更少地遇到威胁性的经验；防御过程更少出现而其后果也会减弱；自我和经验更加一致；自我关注增加；对他人的积极关注增加；心理适应增加；机体评价过程逐渐成为行为调节的基础；个体成为了几乎充分发挥功能的人。

250 Ⅲ. 充分发挥功能的人的理论

个体的某种导向趋势（ID 和ⅡA2）和特定需求（ⅡC，D）已经在上述理论中得到清晰阐述。既然这种趋势在特定条件下更能充分展示，那么其中已经隐含了在人类机体实现过程中的一个终极概念。这个最终的假设个体将是“社会进化目标”、“最佳心理治疗目标”等的同义词。我们将此个体称为充分发挥功能的人。

尽管其中的内容都已在Ⅰ和Ⅱ中阐述过，但仍有必要单独提出这一理论概念。

A. 个体有一种实现其机体的内在趋向。

B. 个体有能力并趋向于将经验在意识中准确地符号化。

1. 一种推论认为个体有能力并趋向于使其自我概念和经验相一致。

C. 个体有一种获得积极关注的需要。

D. 个体有一种获得积极自我关注的需要。

E. 当需要 C 和 D 得到满足时，趋向 A 和 B 就能被充分意识到。具体而言，当出现以下情况时，趋向 A 和 B 就能被充分意识到：

1. 个体体验到来自重要他人的无条件积极关注。

2. 这种无条件积极关注通过一些关系得到表现，这些关系的特征是完全同感理解个体的参照系统。

F. 如果条件 E 得到最大程度的满足，那么具备这些条件的个体就是充分发挥功能的人。充分发挥功能的人至少具有以下特点：

1. 他将对自身经验采取开放态度；

a. 推论是他不会表现出防御性。 251

2. 因此，所有经验都能进入意识。

3. 根据经验资料，所有符号化将达到最准确程度。

4. 其自我结构将与其经验一致。

5. 其自我结构将是一个流动的格式塔，在新经验的接受过程中不断灵活变化。

6. 他将自我经验为评价的中心。

a. 评价过程将是一个持续的机体过程。

7. 他将没有价值条件。

a. 推论是他将体验无条件自我关注。

8. 在各种情境中，他将根据该特定情境做出独特的、创造性的适应行为。

9. 他将发现其机体评价会导向最满意的行为，因为

a. 所有可获得的经验资料都可以进入意识并被利用。

b. 所有经验资料都将不会被意识歪曲或否定。

c. 体验的行为结果将进入意识。

d. 因此，所有由于资料缺乏而不能获得最大满意的情况都可以通过这种有效的现实检验得到纠正。

10. 由于相互积极关注具有回报性（IIC1c），因此他将与他人处于最大程度的和谐中。

Ⅳ. 人际关系理论

最近我们在尝试着将自己的理论建构扩展到发现似乎存在于所有人际关系和人际交流中的法则。这种想法仅仅将治疗关系视为一种人际关 252
系，它最初源自心理治疗理论，这在随后将会看到。为了便于阐述，将会分别给出条件、过程、正在恶化的关系以及正在深化或改善的关系的结果。事实上，这是一个连续体的两点或两个层面。

E. 一种改善关系过程

1. X′与 Y′之间的交流所具有的特征是经验、意识和交流非常一致。

2. Y′对这种和谐一致的体验就是清晰的交流。因此，在其反应中更可能表现出自身经验和意识的一致性。

3. 由于 X′在交流中是协调一致的，不易受到伤害的，因此他以一种准确和外延的方式感知 Y′的反应，并同感理解其内部参照系统。

4. 由于感到被理解，Y′体验到自己的积极关注需求得到了部分满足。

5. X′体验到自己已经在 Y′的经验场中起到了一个积极作用。

  a. 因此相应的，X′倾向于增加对 Y′的积极关注感。

  b. 由于 X′在交流中不易受到伤害，因此他感受到的对 Y′的积极关注也往往是一种无条件积极关注。

6. 至少在交流中，Y′在一种关系中体验自己，这种关系的特点就是 X′是和谐一致的，X′对自己的内部参照系统有一种同感理解，并给予自己无条件关注（见 IA3，4，5）。

  a. 因此在交流主题范围内，治疗过程（IB）的所有特征都出现了。

  b. 由于 Y′在这一关系中更少需要进行防御，认识歪曲的需要也降低了。

  c. 因此，他更准确地感知到了 X′的交流。

7. 于是，两个方向上的交流都越来越一致，也越来越被准确地感知，还包含了更多的相互积极关注。

253

Ⅴ. 应用理论

如果详细阐述那些已有部分发展的各种应用理论，就会过多重复前面的一些内容。因此只在应用理论的每个领域提出几点描述性建议。

家庭生活

理论内涵有：

1. 父母对孩子的无条件积极关注的程度越高：

   a. 孩子身上的价值条件就越少。

   b. 孩子就越能根据一种持续的机体评价过程来生活。

   c. 孩子的心理适应水平越高。

2. 父母对这种无条件积极关注的体验取决于他体验到的无条件自我关注程度。

3. 如果父母体验到了无条件自我关注，那么他们在关系中将会是协调一致的。

   a. 这表明了他们在表达自身感受（积极或消极的）时是真诚的或是一致的。

4. 如果条件1，2和3存在，父母将会以一种现实和同感的方式来理解孩子的内部参考系统，并对其给予无条件积极关注。

5. 如果条件1～4都存在，治疗过程和结果理论（IB，C），以及一种改善关系过程和结果理论（IVE，F）就适用。

团体紧张和冲突

A. 团体冲突减少的条件

如果以下条件存在，团体冲突和紧张将会减少。

1. 一个人（我们称为促进者）与X、Y和Z进行接触。

2. 促进者与X、Y和Z进行单独接触时，其自身内部是协调一致的。

3. 促进者在X、Y和Z身上分别体验到了：

   a. 一种无条件积极关注，至少在团体成员交流的领域内如此。

   b. 对于X、Y和Z的内部参照系统有一种同感理解，至少在团体成员交流的领域内如此。

4. X、Y和Z至少在一个较低的程度感知到了条件3a和3b（主要因为3b通过口头传递）。

B. 团体冲突减少过程

如果以上条件都满足并且一直存在，那么：

1. 治疗过程的各种要素（IB）在某种程度上出现，至少在团体交流所涉及的领域内。

254 a. 该过程的最重要因素之一就是认知的分化性和外延性得到了提高。

b. 另一重要因素是在X、Y和Z的经验中威胁感（见IB8，8a）得到了降低。

2. 因此，Y与X或者Z与X的交流中，防御性更少了，与Y和Z的经验更一致了。

3. X对这些交流的感知更准确、更具外延性。

a. 所以X对Y和Z体验到了更多的同感理解。

4. 由于X在Y和Z身上体验到了更少威胁，并对他们的内部参照系统有了更多同感：

a. 现在X在意识中将以前意识和经验间的不一致进行符号化。

b. 因此他对自身经验的防御性歪曲减少了。

c. 于是，他同Y和Z的交流就变成了与交流领域相关的其自身整体经验更具外延性的表达。

5. 现在一种改善关系过程的条件形成了，而在IVE中所描述的现象也就发生了。

255

参考文献*

Anderson, R. An investigation of the relationship between verbal and physiological behavior during client-centered therapy. Unpublished doctoral dissertation, Univer. of Chicago, 1954.

Assum, A. L., & Levy, S. J. Analysis of a non-directive case with follow-up in-

* 由于本章选自一篇较长的专题论文，所以此处并未包括原文中的所有参考文献。

terview. *J. abnorm. soc. Psychol.*, 1948, 43, 78-89.

Butler, J. M., & Haigh, G. V. Changes in the relation between self-concepts and ideal concepts consequent upon client-centered counseling. In [70, chap. 4].

Carr, A. C. Evaluation of nine psychotherapy cases by the Rorschach. *J. consult. Psychol.*, 1946, 13 (3), 196-205.

Chodorkoff, B. Self-perception, perceptual defense, and adjustment. *J. abnorm. soc. Psychol.*, 1954, 49 (4), 508-512.

Cofer, C. N., & Chance, J. The discomfort-relief quotient in published cases of counseling and psychotherapy. *J. Psychol*, 1950, 29, 219-224.

Cowen, E. L., & Combs, A. W. Follow-up study of 32 cases treated by nondirective psychotherapy. *J. abnorm. soc. Psychol.*, 1950, 45, 232-258.

Dymond, Rosalind F. Adjustment changes over therapy from self-sorts. In [70, chap. 5].

Dymond, Rosalind F. Adjustment changes over therapy from Thematic Apperception Test ratings. In [70, chap. 8].

Fiedler, F. E. A comparative investigation of early therapeutic relationships created by experts and non-experts of the psychoanalytic, non-directive and Adlerian schools. Unpublished doctoral dissertation. Univer. of Chicago, 1949.

Fiedler, F. E. A comparison of therapeutic relationships in psychoanalytic, nondirective and Adlerian therapy. *J. consult. Psychol.*, 1950, 14, 436-445.

Gallagher, J. J. The problem of escaping clients in non-directive counseling. In W. U. Snyder (Ed.), *Group report of a program of research in psychotherapy*. Psychotherapy Research Group, Pennsylvania State Univer., 1953, 21-38.

Gordon, T., & Cartwright, D. The effects of psychotherapy upon certain attitudes toward others. In [70, chap. 11].

Grummon, D. L., & John, Eve S. Changes over client-centered therapy evaluated on psychoanalytically based Thematic Apperception Test scales. In [70, chap, 11].

Haigh, G. V. Defensive behavior in client-centered therapy. *J. consult. Psychol.*, 1949, 13 (3), 181-189.

Haimowitz, Natalie Reader, & Morris, L. Personality changes in client-centered 256
therapy. In W. Wolff (Ed.), Success in psychotherapy. New York: Grune & Strat-

ton, 1952. Chap. 3.

Hanlon, T. E., Hofstaetter, P. R., & O'Connor, J. P. Congruence of self and ideal self in relation to personality adjustment. *J. consult. Psychol.*, 1954, 18 (3), 215-218.

Hartley, Margaret. Changes in the self-concept during psychotherapy. Unpublished doctoral dissertation, Univer. of Chicago, 1951.

Hoffman, A. E. A study of reported behavior changes in counseling. *J. consult. Psychol.*, 1949, 13, 190-195.

Hogan, R. The development of a measure of client defensiveness in the counseling relationship. Unpublished doctoral dissertation, Univer. of Chicago, 1948.

Jonietz, Alice. A study of phenomenological changes in perception after psychotherapy as exhibited in the content of Rorschach percepts. Unpublished doctoral dissertation, Univer. of Chicago, 1950.

Kauffman, P. E., & Raimy, V. C. Two methods of assessing therapeutic progress. *J. abnorm. soc. Psychol.*, 1949, 44, 379-385.

Kessler, Carol. Semantics and non-directive counseling. Unpublished master's thesis, Univer. of Chicago, 1947.

Lipkin, S. Clients' feelings and attitudes in relation to the outcome of client-centered therapy. *Psychol. Monogr.*, 1954, 68, No. 1 (Whole NO. 372).

Mitchell, F. H. A test of certain semantic hypotheses by application to client-centered counseling cases: intensionality-extensionality of clients in therapy. Unpublished doctoral dissertation, Univer. of Chicago, 1951.

Mosak, H. Evaluation in psychotherapy: a study of some current measures. Unpublished doctoral dissertation, Univer. of Chicago, 1950.

Muench, G. A. An evaluation of non-directive psychotherapy by means of the Rorschach and other tests. *Appl. Psychol. Monogr.*, 1947, No. 13, 1-463.

Quinn, R. D. Psychotherapists' expressions as an index to the quality of early therapeutic relationships established by representatives of the nondirective, Adlerian, and psychoanalytic schools. Unpublished doctoral dissertation, Univer. of Chicago, 1950.

Raimy, V. C. Self reference in counseling interviews. *J. consult. Psychol.*, 1948, 12, 153-163.

Raskin, N. J. An objective study of the locus of evaluation factor in psychotherapy. Unpublished doctoral dissertation, Univer. of Chicago, 1949.

Rogers, C. R. The case of Mrs. Oak: a research analysis. In [70, chap. 15]. 257

Rogers, C. R. Changes in the maturity of behavior as related to therapy. In [70, chap. 13].

Rogers, C. R., & Dymond, R. F. (Eds.). *Psychotherapy and personality change*. Chicago: University of Chicago Press, 1954.

Rogers, Natalie. Measuring psychological tension in non-directive counseling. *Personal Counselor*, 1948, 3, 237-264.

Rudikoff, Esselyn C. A comparative study of the changes in the concept of the self, the ordinary person, and the ideal in eight cases. In [70, chap. 11].

Seeman, J. Counselor judgments of therapeutic process and outcome. In [70, chap. 11].

Seeman, J. A study of the process of non-directive therapy. *J. consult. Psychol.*, 1949, 13, 157-168.

Sheerer, Elizabeth T. The relationship between acceptance of self and acceptance of others. *J. consult. Psychol.*, 1949, 13 (3), 168-175.

Snyder, W. U. An investigation of the nature of non-directive psychotherapy. *J. genet. Psychol.*, 1945, 33, 193-223.

Standal, S. The need for positive regard: a contribution to client-centered theory. Unpublished doctoral dissertation, University of Chicago, 1954.

Stock, Dorothy. The self concept and feelings toward others. *J. consult. Psychol.*, 1949, 13 (3), 176-180.

Strom, K. A re-study of William U, Snyder's "An investigation of the nature of non-directive psychotherapy." Unpublished master's thesis, Univer. of Chicago, 1948.

Thetford, W. N. An objective measure of frustration tolerance in evaluating psychotherapy. In W. Wolff (Ed.), *Success in psychotherapy*. New York: Grune & Stratton, 1952. Chap. 2.

Vargas, M. Changes in self-awareness during client-centered therapy. In [70, chap. 10].

Zimmerman, J. Modification of the discomfort-relief quotient as a measure of progress in counseling. Unpublished master's thesis, Univer. of Chicago, 1950.

人的科学

261 罗杰斯在心理治疗领域所作的科学研究以及有关其研究方法和结果的两本内容充实的著作（Rogers & Dymond，1954；Rogers et al.，1967）都为他赢得了国际同人的赞许和认可。在其事业的后半生，罗杰斯对那些带给他荣耀和认可的科学范式的部分假设提出了疑问。

实际上，罗杰斯是以两种形式来关注“正在发展的行为科学”的基本假设。第一种是行为科学应用的社会和政治环境。1956 年，他与心理学行为学派领袖人物斯金纳（B. F. Skinner）之间那场有名的辩论为后来几十年的争论拉开了序幕。斯金纳极有力地争辩说，人类可以明智且人道地运用强化理论来指导个体和社会的发展进程。他争辩说，在任何情况下自由与选择都不过是幻想；决定我们当前行为的完全是过去的强化。罗杰斯也以他雄辩家的口才回应道，自由与选择并不是虚幻而是真实现象，使个体丧失人性并试图仅仅依靠外在强化来控制人类发展的科学是在为那些暴君和独裁者服务，是将社会残酷地推向极权主义的未来。

心理学历史上来自行为主义者和人本主义者两种重要声音的第一次
262 交锋，在助人职业领域内得到了广泛的关注。罗杰斯与斯金纳在随后十年中的两个鲜为人知的会议上继续交换彼此的观点。他们的第三次也是最长的一次交谈收录在《卡尔·罗杰斯：对话》（Kirschenbaum & Henderson，eds.，1989）的手册中。

罗杰斯一方面关注着心理学和行为科学在现今和未来社会的运用，另一方面逐渐对行为科学在哲学和方法论上的假设产生了兴趣。有关人类成长和发展、人类关系以及行为改变和控制的知识日新月异，因此罗杰斯认为重新考察这些领域中的科学假设是相当重要的，尤其是对“硬科学”的研究方法是否能够或应该作为一种唯一有效的科学模式自动地应用于行为科学提出了质疑。

为开拓这一思路，罗杰斯与其在西方行为科学研究所的同事威廉·库尔森召开了一个小型的邀请性会议，探讨行为科学的基础。此次会议于 1966 年在拉霍亚（La Jolla）召开，迈克尔·波拉尼（Michael Polanyi）、雅各布·布罗诺斯基（Jacob Bronowski），索尔克（Salk）以及其他来自不同国家的重要科学家和学者在会上都宣读了论文并参与了讨论，后来会议内容以《人和人的科学》（库尔森和罗杰斯，1968）一书发表。罗杰斯在此次会议上的开场演说就以《有关当前行为科学假设的一些想法》为题。

在提议行为科学应该开始寻求更适合人本主义心理学的科学研究途径，而不是遵循那种严谨的、逻辑实证的、实验的、被人们认为是典型的“科学方法”的研究方法的同时，罗杰斯已经超越了他希望能投入积极研究的阶段。与其事业的其他时期不同，尽管罗杰斯鼓励和支持其他人继续这些思路，但并没有亲身参与自己正在倡导的活动。他仍然在谈论这一主题并撰写有关文章，直到最终见证行为科学中一股新的科学活动浪潮出现，而这正是他早期倡导进行的运动的开始。在他逝世前两年所写的《走向更人性化的人的科学》一书中，罗杰斯描述了他认为是该领域的一种重要新发展的一些“新的人性化的调查研究”。

人们对“更人性化的科学”越来越浓厚的兴趣是一种暂时现象，还 263
是如罗杰斯所暗示的是行为科学新纪元的黎明，我们拭目以待。

18　有关当前行为科学假设的一些想法*

导言

由于我自身独特的生活环境，我在人际关系领域中有关实践、理论

* In Coulson, W. and Rogers, C. R. (Eds.). *Man and the Science of Man*. Columbus, Ohio: Charles E. Merrill, 1968, 55-72.

和研究的文章似乎对诸多不同领域都有意义，如教育和心理治疗、行政发展和牧师心理学、人格理论和敏感性训练。所以，各个领域都对我有所要求。我已经感到自己的努力涉及范围太广，程度太浅。那么，是什么原因让我对行为科学哲学感兴趣呢？我又为什么会发动召开这样的会议呢？难道我仅仅是一个对每个领域都感兴趣的业余爱好者吗？我可以向你们保证我像你们任何一个人可能询问我的那样，非常严肃地问自己这个问题。

我之所以对构成行为科学基础的哲学假设产生兴趣，原因就在于我十分关心自己所研究的科学：心理学领域中发生了什么。希望我所说的可以把我关心的实质阐述清楚。

作为一个基本问题的行为科学

毋庸置疑，心理学和其他行为科学方兴未艾。公众对于它们的认可和称赞也有了极大的提高。行为科学现在已经是当代世界的希望之一
264 了。华盛顿特区的一位心理学家率先成立了一个关于国际紧张状况的重要委员会。还有一位心理学家成为某个大的健康、教育和福利部门的首脑。在工业领域里，也有成为敏感性团体的领导和其他以行为科学为基础的专业人士和顾问。教育领域中，程序化学习所起的作用也越来越大。而在私人生活中，个人和团体在寻求帮助时也转向了心理治疗。毫无疑问，行为科学及其应用正发挥着许多重要的有价值的功能，虽然其在人类历史上的作用迄今尚未显现出来。

与此同时，行为科学也成了当代世界的恶魔之一。斯金纳的《沃尔登第二》中，对行为科学应用于社会后的发展趋势最真实、最直白的描述已经或正在引起大量令人担心的关注。通过在行为科学中获得的知识来对人进行控制的可能使得许多人越来越感兴趣，同时，这种可能性也被看做是现实的危险。日趋明显的心理学，与物理学一样，可以被用来促进或破坏我们的生活。

因为行为科学是恩泽社会的；因为我们正形成一个受人尊敬的科学领域；因为我们是对自身文化的可怕威胁；因为我们是一群快速发展的

学科，也许这正是思考我们的根基的时候。也许现在正是时候从根本上以最新的方式来考察那些假设，它们是我们的整个工作及其与生活的联系的基础。或许我们可以通过问自己一些更深刻的问题来参与到不久我们和我们的社会都要面临的难题中：我们是如何认识的？什么才是“现实”？什么是科学家的特征？什么是科学？行为科学的特殊本质又是什么？

我非常清楚自己没有资格提出如此根本的质问。我是一个治疗师，一个人际关系的学生，而并非科学哲学家。

我心中的矛盾

如同其他许多在我看来具有普遍重要性的问题一样，我的内心感到非常矛盾。我有时在想我对行为科学是否有过贡献，当今那个领域最深 265
刻的冲突都发生在我的身上，也同时出现在专业的、科学的生活和讨论的更广阔的竞技场上。因为我相信即使我们最抽象的哲学观点的基础都具有极大的个人性，所以我很愿意让你了解我所感受到的紧张——它使我转而去思考我刚提到的简单却又基础的问题。

首先，作为一个科学家，我喜欢科学的简明和精确。最简单的杠杆定律——一端的重量乘以它与支点的距离等于另一端的重量乘以它与支点的距离——就令我非常着迷。对杠杆作用和平衡的整个质疑促使我建立一个巨大的动态系统，在其运动和平衡中表现出杠杆定律的一些美妙之处。我会在这种美妙的沉思中迷失自己。

我愿意提出假设并在客观现实中去验证它们。我不太喜欢在表述普遍真理时模糊不清并带有个人情感，即便是我尊重这些个人表述。当我觉察到自己很可能领悟到某些自然法则，领悟到只要与这些被发现法则相一致就有机会控制自然界的事件时，我如痴如醉。（当然，这与我们以往对自然进行控制是如此接近，我们从未武断地控制自然；我们只是使自己与其隐含的法则相一致。）

我相信心理科学将朝着发现存在于人类行为和经验中的那些法则而前进——在人际关系、学习、认知、被意识否定的经验以及其他心理事件中的法则。作为一个心理学家，我一直在寻求一种恒定的关系和陈述，其中X总是发生在Y之前或与Y在某种极有可能的方式上存在相关。我确信如果这些确定的关系存在并被发现，我们就能对心理事件有更深层次的理解。

我想要说的是，在我的内心深处，有一种对科学——人类历史中这种相对较新的发明的感受，正是通过科学我们才对物理和心理世界中的
266 那些令人敬畏的规则有了部分了解。所以，我评价起了作为行为科学基础的概念。关注可观察行为，以操作性术语定义的所有变量，恰当的假设检验，更加精巧的设计和统计方法的使用，所有这些对我都有意义。我不断尝试着以简洁的方式、恰当的控制、精巧的设计和统计方法来进行自己的研究，从而确保研究结果真实可信。我之所以提及所有这些个人态度是因为我是一个彻头彻尾的科学家。

然而，我还是一个治疗师，一个生活在众多人际关系中的人。在此，我还发现了其他一些对我同样具有深刻意义的价值观。

我重视人的价值。在宇宙中存在的所有令人难以置信的生命和非生命的形式中，我认为人类个体有着最令人兴奋的潜力、最大的发展可能性，以及最高的自我意识生活能力。我无法证明个人是最有价值的。我能说的只是我的经验使我将首要价值赋予了个体。

我很清楚会有其他观点：如有人会将首要价值赋予社会，其次才是人。但是只有个体才存在意识。只有个体才会对各种行为的建设性或破坏性后果有意识地进行最深层的检验。在我看来，整个人类历史逐渐在重视每一个个体的意义和价值。我不仅察觉到了这种趋势，并且还对此深表赞同。

所以，毫不为奇，我对于在我们的文化中看到的那种摧残个体人性、使个体丧失人性的过程持反对态度。我感到遗憾的是，行为科学似乎在促进并强化这一趋势。一位敏锐的观察家克利夫顿·法迪曼(Clifton Fadiman)在谈及报纸时说，“这个机器（报纸）……在科技人（我们能稍微预测）和那些使我们最终成为可计算因素的科技法则之间斡旋”（《假日报》，1963)，对此我深表关注。我并不渴望仅仅成为这种

法则中一个可计算的因素。但在我看来，当代的许多趋势显示出我们正 267
在无法遏制地走向一个世界，在这个世界里人只不过是大蚁山上受制约的蚂蚁而已。我并不喜欢这一前景。

我逐渐赋予个人的、主观的选择更高价值。心理治疗的经验使我更加坚定这一信念：如果个体很清楚其内在想法和个人的环境，那么他在开放的状态下所做出的选择就意义重大。这里，我想起了一个住院多年的精神病患者，当他低声说，“我不知道我将要做什么，但我会去做”的时候，这可能就很好地预示了他的病情会有所好转。简而言之，我深信个人自由、选择、目标或目的这类术语有着极其深远而重要的意义。有观点认为行为科学不仅创造了这些术语，而且还有意义概念本身，即毫无意义，对此我无法苟同。

我试着说出我内心深处这些从未停息的对话，仅仅是为了说明作为一个人，我身处两个阵营：简洁而客观的科学家的世界，敏锐且主观的人的世界。在此，希望能给各位一些背景内容，以便更好地了解我针对最初所提出的朴素问题而给出的一些想法。

我们是如何认识的?

近几年，在同事和学生的帮助下，我试图对这些问题做更深层次的思考和探索。首先，让我们来关注“我们是如何认识的?”这个问题，它很可能让我们想到一些使我们印象深刻的科学机制。一个人越是去思考这个问题，他就越是被迫意识到，通过最终分析，知识具有主观性：我体验；在体验中，我存在；在这种存在中，我得到某种意义的认识，我有一种“确信的感觉”。所有知识，包括所有科学知识，都是建立在这种微小的、个人的、主观的基础之上的一个巨大的倒立金字塔。

如果你认为这是对我们知识坚实性毫无保留的釜底抽薪，那么我要补充的是波拉尼等当代科学哲学家进一步强化了这一观点。即使是最严
密的科学，即使它是最“客观的”，认识都只不过是一个极具风险、无 268
法确定的、主观的跳跃，这样说毫不为过。如果装作并非如此，我们就不会有所贡献。反过来，我们会十分敬畏地看着人类建立在这不稳固的

个人经验基础之上的科学、哲学和艺术的成就。这足以证明个人功能基本上是可信赖的。

要抛弃科学认识具有确定性这一传统观点似乎很难，也许我们应该承认我的陈述更强调科学是一个过程而不是一个结果。我相信有大量证据证明在我们文化的许多方面，包括科学，我们都在朝着生活和生命所有方面的一种过程概念发展。即使是在启发性的高中科学教学中，我们也力图使学生认为科学是一种主观指导的过程。在我看来，我们的保障在于该过程中，而不是随时都可能相互矛盾的结果中。

对认识特征和真正科学家的最好陈述之一是一位舞蹈家而不是科学哲学家做出的。阿格尼丝·德·米尔（Agnes de Mille）在谈到知识的获得时说：

> 当一个人知道是怎么回事时，他就开始衰老了。生命这种形式毫不确定，不知道接下来会如何或怎样。在其他所有人面前的艺术家从未完全地知道。他进行猜测，也许会猜错。但一个人是从何得知谁是自己的朋友，又怎么知道谁是自己的结婚伴侣呢？一个人不能靠双手双膝摸索着走完一生。他会在黑暗里跳跃。正因为如此，创造技术就降为对自身的一种认知和协助。“我是谁?”艺术家问道，他用毕生来回答这个问题。
>
> 有一个线索：那些感动他的东西才是他的。由于情绪的参与，使他愉悦的、令他开心的或是惊吓他的都成为他人格和过去的一部分；相反，那些无法感动他或与他无关的、无法给予他快乐的东西，在他看来都是虚伪的。一个艺术家在他开始伪装的那一刻就开始犯错了。可有时去接受这一事实很难。他不得不去了解他实际上是谁，而不是他想要成为的人，更不会成为那种有利的或有利可图的人。(1958)

269 与真正的科学思维同步含义深刻。当科学家寻求哪些是自己对真理的认知、是真正属于他的、构成其主观跳跃的基础时，他就如同艺术家一样，信赖自己及其体验，或者用美妙的说法就是“成为自己的朋友”。

斯金纳博士（Dr. B. F. Skinner）在主观描述自己成为一个科学家的历程时对此过程进行了最完美的阐述。他的故事中装点着这样的只言片语：“当然，这就是我过去一直寻找的东西”，“我能很容易地回忆起对……的兴奋”，“当然，我的工作以一个基本假设为基础”（1961）。这些语言片段表明了他对自身经验的一种本能信任，以及一个事实——那些经验在主观上感动了他并指导着他的科学方向。

什么是科学？

让我们从对个人认识过程的这些评价转到作为一个整体的更大的概念——科学。我们是如何追求真理的？我们是如何发现新的或一般知识的？科学家是什么样子？科学的本质是什么？我愿意说几点以供讨论。

如果我想成为一名科学家，似乎第一步就是让自己专注于我所感兴趣的特定领域的现象里。我越是全身心地专注于此，持续的时间越长，我对整个领域的热爱和珍视程度就越高，我就会对自己经验当中所有的微妙之处更加开放，也就更可能发现新的知识。这就意味着对于模棱两可和自相矛盾的一种容忍，对于要得到结论的一种坚持，对于好奇心的重视。就像一块海绵浸泡在经验之中，是用我的整个机体而不仅仅是有意识的头脑来理解它的全部复杂性。

模式感的出现

当沉浸在现象之中时，某些东西就会“进入脑海”。我可能发现某种模式感，或节奏感，又或是关系出现了。当我读科学史时，这种主观 270
模式感是某种有待完善的东西，不管用意识去思考时它显得多么荒谬。我需要认识到在自己的有意识思维里满是固定的结构，而这些结构可能会干扰我对一个隐含模式的感知。似乎知识的发现者都很信任自己认知的所有途径：潜意识、直觉和意识。

正是这种对模式的直觉式感知在真正的科学中最为重要。如果我能完全把已有的先前概念抛弃，并忘记“真理”一会儿，或者清空所有的指导结构，那么这种模式可能会更清晰地闪耀而过。在此，有一段绝妙的话可以表达我所描述的观点。“你所要做的就是让你思想中每一个想法都出去，让你的心灵澄净清新，如新生儿般无邪、又如未曝光的底片一样敏感，就这样去吸收周围一切印象，让那些都进入你的大脑。这就是孕育的空白，是滋养空白思维的肥沃状态。没有先前的概念，是发现的开始”(1960)。这些话当然可以出自一位科学家。实际上，这些话出自一位极有天赋的纪录片制造者弗朗西斯·弗莱厄蒂（Francis Flaherty)。

伟大的科学家——如开普勒（Kepler)，爱因斯坦（Einstein)，还有其他人——已经学会信任这种直觉感。表面看起来这也许错了，然而从根本上来说却是对的。例如，我曾嘲笑过那些住在加勒比海的当地人，他们只在新月初升之际、即“月亮刚好”时，才会去栽种庄稼。我们都“知道”月亮不可能影响撒在地里的种子。当地人的行为依据的是一个荒谬的假设。然而，在当地人形成自己的格言后几个世纪的今天，令科学家们疑惑不解的是，他们发现在新月初升后一星期内全世界范围内的降雨量比月亮其他形状后一星期里的降雨量明显多很多。换句话说，在我们的高级认识思维中，月亮会影响种子这一假设是错的。但当地人用一生专注于庄稼生长而感知到的模式却是对的！这与我的信念完全一致，即人类机体在自由运作和无防备时，也许就是现有最好的科学工具，能在一个模式在意识中形成前很久就感知到它。

271 布罗诺斯基把这些模式和节律看做“隐蔽相似性”：也就是说，表面上似乎毫无联系的两个客体或事件之间的相似性。他说：

> 所有科学都是在寻求隐蔽相似性的统一性……科学家通过探索这种相似性来发现隐藏在自然表象下的规律，以及自然本身没有表现出的规律；如果能够说规律本来就在那儿，那它也并非仅仅我们看到的那样。它无法指出或用相机记录下来；规律必须去发现，在更深的意义上，规律需要被创造出来。如果只看表面那么它会是混乱无序的……通过在诗歌或是在法则中的发现，我们重构自然。(1956，pp. 23-24，32)

在我看来，当今行为科学中的一个最大错误就是由于我们的科学必须研究那些可观察的事物——测谎仪指针的运动，纸上的记号，发出的声音及肢体的运动——我们已经假定我们感知的模式必须与那些可观察事物有关。这是对能自由发挥功能的人类机体运作的约束，仅仅使其获得一种歪曲的认识。在我看来，当一个模式被感知到时，它必须是以其自己的方式被感知到；无论这些术语是内在的、不可言喻的、主观的、不可见的；或是外在的、可触摸到的、可见的。

如果我就那些食用了 LSD（麦角酸酰二乙胺，迷幻药的一种）个体的知觉和幻觉来形成一些模式感，那么用视觉和幻觉（观察者无法看到）能最好地描述我对该模式的最初认识，而不是以语言、眼泪、咆哮和痛苦的扭曲。我们无须害怕以模式的自然方式来认识它。然后，在检验假设时，我们可能会不得不把自己限制在可观察元素上，但这是另外一回事。

我关于模式的这一观点总结如下：我已经认识到所有科学都是建立在一种模糊感觉到的格式塔认识中：一个隐藏的现实——常常在逻辑思考之前、是直觉的，并涉及机体所有的能力。这种格式塔或模式使毫不相关的现象具有意义。对一个模式的理解越不受以往文化价值观和科学价值观的影响，就越可能准确。它越是建立在各种感觉途径上，基于潜 272
意识直觉和认知洞察力之上，就越可能准确。我把关系的模式感知作为一切真正科学的核心。

一个成功模式的特征

既然我如此重视对模式的感知，我愿意指出哪些要素可以区分一个意义重大、成果卓著的模式和一个仅是幻觉或错误知觉的模式。我相信，模式越是建立在以下某些元素之上，就越可能证明在科学的意义上是成果丰富和多产的。

- 敏锐、活跃的智力；
- 长时间完全沉浸在相关现象的一个广泛领域内；
- 由科学家对其研究做出的一种个人的约束性承诺——去发现；
- 对现象及其内在关系的一种新鲜的、无防备的开放性态度。对研究领域持开放态度，尽可能地把以往知识和观念抛开，或仅拥有一点这种知识和概念；

● 对获得知识的所有途径的开放性态度——包括此领域以往的研究，非科学家的洞察，以及同一领域的他人的体验——愿意接受任何一点可能有关的数据；

● 信任建立在机体感觉之上的、比认知知觉更深刻的整体机体感知；

● 承认模式的美或精致至少是模式多产性的一个线索；

● 承认模式越揭露自然的一致性，就越可能成果丰硕。（显而易见，模式的美或精致以及对自然一致性的认识都可能是虚假的和误导性的。
273 尽管如此，却又存在这样一个事实，即一切重大的科学发现确实具有既精致又对迄今尚未发现的单一性作了介绍的特征。）

或许此处引用波拉尼博士的话是再合适不过了。他说：

> 科学中客观真理的发现存在于博得我们尊敬、激起我们深思熟虑的敬佩的理性理解之中；在我们使用感觉体验作为线索时，这种发现超越了该经验，它在我们的感觉印象之上包括了一个现实的影像，该影像促使我们对现实有更深的了解——对科学过程的这种描述会被当做过时的柏拉图主义而不受重视：一个文明时代不值得去传播的神秘东西。然而我想坚持的正是这种客观性概念。(1958)

检验模式

尽管“对现实的影像”非常重要——这是对一种模式的感知——但它本身并不足以发现新的真理。假设必须接受检验。在此我要说，在我看来，操作主义是检验、确证、修改和驳斥一个假设的最令人满意的方式。我对科学家们所发展出的方法论深感敬重。

对此我无意展开讨论，因为我相信操作性的方法已经得到了相当好的理解。我仅仅想提出一个源自我自身经验的例子，而我敢肯定，任何科学家也都有过这一经验。我曾断言心理治疗师身上某些可描述的态度——如真诚、接受、一种敏锐的同感理解——是心理治疗中当事人或病人发生改变的充分必要条件。仅仅作为一个断言，它等同于断言月亮是绿奶酪做的。如果知道这种断言源于 30 年的心理治疗经验时，情况会好一些，但也好不到哪里去。除非我给这些术语下操作性的定义，设计一个研究来检验它们，鼓励他人也设计这样的研究，除非对各种各样、纷繁复杂的变量进行控制，并发现结果支持假设，否则我们就仅仅是只停留在模式感知的领域中，而不是对它的证实。 274

然而，如果我们能清楚地认识到我们仅仅是根据一种机制来试图决定我们在自然中感觉到的模式中是否欺骗了自己，那么也许我们对科学方法论及其所有众多的、当代尖端方法会有一个更恰当的认识。

即使是在证实的领域里，也有个人因素。在与物理学家、同时也是思想历史学家、科学哲学家兰斯洛特·怀特（Lancelot Whyte）最近的一次讨论中，我惊奇地发现对他而言，一种陈述的真正价值，甚至在科学中，都可能在最终的分析中仅由一个标准来评价。如果我的理解正确，该标准就是：对现象的认识程度如何，无防备程度如何，真正地对其经验的所有方面持开放态度的程度如何，是科学家感知到该模式并将其付诸检验的吗？谈话结束后，我认识到如果我试着以自己的术语来陈述这位物理学家的判断，那么就是个体的功能发挥得越完全（Rogers，1963），他就越是一个值得信赖的真理发现者。

在行为科学中，我认为我们的问题之一就是检验假设的这些方法被当做了教条。如同在其他领域一样，这些教条不受欢迎，也应该不受欢迎。我们用于检验假设的规则和方法是科学家们自己创造出来的，我们应该认识到这一点。因此，我们应该认识到任何一个过程都没有特别的优势。一些假设能在单个个体上得到最好的检验。一个如此有名的假设和血液循环有关，对它的检验不涉及数据。其他假设只能使用所有最精密的统计方法在一个大样本上得到令人满意的检验。一些非常超前的假设在被精确检验前都应该先接受粗略的检验。总之，无论在何种情况下，检验方法都应该适用于假设、模式以及“对现实的影像”。

如果我们认识到我们在研究工作中处理的一直都是一些标签；而不是现象本身，也许这有助于我们对我们的方法论有一个恰当的认识。没 275

有谁曾见过一种刺激、一种反应或一种强化，就如同没有人见过一个消极自我概念。我们的确观察到了被我们解释为动物或人类的一种刺激、一种反应或一种强化的行为，就如同我们可以观察到似乎可以被合理解释为一种消极自我概念的指标的一些行为。但是我们所采用或设计的标准是以外在线索为基础的。我们试图选择那些尽可能接近我们感兴趣的隐藏现象的标准，但我们的研究方法却从未利用过这些现象——只是一种外在线索或是对它们的解释。在所有科学中都是如此，尤其在我们非常尊敬的“硬科学”中。

此观点对行为科学的一些意义

如果我们按照我所说的来看待行为科学，自然就会提出某些问题。行为科学家们是否沉浸到了其研究的真正领域呢？或者他们是否正在努力脱离其研究的这种领域呢？近年来，我听到许多对在大学里教授临床心理学的人提出的批评。批评常常是他们太热衷于该领域的研究而不从事临床工作。但是如果我的观点没有错的话，那么他们进行有意义研究的唯一希望就是投入到临床工作中去。我想我们可以问问所有行为科学家他们是否会让自己完全、开放且深入地生活在人际关系之中，生活在与个体和塑造了个体的文化的接触之中去。或者他们是否迅速地、有时是充满恐惧地从自己科学的基本工作中脱离出来呢？如果是后者，那么他们可能不会是具有创造力的科学家。

我们是否正在我们的研究生院和实验室里创造一种氛围，使一种对人类人格和行为中神秘现实的对抗能够存在？这种氛围是否允许被模糊地感知到的模式出现并对其进行检验？在我所熟悉的那些研究生院中，这样的氛围并不存在。我们的环境适合培养技术员，而不是科学家。

276 作为行为科学家，我们是否明白自己的真正任务是认识那些植入自然合理性如此之深以至于我们知觉的含义只有在数十年后才会完全明确的模式、节律和关系呢？假如这种知觉不能强制形成，而必须自然出现，那么这时我们的中心目的就显而易见了吗？在我看来，行为科学总是笼罩在前景堪忧的肤浅之下。当一个小型技术研究被堆砌在其他许多诸如此类的研究之上时，这并不是真正意义上的科学。我们似乎总是忘记了科学的本质。

我们是否愿意我们科学的模式和方法从科学问题中自然出现呢？我们是否能致力于这些中心问题——如大脑功能、记忆储存、对爱的反应、群体对态度的影响、行为价值的意义或其他任何问题——并且仅形成与这些问题有关的方法呢？我们是否能建立一门在研究作为客观存在和主观存在的整体的人时所遇到的问题中发展起来的心理的科学或行为的科学呢？或者我们是否感到我们的科学必须模仿牛顿式的科学呢——一个在自身领域里已经过时的榜样？

行为科学中一些可能的变化

让我来对自己的话进行总结。我对认识和科学，特别是行为科学的陈述似乎并未对现有观点做任何补充。然而，我想指出这种科学观可能会产生的作用，尤其是如果它传授给该领域的研究生和年轻人。

1. 它会破除对创造性的主观思考的恐惧。当我和心理学专业研究生谈话时，发现这种恐惧非常强烈。这使他们无法获得重大发现。他们会为一个开普勒式的学者在著作中对自然界中的相似性和模式进行神秘而充满想象的探究所震撼。他们不知道真正的科学常常来自于这样的奇思怪想。正如布罗诺斯基所说，“对我们而言开普勒所倾听到的行星运动和球体音乐之间的相似性可能太牵强，但比起卢瑟福（Rutherford） 277
和博尔（Bohr）发现了行星系统中所有地方的原子的模式这一巨大跨越，前者是否就更牵强呢?”（1956，pp. 22-23）我们急需一门关于“关心和培养婴儿般思想”的课程。我们太想追求严谨，于是常常遏制新生的想法，而不是促使其成长和发展。

2. 它重视约束承诺，个人约束承诺；而不是方法论。如果我们认识到新知识的发现和创造是源于一个自我约束、头脑开放的个体的全身心投入的个人研究，那么在行为科学中强调这一点是非常健康的。任何实验室和统计方法的精确加工都无法做到这一点。

3. 它将废除在假设选择过程中的许多“应该”。例如，绝大多数行为科学家心中都铭刻着我们只“应该”研究那些行为中可观察的事物。时至今日，它抑止了对梦、想象和创造性思维的研究。它使得大多数心理学家成了工匠式的科学家，只研究人类科学中最简单的问题。

4. 它使行为科学接受现象学的思维，允许我们从内部去理解人，也许甚至是动物。我们会认识到在科学中没有哪种假设具有任何特殊优点，除了它与宇宙中存在的一种有意义模式有联系。所以，以现象学方法为基础的假设在行为科学中会享有与化学的、遗传学的或行为的假设同样的地位。我们会发展出一个更为广阔的科学（Rogers，1964）。

5. 它将废除那些仅因为有可用于测量所涉及变量的工具而选择的假设。

6. 它会将检验机制、对假设的实证检验机制放在一个恰当的地位。方法不会成为行为科学的核心，占据中心位置。

7. 它将强调意义，而不仅是 0.01 的统计显著性水平。

8. 如果我的提议在我们的领域中得到了普遍认可，那么它会更普
278 遍地带给人类科学以及致力于该领域的科学家一种新的尊严。它使科学家始终是一个人，而我们也会认识到科学只是那些富有献身精神的人们的延长投影。

9. 也许最重要的是它使行为科学的研究主体仍然是一个主观的人；不仅仅是一个机器，不仅仅是一个物体或一个被原因和作用决定了的结果。我们将不再害怕把人看做是一个存在着的人，用克尔凯郭尔的术语来说，更多地关注他的生活而不是把他压缩为一个机器模型。除非我们在这些方向取得进步，否则行为科学，我担心，会成为一种对社会来说比物理科学更极端、更具破坏性的威胁。

参考文献

Bronowski, J. *Science and Human Values*. New York: Harper Torchbooks,

1956.

de Mille, Agnes B. *And Promenade Home*. Boston: Little, Brown and Company, 1958, 190-191.

Fadiman, C. "Party of One." *Holiday*, 34 (5), November, 1963, p. 14.

Flaherty, Frances. *The Odyssey of a Film-maker*. Urbana, Illinois: Beta PhiMu, 1960, p. 20.

Kline, M. *Mathematics in Western Culture*. New York: Oxford University Press, 1953.

Polanyi, M. *Personal Knowledge* Chicago: University of Chicago Press, 1958, p. 6.

Rogers, C. R. "The Concept of the Fully Functioning Person." *Psychotherapy: Theory, Research, and Practice*. Vol. 1 (1), 1963, 17-26.

——. "Toward a Science of the Person," in T. W. Wann (ed.), *Behaviorism and Phenomenology: Contrasting Bases for Modern Psychology*. University of Chicago Press, 1964, 109-140.

Skinner, B. F. *Cumulative Record*. New York: Appleton-Century Crofts, 1961.

19 走向更人性化的人的科学* 279

我很愿意和你们一同回顾我在准备这次会议时的思考和研究过程。对我而言它是一次极具教育意义的旅程，希望也能给你们带来我所体验到的一些惊讶和兴奋。这一过程始于我长期以来一直关心的一个问题。在美国，人本主义心理学未对主流心理学产生深远而重大的影响，正如在我们的大学和学院中那样。假如你需要证据来证明这一点，你只需看

* 作者注：在准备这篇论文时我向许多人寻求了帮助并收到了潮水般的想法、例子、材料、资料——这使我受益匪浅并且我远远不可能用到如此多的材料。我想向理查德·法森(Richard Farson)、克拉克·毛斯达卡斯（Clark Moustakas)、罗伊·费尔菲尔德（Roy Fairfield)、拉里·史密斯（Larry Smith)、代斯蒙德·卡特赖特（Desmond Cartwright)、德博拉·布林克（Debora Brink)、毛瑞·奥哈拉（Manreen O'Hara)、唐纳德·波尔金霍恩（Donald Polkinghorne)、哈洛克·霍夫曼（Hallock Hoffman）和迈克尔·巴顿（Michael Patton)。

Journal of Humanistic Psychology, Vol. 25, No. 4, Fall 1985, 7-24. Reprinted by permission of Sage Publications, Inc.

看几乎任意一本普通心理学教科书，你就会找到“感觉”、“认识”、“动机”以及人类心理的其他所有部分，但生活、活动、整体的人却几乎无立锥之地。

还有一点令我惊讶。我发现没有任何人本主义取向的心理学博士研究生研究计划获得美国心理学会（APA）的认可。我也没有发现任何获得美国心理学会认可的人本主义取向的实习医生。尽管在美国心理学会的认可标准中明确地有自然状态下的非实验室研究和非实验形式研究的一席之地。

280 我相信学院派心理学家忽视人本主义心理学的主要原因之一是他们并不认为我们对心理学的知识领域做出了重大科学贡献。所以我们被认为无足轻重。

另一方面，人本主义心理学由于强调经验性学习和经验性知识从而对我们的文化产生极大影响，通过深度小组、各种心理治疗方式、多种学习方法、自我表达，经验性学习已经影响了成千上万人的生活，即使没有百万人那么多的话。由于人本主义心理学的出现，我们的文化变得完全不同。你只要访问那些对此发展尚不熟悉的国家，就会发现那些无法获得我们所拥有的机会的人们对于人际间交流和经验性学习的渴望。

然而，应该认识到，经验性知识无论多有价值，都不能直接交流。我们能对其有关信息进行交流，或创造出使之更容易交流的条件，但它却不能直接交流。因此，它没有成为心理学知识的主流部分。同时，学院派心理学家们一般都害怕任何可能使他们产生内在改变的个人介入。他们对那些涉及经验性学习的事件感到恐惧并试图去避免它们。

为什么人本主义心理学家没在那些可能导致发现和发展心理学领域里新的认知和科学知识的活动上受人注意呢？我想他们受许多因素的阻碍。

首先，他们没有找到基于逻辑实证主义之上的、在其中他们被训练为适合或适宜做人类状况研究的传统科学的操作主义。这并不是说不能建设性地运用传统科学的操作主义。例如，西德莱因哈德和陶施（Tausch，1978）及其学生就曾运用一种修正后的传统研究方法做出了卓越贡献。同样还有大卫·阿斯拜（David Aspy）和弗洛拉·罗巴克（Flora Roebuck）（Aspy&Roebuck，1983）也是采用了一种传统研究方法而在人本主义教育领域做出了重大贡献。在这两个例子中，人本主义心理学的假设，特别是以人为中心方法的假设得到了检验，并获得了 281
确证。所以并不是要抛弃传统的方法，而是它们常常不适用于我们想要研究的问题。

其中的另一个因素就是人本主义心理学家倾向于进行临床实践或从事服务性职业而不是在主流大学里任职。正因为如此，在人本主义取向的教师指导下从事这些工作的研究生就寥寥无几了，而研究生又是所有研究的基本来源。这些因素结合起来解释了为什么如同在教育机构中那样，人本主义心理学对心理学的影响甚微。

需要一种新的科学

在过去几十年中，许多人已经指出我们需要更适合人类的新的科学模式，而我就是其中的一员。早在1950年（后来才出版）的一本书中，我写道：

> 在我们团体中，大家普遍感到我们曾被专业化训练的逻辑实证主义在主观现象起着如此重要和中心作用的领域中已不再是不可缺少的终极哲学词语……是否有某种可能源自一种存在主义取向、可能……为存在着的主观的人寻找到更多空间的观点呢？……这是对一个无形目标的极不现实的梦。(Rogers，1959，p. 251)

后来，马斯洛和我以及其他人发出了更强烈的声音，挑战传统观点（Maslow，1966；Rogers，1964，1968）。但我们觉得就如同大卫（David）挑战巨人歌利亚（Goliath）——一种极微弱的声音反抗一个巨大而坚固的体系。

但是思维世界已经发生了改变。科学哲学有了新发展，首当其冲的也许是波拉尼（1958）。理论物理学的新发展促成了一种不同的宇宙观和对科学局限性的一种新理解。

新模式

282 纵观全局，令我感到非常惊喜。我发现近年来发展和提出更适合于一种人的科学的新科学模式的书籍和文章如雨后春笋般出现。我想提及其中一部分，因为它们值得让更多的人知道。

首先，是马尼可斯（Manicas）和西科德（Secord）（1983）的一篇意义极为深广的文章，它清楚地指出逻辑实证主义不会再束缚我们了。他们说，“在近几十年中科学哲学领域里爆发了一场真正的哥白尼式的革命”（p. 399）。他们仍然认为我们只能在实验室里取得最终结果和确定性。心理学家，尤其是人本主义心理学家，想要去研究的生活体验和行为中所获得的知识肯定会有不同程度的不准确性。他们还指出，“想要了解一个人我们必须抓住其意义和理解……动机和意图”（p. 409），这清楚表明我们必须从内部去看一个人并意识到这是一个有选择、有意愿的人。

我还想谈一谈《人类探询：新范式研究收录集》这本书，它由两位英国心理学家里森（Reason）和罗恩（Rowan）主编，出版于1981年。它是一本有关探索可供选择的新科学模式的哲学及方法论问题的极好的收录集。对于任何从事此类新研究的人来说它都是一座金矿。

接下来是波尔金霍恩（Polkinghorne）最近的一本书《人类科学的方法论：探询系统》（1983）。这是一本非常有深度的学术性书籍，它追溯了争论的历史，指出逻辑实证主义衰落的原因，还描绘了许多可供选择的新研究模式。书中一句总结性的话给出了全书的基本论调：“所提倡的就是继续发展一种没有确定性的科学，它能加深我们对人类存在的理解。”所有这些可供选择的方法提供了新知识，一些发现比另一些更好或更可靠，但所有这些都有助于我们对人的理解。

一本稍早点的书，迈克尔·巴顿（Michael Q. Patton）写的《效用中心评价》（1978）是另一本对研究者有指导价值的书。也许与此处特
283 别有关的是该书第十章“方法论的巨龙：评价测量与设计的其他范式”。巴顿极好地并很有说服力地阐述了研究中的新范式、新选择。他后来还出了一本书，《定性评价法》（1980），是一本更详细的使用方法手册。

还有另一本由马修·迈尔斯（Matthew Miles）和休伯曼（A. M. Huberman）合著的书，正如其标题所写：《定性资料的分析：新方法收录集》（1984）。乔治（Giorgi）在近期的一本书中（1984）介绍了现象学研究理论，以及使用该方法论的一些研究。

最近，道格拉斯（Douglass）和毛斯塔卡斯（1985）做了一个极具说服力的有关启发教学法的研究。启发教学法是作为一种可发展出特殊探询类型的哲学和概念取向而提出的。当接近于一种现象学方法时，启发教学法的特点就是一种对内在真理的热烈的、高度个人化的、自我探索的承诺。它有着自己的标准和自己的过程。在我看来，它是一种受约束却又来自于本能的探索，它借助各种可能的主观方式来探索个人经验的本质，由此形成能在以后被上述方法进一步检验的个人真理。

最后，我要提到的就是布莱谢尔（Bleicher）的关于当代解释学的一本晦涩难懂的书（1980），因为它使我有机会提到一个正在被越来越多地使用的词语。我认为解释学的出现是为了提高对古代或宗教著作或作品的解释。其要点是，为了对古代作品进行恰当的解释，就必须熟识当时的历史、风俗、价值观、信仰、符号、表达方式。这样原文才会以其本来面目呈现在我们面前。解释将会更接近当时作者的意图。解释学已经变得更加复杂和高度发展，但应该清楚其起源。它是另一种新的方法论。

有趣的是在数学和计算机科学领域也同时出现了科学的这些新发
展。计算机处理的是现实生活中的人类问题，他们发现必须接受不完整 284
性。《发现》上一篇新近论文的名字就对新的数学思维方法进行了极有趣且简单的勾勒。论文名为《逻辑终点的模糊方法：精确能否成为缺点而模糊成为优点？是的，一群亚里士多德式思维方式的新逻辑学家们这样说》（Mckean&Dworetsky，1985），当计算机被越来越广泛地运用于所有研究时，这种不同的数学逻辑可能在那些我们感兴趣的领域会有用。

一些共同要素

在我对这些书籍和类似资料进行调查时，我开始感到它们都有某些共同主题，某些以不同方式表达出的陈述。

正是这些最初发现最使我惊讶不已。可以将其总结为“争论已经结束”。我的意思是这些作者觉得无须再在长期占统治地位的传统心理学科学观点与新的更开阔的观点之间进行争论。牛顿式的、机械的、冗长的、线性因果式的、行为主义的科学观并没有被抛弃，而只是把它看成科学的一个方面，一种研究某些问题的极好方法，却绝对不适合其他问题。传统科学观不再占据最高统帅地位。

贯穿于这些书籍的第二个要素就是我们不再幻想能够获得确定的知识。取而代之的是，通过各种各样的途径和方法，我们能够获得新知识，这种新知识的真实价值程度取决于特定研究的方法和环境。让人耳目一新的是我们需要运用判断力区别哪些发现和结论有效。人们已经完全认识到我们将不再有确定的知识。

另一个共同观点就是没有哪一种方法是最好的。选择的方法论必须适宜于所提出的问题。这一点非常重要，因为如果能慎重对待，它将防止新的僵化产生。例如，现象学研究是调查特定问题的一种极好方法，但现象学方法却不是研究的最好工具，而仅仅是适用于某些情况的一种
285 工具而已。

进一步把这些新方法论联系起来的一个重要特征可以用波拉尼的术语“凝思（indwelling）”来形容（1958）。科学家发展出了存在于参与者的知觉、或态度、或感觉、或体验、或行为里的一种凝思模式。从这种深层同感凝思中获得的知识能够随后以逻辑的有意义的方式进行组织，从而产生新发现，更接近真理。

绝大多数著作的另一个相似点就是不再有研究的“被试”，而只有“研究合作者”、“研究伙伴”和“参与者”。默恩斯（Mearns）和麦克劳德（McLeod，1984）的研究将此发展到了极端。在论文中他们提倡让这些研究伙伴参与研究的每一步——制定计划、收集数据资料、分析、解释、得出结论。他们使心理科学成为一种合作性事业，其中的每件事都是公开的，需要参与者的努力。

一个假想

也许通过一个有关皮亚杰（Piaget）的假想的例子能最好地说明传统和当代心理科学观间的不同。

假设皮亚杰带着他的计划走进十年前的一个心理学系（甚至是今天的许多心理学系）。他说道：

> 我是一个博士研究生。我希望对心理学的知识有所贡献。我希望在完成我的研究计划后你们能授予我博士学位。我打算对儿童，特别是我自己的两个女儿，在数年里进行深入细致的观察。我希望通过这样仔细的观察，能够了解儿童心理的内部运作。我希望能够发现儿童进行推理的一些方式，以及发展认知和概念形成的一些方式。我相信我会发现思维过程的许多新知识。我相信有意义的东西从我所收集的观察资料中会浮现出来，它们会极有意义。

系里的老师对此斟酌了一番。他们告诉他： 286

> 您没有一个可以从中做出假设的理论。您对自己的研究没有任何假设。您没有研究设计。您没有控制组。您的样本数量只有两个，而且完全不适于统计分析。所以对获取博士学位来说，您所谓的研究是完全不可接受的。我们拒绝您的申请。

现在让我们设想一下皮亚杰来到了任何一所了解科学新观点的人本主义取向的大学。他以同样的方式陈述了自己的希望和计划。系里的老师考虑他的话，然后对他说："我们有几个重要问题希望你认真考虑。这些问题如下。"

> 你能否做到既充分了解又心胸开阔地接近这些孩子？我们的意思是，你能做到既很熟悉该领域以往的研究和文献但却又把这些放到一旁使你的观察没有偏见吗？
>
> 你能否沉浸在孩子的生活中，了解到孩子的所见、所感、所想，以及他们所体验到的？简而言之，就是作为一个成人，为了观察孩子的经验，你能否去感知孩子的世界，生活在其中，却又不失

回到成人世界的能力？

你是否能够沉浸于你所收集的所有观察资料当中，生活在其中，直至某些模式浮现出来，获得清楚明白的主题和概念呢？你能否做到不急于得出结论，不把以往的一些研究结论强加于观察资料呢？

你能否将你发现的模式、使你印象深刻的收获组织起来，并将它们有条理而清晰地陈述出来？

如果在你的研究中你能肯定地回答以上问题，那么我们相信你会对现有心理学知识做出重要贡献，而你所做的贡献足以使你获得博士学位。

287 **一些例子**

迄今为止我已经谈到了不同的方法论，但还未给它们命名。我想用许多过去和现在的例子说明一些模式以弥补这一不足。没有什么特别排序，因为我想要强调的是方法必须适合研究的问题。

许多年前阿德里安·凡卡姆（Adrian van Kaam）曾做过一项在我看来是经典现象学研究的调查。他研究了“真正地感到被理解”的体验。他收集了365位中学和大学学生对体验的书面描述。三个研究者各自研究了该资料和从中表现出的主题。在三者相同部分的基础上获得了一些发现。绝大多数人的体验中都包括9个因素，包括好的感觉、体验到不再孤独、在一种交流关系中感到自己很安全。凡卡姆指出该研究可以重复，我将要引用的所有研究却并非都如此。与随后进行的研究不同，这一研究发表了（Van Kaam，1959）。

科琳·麦克纳利（Colleen McNally）以自己和他人的体验研究了“真正地感到敏锐”。通过一个“沉浸、孕育、阐明、解释和创造性综合”的过程，她发现和描述了该体验的两个主要方面——开放的和被接触到的。她认为自己的研究是基于一个现象学存在主义的模式。

马辛·约翰逊（Marcine Johnson，1980）假设心理治疗的结果之一就是不满足水平提高（基于马斯洛的需求层次理论）。当较低水平需求得到满足时，个体仍然会不满足，因为较高水平的需求还没得到满足。使用Q分类技术，她创造出了一种测量不满足水平的工具。30位女性在短期的“有效”治疗前后都对项目做了分类。假设得到了支持。在治疗结束时出现了更多较高水平的不满足。该研究对心理治疗研究的意义是深远的。一个当事人可能已有了极大改变，却仍然和治疗开始时一样不满意，但这种不满意的本质需要再加以评价。“我没有发现自己所有的潜质”与“我不能忍受自己的工作”是完全不同的。约翰逊使用 288
的方法可以被归类为一种结构化的现象学工具。①

德博拉·布林克（Debora Brink，1968）在这些新科学模型被清楚呈现出来之前的一个研究中，把一种简单的统计分析方法融合到一种现象学的研究方法中去调查意义这一概念。45名心理学研究生和45名物理学研究生被要求描述对他们而言有重大意义的精神性体验，并对那些使其具有个人意义的因素加以说明。研究出现了许多相似之处，但也有有趣的差别。对于心理学系的学生，当涉及如自我意识的提高、面对面帮助他人等因素时，个人体验具有重大意义；而对于物理学系的学生，那些找到最终答案或揭露一个隐藏的简单性的体验是有意义的。最有趣的不同之处就在于对物理学系学生而言，具有娱乐性或带来审美乐趣的体验是有意义的。心理学系学生却没有提及娱乐性或审美性。

很明显，生活的一个重要方面——体验的意义——不可能被传统的实证方法准确地加以研究。研究方法应该从内部着手。

萨拉·沃林斯基（Sara Wolinsky）研究了一个有学习障碍并接受特殊教育的14岁男孩的行为。8名观察者轮流记录社交行为的40个变 289
量。分析表明社交行为发生在6个方向，可分为和谐的和不和谐的。研

---

① 这种客观描绘了个体知觉的结构化工具似乎应该被振兴和更广泛的运用。Q分类技术（Stephenson，1953）就是其中一种。它能有效地表明现实自我和理想自我在治疗中和治疗后的改变，一项早期研究（Roger & Dymond，1954）已经证明了这一点。它同样还可以用于其他许多目的，一个计算机程序几乎可以消除冗长的计算。

另一个这样的工具是巴瑞特-勒纳德（Barrett-Lennard，1962，1978）关系量表。它已经运用于许多研究的记分，研究涉及促进治疗师—当事人、老师—学生、丈夫—妻子之间关系的条件。该发现进一步表明了关系影响其他变量的程度。这是测量一个人对呈现在他/她与他人关系中的成长质量的认识的最有用工具。

究显示不同环境中的不同因素会造成极其不同的行为方式——情绪失调、心理早熟和正常行为。研究对从事特殊教育者也有许多意义。该方法论可归为集中观察法和单个个案研究。

凯思琳·利索夫斯基（Kathleen Lisowski，1980）能通过手语同聋人交流，她花了11个月对12位严重耳聋的老人进行了观察和访谈。她的发现对于聋人的人格和反应机制具有新启示。她的方法论可以归类到参与观察法和内部深度访谈。

萨利·伍德（Sally Wood，1981）研究的是一个男人和一个女人从一对夫妇到一个家庭的转变。从他们的第一个孩子出生前的1个月开始，在随后3个月的时间里，她一星期花6个小时用于观察他们的日常生活——无论是在家里、在工作或其他地方。她记录、转录并研究了自己的观察，以了解改变过程。她对资料进行了分析，描述了五个阶段：期望、过渡、接纳、适应和综合。她指出在出生后的接纳阶段里出现的缺乏睡眠、不知所措以及生活被打断实际上会加速向父母期的转变。很明显，这是一个基于自然观察的研究。皮亚杰可以说是此研究方法的典范。

苏珊娜·肖（Suzanne Shaw，1979）关注于一所医学院来研究为期一周的会心团体对学生、教职员工、管理者和支持人员是否会产生有意义的影响。在这种强烈体验的两年之后，她对65名参与者和30名未参与者进行了访谈。访谈记录被转录（一项浩大的任务）后，她反复阅读这些资料，寻找当中显现出的主题和类别。她让三名同事对该分析的效度进行了点检验。

290 尽管该团体项目的实施有些不足，并且学校在随后两年中也存在管理上的混乱，但该项目却产生了一个重要影响。与20％的未参与者相比，参与者中60％都报告说人际关系得到了积极改善。最大变化则发生在家庭人际关系中，其次是教师与学生的关系更紧密了。教师和学生与他们同伴的关系也都得到了改善。但在组织政策或结构中却很少或没有任何改变。管理者报告说人际关系改变了，但这一体验却似乎没有影响他们的组织行为。

我很了解这个研究，并记得肖博士在寻找那些使其研究方法合理化的文献时是何等不易。而现在有多如牛毛的书和论文能够引用。

为了说明已有研究的范围，我将列出更多研究，但只列出题目："生病的意义"（Mann，1980）；"海洛因体验——吸食者对海洛因诱人作用的回忆"（Dichner，1983）；"会面时刻：成人与儿童谈话会面的一项研究"（Oppenheimer，1982）；"神秘的心理学维度"（Varani，n. d.）；"孤独的一项直觉推断研究"（Brechenser，1983）；"精神分裂症患者的健康兄弟姐妹的生活主题"（Chase，1983）。

我为什么要举出这么多例子呢？因为我想指出有各种各样、许许多多的传统心理科学不能解决的主题和问题正在被研究。有一些研究生在创造性地研究和思考极具个人和专业重要性的问题。令人鼓舞的是他们并没有局限于一种单一的方法论，而是选择适当的方法，自由地将各种方法融合以获得更多洞见。

我还想指出他们对令人兴奋的新知识体系所作的贡献——与在大多数心理学杂志中看到的完全不同的知识。

出版问题

令人振奋的是，我们现在已有了基于不同观点提出的适合于研究人类所有复杂性的科学新模式。同样令人振奋的是知道有研究正在使用这些新模式。所以，我们的问题解决了。是这样吗？错了！我考察了两篇硕士论文和几乎20篇博士论文摘要，这些论文被选择和推荐正是因为它们使用了这些新方法论。没有迹象表明其中任何一篇已出版或是即将出版（当然，我并不是说整篇论文都出版，而只是以此论文为基础的一篇文章）。 291

这种出版的缺乏令我很迷惑，因为其中许多都值得介绍给专业和大众人士。是不是我们还在怀疑这些研究的价值，感到它们在某种程度上不如以统计分析为基础的研究？让这些调查研究仅仅待在机构的文件袋里而不让我们的专业领域所了解，在我看来这是最大的不幸。我们的口号不是"出版或毁坏"，而应该是"不要让你的光芒被埋没"。

我们能否使人本主义大学的实力增强？

我还有一些其他建议。传统大学不太可能很快接受这些科学研究的新范式和新方法论。因此，如果它们要得以发展壮大，就需要在那些已有一种人本主义倾向的研究机构获得培养和鼓励。这些机构的绝大部分都有着独立研究项目。其中我最为熟悉的有享有盛名的联合研究生院、萨柏克研究所、菲尔丁研究所、底特律人本主义研究中心、佛罗里达的沃尔登大学、匹兹堡的杜魁斯尼大学。也许还有其他一些。这些机构现已成果卓著并保持着高水准。希望对它们进行更多的适当资助。投资者是愿意花大笔钱赞助那些主要投资于学习过程的机构还是投资于建筑和实验室的机构，这只有时间才能回答。它是一个要去面对的挑战。希望能给教职员工提供更好的机会和更多的薪水从而使这些机构
292 能够更成功地竞争过私人实践。很希望适当地对学生进行资助以支持他们的研究活动。

学生的互动

博士的独立学习计划有一个主要缺陷，那就是研究生几乎没有机会互相启发。在传统大学的研究生培养计划里，学生之间的对话和互动无论在班里或班外都是激发学生思考和检验思想的主要途径之一。而在独立学习计划里这种互动只局限在学生和教师短时间的谈话会上。不过也许这个障碍也可以克服。

在当今这个电脑时代，可以建议每个学生使用电脑并进入重要的电脑终端。可以建立一个程序使他们能快捷而容易地参与到谈话中——学生与教职员工、学生与学生、学生与外界人员，同时也将学生与图书馆和其他设施连接起来。这将极大地提高交流和学习的速度与深度。它并非一个遥不可及的梦。菲尔丁研究所就已经发展了这样一个计划并且在今年就投入使用。位于拉霍亚的西方行为科学研究所也正在实行着一个计划，尽管该团体的成员并不是研究生，而是接受一项领导培训的商业人士。他们的体验是：这些对话变得非常重要，激发了学习并使人际关系纽带更紧密。

这种电脑网络在初期可能费用很高，但从长远来看却似乎是值得的。当然，该经验值得进行检验。

焦点的转移

很明显，基本要素都已经给出，这会使新的关于人的研究能更多地涌现出来。我们需要增长我们对可能发生事物的想象力，并使我们的兴 293
趣从服务转移到令人着迷的所有事业中去——挖掘、发现和追寻有意义的新知识。毫无疑问，我们能对活生生的人以及他或她如何发挥功能、如何成长、如何变化给出新的启示。

为了帮助达成这一转变，我们需要完善我们的奖励机制从而使教导、激发和指导研究生能够获得与从事私人实践或咨询服务一样的报酬。如果人本主义心理学想要在当今心理学流派中站住脚，这种转变就非常重要。

在某种程度上，这一改变已经在发生。在我写这篇论文时最令人兴奋和鼓舞的一件事就是发现了研究生正进行以新科学模式为基础的研究。他们运用的方法使他们能研究和探索那些无法以操作主义方法论研究的人类思想、感觉和行为。

在我所描述的研究以及我所考察的其他研究中，这些新方法论起到了我多年来所期盼的效果，这是最令人满意的。很明显，创造性思考已得以释放，许多研究是以每个参与者对现实的感受为基础，而研究者也是以一种能够提高所有参与人员尊严的方式投身于自己的研究。

能够活着看到梦想成真，我实在宽慰不已，感谢比我年轻的人们的献身努力。

参考文献

Aspy, D., and Roebuch, F. N. (1983). Researching person-centered issues in education. In C. R. Rogers (Ed.), *Freedom to learn for the '80's*, Columbus, OH: Charles Merrill.

Barrett-Lennard, G. T. (1962). Dimensions of therapist response as causal factors in therapeutic change. *Psychological Monographs*, 76 (43, 562).

Barrett-Lennard, G. T. (1978). *The relationship inventory: Later developments and adaptations*. West Perth, Australia: Centre for Studies in Human Relations.

Bleicher, J, (1980). *Contemporary hermeneutics: Hermeneutics as method, philosophy, and critique*. London: Routledge & Kegan Paul.

Brechenser, D. M. (1983). *A heuristic study of solitude*. Unpublished
294 Ph. D. dissertation, Saybrook Institute.

Brink, D. C. (1968). *The characteristics of personally meaningful intellectual experience*. Unpublished Ph. D. dissertation, Columbia University.

Chase, L. P. (1983). *Themes in the lives of well siblings of schizophrenics*. Unpublished Ph. D. dissertation, Saybrook Institute.

Dichner, M. D. (1983). *The heroin experience: Users' recollections of heroin's attractive effects*. Unpublished Ph. D. dissertation, Saybrook Institute.

Douglass, B. G., and Moustakas, C. (1985). Heuristic inquiry: The internal search to know. *Journal of Humanistic Psychology*, 25 (3).

Giorgi, A. (Ed.). (1984). *Phenomenology and psychological research*. Pittsburgh: Duquesne University Press.

Johnson, M. M. (1980). *Psychotherapy as a precipitant of high level discontent*. Unpublished Ph. D. dissertation, Saybrook Institute.

Lisowski, K. (1980). *A naturalistic study of the experience of living as a deaf person*. Unpublished Ph. D. dissertation, Saybrook Institute.

Manicas, P. T., and Secord, P. F. (1983). Implications for psychology of the new philosophy of science. *American Psychologist*, 38, 399-413.

Mann, S. (1980). *The meaning of being ill*. Unpublished Ph. D. dissertation, Saybrook Institute.

Maslow, A. (1966). *The psychology of science: A reconnaissance*. South Bend, IN: Gateway Editions.

McKean, and Dworetzky, T. (1985). Fuzzy means to logical ends. *Discover*, 6

(2), 70-73.

McNally, C. (n. d.). *The experience of being sensitive*. Unpublished Ph. D. dissertation, Union Graduate School.

Mearns, D. J., and McLeod, J. (1984). A person-centered approach to research. In R. F. Levant and J. Shlien (Eds.), *Client-centered therapy and the person-centered approach: New directions in theory, research and practice* (370-389). New York: Praeger.

Miles, M. B., and Huberman, A. M. (1984). *Qualitative data analysis: A sourcebook of new methods*. Beverly Hills, CA: Sage.

Oppenheimer, R. (1982). *Moments of meeting: A study of dialogic meeting between adult and child*. Unpublished master's thesis, Center for Humanistic Studies.

Patton, M. Q. (1978). *Utilization-focused evaluation*. Beverly Hills, CA: Sage.

Patton, M. Q. (1980). *Qualitative evaluation methods*. Beverly Hills, CA: Sage.

Polanyi, M. (1958). *Personal knowledge*. Chicago: University of Chicago Press.

Polkinghorne, D. (1983). *Methodology for human sciences: Systems of inquiry*. Albany: State University of New York Press. 295

Reason, P., and Rowan, J. (Eds.). (1981). *Human inquiry: A sourcebook of new paradigm research*. New York: John Wiley.

Rogers, C. R. (1959). A theory of therapy, personality, and interpersonal relationships as developed in the client-centered framework. In S. Koch (Ed.), *Psychology: A study of a science*, *Vol*, Ⅲ (184-256). New York: McGraw-Hill.

Rogers, C. R. (1964). Toward a science of the person. In T. W. Wann (Ed.), *Behaviorism and phenomenology: Contrasting bases for modern psychology*. Chicago: University of Chicago Press.

Rogers, C. R. (1968). Some thoughts regarding the current assumptions of the behavioral sciences. In W. Coulson & C. R. Rogers (Eds.), *Man and the science of man*. Columbus, OH: Charles Merrill.

Rogers, C. R., and Dymond, R. F. (Eds.). (1954). *Psychotherapy and personality change*. Chicago: University of Chicago Press.

Shaw, S. (1979). *Human dimensions in medical education as a change inter-*

vention at Eastern Virginia Medical School: A phenomenological approach to the study of change. Unpublished Ph. D. dissertation, Fielding Institute.

Stephenson, W. (1953). *The study of behavior: Q-technique and its methodology*. Chicago: University of Chicago Press.

Tausch, R. (1978). Facilitative dimensions in interpersonal relations: Verifying the theoretical assumptions of Carl Rogers in school, family education, client-centered therapy and encounter groups. *College Student Journal*. 12, 2-11.

Van Kaam, A. L. (1959). Phenomenal analysis: Exemplified by a study of the experience of "really feeling understood." *Journal of Individual Psychology*, 15, 66-72.

Varani, J. (n. d.). *Psychological dimensions of mystery: A phenomenological-heuristic investigation*. Unpublished Ph. D. dissertation, Union Graduate School.

Wolinsky, S. (1983). *An observational study of an atypical learner in special education*. Unpublished Ph. D. dissertation, Saybrook Institute.

Wood, S. M. (1981). *Family transformation: A naturalistic study of the arrival of the first child*. Unpublished Ph. D. dissertation, Saybrook Institute.

教　育

在各类学院、大学及其他教育机构的20年教学经历使得年近50岁的罗杰斯形成了他自己独有的教学风格。毫不奇怪，这种风格自然而然形成于他的非指导性咨询方法。这种平行发展贯穿于他的职业生涯，他对教学的观点折射出了他对心理治疗过程不断增长的理解。 299

在最简短而又最著名的文章之一——《对教与学的个人观点》中他谈到了自己的非指导性教学哲学。这篇文章最早是1952年在哈佛大学作为“影响人类行为的课堂方法”的一个部分说明而提出的。罗杰斯的目的就是做一场简短而又鼓舞人心的发言，促成发言后他期盼出现的活跃讨论。对他来说最重要的是把以学生为中心的讨论方法展现出来，而并非他自己的简短发言。

的确，他的发言激起了一场热烈而有意义的讨论，他的简短论文也对参与者产生了持久影响。尽管罗杰斯并未想要发表它（“我在心理治疗上的观点已经使我成了心理学家和精神病学家当中的‘争议人物’，我不想让教育家也加入进来”），他的论文在1957年最终发表前已广为流传。从此，这成了他再版次数最多的文章之一。

当开始了解到治疗者的促进态度比他所使用的任何治疗方法都更重要时，罗杰斯也同样开始认识到教师的促进态度对于使学生进行意义重 300
大的、独立的学习也是最有效的。并且当他认识到成功实施这种促进态度能在治疗中产生人与人的关系时，在他的课堂中也发展出了一种类似关系。《在促进学习中的人际关系》解释了罗杰斯后来对于教的过程的想法，或者按他的话说，是对学的过程的一些想法。论文最早于1967年发表在《人性化的教育》上，这是极具影响的监督及课程发展协会广泛发行的年度丛书之一；后来又收入到罗杰斯所写一本有关教育的书——《学习的自由》(1969) 当中。

在20世纪70年代罗杰斯开始理解和探索以人为中心框架的更广泛的政策含义。他看到了在整个教育系统中人们是如何抵制教育改变的，即使一些教师开始在自己的教室中改变指导性实践时——因为以学生为中心的教学如同在以当事人为中心的治疗中权力从治疗师转移给了当事人一样，权力从教师转移给了学生。系统中的一部分进行任何权力的转移都会反射在整个系统中。所以罗杰斯便开始探索自身观点的政策含义，就如同在《教育政策》中所谈到的一样。

他不只是探索了教育政策。在20世纪70年代的许多大型实验中，罗杰斯及其同事试图改变整个教育体系，例如在路易斯维尔、肯塔基州公立学校和无玷圣心学院（Immaculate Heart College)。主要通过使用会心团体技术（见下一部分)，他们使教学人员和管理者沉浸到强有力的以小组为中心的学习体验中去。反过来，许多这些专业人员再把以学生为中心的方法带到他们自己的课堂和部门会议中去。虽然在这些充满剧烈骚动和争议的系统中一直发生着有意义的短期改变，但是长期的教育改进却难以保持。

不管问题在于庞大的教育系统太抵制重新分配教职工和学生之间的权力，还是罗杰斯自身的方法对于产生系统范围的改变存在缺陷，或二者兼而有之，这个问题只能依靠将来大型的教育改革实验来澄清。

301

20 对教与学的个人观点*

我想作些简短陈述，希望能抛砖引玉，让我能对自己的观点获得一些新启发。

思考是一件非常烦人的事，特别是当我思考我自己的经验并试图从

* *Merrill-Palmer Quarterly*, Vol. 3, Summer 1957, 241-243. Reprinted by permission of Wayne State University Press.

中抽取内在的含义时。首先，这种思考令人非常满足，因为它似乎可以在一大堆杂乱的事件中发现意义和模式。但它也常常令人沮丧，因为我意识到那些对我而言非常有价值的想法在大多数人看来却是那么荒谬可笑。在我的印象中，如果我想发现自身经验的意义，它几乎总是将我引向被认为是荒谬的方向。

所以在接下来的几分钟，我将试着消化从我的课堂经验和自己在个体治疗与团体治疗的经验中所得到的意义。这绝不是对其他任何人的总结，也不是指导他人应该怎样做。它们是一些非常暂时性的意义，就像在 1956 年 4 月我从自己的经验中得出的一些意义一样，还有一些越来越荒谬的烦人问题。我会将每个想法和意义放到以字母标示的独立段落中，不是因为它们有某种特别的逻辑顺序，而是每个意义对我来说都非常重要。

a. 鉴于本次会议的宗旨，我最好先谈谈这一点。我的经验就是我无法教其他人如何去教。我认为从长远来说，这一企图是徒劳的。

b. 对我而言，能够教给他人的任何东西相对而言都不重要，并且 302
对行为只有微弱的或没有重要影响。这听起来非常荒谬以至于我在陈述它的同时也不禁对它质疑。

c. 我越来越认识到我只对那些能对行为产生重要影响的学习感兴趣。很可能这只是一种个人癖好。

d. 我也逐渐感觉到能对行为起到重要影响的唯一学习是自我发现、自我挖掘的学习。

e. 这种自我发现的学习，即个人从经验中挖掘并吸取真理，是无法与他人直接交流的。一旦个体想要直接交流这种经验，常常带着一种自然的热情，这就变成了教，而其结果是一无所获。值得欣慰的是，最近发现克尔凯郭尔，这位丹麦哲学家从自身经验中也发现了这一点，并在一个世纪前就进行了明确阐述。这使它似乎不再那么荒谬了。

f. 由于以上诸多原因，我发现自己已经失去当老师的兴趣了。

g. 当我有时试着去教时，结果会吓我一跳，因为有时好像教得很成功，却只有一点点作用。在这种情况下我发现结果在起破坏作用。它似乎使个体不信任自己的经验，破坏有意义的学习。所以我渐渐明白了教的结果要么不重要，要么有害。

h. 当我回顾以往的教学结果，真正的结果似乎都一样——要么产生了破坏作用——要么就没有意义。这纯粹就是添乱。

i. 因此，我意识到我只对当一个学习者以及学习那些能对我的行为产生重要影响的东西感兴趣。

j. 我发现在群体中、在同某人的联系中如心理治疗或者是靠我自己来学习是最有收获的。

k. 我发现对我来说，最好的也是最难的学习方法之一就是抛开我自身的防御机制，至少是暂时的，并试着去了解他人的体验和感受方式是怎样的。

303 l. 我发现对我来说另一种学习方法就是说出我自己的不确定，试图澄清迷惑，这样就能接近我自身经验的实际意义。

m. 这整个体验以及迄今为止我从中发现的意义似乎使我踏上一个既令人着迷，有时又使人有点害怕的旅程。当我努力去理解至少当前体验的意义时，这似乎意味着让经验带领我，朝着一个我只能模糊确定的目标前进。这种感觉就是随着一股复杂的经验流漂流，令人着迷的是有可能理解它不断变化的复杂性。

我担心自己似乎已经远离了有关教和学的讨论。让我再提出一个实践的注释，我要说关于我经验的这些解释本身或许听起来有些奇怪而不寻常，但不是特别令人震惊。正是当我意识到这些含义时，我对自己偏离了任何人都知道是正确的常识世界有些震惊。对此的最好说明是——如果其他人的经验与我的一样，如果他们也从中发现了相似的意义，那么就会产生一些后果：

a. 这种经验意味着我们会抛弃教。如果人们想学习，他们会聚集到一起。

b. 我们会废除考试。考试检验的只是那类没有价值的学习。

c. 同理，我们会取消成绩和学分。

d. 部分由于同样原因，我们会废除作为一种能力衡量标准的学位。

另一原因是学位标志着事情的一个终点或结束，而一个学习者只对学习的持续过程感兴趣。

e. 我们会取消结论的公布，因为我们会认识到没有人能从结论中获得有意义的学习。

我想我最好还是就此打住。我可不想过于理想化。我主要想了解的是如同我所描述的，在我内心深处的思考是否映射出了你的课堂经验里的某些东西，如果真是如此，在你的经验中你所感受到的意义又是什 304
么呢？

21 在促进学习中的人际关系*

在我看来，我们面临的是一个全新的教育局面，如果我们要继续生存下去，那么教育的目标就是促进改变和学习。只有受过教育的人才知道如何去学习；才学会了如何去适应和改变；才会意识到任何知识都是不可靠的，只有探索知识的过程可以提供一个保障的基础。改变、对过程而非对静止知识的信赖，是当今世界唯一有意义的教育目标。

于是，现在带着一丝慰藉我投身于真正温暖我的一个活动、一个目标——促进学习。当我能够使一个团体——这里我指的是一个团体中的所有成员，也包括我自己——变为一个学习者的群体时，兴奋程度几乎令人难以置信。随心所欲地表达出好奇；允许个体朝自身感兴趣的方向努力；提出疑问；质疑和探索一切；认识到一切都处在变化的过程中——这是我永远也不会忘记的经验。在与我有关的团体中，我并不总是能有这样的经验，但是每当部分或大部分地获得这种经验时，那么它就是一次毕生难忘的团体经验。从中涌现了真实的学生、真正的学习者、创造性的科学家、学者和参与者，这类个体能够生活在现在所知的与流动的、移动的、变化的未来问题和事实之间的一种精确却又不断变

---

* In Leeper, R. (Ed.), *Humanizing Education*. Alexandria, VA: Association for Supervision and Curriculum Development, 1967, 1-18.

化的平衡中。

305 有一个我能够全身心投入的目标。我把促进学习视为教育目标，是我们促使学习者成长的方式，是我们学会作为个体生活在过程中的方式。我把促进学习看做一种功能，它能对今天困扰人类的一些最深层的困惑做出建设性的、尝试性的、变化的过程回答。

但我们知道怎样在教育中达到这一新目标吗？或者它只是时隐时现、捉摸不定而没有多大希望的吗？我的回答是：我们对于那些能激发整个人产生自发的、有意义的、经验性的、内在的学习的条件有着相当多的认识。我们并不能时常看到这些条件起作用，原因在于这意味着我们教育方法的一场真正的革命，而革命并不是懦夫所为。但如我们在之前章节中所看到的，我们确实找到了将这一革命付诸行动的例子。

我们知道——我稍微提出一些证据——这种学习的发起不取决于教师的教学技巧，他在此领域的学术知识，课程设计，使用多媒体教学工具，使用程序化学习，演讲和演示，大量书籍，尽管其中每一样都可能会不时作为一项重要资源被用到。不！促进有意义的学习取决于促进者与学习者的人际关系中的特定态度特征。

我们最先是在心理治疗当中得到这些发现，但现在有证据表明它们同样也适用于课堂。我们会很自然想到治疗者和当事人密切的关系有这些特征，然而我们也同时发现这些特征可能存在于教师和学生频繁的人际互动中。

促进学习的特征

促进学习的特征和态度是什么呢？我会通过从教学领域中举出一些例证简要介绍这些特征。

306 **学习促进者的真实性**

或许这些核心态度中最基本的就是真实或真诚。当促进者是一个真实的人，是她自己，不戴面具或防御性地进入到与学习者的关系当中，那么她将更有可能起作用。这意味着她能意识到并接受自己正在体验的感受，能够生活在其中，还可以在恰当的时候与它们交流这些感受。她与学习者是一次直接的会面，在人与人的基础上同她交流。这意味着她做的是她自己，而不否定自己。

从这一点看，老师在师生关系中能够成为一个真实的人。她可以激情迸发，也可以觉得心烦，可以对学生感兴趣，也可以生气，还可以敏感和同情。因为她接受自己所有的这些感受，无须把它们强加于学生。她可以喜欢或不喜欢一个学生的行为，而不用暗示在客观上它是好的或坏的或学生是好的或坏的。她仅仅是表达出了对行为的一种感受，她内心的一种感受。所以，对她的学生而言她是一个人，不是毫无个性的学校要求的化身，也不是枯燥无味的向下一代传承知识的管道。

很明显，这种在心理治疗中非常有效的态度模式与绝大多数教师以教师角色展现在学生面前的倾向是截然相反的。戴上面具，钻进教师的角色中，并整天戴着这一面具，直到晚上离开学校才会摘掉，对教师来说他们已经习惯了这样而并非有意如此。

但并不是所有老师都如此。以西尔维娅·阿什顿-沃纳（Sylvia Ashton-Warner）为例，在新西兰她接手的是学习缓慢的毛利小学生，她让孩子们扩大他们自己的阅读词汇。每个孩子每天可以要求学一个单词——任何一个他希望学会的单词，而她则把单词印在卡片上给他。例如 *Kiss*，*ghost*，*bomb*，*tiger*，*fight*，*love*，*daddy*。很快，他们就造一些自己能记住的句子。“他就要被人修理一顿”，“Pussy 被吓坏了”。孩 307
子们当然不会忘记这些自发的学习。但我的目的并不是告诉你们她的方法，而是想让你们对她的态度以及她那种对幼小学生和读者都同样明显的富有感情的真实有所了解。一个编辑曾问过她一些问题，她回答道：“你问到我有关……的一些冷漠的事实，在这件事上，我不知道在我心里有冷漠，或其他任何冷漠的东西。我对于创造性教学只有长期的满腔的热情，它让书籍和我都在炙热地燃烧。”

这里没有死板的外表。这里有一个令人信服的、有情感的活生生的人。我确信，她那清澈的真实性是使得她成为一个让人兴奋的学习促进者的原因之一。她不属于某种正规教育模式。她就是她，学生在与某个真实且开放的人的接触中成长起来。

再以另一个完全不同的人为例——芭芭拉·希尔（Barbara Shiel），她在促进六年级学生的学习中所做的令人振奋的工作已经在前面描述过了。她给予学生极大的责任自由，我稍后会提到其学生的一些反应。这儿是她如何与学生共享自己的一个例子——不仅分享甜蜜和快乐的感受，还有愤怒和挫折。她免费提供了艺术材料，学生常常以创造性的方式使用它们，不过房间经常看上去杂乱不堪。这里是有关她的一些感受以及她如何处理它们的一篇报告：

> 我发现生活在杂乱不堪的世界里会让人发疯！除了我，没有人会在意。终于，有一天我告诉孩子们……我生来是一个整洁、有序的人，杂乱不堪让我心神不宁。他们有解决的办法吗？一个建议是一些志愿者来清扫一下……我说我认为让同样的人总是为他人打扫似乎不太公平——但这会为我解决问题。他们回答道："有些人喜欢打扫卫生"，所以事情就是那样。

我希望这个例子会让我先前使用的短语富有一些生动的意义，即促进者"能意识到并接受自己正在体验的感受，能够生活在其中，还可以在恰当的时候与他们交流这些感受"。我选择一个消极情感为例是因为我想我们绝大多数人更难想象这将意味着什么。在这个例子中，希尔小姐正冒险把她对混乱局面的愤怒的不满清楚明白地表示出来。那么会发
308 生什么呢？在我的经验中，几乎总是发生同样的事。这些年轻人接受并尊重她的感受，慎重考虑后，想出了一个我相信我们任何人都无法想出来的解决办法。希尔小姐很明智地评论道："我过去生气时常常觉得难过和内疚。最终我意识到孩子们也能够接受我的感受。当他们已经'冲撞'我的时候，让他们知道很重要。我也有自己的极限。"

当积极情感是真实的时候，将其表现出来也很重要。让我简要地引用一名大学生在一个与众不同的课程上的反应：

> ……你在课堂上的幽默感真令人高兴；我们都很放松，因为你展现给我们的是你本身，而不是机械化的教师形象。我觉得我现在

> 好像对我的老师有了更多的理解和信任。我觉得与同学也靠得更近了。

另一个说：

> ……你是从个人的水平来演绎课堂，因此在我的脑海里形成的是你作为一个人的图像，而不是仅仅是一本会走的教科书。

同一课程中的另一个学生说：

> ……似乎在课堂上的不是一个老师，而是一个我们可以信任和认同为"分享者"的人。你能够如此敏感地感知到我们的想法，对我来说，这更加"真实"。这是一次"真实的"体验，而不仅仅只是一堂课。

我相信我已经清楚地阐明了要做到真实并不总是很容易，也不是立刻可以做到，但却是成为这种革命性的个体、一个学习促进者的基础。

珍视，接受，信任

那些在促进学习中取得成功的人身上还有另一种态度。我曾经观察到这一态度。我曾经体验到它。然而，却很难用哪个术语来表达它，所以我用了几个词。我认为这种态度是珍视学习者，珍视她的感受，她的观点，她的人。它是关心学习者，却不是一种占有式的关心。它是把其他个体当做一个独立的、有价值的人而接受。它是一种基本信任——相 309
信这一他人从根本上值得信任。无论我们称它为珍视、接受、信任，或是其他的词语，它都会以种种可观察的方式表现出来。充分具有这种态度的促进者既能接受学生在面对新问题时的彷徨和害怕，也能接受学生成功时的满足和喜悦。这样的老师会接受学生偶尔的无动于衷，会接受学生探索知识道路的漂浮不定的渴望，还会接受学生为达到重要目标的自律和努力。她还能接受那些阻碍和促进学习的个人感情——与兄弟姐妹的竞争，对权威的憎恨以及对个人适合性的关心。我们所描绘的是对作为一个有着许多感受、许多潜力的并不完美的人的学习者的珍视。促进者对于学习者的珍视和接受是她对于人类机体能力的基本自信和信任的外在表现。

我将从课堂情境中给出几个这一态度的例子。既然我们许多人会觉得自己拥有这种态度并可能对我们的品质有偏见，所以这里你可以对任何教师的话进行恰当的质疑。但请让我指出这种珍视、接受和信任的态度在那些有幸体验它的学生眼中是怎样的。

这是一个在莫瑞·阿佩尔（Morey Appell）博士班上的大学生所说的一段话：

> 你与我们相处的方式深深地启发了我。在你的课堂上我觉得自己重要、成熟，能自己做许多事。我想独立思考，但这种需求不能只通过课本和演讲来实现，而要通过生活。我认为你把我看做一个有着真实感情和需要的人，一个个体。我所说的和所做的都是我自己的重要表达，你认识到了这一点。

帕瑞西亚·布尔（Patricia Bull）博士班上的大学生不仅描述了这些珍视和信任的态度，还有这些态度在他们其他互动上所起的作用。

> 310 ……我依然觉得离你很近，就像我们之间有着某种无言的理解，几乎是一种心灵相通。这有助于我参与课堂，因为即使我对他人的反应无法肯定，但我觉得至少在团体中有一个人会做出反应。无论你的反应是积极的还是消极的都无所谓，它是一种反应。谢谢你。
>
> ……我感谢你对他人也包括对我的珍视和关心……我在课堂上的经验，再加上我看的一些书的影响，使我由衷地相信以学生为中心的教学模式为学习提供了一个理想的框架；不只是事实的堆砌，更重要的是让我们在同他人的相处中了解自我……当我回想9月份时自己的狭隘认识，将它与我现在的洞见程度相比时，我知道这一课程给予我的是通过其他任何方式都无法获得的一次极有价值的学习体验。
>
> ……极少的老师会尝试这种方法是因为他们害怕失去学生的尊

> 重。事实恰恰相反。你能够站在我们的水平，而不是高出我们十多英里的地方来同我们说话，这使你赢得了我们的尊重。我们在这个学校里完全缺乏交流，能看到人们在一个成人的、知性的水平上彼此倾听并真正交流真是一次奇妙的体验。应该有更多的课堂给予我们这种体验。

我确信这些例子都表现出那些珍视、接受、信任学习者的促进者都创造出了一种学习氛围，而它与普通课堂的差异如此之大，任何相似都纯属巧合。

同感理解

同感理解是形成一种自发的、经验性学习氛围的另一个要素。当老师能够从内心深处理解学生的反应，能敏锐地意识到教育和学习方式在学生看来怎样，那么产生有意义学习的可能性也会增加。

这种理解与通常评价式的理解截然不同，其模式是“我了解你出了什么问题”。当存在一种敏锐的同感时，学习者的反应则会按照这样的模式：“最终有人理解了我的感受而不会想要去分析我或评判我。现在 311
我能够绽放、生长和学习。”

这种设身处地、通过学生的眼睛看世界的态度在课堂上几乎闻所未闻。你去观察普通课堂上千次的互动，也不会遇到一次清楚交流的、准确敏锐的同感理解。但是它一旦发生就会有巨大的释放作用。

让我们通过弗吉尼娅·埃克斯兰对待一个二年级男孩杰伊（Jay）的事例来说明这一点。杰伊七岁，攻击性强，是个捣蛋鬼，说话和学习迟钝。因为“骂人”，他被带到校长那里受到了处罚，阿克斯林小姐不知道这些。在自由手工时间里，杰伊非常仔细地捏了一个戴着帽子、口袋中有手帕的泥人。阿克斯林小姐问：“那是谁?”“不知道，”杰伊回答说，“也许是校长。他的口袋里有手绢，就像这样。”杰伊看着泥人说。“是的。”他说。于是，他开始拧下泥人的头，并抬头笑了。阿克斯林小姐说：“你有时候想把他的头扭下来，是吗？你对他很恼火。”杰伊扯下泥人的一只手臂，又扯下了另一只，然后用拳头把泥人打成一团糨糊。

另一个男孩解释说，“杰伊对×先生很恼火，因为他中午教训了他一顿。”阿克斯林小姐说：“那你现在一定觉得好多了。”杰伊笑了并开始重新捏某先生。

我引用的另一些例子也指出了当学生只是被理解了——没有评价，没有判断，知识从他们自己的而不是教师的角度出发被理解了时，他们会多么的感谢老师。如果哪个老师使自己每天都对学生表现出的或说出的感受做出一种非评价的、接受的同感反应，那么我相信她会发现这种当前几乎还不存在的理解的效力。

什么是促进态度的基础?

一种“困惑”

当然我们并不总具有以上所说的那些态度。有些老师提出了疑问：
312 “但如果我没有体会到同感理解，在当时的确没有珍视、接受或喜欢我的学生，那该怎么办?”我的回答是在提到的这些态度当中真实是最重要的，最先描述这一态度并非偶然。所以如果对学生的内心世界几乎不了解，不喜欢学生或他们的行为时，真诚相待往往比伪装理解或戴上一副关心的面具更有建设性。

但这并不像听起来的那样简单。要做到真诚、诚实、一致或真实就意味着对自己也是如此。因为我不知道对他人来说什么才是真实，所以我无法做到对他真实。如果我想要做到真正的诚实，我只能说出在我身上发生了什么。

再举个例子。在这一章的开始部分，我介绍了希尔小姐对那些艺术作品造成的“混乱局面”的感受。关键的是她说道：“生活在一个杂乱不堪的世界中会让人发疯！我是一个整洁、有序的人，杂乱不堪会让我心神不宁。”但假设她的感受是以在课堂上更为平常的、伪装的方式流露出来。她可能会说：“你们是我见过最乱的孩子！你们不注意整洁和干净。你们真令人讨厌。”这绝对不是我所指的真实和真诚的例子。这两段话有着天壤之别，我愿意对两者间的差别加以阐释。

在第二段话中她并没有谈任何自己的事情，也没有分享她的感受。

毫无疑问，孩子们会感觉到她在生气，但由于孩子们感觉敏锐，他们也许不确定她是对他们生气还是因为同校长吵了架。第二段话丝毫没有第一段话诚实，在后者中她说出了自己的苦恼，说出了自己心神不宁的感受。

第二段话的另一个方面是它完全是判断或评价，与大多数判断一样，它们都是有争议的。这些孩子真的是一团糟吗，或者他们仅仅是兴奋地投入到了自己正在干的事情当中呢？他们所有人都弄得乱糟糟吗，还是有人和她一样深受其害呢？他们对整洁毫不在意吗，或只是他们并不是每天都在意它？如果有一群客人进来，他们的态度是否会不同？他们是否很令人讨厌，还是他们仅仅是孩子？我相信当我们做出判断时，它们都不完全准确，所以会引起憎恨和愤怒，还有内疚和恐惧。如果希 313
尔小姐说了第二段话，课堂反应就会完全两样了。

我将更为详细地说明这一观点，因为我从经验中发现一些人把强调真实和体验自身感受的价值当做把自己的判断传递给他人、把应该是他“自己的”所有感受投射到他人身上的许可证。我的意思仅此而已。

实际上，做到真实是最困难的，即使一个人想要做到真正的真诚，它也只是偶尔出现罢了。当然这也不是词语使用的问题，如果某人有评价感，使用听起来像分享感受的语言方式也会无济于事。这只是另一个带着面具、缺乏真诚的例子。我们只有慢慢地才能学会真正的真实。首先，一个人必须贴近他自己的感受，能够意识到它们。接着，这个人必须愿意冒险与他人分享那些感受，发自内心的，而不是将它们伪装成评价，或将它们归咎于他人。这就是我为什么如此佩服希尔小姐能不以任何伪装的方式与他人分享她的愤怒和不满。

对人类机体的一种信任

如果一个人对人类机体和潜能没有最基本的信任，她是绝不可能拥有我所说的以上三种态度，也不可能致力于成为一个学习促进者。如果我不相信人类，那么我一定会用我自己选择的信息推动她前进，以免她误入歧途。但如果我相信人类个体有发展自我潜能的能力，我会提供给她许多机会，允许她在学习中选择自己的道路和方向。

很明显，我相信，在前面章节中提到了他们工作的那些老师基本上相信在自己的学生身上有发展和实现的倾向。他们的工作基于这样的假设，即与和自己相关的问题有真正接触的学生希望去学习，想要成长，寻求发现，试图掌握，渴望创造，走向自律。教师试图在课堂中培养一
314 种气氛，一种能允许学生天然倾向得以实现的与学生的个人关系。

生活在发现的不确定性中

我相信以上所描述的这种对于人的基本信任和对学生的态度不会在促进学习中以某种奇妙的方式突然出现。相反，它们通过冒险尝试，通过把暂时的假设付诸行动才会出现。在描述希尔小姐的工作的章节中这一点得到了最清楚的说明，她的行为根据的是自己不确定的假设，冒险尝试以新的方式与学生接触，班上所发生的一切证明了这些新观点。当然对斯文森夫人也是一样。我确信其他人也经历了同样的不确定。对我而言，我只能说我是带着坚定的信念开始自己的事业，认为个人被操纵必须是为他们自己着想；我只能逐渐形成我所提出的那些态度和内心对个体的信任，因为我发现这些态度在产生学习和建设性改变方面特别有效。所以，我相信教师只有自己冒险尝试新方法才能亲自发现这些方法是否有效，是否适合自己。

基于众多促进者和他们的学生在这点上的经验，我将做一个总结。当一个学习促进者创造出一种她能够做到真实、珍视和同感的课堂氛围时，即使在一种很轻微的程度上：当她信任个体和群体建设性的倾向时；那么她会发现自己开始了一场教育革命。有着一种不同特征、以一种不同脚步前进、具有更大程度蔓延性的学习出现了。情感——积极的、消极的、迷惑的——成为了课堂体验的一部分。学习变成了生活，变成了一种充满活力的生活。学生正在成为一个学习者，一个改变着的人，时而兴奋，时而无奈。

证据

以上段落中陈述的研究证据现在确实非常令人信服。最有趣的就是

看到证据多到了几乎不能反驳的地步了。 315

首先，在20世纪60年代，心理治疗和教育中的一些研究得出了一些尝试性的结论。让我对它们进行简要总结，而不谈使用的方法（查阅给出的参考文献可以找到它们）。

当事人在治疗中感知到他们的治疗师有着高度的真诚、珍视和同感理解时，就会促进自我学习和治疗改变。这些治疗师态度的重要性已被巴瑞特-勒纳德的经典研究所证实。

另一项研究关注于教师。一些老师认为当务之急是"帮助孩子们自己思考和独立"；"让学生参与"等，这些老师是"积极倾向"组。另一些老师则认为当务之急是"让学生听话"；"尝试教那些甚至没有学习能力的孩子"等，这些被称做消极倾向组。研究发现，孩子们感知到第一组比第二组表现出了更多的同感、珍视和真实。第一组显示出了高度的促进态度，而第二组却没有。

施穆克（Schmuck）所做的一个有趣研究表明，当教师同感理解时，他们的学生会更喜欢彼此。在一种同感理解的课堂氛围中，每个学生都感到被其他所有人喜欢，对自己、对学校有一种更积极的态度。教师态度的起伏既有刺激性又意义重大。对学生的同感理解会产生持久影响。

以上是一些开始积累起来的许多小研究的例子。但人们仍然会问，当这些态度出现时学生是否真的学到了更多呢？回顾1965年，阿斯拜(David Aspy)对三年级的六个班进行了仔细研究。他发现教师促进态度最高的三个班与其余三个促进态度较低的班相比，学生在阅读上的进步前者明显高于后者。

阿斯拜和一位同事罗巴克后来将此研究扩展为了一个持续十多年的 316
项目。他们收集到的大量证据会在随后的部分呈现出来，"事实是什么?"他们的研究清楚说明了由教师创造的课堂态度气氛是促进学习或阻碍学习的一个主要因素。

来自学生的证据

当然在研究证据出现之前，学生们通过自己对以学生为中心或以人为中心课堂的反应就已经清楚地表明了一场教育革命正在进行。这类证据持续到了今天。

在这种气氛中学生最振奋人心的学习绝不是局限于在三个 R 上更大的成就。意义重大的学习是更个人的——独立性，自发的负责的学习，创造力的释放，成为人的倾向。我只能随机抽取几段学生的话对此加以说明，他们的老师都致力于创造一种信任、珍视、真实、理解，以及最为重要的自由的气氛。

我必须再次引用西尔维娅·阿什顿-沃纳对该气氛所起的核心作用之一的叙述。"推动力不再是教师，而是学生自己……教师最终是顺着孩子们不可阻挡的创造力潮流，而不是逆着它。"

如果你需要对此检验，下面就是学生在听过塞缪尔·穆恩（Samuel Moon）博士的一堂诗歌导读（而非讲授）课后发表的诸多言论中的一部分。

> 回想起来，我发现尽管这个课程有时让我很不安，但我已经真正喜欢上它了，它既是一堂课又是一种体验。因为本学期的大多数课程让我对它们和"高等教育"的整个过程感到无聊，而这个课程本身使上课还有些价值。其他的不说，很大程度上是由于这个课程使我写诗比写短篇故事投入了更多的时间，这有时还干扰了我的写作课。
>
> ……我愿意指出我在这一课程中的一个明确收获：这就是我越
> 317 来越愿意去听取和认真思考我的同学们的观点。鉴于我过去的态度，单这一点就使得此课程有价值。我认为任何课程的真正结果都能够表现为对以下问题的回答："你会再听一次吗？"我的回答会是一个不合格的"是的"。

我还想再加上布尔博士（Dr. Bull）的大二学生对青少年心理学课程的评价。前两个是学期中的评价。

> 这个课程对我是一次生动而意义深远的体验……这一独特的学习情境使我获得了一个关于学习的全新概念……我在这种建设性的

> 自由气氛中体验到了一种真正的成长……整个经验都极具挑战性。
>
> 我觉得这个课程对我很有价值……我很高兴能有此经历，因为它使我思考……我以前从未如此投入到一个课程中来，尤其是在课堂之外。它令我受挫、有收获、愉悦和疲惫！

下面两段则是在该课程结束后的评价：

> ……对我来说，课程并没有随着学期的结束而终止，而是会持续下去……我不知道从一门课程所获得的哪种收获会比渴望更多知识更大。
>
> ……我感觉好像这种课堂情境刺激了我去认识自己的责任在哪里，尤其是独立完成规定的作业方面。我不再把一个测验分数当做阅读一本书的标准。我觉得我会为从中获得的东西而去做将来的功课，而不是为了一个测验分数。
>
> 看到在我们班上发生的一切，我想现在我能敏锐地察觉到在我们社会中存在的沟通危机。……我已经获得了极大的成长。我知道自己不再是刚到这个班级时那个我了……它极大地帮助了我更好地理解自己……感谢你对我成长的帮助。

如果你想知道一个六年级学生对于这类课程会感觉如何，让我从希尔小姐班上的年轻人、有拼写错误的人以及所有人的反应中为你举出一个例子来。

> 我觉得我正在学习自己的能力（拼写错误）。我正在学习的不仅有学校功课，还有你可以自己独立学习，也可以是别人教你。 318
>
> 我喜欢这个计划，因为它很自由。这种方法也比其他方法使我学习得更多，你不必等（拼写错误）其他人，可以按照自己的速度前进，它还给了我许多责任感。

或是来自阿佩尔的毕业班：

> ……没有计划，但我却一直在学习。自从这学期开始，我似乎觉得更有活力，更加贴近真实自我。我享受独处也喜欢和别人待在

> 一起。我同孩子们和其他成人的关系也变得更加有感情和深入。上个星期在吃一个橘子的时候，我剥了皮，露出一瓣瓣橘子，更喜欢它撕掉透明表皮的样子。那样吃起来更新鲜更多汁。我开始想到，那就是我有时的感觉，除去那层包围着我的透明墙壁，真正交流自己的情感。我觉得自己正在成长，但我不知道有多少。我正在思考、考虑、沉思和学习。

当我读了这些六年级学生、大学生和毕业生的评价时，我不禁深受感动。这些老师在亲自冒险尝试，成为他们自己，信任他们的学生，探索存在的未知领域，主观上有所飞越。那么，发生了什么？令人兴奋的、难以置信的人类事件。你会感觉到被创造出的人，自发的学习，未来的人们站起来迎接未知世界的挑战。只要百名老师中有一人敢于冒险，敢于成为自己，敢于信任，敢于理解，我们就会为教育界注入一股勃勃生机，而在我看来这将是无价的。

对指导者的影响

让我转到令我振奋的另一个方面。我已经谈到了那种激起有意义的、自我信赖的和个人的学习的气氛对于学生的影响。但我却只字未提对于指导者的反作用。当她发起这种自发学习时，教师就会发现自己和学生一样也改变了。一个人这样说：

319 说发生的事让我震惊只略微反映了我的感受。我教书多年但从未有任何体验像刚才发生的那样。就我而言，我从未在一个课堂上发现正在成长的完整的人如此之多，如此投入，如此兴奋。还有，我怀疑如果在重视学科内容、考试和成绩的传统模式中，是否有，或是否能有一个“成长着的”人的一席之地，这个人有着深层的、多方面的需求，在挣扎着去实现自我。但这离题太远了。我只能告诉你发生了什么，以及这一次体验让我既感激又忐忑不安。我很想让你知道它充实了我的人生和存在。

另一位教育者报告如下：

罗杰斯曾经说过按这些设想所实施的人际关系意味着“使当今教育界天翻地覆”。当我试着把这种与学生相处的方式付诸行动时，我发现确实如此。我所体验到的这种经历把我推向了对我来说意义重大，具有挑战性且超越自我的关系当中。它们激励我、刺激我，有时还由于那些给我和学生所带来的结果让我震撼和敬畏。他们使得我去面对这样一个事实，我只能称做是……我们当代教育的悲剧——一个又一个学生报告这是他的第一次经验，在完全的信任下能自由地去最大限度地提高和维持存在于羞辱、歪曲和腐烂的愤世嫉俗当中的尊严。

太过于理想化?

也许有些读者会觉得这一章的整个取向——相信老师能作为人而与学生联系——是毫无希望的不现实和理想化。他们可能认为在本质上它激励老师和学生在他们彼此的关系和对学科内容的关系上有所创造，并感觉这个目标是不可能实现的。不止他们这样认为。我也曾听到主流科学学派的科学家和一流大学的学者们争辩说，试图鼓励所有学生都具有创造力是很荒谬的——我们需要大量普通技师和工人，假如有少数富有 320
创造性的科学家、艺术家和领导者出现，那就足够了。那也许对他们足够了。可能对你也足够了。我要公开说明的是那对于我来说是不够的。当我意识到普通学生身上难以置信的潜力时，我就想要去释放它。我们正努力释放原子和原子核的难以想象的能量。如果我们不在释放个人潜力的事业上付出同样多的精力——是的，还有同样多的金钱，那么我们的物质能量资源和人类能量资源水平上的巨大差异将必然会导致一场自作自受的、普遍性的毁灭。

很抱歉对此问题我不能做到冷静和科学。这个问题实在是太紧迫了。我只能充满激情地说，从人类的角度考虑，人际关系非常重要，我们对人类潜力释放有所了解，我们能学习到更多东西，还有如果我们不对我们教育两难中的人际关系方面给予强烈的积极关注，那么我们的文明就会开始走下坡路。更好的课堂、更好的课程、更广阔的范围、更先进的教学机器都将无法从根本上解决我们的两难问题。只有人们在与学生的关系中表现得像一个活生生的人才能缓和当代教育最紧迫的问题。

总结

让我带着这种感受和热情更加庄重而平静地陈述我曾说过的。

我曾说最大的不幸就是教育者和公众考虑和关注的是教。这导致了许多与真正教育不相关的或很荒谬的问题。

我曾谈到如果我们关注对学习的促进——学生是如何学习、为什么学习和何时学习，以及在学生的内心深处学习是怎样的，感受如何——我们就能踏上一条受益更多的道路。

我还说过，对于促进学习的条件我们已经有了一些认识并且能够获
321 得更多了解，而在这些条件中最重要的一条就是促进者和学习者之间人际关系的态度特征。

那些能有效促进学习的态度可以被描述出来。首先是促进者的一种清澈透明的真实性，愿意作为一个人，愿意接受和意识到此刻的感受与想法。当这种真实包括了对学习者的一种珍视、一种关怀、一种信任和尊重时，学习气氛就会变浓。当它融入了一种敏锐而准确的同感倾听时，一种激起自发学习和成长的自由气氛就有了。学生被相信会有所发展。

我还想清楚地指出那些持有这种态度且大胆地予以实施的个体，并不只是对课堂方法做了一些简单的修改——他们对此进行着一场革命。他们几乎没有行使教师的任何功能。称他们为教师已经不恰当了。他们是催化剂，是促进者，是给学生自由、生活和学习机会的人。

我引用的那些成堆的研究证据表明持这种态度的个体在课堂上被认为很有效；他们关注的问题与释放学生潜能、而不是与学生的缺陷有关；他们似乎在创造一种课堂气氛，当中没有喜欢或不喜欢的孩子，关怀和喜爱成为每个孩子生活的一部分；在有着这种心理气氛的课堂里，孩子们比在传统课程里学到的更多。

但我旨在超越实证发现，从而试图带领你们进入那些有幸在有着促

进者的这种人际关系中生活和学习的小学生、大学生和毕业生的内心生活，从而让你知道当学习是自由、自发的时候，学习的感觉会怎样。我还想指出它甚至如何改变了学生之间的关系——使它更能被意识到，更加关心，更敏感，同时增加了对有意义材料的自我相关学习。我还谈到了它给教育者带来的改变。

在整篇文章中，我试图指出如果我们想要使人们能在这个变幻无穷
的大千世界中建设性的生活着，那么我们只有让他们成为自我主动、自 322
发的学习者才能做到。最后，我的目的是想表明，就我们现在所知，在
与一个人的有助于成长、促进的关系中，这种学习者的发展最佳。

参考文献

Appell, Morey L. "Selected Student Reactions to Student-centered Courses." Unpublished manuscript, Indiana State University, 1959.

Appell, Morey L. "Self-understanding for the Guidance Counselor." *Personnel & Guidance Journal*, *October* 1963, 143-148.

Ashton-Warner, Sylvia. *Teacher*. New York: Simon and Schuster, 1963.

Aspy, David N. "A Study of Three Facilitative Conditions and Their Relationship to the Achievement of Third Grade Students." Unpublished Ph. D. dissertation, University of Kentucky, 1965.

Axline, Virginia M. "Morale on the School Front." *Journal of Educational Research*, 1944, 521-533.

Barrett-Lennard, G. T. "Dimensions of Therapist Response as Causal Factors in Therapeutic Change." *Psychological Monographs*, 76 (Whole No. 562), 1962.

Bull, Patricia. "Student Reactions, Fall, 1965." Unpublished manuscript, New York State University College, 1966.

Emmerling, F. C. "A Study of the Relationships Between Personality Characteristics of Classroom Teachers and Pupil Perceptions." Unpublished Ph.

D. dissertation, Auburn University, Auburn, Alabama, 1961.

Moon, Samuel F. "Teaching the Self." *Improving College and University Teaching*, *14* (Autumn 1966), 213-229.

Rogers, Carl R. "The Interpersonal Relationship in the Facilitation of Learning." *In Humanizing Education*, edited by R. Leeper, 1-18. Washington, D. C.: NEA, 1967. Copyright by Association for Supervision and Curriculum Development.

Rogers, Carl R. *On Becoming a Person*. *Boston*: Houghton Mifflin, 1961, p. 313.

Schmuck, R. "some Aspects of Classroom Social Climate." *Psychology in the Schools 3* (1966): 59-65; and "Some Relationships of Peer Liking Patterns in the Classroom to Pupil Attitudes and Achievements." *The School Review 71* (1963): 337-359.

Shiel, Barbara J. "Evaluation: A Self-directed Curriculum, 1965." Unpublished manuscript, n. p. 1966.

323 22 教育政策*

一位人本主义倾向的教师常常会发现自己根本不适合一所传统学校。人本主义的教师也会感觉自己在一个传统体系里孤军奋战。这并不奇怪，因为学习过程的这两种方法大相径庭。我会对它们进行更详细的思考。

传统教育和以人为中心的教育可以被看做一个连续体的两端。我认为每一种教育上的努力，每个教师，每一所学习机构都能够在这一量表上找到一个恰当的位置。你也许会想起自己或学校或你自己所在的教育机构，并考虑它在这一连续体上的适当位置。

传统模式

我相信以下就是传统教育的主要特点，就像我们在这个国家已经对

* *Journal of Humanistic Education*. Vol. 1, No. 1, 1977, 6-22. Reprinted by permission of the Association for Humanistic Education.

它有了长时间的了解，也如同学生和教职员工体会到的一样。

教师是知识的持有者，学生则被看做知识的接受者。教师是了解这一领域的专家。学生拿着削好的铅笔和笔记本坐着等待智慧的语言。指导者和学生在地位上有着极大不同。

讲授、教科书或其他一些语言智力性的教导方法是传授知识的主要手段。考试是检查学生接受情况的工具。这些是这一类教育的核心要素。为什么讲授会被认为是一种主要的指导手段实在让人琢磨不透。在书还未出版之前这还可以讲得通，但现在其合理性几乎完全说不通。对考试的逐渐强调同样也是个谜。当然在这个国家其重要性在过去几十年 324
里得到了极大提高。它已经被认为是教育的最重要方面，是所有其他方面的目标。

教师是权力的拥有者，学生则是服从者。学校管理者同样也是权力拥有者，教师和学生都是其服从者。控制总是自上而下的。

受权威统治是被认可的课堂策略。新的小学教师常常听到这样的忠告："要确保在第一天就控制住你的学生"。还有另一句流行的话，表现出了这种控制的冷酷，它就是："在圣诞节前不要给孩子笑脸"。权威人物——指导者——位于教育的中心。无论教师被看做知识传播者而受人崇拜，还是作为一个独裁者让人唾弃，他总是中心。

信任处于最低程度。最值得一提的是教师不信任学生。不相信学生没有教师的不断监督会有令人满意的表现。学生对教师的不信任则更多——不相信老师的动机、诚实、公正和能力。在一个使人愉悦的演讲者和那些感受愉悦的人之间也许会有一种真实的一致。也许对指导者会有某种崇敬，但双向的信任却不是传统教育显而易见的要素。

主体（学生）间歇地或经常地处于恐惧状态。今天校园里体罚虽然减少，但公开的挖苦、讽刺和对失败的长期恐惧更加有效力。在我的经验里，随着我们不断升级，恐惧也与日俱增，因为学生有更多东西害怕会失去。在小学个体可能会成为嘲笑的对象或被认为愚蠢。在高中，除此之外又会加上害怕无法毕业，因为它会带来就业、经济和教育劣势。在大学，所有这些恐惧都在扩大和加剧。在研究生院，由一个导师主宰更容易由于独裁的奇思怪想而导致极端惩罚。许多研究生因为拒绝迎合他们主要导师的每个愿望而没有获得学位。他们的地位常常类似于奴
325 隶，屈服于一个主宰着生杀大权的暴君。

民主及其价值在实践中被忽略和蔑视。学生不参与对教学目标、课程或学习方式的选择。已经为他们做了这些选择。学生不参与对教学人员的选择，不能发表对教育政策的意见。同样，教师也没有权力选择他们的行政管理者。他们常常也不参与教育政策的制定。所有这些同我们所教授的民主的优良传统、“自由世界”的重要性以及诸如此类的东西大相径庭。学校政策的实施与它教给学生的形成了强烈反差。当我们的学生被教导自由和责任是我们民主的光荣特征时，他们的体验却是毫无权力，几乎没有自由，并缺乏机会去选择和负责任。

在教育系统中，偏重智能，而忽视整个人的全面发展。在小学，正常孩子爆发出的好奇心和年轻人过度的精力受到遏制，如果可能，还会被扼杀。在中学，所有学生的主要兴趣是性、两性间情感和身体的关系。而教师完全忽视了这一兴趣，当然也没有把此列入学习范围之内。在这一阶段，也没有提供如何学习处理情绪。在大学，这种情况更加极端——只有那些理性的思想才受欢迎。

传统教育的策略

在讨论这种传统模式的策略时，我用到了策略的社会学意义，就好比“家庭策略”、“心理治疗策略”或“两性策略”。在这一意义上，策略与控制和做出选择有关。它还与一个人通过怎样的计策和战略实现这些功能有关。简而言之，它是一个获得、使用、分享或放弃权力和决策的过程。同时还是存在于人与人、个人与群体或群体之间关系中的复杂的互动过程和效果。

326 从这一点来看，传统教育的策略非常清楚。由最高层做出决定。重要观念就是“权力控制”。掌握和实施这一权力的策略就是：(1) 奖励成绩和工作机会；(2) 使用有敌意、惩罚性的、产生恐惧的方法，如考试失败、无法毕业和受到众人嘲笑。

这是一种“壶杯”教育理论，教育者（壶）拥有智力和实际知识，而学生则是被动接受者（杯），知识从壶里倾倒到杯中。

在我们周围随处可见这种传统教育观念的贯彻实施。通常它不是作为最佳体系而公开地受到捍卫。它仅仅是作为不能避免的体系被接受。但是有时，它也需要一个发言人，就像加利福尼亚大学的副校长杰伊·迈克尔（Jay Michael）博士。迈克尔强烈反对两个已有法律规定的建议。其一是拨给教育创新一小部分财政预算。这个建议对他来说完全无法接受。其二是教育应包括情感学习和认知学习。对此，迈克尔说：“知识与个人如何感受是无关的，相分离的……对知识的积累就是认知，它可以被传递，被教导，被学习。”他害怕把情感学习包括进来会使认知学习的重要性削弱到“一个学者们不能接受的水平”[①]。这就是对这种“壶杯”理论策略的明显支持。教师最了解什么将会传递给学生。

以人为中心的模式

以人为中心的方法则在该量表的另一端。它的哲学、方法和策略都与传统的教育模式截然不同。在我们当代的教育文化中，如果没有某个前提条件，以人为中心的模式就无法生存。假如这一前提条件存在，那么从幼儿园到研究院的任何教育阶段中，其他列出来的特征就都能被体验或观察到。 327

前提条件是：一个领导者或在情境中被认为是权威的一个人，她对自身和她与他人的关系充分自信，从而体验到一种基本的信任，相信他人能够为自己考虑，为自己学习。她把人当做值得信赖的机体。如果这一前提条件存在，那么以下几个方面就变得可能，还会被实施。

起促进作用的老师与他人——学生，也可能是家长或团体成员——共同对学习过程负责。课程计划、管理及操作模式、资金、政策制定都是这个特定团体所要承担的责任。所以，一个班级要对它自己班上的课程负责，但所有政策则由这个团体来承担责任。在任何情况下，责任都

① 1974 年 12 月 3 日的《洛杉矶时报》曾报道。

共同分担。

促进者提供学习的资料，可以是她个人的感受和经验，也可以是书刊文献或团体经验。她鼓励学习者增添他们熟知的学习资料。她也接受团体经验之外的资料。

学生独自或在他人帮助下制定自己的学习计划。在探索自身的兴趣，面对这一资源宝藏的时候，学生决定自己的学习方向，并为这些决定的结果承担责任。

提供一种对学习有促进作用的氛围。总体来说，在班级或学校的会议上，真实、关心和理解倾听的气氛非常明显。这种气氛会从那个作为领导者的人身上自发地传播开来。当学习的过程继续时，学习者们会为彼此越来越多地增添这种气氛。向他人学习变得与从书本、电影、工作经验中学习同样重要。

可以看到焦点主要是放在学习的持续过程上。学习的内容虽然很重要却屈居第二。所以，当学生已经“学完所有需要学习的东西”时，并不能说一个课程就成功地结束了，只有当他在如何学习他想要知道的东西上取得了极大进步时，才能说课程已经成功结束。

为达到学生的学习目标而必不可少的纪律是一种“自律”，它是作
328 为一种自我责任被学生接受和认可。自律取代了外部规定的纪律。

对学生的学习程度和意义的评价主要是由学习者自己做出，尽管来自该团体其他成员和促进者的反馈可能会影响和丰富这种自我评价。

相对于传统课堂，在这种“有利于成长”的气氛中，学习会更加深入，学习进展会更快，对学生生活和行为的影响也会更为广泛。其原因就在于学习方向是自我选择的，学习是自发的，整个人（包括感受、情感和智力）都投入到了这一过程中。

以人为中心教育的策略

让我们对以人为中心教育的策略内涵加以考虑。谁拥有基本的权力和控制？很明显是学习者，或者作为一个团体的学习者，其中包括了促进者—学习者。

谁想去控制谁？学生正控制他自己学习的课程和他的生活。促进者抛弃了对他人的控制，仅仅只保留了对于他自身的控制。

我看到了两个与权力有关的策略的运用。促进者提供一种心理气氛，在这种气氛当中学习者能够做出责任性的控制。促进者还有助于不强调静态的或内容上的目标，从而鼓励对过程、对学习发生时经验的关注。

决定权在每个人和那些会受到决定影响的人的手中。在此基础上，做选择的人可以是每个学生，作为一个团体的学生和促进者，或者还包括了管理者、父母、当地政府人员和团体人员。在一个特定课程上学习什么完全由每个学习者和促进者做决定。是否修建一所新建筑影响了一个更大的团体，会由这一团体来解决。

每个人通过自律来规范自己的感受、思想、行为和价值模式。

很明显，正在成长和学习的人是这种教育中一股政治力量强大的势力。学习者是中心。学习的过程代表了对于传统教育策略的一次革命性 329
的转变。

威胁

我渐渐意识到正是以人为中心学习方法的策略最具威胁性。那些想使用这一方法的教师必须面对与他人分享他的权力和控制所带来的恐惧。谁知道学生能否信任，这一过程又是否值得信任呢？一个人能做的只有冒险；而冒险是令人害怕的。

以人为中心的教育对于学生也是有威胁的。遵从和抱怨远比负责任、犯错误和承担后果要容易得多。再加上学生已经被指导了这么多年，以至于他们渴望保持这种告诉他们去做什么的安全感。就在这周，一位教职人员向我谈到在有关婚姻和家庭的一门课程上与学生分担学习责任的情况。即使是这样一门有意义的对个人成长有巨大潜力的课程，学生最初的反应也都很警觉。“怎样评分?”“有多少考试?”“我们要学多少课文?”非常明显，负责任的选择令人害怕，这是一个我们时常忽视的事实。

我几乎不需要再提它对管理者的威胁。我反复观察到如果在一个传统体系中，一位老师在没有做任何说明的情况下，在一个教室里实施以人为中心的学习过程，这位老师就是对整个体系的威胁。这种负责的自由和分享的权力的骚动会被认为是一股革命力量，如有可能会被镇压。

当然，传统体系中的成员不会说反对一种民主过程或负责的自由。对这一威胁最通常的反应是——“这种过于理想化的观点是一个非常值得称赞的梦想，但它不会也不能付诸实践”。

证据

最后一句话意味着以人为中心的教育既不实际又无效。这完全与事
330 实相违背。有些证据在之前的章节就给出来了，但压倒一切的研究确证将出现在“事实是什么?”部分。

教师和管理者把以人为中心的方法作为一种不可能实施的教育模式，或对促进学习毫无效果的教育模式而把它抛弃的时代已经过去了。事实全都站在以人为中心教育方法一边。这一教育模式的优越性已经在许多国家和许多严谨研究中、特别是在美国和德国得到了清楚的说明。

证据的策略性意义

“起促进作用的条件”使教育系统中的权力关系产生了深远改变。尊重和珍视学生，理解学生在学校的体验，在师生关系中成为一个真实的人，这些都会推动学校远离其传统的权威立场。这些条件把课堂变为一个人性化的、互动的地方，它更强调学生是能够负责任地对自身经验做出评价的重要的人。并且研究表明这种人性化的策略促进了各种建设性的学习，不仅有个人的还有智力的。此外，缺乏这一人性化的环境会有损于这样的学习，并与正常进步的减少有关。在一种敏锐和可测量定义的人性化策略下，学生在其自我感知方式和社会行为方面都有所改善。所有这些都强有力地证明了以人为中心的方法在教育中所具有的价值。

我们是否能影响一种职业?

是否有可能将某个职业整个地向一种更人性化、以人为中心的方向

发展呢？很明显，如果我们要尝试这么做，就要为那些将要从事该职业的人员提供以人为中心的体验。我们已经在前面章节中看到个体教师—培训机构如何使教师们产生了变化。但有一个涉及整个职业的有趣例子，医学界。从中我们会有所收获。

十多年前，我们中心的一名成员斯特罗德（Orienne Strode-Ma-
loney)，她的丈夫死前一直都是一名医生，她发起了一个帮助医生在他 331
们的关系中更加人性化的计划。她获得了来自约翰·霍普金斯医学院（Johns Hopkins University Medical School）主任和其他人，也包括我的支持和鼓励。一个计划形成了，其目标是医学教育者，他们对年轻医生的态度负有最大责任。

1972年6月举办了第一个为期四天的有关医学教育中人性维度的工作坊。我们曾担心那些高层医学人员不会对非医学人员实行的计划有所反应。结果，令我们又惊又喜的是有50多人参加，并且大部分都是医学院主任及各系的主席。我们发现参加者普遍怀疑这种体验是否有价值。对少数人，这个计划没有太大收获，但绝大多数人带着许多新的个人和专业收获离开了工作坊。我们也吸收了一些医学专业的学生和实习生，所以接受培训的医生的想法会有代表性。这被证明是非常明智的。

工作人员惊奇地发现那些参加了这次会议和以后会议的人都有这样的感受：小的、常常高度个人化的深度小组比起讨论机构将如何变化的大会能给他们带来更多他们想要的东西。因此，小组更多地成为了会议的焦点。

参与者有什么收获呢？我想最好是通过其中几个人的来信和对问卷的回答来谈谈。

> 更喜欢“教学”——没有那种去“保持”或“领先”或得“第一”等奇怪的不现实的急迫感——没有阅读最新东西时也不会感到内疚。在一个更人性化的水平与学生、教职员工和专业人员相处。（教职人员）
>
> 自从体验后的几周里，我还仍然获得动力、理解、在家中更温馨的关系、更多了解同事的渴望、同他人相处的能力……它起作

> 用！我感受到了从未有过的与我的团体成员的一种亲近。（医学院主任）
>
> 332 它使我更多把学生作为人来了解他们。（教授）
>
> 直到今天，我在那里的体验都还是我医学教育中最有意义、最有价值的部分。与来自医学团体的人们进行真诚、活跃的互动在我成为一个医生的过程中一直在支撑着我。（医学院三年级学生）
>
> 简而言之，我学到了很多。医学和医学教育极其需要像此次会议所带给我们的东西。在回来的飞机上，我决定在我们做外科实习医生的实习期和高级训练期的计划时，把人际关系培训加入到当中去。（外科系主席）

请注意许多这些反应都表明了一种更自由的交流和一种更大程度的权力分享。

从此，该计划就迅速地扩展开来。现在已经有许多为期四天的会议，已有一千多名参加者。在美国几乎每个医学院都参加了这种会议，外国医学院的成员也开始参与了。

许多参加者都希望能够在团体促进中得到更全面的培训，从而“回家”后会更有效。因此，也举行了许多为期十天的会议。尽管对于促进者来说最佳培训仍然是在一个团体中学习更能成为自己的经验，但在会议中还是呈现了一些更具认知性的材料。

经常的反应是希望一个系和一个医学院里的其他人能参与。因此，也鼓励团队参与。许多医学院已经有5～15位教育者参加。当他们回到学院时，就可以组成一个能相互支持的团体。

所有当中最重要的就是提出医学院自己举行类似会议的要求。

> 在你的团体和大约四个医学院之间制定一个以整个医生职业的发展和一个医学教学和实践更人性化的取向为目标的具体计划，对于把这样一个合作冒险的想法付诸现实，我非常感兴趣。（外科系主席）

333 许多医学院已经开始了这种人本主义的计划，采取了适合各种情况的不同形式，但却都有一个共同的目标，那就是通过在有效人际关系中的体验和训练来培养医生。

在其中一所医学院，一个独特又具有开创性的计划备受主任的支持，他曾参加早期工作坊。该学院近期举办了一个为期四天的会议，内容涉及深度小组体验，面向所有新生，30 名即将与这些学生打交道的教职人员，还有学校工作人员（登记员、秘书、图书管理人员）。深度小组的促进者是来自该地区其他医学院的医生，他们曾参加过我们的十天培训计划。在教职人员、学生和工作人员之间有了深层次的交流。你能否想象到这样一种情境：90 多名学生和配偶与所有教他们的教职人员亲密相称，平等地分享他们的希望、梦想、忧虑、关心和害怕——在他们的班上作为人、而不是某个角色来进行互动？这种情境造就了专业教育领域内的一场革命！各种水平的反馈都激情饱满。学生在医学院学习期间，同一团体中的学生和他们的教职人员将会每六个月有一次两天的校外会面——另一场革命！

使医学教育人性化的整个计划为许多学校的课程安排带来了戏剧性的变化。它给学生和教职人员带来的正是我们所描述的在促进一种人性化学习过程中非常有效的那些态度。它正在创造一种以人为中心的环境，目的是培养出既有能力又人性化的医生。

结论

我自问当在我们的学校教育和教师培训机构中没有可以媲美的计
划，而就我所知也没有进行这种计划的任何想法的时候，为什么这样一
个计划会在医学教育领域有如此迅速的发展。我相信答案有几个。首
先，医生习惯于随着新知识和新治疗方法的发展而改变他们的实践。一
个医生迫切想要掌握治疗一种老疾病的最新最有效的方法，并因为这样
做而得到回报。我相信在教师培训领域里几乎没有什么奖励给予那些正 334
尝试新方法的教育者。另一个原因是医生总是面对反馈，他们习惯于从
错误中学习。一次验尸会告诉他做了一个错误诊断。一个因服用某种新
药物而出现一种毒副作用的病人会让他有必要去进一步学习。他在策略

上的优势就是要心胸开阔和不断改变。但在教育领域中长期反馈则相当少。一个教育者几乎不会知道他已经扼杀的好奇心或者他所毁掉的人。反馈对策略的威胁性太大了。

我的结论是在以人为中心的教育取向对我们更大的教师培训机构产生主要影响之前，我们可以看到它正在各种学院里，没有围墙的大学里和特殊情境如医学教育中站稳了脚跟。在大多数这些教育学校里都有一股顽固的权力组织在抵触由改变带来的策略上的威胁。

然而挑战和可能都还存在。显然，要想给我们的课堂带来一种更人性化和更有效的学习气氛，就要像开始对医生教育产生一种真正影响的那些那样，从教师教育着手。我们作为教育者愿意采取措施吗，或者传统教育的策略还将继续阻碍我们吗？

助人职业

心理学家、社会工作者、牧师、执业医生以及其他专业人员都有机会去帮助他们的服务对象解决他们生活中的逆境、变化、情绪和决策问题。罗杰斯大力描绘的那种基本的、一对一的关系能够应用到所有这些助人职业中，因此他的影响也延伸到了众多的领域。 337

以当事人为中心的方法应用到更广阔的助人职业经历了三个阶段。最开始，罗杰斯致力于咨询师和心理治疗师工作。其他的助人者简单地阅读并将他的著作应用到他们各自的领域。接着，随着咨询师和临床医学家工作的接轨，罗杰斯开始总结一些章节或篇章，在这些篇章中他将他的工作应用到一个更广阔的助人领域。最后，从 20 世纪 60 年代开始，因为对自身工作的广泛应用有信心，罗杰斯写了许多文章和书，这些著作并非主要针对咨询师和临床医学家，而是包括所有对帮助关系有兴趣的助人职业者（包括行外人士）。

在这部分的三章中，罗杰斯谈到了所有助人职业都关心的问题。首先谈到的是在六七十年代，那种小型深度小组的广泛应用，这些小组有着各种名称，如会心团体、人际关系训练小组、T 小组、小组治疗、西纳农（Synanon）小组等等。许多助人者开始认识到比起只依靠一对一的关系促进成长，与小团体共同工作既能面对更多的人并且还能提供在一对一关系中无法获得的成长和学习机会。 338

罗杰斯是小组活动的一位早期先驱。很明显他将其关于心理咨询和心理治疗的理论和方法应用到了小组情境中。在以后几年里，他寻找机会在许多团体中检验这些理论。《卡尔·罗杰斯论会心团体》（1970）一书便诞生于这些宝贵、丰富的经验中。我们选取了该书的一章，阐述了他有关小组中促进领导的观点，以及他对深信起不到促进作用的领导行为的一些评论。

随后一章的内容最早是1972年在美国心理学会的一个演讲，它对助人职业中广为盛行的态度和实践提出了挑战。除了呼吁更正宗的专业化，它也呼吁专业人士本身更具创造性和整体性。在罗杰斯看来，专业化更多地与能力而不是行业执照有关。他曾经讲了一个他的工作坊参与者的故事：

> 有一个人，[他所处的] 地区很贫穷，当地人选他为学校校长，尽管他没有教师资格。他管理这个混乱的、非赢利的学校，通过争取家长的、老师的和学生的支持，并信任他们为学校制定指导政策，他使这个学校成为了一个学习的圣地。但教育机构的官僚作风导致了一场悲剧（对我而言是这样的），当该地区逐渐富裕并有能力聘请校长时，这个人被解雇了，因为他没有资格证书。

在20世纪70年代中期，罗杰斯被问及当事人中心疗法的政策问题。这种认为以人为中心的方法其本身具有政策性的说法让罗杰斯感到吃惊。这导致他进一步去思考在他的心理治疗方法中潜在的含义以及在他的各种关系中，不管是治疗关系、师生关系、亲子关系、团体中领导和成员关系、夫妻关系以及其他所有人际关系中的潜在含义。这就导致了与行为科学中其他方法的政策含义的比较，它还促使罗杰斯反复提炼
339 并再次形成了以当事人为中心方法的重要关系原则：权力存在于何处、谁是被控制者、谁作决定、谁来评估。罗杰斯对这个问题的想法最好地表现在了《卡尔·罗杰斯论个人权力》（1977）一书中，这里摘录的是该书的第一章。

23　我能成为团体中的一个促进者吗？*

我想尽可能地开放地写出在团体中我成为一个助人者的努力，谈谈

* *Carl Rogers on Encounter Groups*. New York: Harper and Row, 1970, 43-59 and 64-68.

我的缺点，以及当我试着有效地投入到人际关系的诚信艺术中时的不确定感。

哲学背景和态度

任何人都不是一片空白地进入一个团体。所以我想谈谈自己的一些态度和信念。

我相信如果适当地为团体营造促进的氛围，那么它会发展自身的潜能以及每个成员的潜能。对我而言，团体的这种能力是令人生畏的。因此自然而然的，我已经逐渐在团体过程中发展出了极大的信任。当团体被促进而非引导时，这无疑与我在个人治疗进程中的信任十分类似。对我而言，团体就像一个机体，它有一种自己的方向感，即使该团体不能知性地确定该方向。这让我想起令我印象深刻的一部医学电影。这是一部通过显微镜观察而制作的电影，描述了白血球在血液中随机运动，直到出现了一个有害病菌。这时，以一种有目的的形式，白血球们向病菌移去，它们包围了病菌并逐渐吞噬它、消灭它，然后继续以一种随机的 340
方式运动。与此类似，我认为团体在其进程中认识到不健康的元素，关注这些元素，将其消灭或减弱，然后朝着成为一个健康团体的方向发展。这就是我所说的我看到了“机体智慧”存在于从细胞到团体的每一水平。

这并非指每个团体都是“成功的”[1] 或其过程总是一样的。有的团体可能一开始进展就很快，没有明显的阶段性，只需很少几步就能到达较大自由性。而另一些可能从自发的、感觉式的水平开始，经过长时间才能完全挖掘出其潜能。这两种发展对我而言都是团体进程的一部分，尽管我个人对二者的兴趣迥然不同，但我对二者的信任是相同的。

另一种态度则与目标有关。我通常对一个特定团体没有明确的目

---

① 什么是“成功”？暂且我会赞同这样一个最简单的定义。如果团体结束一个月后，许多与会者认为这是一次毫无意义、令人失望的体验，或者是一次他们仍处于恢复状态的受伤经历，那么对他们而言这一定就是一个不成功的团体。另一方面，如果绝大多数或者所有人感到这是一次促进他们成长的有益经历，那么在我看来它就值得贴上一个成功团体的标签。

标，并真心希望它发展出自己的方向。有时候，由于一些个人的偏见或焦急，我对某个团体已经有了一个特定目标。当发生这种情况时，要么团体最终小心翼翼地击败这个目标，要么该团体花大量的时间来迎合我，以至于我真的后悔不该在头脑里设定特定的目标。我强调特定目标所带来的负面影响，因为虽然当时我也希望尽量避免有这种特定目标，但我同样希望在团体中有些进展，甚至认为我能预测一些可能的一般化方向，尽管不是任何特定方向。对我而言，这是一个重要差别。团体会向前发展——我对此坚信不疑——但是认为我能够或应该指导团体朝向一个特定目标发展的想法则是自以为是。

我认为，在基本的哲学方法上该方法与我多年来在个体治疗中采用的方法并没有什么不同。然而，我在团体中的行为同过去在一对一个体关系中的行为却大不一样。我认为这种差异是团体中的个人成长体验造
341 成的。

别人如何看待我的助人风格我通常并不在意。因而我常常觉得非常能胜任，并且轻松自如。另一方面，我的经验告诉我，自己对于一个比我更能起到促进作用的合作领导至少在短期内会存有一些嫉妒之心。

我期望逐渐成为团体中的参与者和促进者。如果没有清楚说明我是在有意识地扮演两种不同角色，那么很难进行描述。如果你观察到一个团体成员表现其真实的自我，你有时也会看到他表达出自己的感情、态度和想法，而这些总体上有助于促进另一个成员的成长。另一些时候，以同样的真诚，他将抒发自己的情感或关注，这些情感和关注都让他敞开心扉，以冒险达到他们明显的目标——进一步的成长。对我而言也是如此，只是我知道自己可能是常常出现在团体的后期而不是早期的第二种人，或是那种冒险的人。每一面都是我真实的一面，而不是一种角色。

或许另一种简洁的分析在这里会有用。如果我试图向一个五岁的孩子和一个聪明伶俐的 16 岁少年分别解释一些科学现象，那么我所用的术语甚至态度会截然不同。这意味着我扮演了两种角色吗？当然不是——它仅仅意味着真实自我呈现出来的两个方面或两种表现。同样，

有时我真的很想对他人有促进作用，冒险暴露自己新的方面。

我相信我作为一个促进者在团体的存在过程中是很重要的，但团体进展过程比我的陈述或行为更重要，并且如果我不阻碍的话，该运动过程也会开始。我当然感到了对团体成员的责任，但并不是要为他们负责。

在某种程度上，任何团体尤其是我所指导的采取会心团体形式的所谓学术课程班中，我非常希望呈现出完整的人，包括他的情感和认知模式。我发现要达到此目的并不简单，因为我们许多人在任何特定时候可 342
能会选择某种模式而不是另一种。然而，这仍是对我很有价值的一种存在方式。我努力使自己前进，使我促进的团体前进，并努力呈现完整的人，这是一个有着自己的思想和情感的人——他的思想中渗透着情感而情感中又渗透着思想。在最近的一个研讨会中，由于我无法完全理解的原因，这些都在非常令人满意的程度上被我们实现了。

氛围背景的功能

我试图以一种极无结构的方式开始一个团体，可能只是一个简单的开场白："我想在团体会谈结束时，我们彼此间比现在有更多的了解"，或"在座各位，我们能让这个团体体验到我们所希望的"，或者"我有些紧张，但当我看到大家，意识到我们都在同一条船上时，我感到安慰。我们从哪儿开始呢?"在与其他促进者的讨论记录中，我陈述了以下这一观点：

> 部分由于我很信任这个团体，所以我在团体开始时常常就会非常放松。这可能有些夸张，因为我在团体开始时总是感到有些焦虑，但我更多的感觉是"我并不知道将会发生什么，但我认为无论会发生什么都是正确的"，并且我认为我倾向于非语言交流，"好，似乎没有人知道将会发生什么，但这似乎没什么可担心的"。我相信我的放松和没有指导欲望会使每个人都感到自由。

当每个人在描述自己时，我尽可能仔细地、准确地、细心地倾听。

不管该表达是肤浅的还是重要的，我都在倾听。我认为发言的个体是有价值的，值得让人去理解；所以对他而言，有所表达也是值得的。同事们说在这个意义上我把人“合法化”了。

毫无疑问我会有选择地倾听，如果人们要为此而指责我的话，那这就是“指导性的”。我关注正在讲述的团体成员，但对于他和妻子争论的细节、他在工作中的困难或他对刚才的陈述的不同意见，我当然不会
343 有太大兴趣，我更感兴趣的是那些体验此刻对他的意义，以及它在他内心唤起的感受。我试图对这些意义和感受做出反应。

我非常希望为每个个体创造一种安全的心理氛围。我希望他一开始就觉得如果他大胆说出一些高度隐私的、荒谬的、攻击性的或者愤世嫉俗的话，至少有一个人在他身旁，非常尊重他，清楚地聆听他描述真实的自我。

我为团体成员营造安全氛围的方法略有差异。我十分清楚一个人不能在新的洞察或成长的痛苦中体验到安全，或者在他人真实反馈的痛苦中感到安全。然而，我希望每个人感到不管在他的外部或内部发生了什么，我的心将与他紧密连在一起，无论痛苦或快乐时刻，或在成长中常见的既有痛苦又有快乐的时刻。当某个成员受到了惊吓或伤害时我通常能感觉到，这时我会给他一些语言的或非言语的反馈，告诉他我感受到了这些，并陪伴他度过痛苦和恐惧。

接纳团体

我对团体及团体的成员有极大的耐心。如果说我近年来学习到了一件事，那就是按照团体的本来面目而接受它是极有好处的。如果一个团体希望理性化，或讨论很肤浅的问题，或者情绪封闭，或者很害怕个人交流，这些倾向很少像烦扰其他领导者一样烦扰我。我深深意识到促进者安排的某些练习任务能在实践中迫使团体达到一个更多交流或更多情感的水平。有些领导者在处理这些事情上很有技术，并且当时也很有效果。然而，我作为一个临床科学家做了许多非正式的跟踪调查，并且我知道这些过程的持续结果常常不像马上出现的效果那样令人满意。效果

最佳时可能导致门徒效应（这并非我喜欢的）："他是一个很棒的领导者，在我没有主意时让我茅塞顿开！"这也会导致对整个体验的拒绝。 344
"我为什么要按他所说的做那些傻事?"最糟的情况下，人们会感到他的隐私自我以某种方式被侵犯了，他将会小心翼翼地不再对团体暴露自我。从我的经验中我知道从长远来看，如果我企图将一个团体推到一个更深层次是没有用的。

因此，我发现最好让团体自由发展。我曾与一群拘谨的科学家——多数是物理学家——一起工作，这里很少公开表达情感，也没有深层次的个人交流。然而这个团体变得更加自由，更有表现力，更有创意，并产生了很多积极成果。

我曾与高层教育管理者一同工作过——这些人在我们的文化背景中可能是最严谨和最有保护性的团体——但结果是相似的。这并非意味着它对我总是很容易。在一个教育者的团体中，有许多肤浅的和理性的谈话，但他们逐渐向更深层次发展。在一个晚间讨论会中，谈话变得越来越琐碎。一个人问道："我们正在做我们想要做的吗?"答案是清一色的"不是"。但过一会儿谈话又成了我毫无兴趣的社交闲聊。我陷入了两难境地——为了缓解早期团体中存在的极大焦虑，我曾在讨论会开始时强调他们可以谈任何他们想谈的，而实际上他们似乎在大声说："我们想在这个宝贵的难得的周末里来聊聊琐事。"表达出我的厌倦和心烦似乎与我给他们的自由相矛盾。[①] 在心里进行了一阵自我斗争后，我决定他们有权闲聊，而我也有权不再忍受它。我轻轻地走出房间去睡觉了。在
我走后以及第二天早上，参与者的反应多种多样。有人觉得受到了指责 345
和惩罚，有人觉得我在同他们开玩笑，还有人为自己浪费了时间而感到羞愧，其他人就像我一样，对这种闲聊感到厌烦。我告诉他们，我仅仅是想让我的行为与我的抵触情绪一致，而他们也有自己的感知。无论如何，此后的互动就有意义多了。

---

① 我已经在第一次会议时说过"我们可以按照自己的希望去对待它"，这可能是更可取也更诚实的话，我会畅所欲言地说："我不喜欢我们现在的做法。"但我非常肯定我在试图使参与者相信时曾说过，"你可以随心所欲"，我们总是在为自己的错误付出代价。

接纳个体

我希望由成员决定参加或不参加某个团体。如果一个人希望在心理上处于边缘，我在内心也是默许的。团体本身可能会或可能不会希望他处于这种状态，但我本人乐意如此。一个持怀疑态度的大学管理者说，他学到的主要事情就是他能不卷入个人参与，这让他感到非常自如，并认识到自己不会受到强迫。对我而言，这是个有价值的收获，并使他在下次有机会时更可能真正参与进来。一年后，对他行为的最新报告表明，这次似乎没有参与团体活动的经历使他收获颇多并改变了他。

我可以接纳个体的沉默，如果我确信这不是没有表达出的痛苦或抵制。

我倾向于按照话语的表面意思去理解它。作为一个促进者（就像我作为治疗师那样），我真心希望成为一个易受骗的人；我愿意相信你告诉我的是真实的。如果不是这样，你完全有自由在以后纠正你的话，并有可能这样做。我不想将时间浪费在怀疑或猜想上，“他到底是什么意思?”

我对于现在的感受比对过去经历的介绍会做出更多反应，但我希望在交流中两者都能呈现。我不喜欢“我们将仅仅限于谈论此时此地”的规定。

我试图弄清团体做出的选择将会导致什么后果，这些后果是否确定、有意识，或捉摸不定，或无意识。随着我逐渐成为团体的一员，我希望带来我的一份影响，而不是控制所发生的一切。

我经常对这一事实感到满意，即 8 个小时内我们能有 8 个小时的收
346 获，40 个小时内我们能有 40 个小时的收获——甚至在一个小时的会议中，我们能有一个小时的收获。

同感理解

我试图理解人们交流的内容的准确意义，这极其重要，也是我在团体中最常做的。

我努力钻研复杂情形，并在交流中将对该个体所述意义的理解反馈

给他，对我而言这是理解的一部分。比如，在一位丈夫很难理解并有些语无伦次的阐述后，我是这样回应的："就是说，渐渐地，以前你会与妻子交流的事现在却不会告诉她了，是吗?"

"是的。"

我相信这是有促进作用的，因为澄清了说话者的意思，有助于团体成员去理解，并不会再将时间浪费在询问或对他陈述的复杂细节做出反应上。

当谈话是一般性的或知性的，我倾向于根据前后的谈话来选择与自我相关的意义来做出反应。因此我可能会说："尽管你一直谈到这件事，说了每个人在该情况下会说的话，但我想你在说这些话时自己心里的确也是这样想的，是吗?"或者"你说我们所有人都这样做这样想。这是否意味着你也如此呢?"

在团体刚开始的时候，埃尔说了一些非常有意义的事情。约翰（另一个成员）开始就他的话提出疑问，但我听到的不只是问题。最后我对约翰说："好了，我想你试图明白他说了些什么、是什么意思，我想你在试图对他说些什么，但我不确定你要说的是什么。"约翰想了一会儿，然后开始表达自己的意思。在此之前，他显然是试图让埃尔替他（约翰）说出自己的感受，这样他就不用自己说出来了。这似乎是一种很普遍的方式。

我非常希望我能理解并表达出两种不同感受的双方。这样，在一个 347
讨论婚姻的团体中，两个人持完全不同的观点。我的反应是："这是你们之间的一个真实差异，因为你，杰瑞，说'我喜欢一种和谐的关系，我希望它美好而宁静'，而温妮却说'见鬼去吧！我喜欢交流！'"这有助于加深和澄清差异的意义。

根据我的情感进行操作

我学会了越来越自如地利用我此刻的感情，无论是对整个团体、或对某个个体、还是对我自己的情感。我总是感到对每个成员和整个团体的一种坦诚的、现时的关心。对此很难解释。这就是一个事实。我重视每一个人；但这种重视并不能保障永久的关系。这只是此刻存在的一种关心和感情。我想我能更清楚地感觉到它，因为我没有说它现在是或将会是永久的。

我相信在个体感到希望说出或就要出现痛苦、伤心、愤怒的情绪时，我很敏感。这时有人可能会说："让我们给卡琳娜一个机会"，或"你看起来似乎真的遇到了什么麻烦。你愿意让我们分担吗?"

我做出同感理解的反应可能尤其会伤心。这种想要去理解、与他人一起经历痛苦的渴望可能部分源于我的治疗经验。

我努力说出我在任何重要或持续关系中对某一个体或团体所体验到的任何持续感觉。显然这种表达在最初是不会有的，因为感情还不是持续的。比如，我可能在团体开始的前十分钟里对某人的行为不满，但不会在那时说出来。然而，如果这种感觉一直存在，那我会将它说出来。

348 在讨论这一点时，一位促进者说："我一直努力遵循第 11 条建议，'你应该总是表达出你所经验的情感'。"另一位讨论者说："你知道我是如何反应的吗? 我们应一直有所选择，有时我选择表达情感，有时我选择不表达。"

我自己更同意第二种说法。如果一个人能意识到他在特定时刻的情感的复杂性——如果一个人能充分聆听自己——那么就可能选择表达出强烈而持续的情感，或在似乎很不恰当的时候不将它表达出来。

我信任发自我内心的情感、话语、冲动、幻想。这样，我不只运用我的有意识自我，还运用了我整个机体的某些能力。比如，"我突然有一种幻想，你是一个公主，并且如果我们都是你的侍从，你会很喜欢"。或者"我觉得你既是法官也是受审判者，你严厉地对自己说：'你在每个法庭上都是有罪的'"。

或者直觉可能会更复杂一些。当一个有责任心的商业经理在说话时，我可能突然有这种想法，在他内心他是个小男孩——一个害羞的，未长大的，胆小的小男孩——他试图否认这个孩子，他为其感到羞愧。然而我希望他会疼爱这个小家伙。于是我会说出这种想象——并非是真的，而是我的一种想象。这常常会带来出人意料的深层反应和洞见。

我希望自己既表达出积极的、喜爱的情感也表达出负面的、受挫的或愤怒的情感。这可能有点冒险。有一次，我认为由于我在讨论会开始时太过于表现出了对团体中许多成员的积极情感而影响了团体进程。因为我仍然被感知为一个促进者，这使得他人很难表达出他们的消极和愤怒的情感，直到最后一次讨论时这些情感才被表达出来，从而使团体非常不愉快地结束了。

我发现要轻轻而迅速地意识到我自己的愤怒很难。我发现了这一点，并正在慢慢地就此进行学习。

无意识地表达出当时的情感是好的。有一段关于会心团体的录 349
音——该团体有大量进展。我两年后才听到了这段录音，并对我当时表达出的一些情感感到惊讶——尤其是对他人的。如果该团体中的一个成员（两年后）对我说："你表达了对我的这种情感"，我肯定我会断然否认。然而事实是，我没有斟酌每句话或考虑到可能的后果，而以团体中一员的身份无意识地说出了我当时的任何感受。我觉得这样不错。

当我"自己的"情感——积极的或消极的——与某成员的情感进行直接互动时，我似乎在团体中能最好地发挥作用。对我而言，这意味着我们在深层次的个人意义上进行交流。它是我在"我—你"关系中达到的最深水平。

当被问及一个问题时，我试图考虑到自己的情感。如果我意识到问题是真实的，没有包含其他的信息，那我会尽力回答它。然而，我不会仅仅因为它是个问题而感到必须做出回答。其中可能含有远比问题本身更重要的信息。

一位大学生曾说我"剥掉了我的洋葱皮"，也就是说，当我意识到了团体中的情感时，不断表达出更深层次的情感。我只能希望如此。

反对和反馈

我倾向于反对个体行为的特定方面。"我不喜欢你聊天的方式。我觉得你对每个问题都要说三四遍。我希望你表达完信息后就停下来。""在我看来你就像润滑油。有人似乎碰到了你，在你身上留下痕迹，但马上痕迹就消失得就像你没有被碰过一样。”

我也喜欢只用我希望宣称为我自己的情感来反对另一个人。有时这种情感可能很强烈。“我一生中从没有像在这个团体中这样生气。”或者，对此团体中的一员说：“我今早醒来，感到‘我再也不想见到你了’。”

对我来说攻击一个人的防御性是带有评价性。如果一个人说“你隐
350 藏了许多敌意”，或“你太理智了，可能是你害怕你内心的情感”，我相信这种判断和诊断是非促进性的。然而，如果我感到这个人的冷漠让我不满，或他的理智激怒了我，或他对他人的粗鲁让我生气，我就会说出我心中的受挫感或愤怒。对我而言这非常重要。

通常在反对某人时，我会使用成员早先提供的非常具体的材料。“现在你再次成为了你所称的‘钻牛角尖的乡村男孩’。”“现在我觉得你又在重蹈覆辙——你自己曾描述的那种事——做那个不惜任何代价想得到表扬的男孩。”

如果一个人在我的反对下似乎很痛苦或其他什么的，如果他愿意的话，我非常乐意帮助他“逃离苦海”。“你看上去似乎对你的一切很担心。你是不是想单独待会儿?”个体只能被这种回应引导，尽管他可能会有痛苦，但他们知道自己希望反馈和反对一直都有。

说出自己的问题

如果我自己生活中的某件事正使我感到痛苦，我希望在团体中说出来，但我对此是有某种职业道德的，因为如果我作为一位促进者而获得报酬，那么我会在同事团体中或找某个治疗师解决而不是占用团体的时间。我可能对此过于谨慎了。有一次，在一个一周一次的进展缓慢的团体会议中，我觉得我欺骗了他们。当时我对某一个人的问题感到很沮丧，但是感到它与团体无关就没有去谈论它。当我回头来看时，我想除了说出我的沮丧外，没有什么更能促进团体的进程了。我相信它会有助于他们更积极地表达。

如果我觉得说出自己的问题会不自在，这会有两种不幸结果。其

一，我不能仔细聆听；其二，我从各种经历得知，团体会感觉到我的沮丧，并认为他们犯了某些未知的错误。

避免计划和“练习” 351

我尽量避免采用任何计划好的程序，对于人为状态我真的很担忧。如果采用了任何计划好的程序，那么团体成员就应该如同促进者一样全身心投入其中，并且不管他们是否愿意用这种方法，都应该自己做出选择。当面临挫折或团体达到稳定状态的极少情况下，我尝试过一些工具或策略，但它们很少起作用。这可能是因为我自己对它们是否真的有用缺乏信心。

对团体成员制定计划是可能的，但到底发生什么则取决于他们。在一个沉闷的团体中，我建议我们做一些其他团体做的事情以摆脱这种沉闷：围坐成一个内圈和外圈，外圈的人准备发言，讲出他前面人的真实感受。该团体完全不在意这个提议而继续发展着，似乎它从未被提出过。但在一个小时内，一个人抓住了这个策略的中心并采用了它，说道：“我想谈谈约翰，谈谈我所认为的他的真实感受。”在随后一两天里，至少有 12 次以上，其他人也用到了它——不过是以他们自发的方式，而不是任何强制的或僵硬的策略。

对我而言，如果是其自发的，那么任何事都不是什么“噱头”。因此，一个人可能采用角色扮演、身体接触、心理表演疗法、我所描述过的练习以及其他各种方法，当它们似乎表达了个体在当时的真实感受。

因此我认为自发性是我所知的最宝贵和最难以捉摸的要素。我自发地做某些事，而且它非常有效。随后在另一个团体中我可能会强烈希望再做一次——“自发地”——但我难以理解为什么会失败。显而易见它不是真正自发的。

避免解释或进程评价

我很少对团体进程进行评价。这些评价可能会引起团体的自我意识；它们会使进程慢下来，并使团体成员意识到他们在被审察。这种评

价也暗示着我没有将他们当做人来看，而是当做一团东西，这并非我所
352 希望的。如果可能，对团体进程的评价最好自然而然地来自成员。

我认为对个体也是如此。例如我认为，体验竞争感和公开地体验该情感比促进者为此行为打上标签要重要得多。出于某种原因，当一个成员做此类事情时我并不反对。例如，一位教师成员抱怨学生们总是希望自己回答他们的问题，并不停地问问题。他感到学生没有充分的自主性。他一直固执地问我，一遍又一遍地，对学生的该行为应怎么办。一个团体成员最后说："你刚才的抱怨似乎给了我们一个很好的例子。"这似乎很有帮助。

我并不倾向于对一个人行为背后的东西进行探究或评价。对我而言，解释一个人行为的原因只不过是一种高水平的猜测。使它有分量的唯一方法是一个权威将他自己的经验放在其后。但我并不想涉及这种权威性。我不会做出这种评价："我想你做出这种行为是因为你对自己没有信心。"

团体的治疗潜能

如果团体中出现了一种非常危险的情形——当一个成员好像表现出精神病症状的行为或一种异常行为时，我已经学会了依靠团体成员来做治疗师或做比我更好的治疗师。有时作为专业人员会对个体打上标签并感到，如"这完全就是偏执狂患者的行为"。这样，他就倾向于退回来，将这个人作为一个物体来对待。然而，不知情的团体成员会继续将出现问题的成员看做一个人而与他接触，而根据我的经验它的治疗效果会好得多。因此，在一个成员明显表现出病态行为的情况下，我更多地依靠团体智慧而不是我自己的智慧，并常常为团体成员的治疗能力而深感吃惊。这种方法既柔和又鼓舞人心。它使我认识到普通的未受训练者身上
353 所具有的巨大的助人潜能，如果他能自如地使用这种潜能。

身体运动和接触

我尽可能自发地以身体动作表达自己。我的背景使我在这方面不能

运用得特别自如。但如果我感到焦虑，我会站起来伸伸腰，四处走走；如果我想与另一个人换位置，我会问他是否愿意。一个人可以在地板上坐着或躺着，如果这让他的身体感到舒服。然而，我并不特别试图促使他人进行身体运动，尽管有些促进者能在这方面做得很精彩，很成功。

慢慢地我学会了以身体接触来做出反应，如果这是真实、自发和适当的。当一位年轻女士因为梦到团体中没有人喜欢她而哭泣时，我拥抱她，吻她，并安慰她。当一个人感到痛苦而我想走过去拥抱他时，我就这样做了。再次声明，我并非有意去更多地使用这种行为。我欣赏那些在这方面轻松自如的年轻人。

我意识到的一些错误

我在一个情感流露——任何情感——的团体中的感觉比在一个无动于衷的团体中要好。我并不很擅长建立一种人际关系，并且真的羡慕一些我认识的促进者，他们能轻易地建立一个真实的、有意义的人际关系，并且使其不断发展。我通常选择这种人作为合作促进者。

正如我在前面简单提到的，我在意识和表达自己的愤怒上通常比较迟缓。因此，我可能较晚才开始意识和表达出它。在最近的一个会心团体中，我分别对两个人非常生气。对其中一个，我直到半夜才意识到愤怒，不得不等到第二天早上才说出来。对另一个，我在愤怒产生时就能意识到，并在讨论会上表达出来。这两种情况都导致了真实的交流——
使关系得到了增强并逐渐真正地喜欢彼此。但我在这方面学得很慢，因 354
此当其他人试图有效地放松他们的防御机制，以使当时的情感进入意识时，我对此由衷地欣赏。

一个特殊问题

近年来我不得不处理一个问题，对于任何一个因其著作和理论被传授而声名远播的人来说这个问题都是特殊的。人们带着各种期望与我一起走进团体——从头顶上有一轮光环到长着犄角。我尽快使自己摆脱这些期望或恐惧。通过我的外表、行为方式并表达我的希望，他们开始将我视作一个人——不仅仅是一个名字、一本书或一种理论——我尽量成为团体成员中的一员。发现自己被人包围着总是让人精神振奋——比如，高校女孩或者商人——对他们而言我不是一个“名字”，并且这里我不得不再“做一次”，仅是以一个人的身份。我可能会吻这个在团体开始时说了挑战性话的女孩，她说：“我想这可能是一件冒险的事。请问你有什么资格做这件事?”我回答我曾经有许多团体工作的经验，并希望他们能发现我够资格，但我当然能理解她的担心，他们可以自己对我做出判断。

我认为没有促进作用的行为①

尽管我在此章开头部分就强调了有许多有效的团体辅导方式，也有一些人的督导团体工作我并不认同，因为他们的一些方法在我看来是无促进作用的，甚至对一个团体或其中成员是有害的。在没有罗列一些此类行为前我无法对这一讨论做出结论。在该领域中研究还处于起步阶段，因此一个人无法假装以下所述观点是以研究发现为基础或支持的。这些简单观点源于我的经验，并在此表述出来。

1. 我对那些利用当前人们对团体的兴趣的个人深感怀疑。由于人们对此兴趣日增，一些工作者打出了“追赶时尚!”的标语，当助人者
355 身上出现了这种特征时，我深感气愤。

2. 当促进者推动团体前进，操纵团体，为团体制定规则，试图引导团体朝向他自己未说明的目标前进时，效果不好。甚至这样一个小小的行为就会减少（或破坏）团体对他的信任，或者——甚至更糟——使成员成为他名誉的追随者。如果他有了具体目标，他最好将其明示出来。

3. 有些促进者通过团体中过分激动的行为来判断一个团体的成败——他们计算哭泣或被打动的人数。我认为，这导致了一个极虚假的

---

① 撰写该部分时与许多人的讨论启发了我，尤其是与安·德赖弗斯（Ann Dreyfuss）和库尔森（William R. Coulson）的讨论。

评价。

4. 我并不赞许这样的促进者——他们相信某一方法是团体进程的唯一基本要素。对一个人而言，“攻击防御”是必要条件。而对另一个人而言，“激起每个人的基本愤怒”是主旋律。我非常尊重西纳农（Synanon）以及他们对吸毒者的有效工作，但我反对他们草率地把不断的攻击——不论它是以真实的或虚假的情感为基础——作为判断一个团体成败的标准。我希望敌意或愤怒在出现时被表达出来，并希望当它们的确在我身上出现时被表达出来，但还有许多其他情感，它们在生活和团体中同样重要。

5. 我对有些促进者并不赞许，他自己的问题很大很迫切，因而他需要进入团体解决自己的问题，并且不能解决或深切意识到他人的问题。这种人最好成为团体中的参与者，但当他作为一个“促进者”时就很不幸了。

6. 我并不欢迎这样的促进者——他们频繁地解释团体成员行为的动机或原因。如果这些解释不准确，他们毫无帮助作用；如果解释极准确，他们可能引起极度的防御，更糟的是，这可能会剥去了一个人的保
护层，使他脆弱并可能受伤害，尤其是在团体结束后。一些话如“你当 356
然有许多潜在的敌意”或“我认为你在弥补自己所缺乏的阳刚之气”会影响一个人好几个月，使他对理解自我的能力极其缺乏信心。

7. 我不喜欢一个促进者在介绍练习或活动时说这样的话：“现在我们都将……”这仅仅是一种特殊的控制方式，但很难让人拒绝。如果介绍练习时，我认为促进者应清楚地说明每个成员都有机会退出活动。

8. 我不喜欢那些其个人情感不参与到团体中的促进者——将自己视为一个专家，能够运用高层知识来分析团体进程和成员反应。在那些靠指导团体为生的人身上可以看到这一点，既表现出自身的一种防御，又表现出对成员缺乏尊重。这种人否定他自发的情感，并为团体树立一个榜样——过于冷静分析、从未涉入其中的榜样——这与我的观点完全相反。这是每个成员自然而然要去达到的目标：与我希望的恰恰相反。无防御和自发性——而不是冷漠的防御——是我个人希望在团体中出

现的。

让我澄清一下，我一点也不反对我所提到的团体中任何成员所具有的特点。无论一个人是操纵性的、过度解释的、极具攻击性的或冷漠的，都会被团体成员们非常适当地处理。他们不会允许这些行为持续下去。但当促进者出现这些行为时，他们会在团体成员认识到他们能像对待其他人一样去面对和处理他之前就为团体树立一个标准。

总结

我试图描述我作为他人眼中的团体促进者所具有的行为方式。我在实现自己的个人目标时并不总是成功的，那时该体验会使团体成员和我
357 自己都不太满意。我同样也描述了一些我认为是非促进性的行为。我衷心地希望这些内容能促使他人也说说他们自己的团体促进方式。

24　助人职业面临的一些新挑战*

我很荣幸被邀请来发言。我参加美国心理学会的会议已经有很长时间了。我有一种冲动去回忆，去思考，去讨论这45年来我从事的临床心理学或相关的工作——帮助有困难的个体，在该领域从事研究，促进个人和团体的成长和发展，努力与组织机构合作，例如我们的教育体系，甚至表达我对我们这个病入膏肓的社会和我们文化的致命疾病的关心。

这些回忆将包括一些事情，如努力不懈地为临床心理学这一婴儿在美国心理学会中求得一席之地——这种奋斗现在看来似乎可笑；这种奋斗是为了证明心理学家事实上能够进行心理治疗而且也是合法的，其中包括了与精神病学家的各种斗争；尝试在心理治疗中纳入详细的考察和实证研究；努力建立一个理论框架，使得临床工作从奄奄一息的精神分

* *American Psychologist*, Vol. 28, No. 5, May 1973, 379-387. Copyright © 1973 by the American Psychological Association. Reprinted by permission of the publisher.

析教条式的正统学说中解放出来，促进多种多样的创造性思维；努力扩展临床和其他心理学家的范围和视野；最后可能是努力帮助心理学家成为转变代理人，而不仅仅是心理绷带的治疗应用者。以上每句话本身都可以是一个很长的故事。

但我不就此满足。我更愿意向前看，试图叙述我们正面临的一些挑 358
战，或者根据我的判断，我们在不久的将来会面临的挑战。

恐怕这些挑战没有多少逻辑顺序。我认为它们是最有意义的两难问题。因此，以下内容可能有些杂乱，正如我认为生活残酷地向我们呈现了许多有分歧的问题一样，我们可以对其中一些问题置之不理。以下是我觉得无法回避的一些问题。

我们敢建立一种人的科学吗?

我想说的第一个挑战并不十分新鲜，但绝对还没碰到过。这个挑战就是：如果我们想建立一门真正的心理科学，一个新的科学概念是必不可少的，而我们是否敢于发展这一新概念？或者我们沿着伪科学的道路继续前进？请允许我解释一下我的意思，以充满我个人意义的术语来说明。

心理学，有数以千计的实验，众多的白鼠，众多的相关实验室，计算机，电子设备，高度复杂的统计标准，诸如此类，但在我看来作为一门重要的科学它正在倒退。令人沮丧的是我们没有注意到罗伯特·奥本海默（Robert Oppenheimer，1956）在美国心理学会上的警告，他指出心理学可能做的最糟糕的事就是“依照一种不再存在、已经过时的物理学来塑造自己”（p. 134）。但我们最终还是将自己局限于这种过时的牛顿式科学概念，似乎没有意识到在理论物理学和其他各种“硬的”和“软的”科学中对科学的看法正在发生变化。我与其他人曾努力指出一些这样的变化（Koch，1959；Rogers，1955，1964；Schultz，1970），我不想在这里重复这些内容。在我看来，我的朋友波拉尼（1958）的一段话对变化的核心做了最好的总结。它是一种复杂的想法：

> 科学中客观真理的发现在于对一种合理性的理解，这种合理性

引起我们的尊重并激起我们内心的钦佩；当运用我们的意识经验作
359 为线索时，这种发现超越了该经验，它在我们的感觉印象之上还包括了对某个真实的看法，这种看法通过使我们对该真实有了更深理解而表述着自己——这种对科学过程的论述通常可能会被当做过时的柏拉图主义而置之不理：在启蒙时代毫无价值的神秘主义。然而我希望坚持的正是这种客观概念。(p. 5)

一个人被自己的主观看法所推动，直至形成更深入更有意义的对真实的看法，波拉尼的这一观点有个精彩的例子，它恰恰出现在斯金纳(B. F. Skinner，1959）对自己如何成为一个科学家的陈述中。它是一种人类的、个人的、内心的观点。它运用了许多主观线索，如“当你碰到感兴趣的事情时，摒弃一切，专心研究它”（p. 363)。不幸的是斯金纳现在认为这种精彩的个人叙述本身毫无意义。然而我有类似的关于美国加利福尼亚理工学院著名科学家的故事——他的梦，观点，对原子核结构的预感或其他一些神秘的东西，以及那个具有启发性但模糊的梦所引导出的有价值的工作。汉斯·赖辛巴赫（Hans Reichenbach)（Schilpp，1959）谈及与爱因斯坦的一次对话：“当我在某次问爱因斯坦教授如何发现相对论时，他回答说是因为他坚信宇宙的和谐性。”（p. 292）换句话说，他有一个主观形成的指导思想。

我自己（Coulson and Rogers，1968）曾试图总结这种较新的观点：

我们（心理学家）所认为的科学变成了科学的**一部分**。它可以被视为存在于深刻的个人情境中，似乎有道理的个人和团体评价在此情境中与统计学意义一样重要。这样，精确美的模型、不可反驳的科学（我们多数人有意或无意地坚持这种科学）就变成了有限的，具有明显的个人结构的，不可能天衣无缝的。对经验的开放性完全可以与对研究设计的理解一样被看做科学家的一个重要特征。
360 而整个科学事业可被看做广大知识领域的一部分，在这一领域中可以用多种同样有意义的方法来获得真理，科学只是这些方法中的一种。(p. 8)

引用的这些话说明了心理学家如果想发展一种人的科学所面临的挑战（Dagenais，1972；Schultz，1970）。心理学可能成为一门以对内部认知过程的细致观察为基础的科学，就像我们在皮亚杰身上看到的一样。它将涉及对内心的、个人的、情感的意义的探索，正如我和我的同事已经做的。它将以对个人现象世界及其外在行为和反应的理解为基础。这种朝实证路线发展的趋势在心理治疗研究中日益明显。许多研究者进行的日渐精妙的关于梦的研究也强烈表明了这一点。研究者将个体完全主观的、非理性的梦的世界与个体在多种电子测量仪器上的反应联系起来。在这里，最古老的主观现实之一——梦——确实与最现代化的技术联系了起来。应该注意，在所有这些向一种较新的科学前进的趋势中，我们没有将个体推入某种人为情境中去研究某个我们强加于其身的假说。相反，我们打开了我们的心灵和整个自我向个体学习。

为什么这很重要？因为如果不这样，人对我们而言将仅仅变成一个物体。汉纳（Hanna，1971）很好地讲到了这一点：

人类运用他所感知到的与自己不同的东西，但他用他感知与自己相似的东西去寻求一种普遍理解和普遍和谐。前一种感知导致了操纵和真正的技术，后一种感知导致了理解和真正的科学。

我相信除非我们建立这种真正的人的科学，否则我们不过是在发展一种供计划者和独裁者使用的技术，而并非对人类情境的真正理解。可能我们的研究生院系，那些传统主义的捍卫者们，使我们与这些变化隔离。在多数大学，博士论文已经使其真正目的变得滑稽。跟随个人心中对人类本性中某些方面神秘性的好奇，从严谨的、个人的、独立的研究中得出有意义的知识——这才是真正的博士学位论文；但这并不是对现今许多博士论文的准确描述。我们安于平庸，害怕创造性。如果我们要改变科学的概念，我们的院系就必须改变。如果这种变化不出现，心理学将变得越来越与研究人的真相无关。 361

我们敢成为设计者吗?

我们时代的心理学家面临的另一个巨大挑战是建立一种方法，这种方法关注于建构新的社会，而不是修补旧的社会；也就是说，去设计一个不会有那么多问题的社会，而不是将膏药贴在那些由社会因素所造成的创伤上。问题是我们的团体能否发展出一个能对问题进行事先防御的方法，或者它是否永远都是一个亡羊补牢的方法。

让我举几个例子。学校心理学家是否满意于试图诊断和治疗个体的那些由陈旧的、课程安排不合理的教育体制所导致的疾病；或者，他是否坚持参与创造一些学习机会，使得学生的好奇心得到释放并且学习兴趣代替了监狱般的学校布置的任务？

用这种方式工作要求心理学家真正做到激进。这意味着他要走出他安全的小办公室和工作室——据我所知，这常常是很冒险的——和学校管理者、老师、团队领导一起来计划和设计一个学习环境。他的工作不再是试图缓解旧体制下的牺牲者的伤痛，因为对这些人而言失败已习以为常；相反，他会致力于建立一个复杂机构的更广泛工作——如果这可能的话——以学生为中心而其他人则为学生服务。作为临床工作者，我们已经看到自己的工作是采用如此低劣的方式，我不知道我们能否改变自己的态度而使我们看到自己有可能行使的功能。

362 为什么心理学家在设计那些变得更好而非更糟、利用科技而非沦为其奴隶的环境中——城市、学校、家庭、文化——没有处于核心地位呢？的确有一些心理学家参与其中，但数量却很少。

举一个我所了解的例子，一位心理学家——我猜想他应被称为一位咨询心理学家——在一个大公司中参与设计一个大的新计划。在该计划中他的工作是提高人际关系满意度，因此他与建筑师、与汽车设计人员、与工会领袖、与流水线专业人员、与所有这些人打交道。他不是简单地努力改善或缓和该企业中人的作用。他认为自己的工作是将人放在整个企业的中心位置，努力发现一个大型现代化生产企业能否如此建构，如此组织，以提高人们的士气，丰富员工的生活。我相信他致力于尝试建立一个首先是人的体系。如果最终这个团队能成功，我们将无须谈论现代化工厂对人性的磨灭，以及对人类心理的巨大伤害。可以肯定的是，他可能失败，也可能成功。但他致力于建构一个人的企业。希望更多的心理学家也能致力于此！

如果我们考虑建立一个从最初起就是全新的社会，同样的评论也适用。我比较熟悉的是哥伦比亚、马里兰。建立一个人的社会——不论其种族、文化背景或经济水平——是一项令人兴奋的实验。我知道他们已经犯了错误，并无疑会犯更多，但这种努力是为了人，而不仅仅是为了建立者的利益。我并不知道有多少社会科学家从事这项活动，但肯定不够。对建立该社会的长期人际关系给予了多少关注？太少了。但在这种领域中，根据我的判断，有着心理学家的重要位置，如果他们能既具有创造性又脚踏实地，如果他们能将自己从他们的传统性和专业性中解放 363
出来，并与所有相关领域的人——医生、建筑师、管道工人、教育者——一起进行有想象力的工作，以建立一个新社会的新统一体。

在另一领域，我们能否在改善少数团体——黑人、墨西哥裔美国人、印第安人、妇女——和所谓当权派间的关系上产生重要帮助呢？这是一个相关的、冒险性的领域，该领域有着众多机会。我知道，并且我相信你也知道，一些心理学家，包括黑人、白人、墨西哥裔美国人和妇女，他们在关键情况下对促进沟通产生了重要影响。一些人与少数民族和警察打交道，一些人与贫穷的患者和医疗机构打交道，一些人与毒品文化和社区打交道。作为心理学家，我们提供了许多技巧以帮助这些苦难又被排斥的团体与不公平对待它们的文化之间进行沟通并解决问题。我们可以帮助双方以一种平静的非暴力的革命解决问题。我们会这样做吗？当我们做这些事时，我们是否会得到来自我们的大学根基，我们的职业团体，我们的为公众服务的政府机构的支持吗？这不会很快就知道，但我们可以齐心协力地赌一次。

我们敢取消专业主义吗？

我想说的第三个挑战，特别是对于临床和社会心理学家，就是一种清除我们的职业化程序的激进的可能性。我知道该思想是多么异端，在那些努力成为了“专业人士”的人心中它引起了多大的恐惧。但我已经看到了资格化和执照化的趋势，看到了试图驱逐江湖骗子的努力，但根据我的考虑判断，目的并没有达到。当我担任美国心理学会主席时，我曾在1947年帮助美国心理学会组建ABEPP[1]。当时我心里对这种举动感到有些矛盾。现在我希望自己当时反对它。

364 我并非完全指责旨在制定资格认证标准以及随后措施的那些人的动机、真诚和努力。我也深有同感。我希望有一种方法区分出有资格者和无资格者，称职的工作者和机会主义者以及投机者和江湖骗子。但让我们看看一些事实。

一旦我们为行业建立一个资格认证标准——不管是针对临床心理学家、团体训练员、婚姻咨询师、精神分析师，或者我前几天听到的精神治疗师——其首要的和最大的作用是将职业冻结在了一个过去的形象上。这是不可避免的结果。你用什么来审查呢？显而易见，是过去一二十年以来使用的问题和测试。谁有足够的智慧成为审查者呢？显而易见，那些已经有一二十年的经验和那些为此在15～20年前就已开始训练的人。我知道这种团体努力更新他们的标准，但他们总是落后几步。所以资格认证程序总是使用很早以前的标准，并用当时的术语定义职业。

我悲哀地阐述第二个缺点：有执照的江湖骗子和投机者与无执照的一样多。如果你有一个好朋友急需心理治疗帮助，而我给了你一个治疗师的名字，他有临床心理学毕业证，再没有其他信息了，你会送你的朋友到他那去吗？当然不会。你会希望了解他是一个怎样的人和治疗师，因为你知道有许多人墙上挂有毕业文凭却并不适合做治疗、领导一个团体或帮助一桩婚姻。资格认证并不等同于能力。

第三个缺点是急于形成专业化会造成严重的官僚作风。我个人在国家级机构中还没有感觉到这种官僚作风，但在州级机构中它经常发生。官僚化的规定代替了正确的判断。一个人不合格是因为他只进行过150个小时的受督导治疗，而另一个人合格则是因为他达到了要求的200个小时。关注的不是治疗师的有效性，或他的工作质量，甚至他接受的督

① 即“美国职业心理学审查员委员会”，现名为ABPP，即“美国职业心理学委员会”。

导的质量。另一个人可能不合格，因为他优秀的心理学论文不是在标有“心理学”的研究生院系中完成的。我不想再讲更多的例子。官僚作风正开始以我们再熟悉不过的方式来控制局面，从而大大阻碍了职业的发展。 365

当然每件事情都有其另一面。我想到了“热线”工作者，我近几年来有幸对他们有所了解。在电话中他们处理恶性吸毒问题，早期自杀问题，爱情纠纷，家庭不和，各种个人问题。这些工作者大部分是大学生或者学历更低的人，他们仅接受了很少的在职强化培训。但我知道在许多这种紧急事件中，他们所用的技术和判断会使一个专业人士感到嫉妒。如果按照传统标准，他们完全是“不合格的”。但总体来说，他们不但有奉献精神而且也有能力。

我也想到了我在团体中的经历，团体中所谓的新手，在处理困难个体和环境上通常有内部的智慧，远远超过了我或其他任何一个专业促进者。看到这一点真令人悲哀。或者，当我想到我所知道的已婚夫妇团体的最好领导者时，我想到的是一个男人和女人，他们都没有令人满意的证书。极有资格的人站在证书门槛之外。

但你可能会反驳：“你准备如何阻止那些通常为了经济利益而利用人们心理的江湖骗子呢?”我重视这个问题，但我要指出那些旨在利用他人的人即使不自称为心理学家也能骗人。宗教精神疗法（如果我们少关心些证书，从中我们可能学到一些东西）现在作为一种宗教干得很不错！我经过三思后的判断是：严格的专业标准对于赶走投机者和江湖骗子只起到了微乎其微的作用。如果我们关注于发展和提供优秀的个人帮助，人们会来找我们，而不是找骗子。

我们必须面对这个事实，即在处理人类问题上，一本执照并不能保
证真正有资格。如果我们少一些自大，我们也可能从“无照”人员身上 366
学到很多东西，这些人有时在人际关系领域极其精通。

我非常明白我的处境很不利也有风险。但走向资格化和执照化的道路也是如此。我逐渐认识到：如果我们取消“专家”、“有资格专业人士”、“有照心理学家”，我们可能会为我们的职业注入一丝新鲜空气，

一股创造力，而多年来都没有这样了。

在每个领域——医学、护理、教书、砌砖或木工——资格认证都会使该职业僵化和狭隘化，使它局限于过去，压制改革。如果我们问自己：美国医生是如何在人们心中形成追逐金钱的形象的，作为国内最紧密的团体的成员，反对所有的进步和变化，特别反对在健康需要关注时给予其关注，毫无疑问美国医学会（AMA）慢慢地，虽然是无意识地，在公众心目中建立了这种形象。但是美国医学会的最初目的是给有资格的医生授予证书和执照，以保护公众不为庸医所误。让我心痛的是看到心理学开始步其后尘。

我谦逊地提出一个我相信将非常令人震惊并会引起反对的问题，它就是：心理学能否找到一个更好的新方法？是否有更多的创造性方法让那些需要帮助的人和那些真正善于提供帮助的人走到一起？

我没有最终答案，但我要提出一个建议性原则，它最初是我的同事法森（个人沟通，1966）对我说的："有问题的人群拥有解决问题的最好资源。"在许多领域都是如此。吸毒者或昔日的吸毒者，在处理吸毒个体的问题上最成功；同样，昔日的酒鬼帮助酒鬼，昔日的犯人帮助犯人——所有这些人都可能比专业人员更有效。但如果我们授予证书或给予他们助人者的较高地位，那么他们的促进作用就会下降。他们那时就
367 变成了"专业人士"，具有了专业人士所特有的排他性和领域性。

因此，尽管我知道这肯定骇人听闻，但我认为我们投入到执照规则、资格、证书法规上的精力，以及为帮助临床心理学家、社会心理学家和团队领导者进行有效工作，以为人类幸福做出贡献而进行的书面或口头考试，最后选择的都是那些实际上没有资格的人，不管他们是否有证书。

作为引导公众的一种补充，我们可以建立类似消费者保护协会的机构。如果有一个人抱怨无效的或不道德的行为，那么解释清楚就可以解决了。但是如果有许多抱怨都是关于某个人对公众的服务，那么他的名字就应让公众知道，并给予"请购买者注意"的建议。

同时，让我们以新方法来发展我们的心理学学习过程，它使我们能为公众提供更多的服务，而绝非新时尚的创造者，利用公众对于某个宣

称能回答人类所有问题的人的依靠心理而谋生。当我们自己的持续帮助显而易见时，我们就将不再需要资格认证和发放执照这一复杂机制了。

我们能否允许自己是完整的男人和女人？

现在我想阐述另一个完全不同但也许不是毫无关系的挑战。我们许多人在教育机构里度过了20年或更长时间，在那里知识就是一切。任何重要的事都发生在颈部以上——吸收和记忆，思考和表达。然而在生活、治疗、婚姻、亲子和其他亲密关系中，在会心团体中，在大学教职工会议中，我们被迫学会情感是生活中同样重要的部分。但是，主要由于我们的教育，我们仍然倾向于将这两方面分开。我在团体中深刻地观察到了这一点：如果团体是为了一项理性任务而聚集在一起的，那么情 368
感是被否定的，尽管令人痛苦的是它们常常显而易见；如果团体是为了个人谈心而聚集在一起的，那么理智通常会遭到强烈排斥而在这种团体中毫无地位。似乎我们生活在一个非此即彼的基础之上。我们意识到并表达出我们所想的；或者我们意识到并表达出我们的情感反应。我们生活的两面几乎从未走到一起过。

临床心理学的状况就有趣地说明了这种分离程度。培训一般被划分为不同课程——直接的知识教育和实践体验，在该课程中处理他人的情绪，有时是自己的情绪。但如果我举一个假设的例子，就会很明显地出现不协调。一个学生说他的论文希望精确地测试A、B两组的差异。他相信这既刺激又有价值。在论文中他还宣称自己希望以恰当的形式和深刻的见解来呈现在研究生阶段最重要的收获：他在与一位难治疗的当事人的关系中获得了洞见式自我学习，他与当事人共同成长，他自己和当事人的行为都发生了持久变化。我们都知道第一个计划会被顺利接受。而第二个计划不仅会被否定，而且可能被愤怒地、草率地否定。这个学生以为他是谁，竟试图将他的情感、将他对自己和当事人的内在反应的理解与他对这些的看法混在一起？这会被看做一个荒谬的论文主题。

尽管这对老一辈来说不过是常规的教育步骤，但年轻的一代越来越多地拒绝接受它。我想起了在一个矛盾激烈的大学进行的一场学生和教职工的周末见面会。它最终没有任何结论。我想一个学生最后向老师发言时对两难境地做了准确地总结："我不知道我们这两个世界能否相遇——因为我们的世界充满感情。"我同意这一说法。

为什么如此多的优秀学生离开大学？因为他们发现那里没有完整的人的一席之地。为什么如此多的年轻人发现生活令人困惑而没有意义？
369 部分原因是他们不知道有可能作为一个思想和情感统一的人而活着，作为一个情感中充满智慧和好奇心的人而活着。汉纳（1970）在他的精彩著作《反叛的躯体》中，为身体作了强烈的辩解，它是跳动着的人类机体的美妙统一体。关于许多年轻人对我们这个"荒谬的"世界的感受，他说："'无意义'的体验是对我们身体某一方面过度发达的一个活生生的控诉：即有意识注意和理性努力。"（p. 227）我太赞同他了。正是过于强调意识和理性并低估我们进行总体反应的机体智慧导致了我们无法作为一个统一的、完整的人而生活。

然而，我从个人经验中可证实，对于那些生活已经被分割了数十年的人来说，要达成这种统一并不容易。我曾指导过一些课程，在这些课程中整个团体，包括我自己，都同意我们的情感与我们的思想一样都是课程的重要部分。然而，如果一个人开始探索一些高度情绪化的、他开始对其有所了解的体验，其他人对于是否表现出感情反应会很犹豫。而如果一个人在课堂上一开始就谈论与他刚形成的一种理论有关的想法，那么随后的讨论就会很理性。偶尔有一个团体能在体验中作为完整的人。然而，一旦他们做到了这一点，结果将会是令人难忘的。一些成员的论文极具原创性和学术性；另一些人用诗或创造性的作品来表达他们最深的收获；也有人在最后一次会面中拿出一个彩绘的木制品，在其中他力图艺术性地展现自己的收获；还有人写了一个与课程相关的讽刺性的戏剧。对于传统的指导者，这可能是些乱七八糟的东西。但对于一个对完整的、统一的人表达出的收获感兴趣的人来说，这是令人激动的。

但是尽管有这些革命性的努力——而且这些努力正在逐渐增多——被分裂的人仍是绝大多数。我们还是要到大学中去寻找办法，到会心团体或心理治疗中去发泄我们被压抑的情感。

然而如果我们真正地意识到了，我们能听到被否认的情感的无声的 370
尖叫回荡在每个教室的墙壁和校园的走廊上。如果我们足够敏感，我们能听到有创意的想法和思想常常在我们公开表达情感时出现。我们大多数人都由两个独立部分组成，我们试图将它们合为一体，从而使思想和身体、理智和情感的区别消失。

谁能促使形成这种完整的人呢？根据我的经验，我认为最不可能的是大学教员。他们的传统主义和自命不凡简直令人难以置信。我几乎有些恐惧地想起了哥伦比亚大学的一位教授在大楼被占领、学生发动校园骚乱后不久所说的话。该教授告诉我："在哥伦比亚大学不存在沟通问题。因为我几乎每天都对学生讲话。"他听起来就像 19 世纪 50 年代的南方奴隶主。

不！我认为如果将自己和其他人都变成思想和情感完全融合的完整统一体的变化将到来的话，那么将是年轻的一代完成它。他们正在抛弃传统的枷锁。他们已经很大程度上抛弃了宗教的关于身体是邪恶的、只有大脑和精神才是高尚的教条。对于那些分裂的、在越南人民头上扔下炸弹并在理性上心安理得地处理这一问题的人（在他们的思维里，这不是谋杀或杀戮：他们只不过从事了"一个自卫性反击战"），年轻一代是反对他们的有力力量。我相信，只有年轻一代，才能帮助我们看到我们的教育体系对人性的可怕毁灭，我们的教育体系将思想和情感分离开来，前者是受赞赏的，而后者则被视为具有动物性。也许年轻人能让我们重新变得完整，上帝知道我们需要再一次被塑造为统一体，对我们自身和我们环境的一切作出灵敏的反应。

这是唯一的现实吗?

最后，我必须提到一个挑战，我相信这个挑战对心理学家来说是最
致命的威胁。那就是极有可能不只一种"现实"，可能真的有许多现实。 371
这绝非一种新想法。威廉·詹姆斯（Willian James，1928）曾说："我们通常的觉醒意识仅是意识中特殊的一种……由银幕隔开的除了它，还有完全不同的意识的潜在形式。"他推断他当时所看到的事实"禁止我

们过早地对现实下结论”。

现在，随着对许多药物导致的扩展了的意识状态和变化的现实的了解，随着对超感知觉的多年仔细研究，随着国际上对特异功能现象的研究，随着一些严肃的理论家如莱尚（Lawrence LeShan，1969）对这类现象的阐述，我们将越来越难忽视另一种现实（或一些现实）的可能性，这些现实的运行规则与我们熟知的经验主义现实截然不同，而多数心理学家只知道后一种现实。

我想从个人的角度来谈这个问题。我从未有过神秘的经历，没有任何形式的超自然现实的经历，没有任何药物导致的与我们的“现实”世界不同的体验。然而，证据给人的印象越来越深刻。人们可以将一些书如《铁幕后的心灵发现》（Ostrander & Schroeder，1971）当做不恰当的报道放在一旁，但其有些方面是难以忽视的。一个人可以将詹姆斯的思想看做一个心理学家的胡思乱想，要不是因为这个，他可以算得上一个伟大的心理学家。如果不是因为各个时代和国家的神秘主义者尽管各自宗教信仰不同但陈述却明显相似，那么人们可以对他们不予理睬。一个人会很难驳倒莱尚（1969）推理严密的观点，他最初是为了粉碎存在其他现实的神话，但他渐渐发现自己建立了一个与之相反的理论。他指出了几种人之间惊人的密切关系，包括：能感知超自然现象的人，各时期的通灵者，甚至令人惊讶的是还有现代理论物理学家。一个时间和空间已经消失的现实，一个我们不能生存在其中、但我们能学习和感知其规律的世界，一个不以我们的意识而以我们的内部感知为基础的现实，是这些的共同点。他一直都在设计精巧的方法来检验其理论，这更增加了其可信度。

372 我不得不说，我所读到的最生动而有说服力的文献来自于卡洛斯·卡斯塔涅达（Carlos Castaneda，1968，1971）。作为受过大学教育的人类学者，最初他完全持怀疑态度，他进入一个新的认识方法的旅程，一个充满智慧的印第安老人曾实践过该方法，该旅程变成了一个令人兴奋和毛骨悚然的冒险。他试图将所有这些转化为可接受的理性思想（可能为了获得其博士学位），但这种努力显得滑稽可笑（1968）。显而易见，正如他在其第二本书上所做的那样，他非常害怕以至于不敢承认存在着“一个分离的现实”(1971)。

为什么有另一种现实的观点对心理学家产生了如此大的威胁？我相信这是因为我们都是对科学最无信任感的人们中的一员。我们不敢探究神秘事件。然而，我想起了一个著名的物理学家，他通读了心理学书籍，想转变兴趣投身到心理学领域的工作中，因为他感到自己太老了，不能为理论物理学做出进一步贡献了（他只有 32 岁!)，他希望与我讨论的主要问题是关于心理学中“最神秘事件”的领域，因为他希望从事这方面的研究。我不禁想到我还从未听说过一个心理学家将自己的工作目标定于“最神秘事件”领域。只有有信心的科学家才能做这个。

我不是说我们“知道”存在着一个分离的现实（或一些现实)。我的意思是如果我们对这种可能性持开放态度并开始研究它，我们将不会贬低我们自己，就像俄国人和英格兰人正在做的那样。

可以肯定的是，我们需要更多研究。我希望看到一个有关兔妈妈和她子女的重复实验。兔妈妈的大脑与电极连接，被放在沙滩上。她的孩子在远处海里的潜水艇里，并被研究人员在不同的时间一一杀死。根据报告在她的每个孩子死亡的同一时刻，兔妈妈显示了清晰的电子反应记录（Ostrander & Schroeder，1971，pp. 33-34)。我们如何解释该现象呢？

一个有透视功能的女士拿起一个她从前从未见过的信封（里面有一个古代的楔形碎片)。并开始描述“一个与之有关的女孩”，对一个曾协助包裹此物的秘书的容貌和生平做了全面描述。她的报告是如此详尽， 373
以至于一千个女人中也没有一个与此相似。然而，她没有说一个有关碎片的词。这里有两种神秘事件，莱尚（1969，pp. 53-54）认为自己开始对它们有所理解了。然而，类似研究和对其理论的检验显然也是必要的。

此外，先知先觉或能同时感到远方深爱的人的痛苦或死亡的各种例子是怎么回事呢？通过心灵感应，一个催眠师在很远的地方能够让一位接受过催眠训练的人睡觉，只要通过全神贯注于他想传递给她的信息，这又是怎么回事呢？（Ostrander & Schroeder，1971，p. 104）最后，我们又如何解释卡洛斯·卡斯塔涅达（1968，1971）奇怪而神秘的经历呢？

年轻一代的心理学家希望不受大学禁忌和抵制的阻碍，可能在他们当中会有一些人敢于去探索我们的五官无法感觉到的一个可能存在的现实；在这个现实中现在、过去、将来融为一体，空间不再是障碍，时间也消失了；只有当我们消极接受、而不是积极认识时才能知觉和了解的一个现实。这是对心理学界提出的最令人兴奋的挑战之一。

总结

在本章开头，我说过我列举的各个问题间没有什么逻辑关系，只是各种挑战。当我写完这些内容后，我真的发现——我相信是出于自己的偏见——我所列举问题间存在某种一致性。我并不肯定我列举的是最为重要的问题。我可能在认知这些挑战时受到了极大的蒙骗。但让我试着以新的方式将这些问题再说一遍，并讲讲在我看来将这些问题串在一起的线索。

我列举了这样一个问题：心理学是否继续将作为科学的一个狭小技术领域而存在，将自己束缚于过时的哲学概念，坚守着仅仅可观察行为
374 的这块安全地；或者心理学能否有可能变成一门真正广泛的、有创造力的科学，立足于主观观察，对人类情境的所有方面敞开大门，从而值得被称为一门成熟科学。

我提出了这样一个问题：我们是否敢于将我们从一个以过去为导向的补救性技术转变为以未来为导向而进行计划，参与到这个混乱社会的环境建立中去，在这种环境中人们可以自由选择学习，少数人能选择通过参与来重建机构，人们能学会相互协作地生活。心理学家将仍然置身于我们的社会之外，还是冒险成为一种重要的社会因素呢？

我指出，也许安全、声望这些通过证书和执照而能获得的东西可能并无价值。我大声地提出了自己的质疑，我们是否敢于将信心建立在我们作为人而具有的资格和能力上，而不是我们挂在墙上的执照上。

我质疑——我想是有些绝望地——我们是否可能有一天能看到大部分教师、学生和心理学家都能作为完整的人而存在——而不是作为踩着高跷四处走动的头脑或无理智的情感对他人狂喊。我们能否将自己视为完整的机体而接受呢，一个每个毛孔中都充满智慧的机体——如果我们愿意倾听和意识到这种智慧的话？

我犹豫地指出，我们非常确信的现实，通过我们的感官能清楚感觉到的现实，可能不是唯一对人类开放的现实。我提出了质问——我们是否愿意冒令人恐惧的危险并不带偏见地探索这种可能性。

当我考虑这些问题时，我相信如果心理学——作为一门科学和一个职业——对这些问题都给出一个清晰肯定的答案，对这些挑战都做出积极的反应，心理学将向前发展。

所以我在所提到的这些问题中看到的线索是，每个问题都可能提高、深化、丰富我们的职业。简而言之，每个问题都代表了心理学朝着自我实现迈出的一步。如果我的认识大致正确，那么我留给你们的最后一个问题是：我们敢吗？

参考文献 375

Castaneda，C. *The teachings of Don Juan*：*A Yaqui way of knowledge*. New York：Ballantine Books，1968.

Castaneda，C. *A separate reality*：*Further conversations with Don Juan*. New York：Simon & Schuster（A Touchstone Book），1971.

Coulson，W. R.，& Rogers，C. R.（Eds.）. *Man and the science of man*. Columbus，Ohio：Charles E. Merrill，1968.

Dagenais，J. J. *Models of man*. The Hague，Netherlands：Martinus Nimhoff，1972.

Hanna，T. *Bodies in revolt*：*A primer in somatic thinking*. New York：Holt，

Rinehart, & Winston, 1970.

Hanna, T. The project of somatology. Paper presented at the annual meeting of the Association for Humanistic Psychology, Washington, D. C., September 1971.

James, W. *The varieties of religious experience*. London: Longmans, Green, 1928.

Koch, S. Epiloguc. In S. Koch (Ed.), *Psychology: A study of a science* (Vol. 3). New York: McGraw-Hill, 1959.

LeShan, L. *Toward a general theory of the paranormal*. New York: Parapsychology Foundation, 29 W. 57th Street, New York, 1969.

Oppenheimer, R. Analogy in science. *American Psychologist*, 1956, 11, 127-135.

Ostrander, S., and Schroeder, L. *Psychic discoveries behind the Iron Curtain*. New York: Bantam Books, 1971.

Polanyi, M. *Personal knowledge*. Chicago: University of Chicago Press, 1958.

Rogers, C. R. Persons or science? A philosophical question. *American Psychologist*, 1955, 10, 267-278.

Rogers, C. R. Toward a science of the person. In T. W. Wann (Ed.), *Behaviorism and phenomenology: Contrasting bases for modern psychology*. Chicago: University of Chicago Press, 1964.

Schilpp, P. A. (Ed.) *Albert Einstein: Philosopher-scientist*. New York: Harper Torchbooks, 1959.

Schultz, D. P. (Ed.). *The science of psychology: Critical reflections*. New York: Appleton-Century-Crofts, 1970.

Skinner, B. F. A case history in scientific method. In S. Koch (Ed.), *Psychology: A study of a science* (Vol. 2). New York: McGraw-Hill, 1959.

376

25 助人职业的政策*

三年前，我第一次被问及以当事人为中心心理疗法的政策问题。我

* *Carl Rogers On Personal Power*. New York: Delacorte Press, 1977, 3-28.

的回答是在以当事人为中心的治疗中没有政策，这个回答引起了大声的嘲笑。当我要求提问者作解释时，他回答道："我在研究生院花了三年的时间学习成为一名临床心理学专家。我学会了如何进行精确诊断，我学会了改变当事人态度和行为的各种技术，学会了运用解释和引导进行控制的微妙方法。然后我开始阅读你的文章，它推翻了我所学的一切。你一直说权力并不存在于我的头脑中而存在于机体里。你完全颠倒了三年多来在我头脑中形成的权力和控制的关系。现在你还说，在以当事人为中心的疗法中不存在政策!"

这是我关于人际关系政策的教育的开始——可能是一个迟到的开始。我思考和阅读的越多，我认识到当今对权力和控制的关心越多，我在治疗关系中、在深度团体关系中、在家庭关系中和在朋友关系中所体验到的新方面就越多。我逐渐地认识到我的经历与一个古老的故事很相似：一个没有文化的人第一次出现在文学课上。他后来对朋友们说："你知道吗，我发现我一生都在朗诵散文而以前却从不知道。"以同样的心态我现在可以说："我一直在实践和教授政策，但直到今天才完全意识到。"因此当法森在称赞我的工作时我不再感到惊讶，他说："卡尔·罗杰斯的政策并不为人所知。人们更多地将他的名字与咨询技术、人格理论、科学哲学、心理治疗研究、会心团体和以学生为中心的教育中的广泛革新联系在一起……但近年来，我逐渐开始更多地将他看做一位政治家，他对社会日益增加的影响使他成为一个……我们时代的社会革命
者"。这并不只因为我是一个学习慢的人，才使我直到最近才意识到我 377
的政治影响。部分是因为在我们的语言建构过程中出现了一个新概念。它并不仅仅只是一个新的说法。它赋予一个有力的新概念许多含义。

"政策"一词在一些地方的使用，如"家庭政策"、"治疗政策"、"性别政策"、"经验政策"是新出现的。我发现没有任何一本字典对该词的定义解释了其现在的这种用法。《美国传统词典》仍然对该词仅给出了这样的定义——政策："管理一个政府或国家的方法和策略。"

然而该词具有了一些新含义。在当今心理学和社会学的用法中，政策一词与权力和控制有关：人们渴望、企图去获得、占有、分享或放弃

对他人和/或自己的权力和控制。它与动机、策略、战略、机智或非机智有关，通过这些，寻求和获得——或分享或放弃对自己的生活和他人生活的权力和控制。它与决策权的中心有关；谁做出决策，而这些决策有意或无意地，操纵或控制了他人或自己的思想、感情或行为。它与这些决策和战略的影响有关，是否出自一个个体或一个团体，是否目的在于获得或废除对自己、对他人、对各种社会体系及其机构的控制。

总而言之，这是获得、使用、分享或放弃权力、控制、决策的过程。这是极为复杂的互动过程，也是这些存在于个人间、个人和团体间或团体之间的关系中的因素的结果。

这种新结构对我产生了很大影响。它使我重新审视我的职业生活工作。我在创建以当事人为中心方法中起到了作用。这个观点首先在心理
378 咨询和心理治疗中发展起来，当时称为以当事人为中心，意思是一个寻求帮助的人不会被视为依赖性的病人，而是一个有责任能力的当事人。当扩展到教育领域后，它被称为以学生为中心的教育。当它扩展到了更广阔的领域后，远离了其最初意义——深度团体、婚姻、家庭关系、管理、少数团体、种族间、文化间、甚至国际关系——似乎最好采用一个尽可能广阔的术语：以人为中心。

是这一方法的心理动力学使我产生了兴趣——个体如何看待它而它又如何影响个体。我一直都对于以一种科学的和实证的观点来观察这一方法很感兴趣；在什么条件下个人可能改变和成长，而这些条件的特定效果或结果是什么。但我从未认真思考过该方法中的人际政策。现在我开始看到那些政治力量的革命本质。我发现自己不得不重新评价我所有的工作。我希望搞清楚自己以及我全世界的同事们已经做了的和正在做的一切所产生的政治影响（在政治的新含义上）。

在个人心理治疗中，以当事人为中心的观点对权力和控制问题产生了什么影响呢？我们应该探索不同助人方法的政策，无论是通过一对一的治疗，还是通过会心团体或其他深度团体。我们应该开放地面对一个并不经常被讨论的主题：所谓助人职业中的权力和控制问题。

1940 年我开始试图改变现在被我称做治疗政策的东西。在描绘一

种正在出现的潮流时，我说：

> 这种新方法与原有方法的不同之处在于它有一个完全不同的目标。该目标强调使个体更具独立性和整体性，而不是期望通过咨询师帮助解决问题而获得该结果。焦点是个体而非问题。目标不是解决某一具体问题而是帮助个体成长，这样他就能够用一种更整合的方式处理当前和以后的问题。如果他能获得足够的整合，以更独 379
> 立、更负责、更明确、更有组织的方式处理一个问题，那么他就能以该方式处理新的问题。
>
> 如果这还有些含糊不清，可以说得更具体些……它更多依赖于个体朝向成长、健康和调适的动力。治疗不是对当事人做些什么，或指导他对自己做些什么。治疗是让他自由地得到正常成长和发展，是扫除障碍，使他能继续前进。

当我在1940年首次阐述这些观点时，引起了很大轰动。我当时描述了许多经常使用的咨询技术——如建议、暗示、劝说和解释——并指出这些技术建立在两个假设前提上："咨询师知道得最多"，以及他能找到使其当事人向治疗目标更有效地前进的方法。

我现在发现我采用了双重政策。一方面我指出许多咨询师认为自己有能力控制其当事人的生活，另一方面我认为最好是让当事人自由地成为一个独立的、自我导向的人。我说得很清楚，如果他们（咨询师）同意我的观点，这将意味着彻底地推翻和改变他们在咨询关系中的个人控制。

经过这些年，通过临床经验和研究，我在1940年尝试性地提出的观点已经得到扩展、深化和巩固。它成为了以当事人为中心的治疗方法，并且在这些年中，与其他治疗方法相比较，该方法被更多的实证研究所支持。

从政策、权力和控制的角度来说，以人为中心的疗法建立在最初被视为冒险和不确定的前提之上：人从根本上来说是一个值得信赖的机体。该前提这些年来被受困扰的个体、精神病人、小型深度团体、课堂上的学生、职员团体等的经验所加强。它的基础地位变得越来越牢固，尽管每个人必须自己逐步学习它，相信其正确性。我最近将它描述为
380 “逐渐形成并被检验的假设，即个体内部有巨大潜力进行自我理解，改变其自我概念，态度，及其自我导向的行为——并且这些能力是能够得到发挥的，只要能提供促进性心理态度的明确氛围。”

除了期望和少数人的经验，这一假设还有什么基础吗？我相信有。生物学家、神经生理学家和包括心理学家在内的其他科学家，有证据来支持这一结论。无论程度如何，在任何机体内都有一种建设性地实现其内部可能性的潜在倾向。人类内部有一种完全发展的自然倾向。最常用来描述这一倾向的术语是实现倾向，并且该倾向在所有生命机体中都存在。这是以人为中心方法的建立基础。

自我实现倾向当然会受到阻碍，但只要机体存在该倾向就不会消失。我记得小时候家中冬天用来贮藏土豆的罐子放在地下室里，离地下室的小窗户有好几英尺。这种生长环境是恶劣的，但土豆仍然开始发芽——苍白的芽叶，不像春天播种在土里的那些土豆发出的健康绿芽。但这些可怜的、弱小的嫩芽会长出两三英寸高，朝向远处有光线的窗户生长。这些土豆，用一种令人惊奇的生长方式，表达了一种我所描述的不顾一切向前发展的倾向。它们也许永远不会长成一株植物，永远不会成熟，永远不能完全发挥它们的真正潜能。但在这种极恶劣的环境下，它们仍然努力地生长。生命永远不会放弃，即使不会繁荣茂盛。在处理一些生命严重受到扭曲的当事人时，在国立医院的病房里治疗男人和女人们时，我经常会想起那些土豆芽。那些人生长的环境是如此恶劣，以至于他们的生活经常看上去是不正常的，被扭曲和非人的。尽管如此，他们身体中也无疑具有向前发展的倾向。理解他们行为的线索就是他们在奋斗，用他们能够采用的方式，向前发展，不断成长。对我们而言，这些结果可能古怪而无用，但它们是生命试图成为自己的绝望的抗争。
381 以人为中心的疗法及从中发展出的内容正是以这种潜在倾向为基础的。

显然，即使不谈别的，以当事人为中心疗法本身就有许多政策含义。我们的教育系统，我们的工业和军事组织，以及我们文化中的许多

其他方面都认同的观点是：人的本性就是他不值得信任——他必须被那些智者或地位高的人引导、指导、奖赏、惩罚、控制。可以肯定的是，我们时刻都在谈论一种人民拥有一切权力的民主哲学，但这种哲学“更多的是不履行而不是遵守”。因此仅仅描述以当事人为中心疗法的假设前提是一种挑战性的政策言论。

以当事人为中心疗法的政策是治疗师有意识地放弃和避免对当事人的控制或为当事人作决定。它促进了当事人的自我控制，并且也是实现这一目标的策略。从政策上来说，当事人成为作决定的核心，并对该结果负责任。

通过记录和发表转录的治疗会谈，以当事人为中心疗法不可逆转地改变了心理治疗的政策。治疗师神秘的、不为人知的操作如今展现于所有人面前。这给临床界带来了一丝新鲜空气和常识。个体至少可以选择一种适合自己的治疗流派。并且最初只能对以当事人为中心的治疗会谈进行讨论和批评，现在通过录音带也能对其他一些学派的专家治疗而进行讨论和批评了。

汤姆·汉纳（Tom Hanna）很好地总结了其影响，并将以人为中心心理疗法放在了一个更广泛的背景下：

> 人本主义心理学使治疗的本质不再神秘。治疗性改变的理论和实践应该公开，这样患者和治疗师就可以分享这一知识……它不是 382
> 治疗师遵循旧的权威式医疗模式，使患者处于黑暗中，就像家长对待孩子那样……它是习惯了的、不愉快的个体重新获得对其整体性和健康的自我控制和自我维持。
>
> 当然，这是一种最“非专业化”的过程，因为它放弃了专业医治者和治疗师的权威性、神秘性和不可质疑性。它将这一切给予了患者。因此，该治疗行为的核心不在于治疗师的决定而在于患者的决定。

很难说以人为中心的方法极大地改变了医患关系，就像前面所说的一样。治疗师成为了这种改变的“助产士”，而不是发起者。她将最终权威放到了当事人手中，不管是如评价治疗师的反应是否正确这样的小事，还是如决定个人生活方向这样的大事。评价、决定的中心都明显在当事人手中。

以人为中心的方法基于这样一个前提假设，即人类是值得信任的机体，有能力评价内外部的情境，在情境中理解自己，对生活的下一步作出建设性的决定，并将这些选择付诸行动。

一个促进性的人能够帮助释放这种能力，当他在与他人的关系中是一个真实的人，能感受和表达自己的情感；当他对他人体验到一种非占有的关心和爱时；当他接纳性地理解他人的内心世界时。当这种方法运用到个体或团队时，一段时间后就会发现，作出的选择、追求的目标、采取的行动都逐渐变得更有建设性和个人性，并且与他人的关系也变得更加具有现实的社会和谐性。

这种人本主义的、以人为中心的概念已经变得如此熟悉——其熟悉程度在认识领域超过了在实际运用中——以至于我们有时忘记了它对当时的观点带来了多大的冲击。我经过数年时间才认识到，以人为中心疗法之所以受到强烈反对，不仅是因为其新颖性以及它出自一位心理学家而非精神病医生，而且主要还因为它对治疗师的权力产生了强烈冲击。
383 正是其政策最具威胁。

弗洛伊德在谈及超我控制的必要性时表达了他对人的基础本性的不信任，他说："我们的心智，这种维持我们生存的宝贵工具，并不是内部平静安宁的统一体。它就好比一个现代国家里有一个渴望享乐和破坏的聚众闹事者，不得不有一个严厉的较高阶层将他强制性地压制下去。"

在弗洛伊德的晚年，他仍然觉得如果人的基础本性被释放，所带来的将只会是破坏。将这种动物性控制在人体内是最急迫的事。

> 我们存在的核心由隐藏的本我构成……这些本能所做的唯一努力就是要获得满足……但是立刻不顾一切地满足本能，如本我所要求的那样，常常导致与外部世界的危险冲突和自身的灭亡……本我遵循的是不可改变的快乐原则……仍然还有一个重大的理论问题至今没有解决，那就是快乐原则何时能够被克服，以及怎样被克服。

对于日常世界中的权力和控制问题，弗洛伊德采取了一种服从权威的观点："绝大多数人对权威有一种强烈需要，他们崇拜权威，屈服于权威，而权威控制他们有时甚至会虐待他们。我们从个体心理学中已经得知大众的这种需要来自何处。它是我们自儿童时代起每个人心中就有的对父亲的渴望。"

弗洛伊德的团体观点同样是悲观而令人震惊的。看上去几乎希特勒（Hitler）一定学习和接受了这些观点：

> 一个团体极易轻信并受到影响，它没有关键人物，并且对它而言不存在不适当性……它自身容易走向所有极端，只有极度刺激才会使一个团体兴奋起来。任何想对它产生影响的人在其辩论中不必进行逻辑调整；他必须以最鲜艳的颜色描画，他必须夸大，他必须一遍遍地重复同样的事……它崇尚力量，而温和只能对它产生微弱 384
> 影响，温和在它看来只是一种懦弱……并且，最后，团体并不渴望真理。它们需要幻想，并且没有幻想将无所作为。它们通常更看重不现实的东西；不真实的东西对它们的影响几乎和真实的东西一样强烈。他们明显倾向于分辨不出二者……团体是一只服从的动物，没有主人就无法生活。它如此渴望服从，以至于它会本能地服从于自认为是其主人的任何人。

对于以弗洛伊德思想为指导的治疗师来说，下述的以当事人为中心的观点不仅是异端的而且很危险：人类机体在其最深层次上是值得信任的；人的基础本性并不令人害怕，而是有待在负责任的自我表达中释放出来；小团体（在治疗中或在教室中）能够负责任而敏感地建立起建设性的人际关系并确定明智的个体和团体目标；如果促进者能建立一种真实、理解和关怀的气氛，那么前面所述的一切就会实现。现在我再看了弗洛伊德的观点后我能够进一步理解为什么在1950年的临床会议上就我的观点的结果我被提出严肃警告。我被告知，我会制造一条危险的心理道路，因为没有人能够控制她天生的破坏本性。

这些年来，弗洛伊德式分析家已经在他们的治疗政策上有所缓和。

与格式塔（Gestalt）治疗师、荣格学派治疗师（Jungians）、理性情感治疗师、超行为分析的提倡者们以及许多其他新流派治疗师一样，他们现在采取一种折中观点。专家在有些时候毫无疑问是权威（比如处理“热椅”中的个体的格式塔治疗师），但同样也承认个体有权利为自己负责。没有人试图将这些矛盾理性化。这些治疗师们采取了一种专制立
385 场，或遵循医学模式，相信有时控制权最好在治疗师手中，而另一些时候（由治疗师决定）最好将控制权和责任放在当事人或患者手中。

在治疗关系的政策中非常明确的一种方法就是行为主义。斯金纳在其著名的《沃尔登第二》中对行为主义的目标进行了概括。为了当事人（个体或团体）的利益，一个杰出的行为主义者所确立的目标会让当事人愉快并富有成效。它通过操作性条件反射（在“被试”知道或不知道的情况下）来塑造个人的行为从而达到目标。毕竟，一个人的行为完全是由环境决定的，最好通过计划来使个人快乐、社会化或有道德。谁为主试们设置环境以使他们完全被决定的行为导致他们成为如此有智慧的精英则是总被巧妙回避的问题。尽管如此，他们的目标被假定为具有建设性和社会性，并且对行为的塑造是为了个体和社会好。

然而有时候，当应用于异常行为时，该方法似乎令人震惊。在《罪犯可以被洗脑——现在》一书中，麦康奈尔（McConnell）说道：“我们假定严重犯罪是罪犯身患一种社会精神病的明显表现，他需要接受治疗，而不是惩罚。我们把他送到康复中心，在那里他接受了积极洗脑，直到我们确定他已经变成一个遵纪守法的人，不会再有反社会行为。我们可能不得不重塑他的人格。”麦康奈尔似乎完全忽略了他话中的政策含义。很明显，那些和麦康奈尔拥有相同信仰的心理学家们会成为独裁者首先资助和雇用的人，他会很乐意让他们“治疗”各种威胁国家的“严重犯罪”。

公平地讲，许多行为主义者已经开始接受在关系的政策上有了重大改变的一种观点。在最初模仿《沃尔登第二》模式的双橡树（Twin Oaks）社区中，居民们经常选择他们希望改变的行为，并选择最具强化作用的奖赏。很明显这与严格的行为主义者的政策明显是完全相反

的，因为这是一种自发的、自我评价的改变。不是环境塑造个体行为，而是个体选择有利于自我发展的环境。386

一些行为主义者甚至走得更远。近期的几本书完全背离了斯金纳的基本观点。他们不是控制个体，而是帮助他学习改善自我。我最近关注的一本书的标题本身就足以表明它的哲学和《沃尔登第二》的哲学大不相同。标题是《自我控制：赋予个人的权力》，其政策与严格的行为主义恰好相反。

上述段落给人的印象也许是：治疗师在其治疗的人际政策上正向一个更人本主义的观念转化，在其关系中可能彼此间没有太大区别。正如在拉斯金所作的一项里程碑式研究所明确显示的那样，真相是无可超越的。他的研究开始于十多年以前，可直到最近才发表。

拉斯金采用了 6 个录音会谈，分别由 6 位经验丰富的著名治疗师完成，他们都来自不同的思想学派。每位治疗师都赞成选取自己会谈的一个片段作为自己工作方式的代表。这些片段由 83 位治疗师进行等级评定，这些治疗师将自己归类到 12 种不同的治疗取向中。根据来自不同治疗理论和实践的许多变量对这些片段进行了等级评定。从政策来看，那些在“治疗师指导”或“系统性强化”这类变量中等级较高的人显然是行为具有控制性、为当事人做重要决定的治疗师；而那些在“温暖和给予”、“平等”和“同感”这类变量中等级较高的人明显把权力和选择交给了当事人。

当这 83 位治疗师使用相同的变量描画自己心中的“理想”治疗师时，出现了高度的一致性，而且突出特征都是非控制性。换句话说，他们都渴望把当事人当做自主的人来看待。

然而从实践来看却大不相同。在 6 位被评估的治疗师中，只有两
位——以当事人为中心的治疗师和重视经验的治疗师——表现出了与理 387
想治疗师的相似之处。其他 4 位——包括理性情感治疗师、精神分析治疗师和荣格学派治疗师——与理想治疗师则存在负相关。也就是说，在实践中，在 83 位实践治疗师眼中 6 人中有 4 人与理想的治疗师不符。因此，治疗关系的政策不仅在治疗师之间有很大差别，而且即使在同一

位治疗师身上，团体的理想形象和她的实际行为也存在巨大差异。

心理治疗的多数程序都可以在一个与权力和控制有关的量表上找到一个位置。量表的一极是正统的弗洛伊德主义者和正统的行为主义者，他们相信一种权威或精英的政策，这些权威或精英控制着人民是“为了他们自己的利益”，是为了对现状、幸福感、满足感、生产力或所有这些做出更好的调整。在量表的中间是大多数现代心理治疗学派，其治疗关系的政策是困惑的，含混的，或家长式作风的（尽管他们可能对自己的治疗策略很清楚）。在量表的另一极是以当事人为中心的、重视经验的和以人为本的方法，它们一贯强调个人的能力和自主性，强调她有权选择自己行为的方向，以及她在治疗关系中最终对自己负责，而治疗师在这种关系中只是起到真实的、但主要是催化的作用。

同样的量表也适用于深度团体中的人际关系。这些团体形式各样的——包括 T 团体，会心团体，敏感性训练，感觉意识团体，格式塔团体，诸如此类——普遍化几乎不可能实现。突出的事实是，不同团体的领导者在联系方式上存在巨大差异。有些人具有高度权威性和指导性。有些人则最大限度地利用练习和游戏来达到他们的既定目标。还有些人觉得对团体成员并不负什么责任：“我做我的事，你们做你们的。”此外包括我在内的一些人，试图起促进作用，而不是控制。如果我们对每个领导者的方法的政策进行评估，那么应该将他们看做一个个体。

388 一种新方法似乎正席卷全国，那就是埃哈德团体训练，它由沃纳·埃哈德（Werner Erhard）创立，即著名的“电休克疗法”。它是领导支配型的极端。成员则被控制于绝对纪律之下，并屈服于长时间的嘲弄和辱骂。他们的信仰都是“胡说”，他们自己则都是“蠢货”。这导致了混乱从而最终使领导者无可置疑的权威得以树立。最后的诅咒是“你只是一部讨厌的机器！除此以外，你什么也不是！”接下来就是乐观的启示：“如果你接受你思想的本性……并且承担创造所有这些……机制的责任，那么实际上你已经自由选择了去做你已做过的任何事情，并成为你自己。在那一时刻你成为了一直以来自己想要成为的样子。”

大量团体体验了类型转化，并感觉他们的生活已经有了许多好的变化。从人际政策的观点来看，我注意到两件事。其一是领导者绝对控制的假定。虽然一些人憎恨这个，但大多数人屈服于领导者意志表明相当大比例的人渴望依赖于领袖。其二是在埃哈德的长篇演讲中，他从多方面描述了其工作的成果，但是他从未谈到这些变化所导致的要求服从权威的过程。正如所有权力主义方法一样，目的证明了方式。在以人为中心的方法中，过程是最重要的，而变化只是部分可预测的。

电休克疗法是一个极端的例子，但在所有类型的深度团体中越来越多地使用游戏和练习则蕴涵了很大的政策意义。至今已有数百种这类练习，而许多活跃在深度团体运动中的人经常使用这些练习。

幻想体验有很多形式。“我将演奏某种音乐，我希望你们每个人一边听一边幻想。然后我们可以互相交流这些幻想。”还有许多涉及触摸的练习。以下这种既有触摸又有反馈：“每次一个人，围着圆圈走，触 389
摸每个人，凝视他的眼睛，并且告诉他你对他的感觉。”当然还有这一个：“我们只会说出我们此时此刻的感觉，而不提及过去或外部世界。”

这些练习的政策在很大程度上取决于它们怎样被使用。如果领导者描述了游戏及其目的，询问成员是否愿意参与，允许个人随时退出，那么显然它不是强制性的运动。相反，如果领导者宣称“现在我们都要……”那么效果就截然不同了。毋庸置疑，一般而言，运用练习或游戏使团体更倾向于以团体的领导者为中心，而不是以成员为中心。

以下例子说明了以人为中心方法的效果。“迪亚贝西斯”（Diabasis）是一个严重精神分裂症年轻患者的治疗中心，由医学博士佩里（John W. Perry）所创办，他是一位受人尊敬的荣格学派分析家。迪亚贝西斯是希腊语，意思是“跨越”。

佩里已经有25年处理各种情况精神病患者的经验。他日益相信大多数精神分裂症事件其实是成长和自我治愈过程中的一个混乱但重要的尝试，如果这样一个“个体”（他没有使用患者这个词）被作为一个人来对待，并向他提供一种密切而信任的关系，那么她就可以在一个相对较短的时间里渡过这一危机，变得更强壮和健康。

佩里博士和另一个荣格学说分析家霍华德·莱文（Howard Levine）

博士创立了迪亚贝西斯以更充分地证明这一观点，这比在精神病医院效果会更好。第一步是选择员工。不要求有书面证明。选择的标准是态度。他们选择了一些人，大多数都是年轻人，这些人在他们的训练研讨班上显示出了与沉醉于内心世界的孤僻者进行沟通的能力。在这些年轻志愿者中许多人是反文化者。他们知道要疏远什么。通常他们都有服用迷幻药的体验——好的和坏的。他们不会对古怪的想法或行为感到恐惧。

迪亚贝西斯的房子只能容纳 6 个人，加上志愿者和最少的房屋管理人员。它“是一个无权威的、无评判的环境，在这里允许每一个体（员
390 工和当事人）以他自己选择的任何方式表达自己，可以是情绪化的、艺术化的或者肢体语言的。处在发病时刻的当事人都被认为处于一种‘合理’状态并且不会被强迫……遵从‘理性的’的行为方式”。精神分裂的个体以两种重要方式被接受。这里的每个人都把他当做正在经历成长中的紧张时期而接受，而在这一时期他需要理解和陪伴。

同样重要的还有和某个员工之间的特殊关系，这些员工全身心投入到了与当事人建立信任的亲密关系中。个体随时可能选择某个特定员工与自己一起面对问题。佩里博士很好地描述了为何要选择这一特定员工。

> 内心活动或更新过程仍然处于分散、破碎和不连贯的状态，直到个体开始向他人开放到一定程度，将此刻自己内心的经历告诉他。当这发生时，他的象征性体验的内容逐渐强烈，随即显然会以更进步的方式向结论迈进。时常令人惊讶的是，患者的交流是如此“精神错乱”而同时却又是连贯的，如果他感到自己与治疗师有着联系。

一位在迪亚贝西斯工作了两年的年轻人也表达了同样的想法，最初他只是个志愿者，最近成为正式员工。他说：

> 我们觉得当把被称做疯狂的行为视为一次探索和发现之旅是能最好地理解它的，它受精神的控制，在其中能够以一种更有成效和

> 自我实现的方式来重组各种人格因素。但是，这个过程只会发生在以下环境中，即这些改变了的意识状态被作为存在的有效方式而受到尊重，而不是被嘲弄为“疯狂的”和没有价值的。

与精神病治疗的医学模式形成的对比几乎没有比这更大的了。在医学模式里，个体首先是一个患者而不是人。她被诊断，被明确或含蓄地告知她得了“病”，一种疯狂症，治愈它需要使用强大的药物治疗或者 391
休克疗法，甚至在必要时使用监禁，直到她的“病”被彻底根除。显然，她的状态有“问题”，必须设法引导她回到“正常”状态。“在传统方法中，治疗早期使用大量药物和行为约束来抑制精神病因素。根本没有任何人认为这些精神病因素对个体是有用的。因此，在成功控制了精神病以后，没有人把这些因素和个体当时的生活融合在一起。”这是一种用职业力量进行抑制和控制的政策，而它的记录非常糟糕，正如精神病院所称的“旋转门”综合症表明的那样。

在迪亚贝西斯，如同其他以人为中心的疗法一样，政策是完全相反的。正如佩里所说：

> 在此个案中，治疗的哲学不是通过一种严格管理自上而下地强加命令，而是一种更灵活的管理，它敏感地跟随着个体的关注并参与到过程中以促进该过程的发展。然后，病房团体的一种民主结构成为了适当的形式，在这种形式中，人们期待秩序和整合会从个体和员工共同的自发关注、情感和洞察中出现。

这意味着个体提供线索，点明她需要走的方向。由于同感作用，治疗师和其他员工就像同伴一样跟随那些线索，但不牺牲他们自己的情感或人格。“当事人的非理性关注被认真地倾听，并获得了员工尽最大能力（它随经验的增长而加强）的同感理解，它被视为一次必要的、极有意义的内心旅行。”从个体和这些亲密的同伴员工那里可以获得护理提示。精神病医师帮助他们理解自己正在选择的方向，但绝不指导该过程。这样，基本权力和控制从精神病人及其需要上交到了献身于工作的员工、护士和精神病医师手中。这与传统的等级制度和精神病治疗方法完全不同。

392 在这种高度平等的氛围中对人的关注是显而易见的。员工和病人一起吃饭，穿戴也随意。偶尔的来访者无法知道谁是病人，谁是员工。

这种氛围也渗透到了机构里。从最初开始，就由整体员工而不是一个主管对迪亚贝西斯进行管理。权力、责任和决策由大家共同承担。“民主可以被视为一种精神发展状态，在这种状态里，命令和支配原则被视为个体精神生活的基本组成部分……在治疗环境中建立的社会结构和文化应该是这种自然需求的反映，是对内在发生事物的一种恰当的外在表达。”在以人为中心的疗法中，权力自上而下传递的传统机构变得完全不恰当和荒谬。

这个计划在精神病个体身上产生的直接作用是引人注目的。“最值得注意并出乎我们意料的是，处于剧烈精神混乱中的个体很快平静下来，思路变得清晰连贯，这个过程通常在几天到一个星期之间，而且没有使用任何药物。因此当员工与个体的情绪状态建立了情感联系后，严重错乱行为变得可以控制了。”

虽然这个独一无二的地方建立的时间不长，结果却似乎不错。证据之一就是四个以前的当事人（个体）已经成为了一个概念相似的小型机构的员工。他们现在可以用自己过去的经验来帮助他人。其费用远较在通常的条件下或场所要少得多。这似乎已经放弃了州立医院的“旋转门”经验。

我们可以合理地假设这一创新性的、对治疗处于精神病早期的年轻人起到良好作用的新模式会受到广泛欢迎和积极支持。实际并非如此。要理解其原因，我们需要看看迪亚贝西斯的政策，以及它对传统政策所构成的威胁。

很容易看清为什么正统的精神病医师甚至荣格学派的同人们会带着不安情绪和批判眼光来看待迪亚贝西斯。在迪亚贝西斯，最好的治疗师常常是相对未经过训练的人。这使一般的专业人士感到烦恼。迪亚贝西斯的治疗师大部分都是志愿者，因此对“专业人士”形成了模糊的经济
393 威胁。在这里没有通常意义上的严格的医疗控制。这得罪了医生。在这

里，医生们甚至不使用他们开药的特权。佩里博士认为他在过去的十个月里只开出了两次镇静剂！机构本身不受医生的指导。他们只是一个过程的促进者。这难以置信地背离了传统。

因而出现了一些关于“低标准”的埋怨和批评，也很难获得经济支持。与所有以人为中心的疗法一样，它的意义是革命性的，而且职业机构也害怕它。我很遗憾地说，看到精神病医师放弃了对“病人”和员工的控制，看到他们只是成功地促进问题严重的“失去理智的”人的个人成长而不是控制这些人，这对精神病医师、心理学家以及其他心理健康的专业人士是一幅非常令人恐惧的景象。革命者被视为是危险的——而且无疑他们对已建立的秩序也是危险的。

当被用于鼓励精神病患者、病人或者普通个体的成长和发展时，以人为中心的方法彻底变革了助人职业者的惯常行为。它说明了很多事：(1) 一个试图帮助他人的敏感的人不论他最初是哪个学派，都会变得更加以人为中心，因为他发现此方法更有效。(2) 当你关注于人时，诊断结果变得无关紧要。(3) 心理治疗中的传统医学模式被证明与以人为中心背道而驰。(4) 根据发现，那些可以创造一种有效的以人为中心的关系的人不一定来自职业训练团体。(5) 对以人为中心的方法尝试得越多，实践得越多，那么就越发现它挑战了“治疗”的分级模式和机构的分级方法。(6) 这种统一的以人为中心方法的极其有效性对专业人士、管理者以及其他人构成了威胁，一些毁灭它的步骤已经展开——无论是有意识还是无意识地。因为它太具革命性了。

参考文献 394

R. Farson, “Carl Rogers, Quiet Revolutionary,” *Education*, *95*, No. 2 (Winter 1974), p. 197.

American Heritage Dictionary, Boston: Houghton Mifflin, 1982.

C. R. Rogers, *Counseling and Psychotherapy*, Boston: Houghton Mifflin, 1942, 28-29.

C. R. Rogers, "In Retrospect: 46 Years," *American Psychology*, 29, No. 2 (1974), p. 116.

Available from AAP Tape Library, 1 040 Woodcock Road, Orlando, Fla. 32 803.

T. Hanna, *The End of Tyranny*, San Francisco: Freeperson Press, 1975, 162-163.

S. Freud, "My Contact with Josef Popper-Lynkeus," In *Character and Culture*, from Collier Books edition of *The Collected Papers of Sigmund Freud*, *Translated by* J. Strachey, New York: Crowell-Collier, 1963 (originally published 1932), p. 303.

S. Freud, *Outline of Psychoanalysis*. New York: Norton, 1949, 108-109.

S. Freud, *Moses and Monotheism*, New York: Random House, 1955.

S. Freud, *Group Psychology and the Analysis of the Ego*. London: Hogarth Press, 1948 (published in the United States by Liveright Publishing Corporation), 15-21.

B. F. Skinner, *Walden Two*, New York: Macmillan, 1960.

J. McConnell, "Criminals Can Be Brainwashed-Now," *Psychology Today* (A-pril 1970). Cited in W. Anderson, "Politics and the New Humanism," *Journal of Humanistic Psychology*, *14*, No. 4 (Fall 1974), p. 21. (Condensed from his book of the same title, Pacific Palisades, Calif.: Goodyear, 1973.)

M. J. Mahoney and C. E. Thorense, *Self-Control*: *Power to the Person*. Monterey, Calif.: Brooks/ Cole, 1974.

N. Raskin, "Studies of Psychotherapeutic Orientation: Ideology and Practice," *AAP Research Monograph No. I*, American Academy of Psychotherapists, Orlando, Fla., 1974.

This General philosophical stance in relation to therapy is expressed not only in my own writings and others of the client-centered group but by R. D. Laing, *The Politics of Experience*, New York: Ballantine Books, 1968; John W. Perry, *The Far Side of Madness*, Englewood Cliffs: Prentice-Hall, 1974; Thomas S. Szasz,

The Myth of Mental Illness, *rev. ed.*, New York: Harper & Row, 1974; and other well-known therapists.

C. R. Rogers, *Carl Rogers on Encounter Groups*, New York: Harper & Row, 1970.

M. Brewer, "Erhard Seminars Training: 'We're Going to Tear You Down and 395
Put You Back Together,'" *Psychology Today*, *9*, *No. 3* (August 1975), p. 88.

Rogers, *Encounter Groups*, p. 56.

J. W. Perry, "Diabasis Ⅱ," unpublished manuscript, 1975.

Perry, "Diabasis Ⅱ," p. 5.

J. W. Perry, personal communication, 1975, p. 3.

B. Heller, personal communication, 1975.

Perry, "Diabasis Ⅱ," p. 5.

Perry, *The Far Side of Madness*, p. 151.

Perry, "Diabasis Ⅱ," p. 5.

Perry, *The Far Side of Madness*, 151-152.

Perry, "Diabasis Ⅱ," p. 5.

人的哲学

399 宗教、科学、艺术、心理学或其他任何人类文化学科领域永远都无法逃避人类情境的两难问题。因此，毫不奇怪，心理治疗的数十年深入实践最终引导罗杰斯思考一些人类哲学的基本问题。“人的本性”，本部分的第一篇文章探讨的就是这样一个问题。

人类在其存在的最高水平上究竟是怎样的？罗杰斯在这一点上的观点往往被他人简单化。人们通常认为罗杰斯相信人性“本善”，如此而已。弗洛伊德精神分析派学者、精神病医生、神学家以及其他一些人经常指责他对人性过于乐观。罗杰斯曾告诉一位采访者，存在主义心理治疗家罗洛·梅（Rollo May）说：“如果罗密欧和朱丽叶接受了一点咨询，他们可能就会没事，由此我一度怀疑悲剧的存在。”

罗杰斯的人性观实际上比这更复杂，尽管更准确地说是他的观点比许多批评者更乐观。事实上，他的人性观概念革命性地脱离了几乎所有西方传统——是一种在此问题上比从《旧约》到弗洛伊德的西方文化更乐观的观点。有人会争辩说罗杰斯的思想汇集了当代众多神学家、心理学家和作家的观点，极大地改变或质疑了我们传统的人性概念。

400 “美好生活”的本质是另一个长期困扰着哲学家的问题。脱离了他自己的宗教背景，罗杰斯不是在有组织宗教的伦理或宗教指令中寻求这一问题的答案，而是在他于无数当事人通过治疗来寻求一种更美好生活而做出的努力中所亲眼目睹的实证证据中寻求答案。如果一直进行下去，该过程会有什么样的结果呢？成功心理治疗的健康结果所带来的美好生活会是怎样的呢？是否会有一条贯穿于多数当事人体验当中、可能会揭示出这一问题的普遍原则的线索呢？在《一个心理治疗师的美好生活观：充分发挥功能的人》当中，罗杰斯陈述了自己的观点。

哲学家常认为在宗教和科学的宗旨间取得平衡相当困难。宇宙结构、天堂和地狱、存在的各种形式以及生与死的本质都存在于最令人疑惑的与“现实”有关的问题中，多年来宗教、科学和哲学都在探索着这些问题。罗杰斯在其晚年，也思考着一些这样的问题。

他并不是对这些哲学问题进行一种一致的、系统化的探究，而是不断开放地对待他的经验。20世纪七八十年代，他身边的世界，尤其在加利福尼亚，正在探索涉及宇宙本质的许多新旧观点。他了解到在各种不同的会议和公开出版物当中，关于调和宇宙中物质和能量的本质的东西方传统观点上，顶级的物理学家和神学家正不断取得进展。许多他自己信赖的朋友甚至他即将离开人世的妻子海伦都报告了显然是真实的精神体验。

在对现实本质的探索中，罗杰斯不仅不孤独，而且反映了这一时期在科学和知识团体中一种不断增长的兴趣。作为一个科学背景毫无瑕疵并受人尊敬的知识领导者，罗杰斯在对所有最基本哲学问题之一的探索中也加入了自己的声音。与以往一样，他以自己的方式去研究这个问题。罗杰斯没有和别人一样去确认现实“真正”的本质，他只是问道：“我们是否需要‘一个’现实？”

罗杰斯从未称自己是哲学家或以此自居。罗杰斯也没有将自己的思
想和写作限制在任何一个专业的通常范围内，而是探讨了自己的工作和 401
思想所引发的意义。在该过程中，他对许多主要哲学问题都做出了重大贡献。从长远来看，罗杰斯在文明社会如何看待人性上的影响就像他对于任何助人职业的贡献一样，都会使人们永远铭记他。

26 对“人性”的一种诠释*

我带着浓厚的兴趣读了沃克（Walker）所写的一篇文章，他将弗洛

* *Journal of Counseling Psychology*, Vol. 4, No. 3, 1957, 199-203.

伊德和我关于人的本性的看法进行了对比，斯奈德、格曼（Gehman）、沃克和诺萨尔（Nosal）就这一主题所作的进一步讨论也使我受益匪浅。既然我自身的观点占讨论主题的大部分，那么也许我可以对此说一两句。

沃克的文章可以简要地加以概括。在这篇文章里，他指出“弗洛伊德继承了奥古斯丁（Augustine）的思想传统，相信人在本质上是怀有敌意、反社会和堕落的”。相反，“在同样的意义上，卡尔·罗杰斯则继承了卢梭的衣钵，相信每个人都出自于造物主——一个完美的存在——之手。卢梭说，人性原始的光芒是被一个有缺陷的社会玷污的”。沃克接着还指出了弗洛伊德和我是以截然不同的方式来看待个体的基本本性，因此在心理治疗上就会因为这些不同的观点而产生不同的思考。他总结道：因为临床心理学家倾向于弗洛伊德的哲学，人格理论家采纳的是一种中立的人性观，而我有着卢梭式的观点，所以我们所有人都有必要去思考这一问题。斯奈德和其他人就沃克的文章做出了多种宝贵而公正的评论。

402 令我感到高兴的是，这种讨论的发表引起了对各种心理治疗方法的价值取向和哲学基础的关注。一个人如果对一种隐藏的价值取向和人性观无法给出操作性证据，那他就不能从事心理治疗。据我估计，这些基本观点是开放的和外显的无疑比隐蔽和内隐的要更好。我很欣赏在这场讨论中对弗洛伊德学派和以当事人为中心取向哲学观点的悬殊差异的强调。我自己也曾试图引起人们对此问题的关注。

我对弗洛伊德思想和我自身思想的那些“前辈们”心存疑问。我有些怀疑把不同的人放在同一类中的做法是否有价值。我认为分开来看奥古斯丁、弗洛伊德、卢梭和我自己比将他们任何两人硬凑在一起会更有价值。不过，不管怎样，我相信人们会发现在哲学基础上，弗洛伊德与加尔文（John Calvin）更类似，而不是与奥古斯丁。一位在精神分析中受益颇多、观察力非常敏锐的女士告诉我，直到她开始意识到其精神分析中包含的加尔文主义的基本观点——人生来是邪恶的，她才完全理解和领悟了她的分析。而对于我自己，我不敢说自己是否是卢梭的

“继承者”。我只能说尽管我的思想更接近卢梭而不是加尔文，但我认为在任何意义上自己都不是一个卢梭的追随者。我至少可以证明其中没有直接的影响。我个人接触卢梭作品仅是在读博士学位期间，在法语考试中要求阅读的《爱弥儿》中的一部分，并且我考试还差点儿不及格。

然而，我澄清整个讨论的主要意义是我试图阐述自己对人类机体基本特点的看法。我自身不断变化和发展的观点已经在许多文献中部分提出来了，但当前这一编排可能是有序的。

我对于人的最基本特征的观点是在心理治疗的经验中形成的。这其中包括了人不是什么的特定观察，以及在我的经验中，人是什么的描述。就让我简单地说几句，然后再对其含义进行解释。 403

我发现人的基本特征不是有敌意的、反社会的、破坏性的、邪恶的。

我发现人是有本性的，而不是一块可以被任意涂画的白板，也不是可以被捏成任何形状的胶泥。

我发现人本质上不是一件悲惨地被社会所歪曲和腐蚀了的完美存在。

我在自己的经验中发现人拥有其物种天生的一些特征，而在不同时期对我来说描述这些特征的术语包括积极的、向前迈进的、建设性的、现实的、值得信赖的。

让我看看自己能否将对这些观点的讨论带到一个也许我们的偏见会少些的新领域中去。假设我们进入动物的世界，问我们自己：狮子、羊、狗或老鼠的本性是什么。如果说其中任何一种或所有这些动物的本性基本上都是不友善、反社会或充满肉欲的，那简直荒唐可笑。如果你说它们的本性是中性的，从某些非特定的价值标准来看它们是中性的，或者说它们的本性全都一样，全都有待塑造，这种观点在我看来也同样可笑。我一直都认为每种动物都有其本性——该物种的一些共同特点。例如绵羊最合群，老鼠最胆小。即使可能发生巨大改变，但无论怎么训练——心理治疗或其他的——都不可能把一只老鼠训练得像一头狮子，反之亦然。物种有其基本特性，我们最好接受它。

我们可以更仔细地看看其中一些特征。既然狮子作为“掠食动物”而享有盛誉，那我们就选它为例吧。狮子共同本性、基本本性的特征是什么？饿的时候它会猎杀羚羊，却不是滥杀。杀死猎物后它尽情享用，但在非洲草原上却见不到肥胖的狮子。幼狮弱小而依赖性强，却并不依
404 附于这种依赖关系。它变得越来越独立自主。在幼年时期，它非常自私，完全以自我为中心，但随着它逐渐成熟，在这些冲动之外，它在捕猎中表现出了一定程度的合作。雌狮喂养、照顾、保护幼狮，也似乎很喜欢它们。狮子满足它们的性需求，但这并不意味着它们纵欲。它们的各种需求和欲望在内部形成了一种持续变化的平衡，在这个意义上来说，它做到了自我控制和自我约束。在某些基本方面，它是猫属狮（Felis Leo）这一物种中具建设性的，值得信赖的成员。它的基本倾向就是朝着发展、分化、独立、自我负责、合作和成熟的方向成长。总的来说，它本性的表现有助于它自身及其物种的延续和提高。

虽略有不同，我们也能对狗、羊和老鼠做出同样的评价。当然，每种动物的行为从某些角度来看，具有破坏性。我们不忍看到狮子捕杀羚羊；恼火羊毁了我们的花园里的草地；抱怨老鼠偷吃了我们用来野餐的奶酪；当狗把我当做陌生人咬我时，我会认为狗有破坏性；但所有这些都无法证明其中任何一种动物本质上是邪恶的。如果我试图向你解释，假如狮子的“狮性”，羊的“羊性”全都释放出来，那么贪得无厌的欲望、不可控制的攻击性、放纵和过度的性行为、与生俱来的破坏倾向就会驱使着这些动物。你一定会嘲笑我。很明显，这种观点根本就是胡说八道。

在对动物本性讨论的基础上，现在我想重新思考人的本性。我逐渐在一种关系中对人类有了最深刻的理解，这种关系的特点是安全、没有威胁、完全自由的生活和选择。在这种关系中，人表现出了各种痛苦和罪恶的感受、变态的冲动以及奇怪的、反社会的欲望。但当他们生活在这种关系中，更多地表现自己和成为自己的时候，我发现人就像狮子一
405 样，有一种本性。我的经验是：他是人类物种里基本值得信任的一员，

他的最深层特性倾向于发展、分化和合作关系；他的生活从根本上是倾向于从依赖走向独立；他的冲动自然地倾向于融入到一种复杂且不断变化的自我调节模式中；他的总体特点就是保存和提高自身和他的种族，并也许推动其进一步进化。在我的经验中，发现每一个体都是人类物种中一个真正的独一无二的成员并不让我害怕。我更愿意相信完全成为一个人就是要经历成为这个星球上最敏锐、最有责任、最具创造力和适应力的生物之一的复杂过程。

所以，当一位精神分析学派同人卡尔·门宁格（Karl Menninger，他也参与了讨论）告诉我，他认为人"天生是邪恶的"，或更准确地说，"天生具有破坏性"时我只能不解地摇头。它带给我各种令人疑惑的问题。门宁格和我带着一种相似的目的，在与处于痛苦中的个体如此亲密的关系中工作，但为何我们对人的体验会有如此大的差别呢？或许，就像斯奈德所指出的那样，如果治疗师真正关心他的病人或当事人，这些巨大差别都无关紧要。但如果一个分析师自己的天生倾向是破坏性的，他又如何能对自己的病人有积极关怀呢？即使他自身的破坏倾向得到他的分析师的适当控制和抑止，那谁又来控制那位分析师的破坏性呢？还有诸如此类的问题。

非常明显，我的经验无法令我相信这样的观点：如果人性中最深层 406
的东西释放出来，在这个世界上就会出现一个无法控制的、具有破坏性的本我。① 在我看来，这与说狮子的"狮性"是邪恶的同样毫无意义。我尊敬那些持此观点的人，但我在自己的经验中没有找到支持他们的证据。我在早期的一篇论文中表明了自己的立场：

> 我不赞同相当流行的一种观点，即人从根本上缺乏理性，而人

① 然而，弗洛伊德似乎最终已经相信这类事情。在其《精神分析概要》中，他简洁、精确而且言语平静地仍旧指出如果我们不找到一些手段对我们存在的核心加以控制，它就会导致冲突甚至是自身的灭亡。"我们存在的核心由隐藏的本我构成……机体的本能在这一本我当中活动着……这些本能所做的唯一努力就是要获得满足……但是立刻不顾一切地满足本能，如本我所要求的那样，常常导致与外部世界的危险冲突和自身的灭亡……本我遵循的是不可改变的快乐原则……仍然还有一个重大的理论问题至今没有解决，那就是快乐原则何时能够被克服，以及怎样被克服。"

> 的冲动如果不加以控制就会导致对他人和自己产生破坏性。人的行为非常理性，敏锐又有序地朝着机体要达到的目标努力。我们大多数人的悲剧在于我们的自我防御性使得我们无法认识到这一理性，于是我们的意识朝着一个方向前进，而我们的机体却朝着另一个方向前进。但对于生活美好的人，他们遇到的类似阻碍会越来越少，而越来越多地参与到其机体的理性中去。可能对冲动的唯一必要控制就是对两种需求进行自然的和内在的平衡，去发现尽可能满足所有需求的行为。通过损害其他需求（友谊、爱情关系等）的满足而使一种需求（野心或性等）得到极端满足的体验——在防御性强的个体身上这种体验经常出现——将会大大降低。他将参与到机体非常复杂的自我调节活动中去——心理和生理的恒定控制——以这种方式与自己和他人越来越和谐地相处。

弗洛伊德的人性观和以当事人为中心的治疗经验所证实的人性观为什么会有如此大的差异呢?[1] 我想提出两个假设来思考，尽管这些假设
407 会使那些精神分析的忠实追随者们感到震惊。

首先，我能理解弗洛伊德会为自己的发现而感到极其兴奋——在他的时代一个巨大的发现——在正统的或“一本正经”的外表下，人有着各种野心和性的感受以及冲动，它们成功地躲过了他自己和其他人。这一发现对那个时代的文化来说是惊世骇俗的，于是弗洛伊德的批评者和他自己都关注于在人的外表下隐藏的“邪恶”情感。尽管弗洛伊德自己与病人的经验已告诉他一旦这些“邪恶”情感被个体所认识、接受和理解，个体就能够被信任为一个能够正常自我控制的社会化的人，但他仍然只关注“邪恶的”无意识。在对于精神分析的白热化争议中，后面这一点被忽视了，据我估计，弗洛伊德所持的人性观过于浅薄。当然与他

---

① 或许这只是早期的精神分析理论与以人为中心观点之间存在的差异。在我的印象里，绝大多数当代精神分析家所持的人性观与弗洛伊德大不相同，但他们是否已经清楚地表达出来，我就不得而知了。当今那些通过吸取弗洛伊德思想而形成模型的思考家仍持着他的邪恶观。因此，路德维格·冯·贝塔朗菲（Ludwig von Bertalanffy）在最近的一篇论文中说道：“我们似乎无法改变人性的残暴：我们只能希望人的兽性能得到更好的控制。”

同时期的人相比，他的观点深刻得多，但它并不像他自己的经验证明的那样是一种如此深刻的观点。

我的第二个假设解释了弗洛伊德为什么不理解他原本可能在所做的治疗中认识到的这种更深层含义。我发现，尽管当事人在某种程度上能够独立发现被他们否认和压抑的情感，但他们却不能依靠自己在感情上完全接受它们。只有在一种“关怀”的关系中，这些“可怕的”情感首先被治疗师接受，然后才能被当事人接受。在弗洛伊德的自我分析当中不存在这种温暖的接受关系。所以，尽管他可能逐渐认识到并在某种程度上理解了自身那些被隐藏和否认的方面，但我怀疑他是否能完全接受它们，并把它们当做属于他自己的有意义、可接纳、具有建设性的一部分。他更有可能仍然视它们为自身不可接受的方面——他能够控制的敌人——而不看做是一些冲动，一些与其他冲动处于平衡状态时极具建设性的冲动。无论如何，我都认为这是一个值得思考的假设。但我承认，它没有解释为什么他的追随者仍然接受他的观点。

总而言之我赞同沃克的观点——治疗师的人性观的确会对他的治疗 408
有所影响。所以，我认为每一位治疗师从自身的经验中概括出人类最深层特性的那些趋势和倾向对他们来说是非常重要的。我也已经指出，对我而言，人是一种可能出现极大差错的让人生畏的复杂生物，但其最深层的趋向有助于他自身及其物种其他成员的提高。我发现可以信任那些活着的人能够向这一具有建设性的方向前进，更简单地说，在一个他可以自由选择任何方向的没有威胁的氛围中。

参考文献

Bertalanffy, L. von. A biologist looks at human nature.. *Sci. Mon.*, 1956, 82, 33-41.

Rreud, S. *Outline of psychoanalysis*. New York: Norton, 1949.

Gehman, W. S. Letter to editor. *J. counsel. Psychol.*, 1956, 3, 229.

Nosal, W. S. L Letter to editor. *J. counsel. Psychol.*, 1956, 3, 299-301.

Rogers, C. R.. *Client-centered therapy*. Boston: Houghton Mifflin, 1951. Especially, 56-64, 522-524.

Rogers, C. R. Some of the directions and end points of therapy. In O. H. Mowrer (Ed.), *Psychotherapy: Theory and research*. New York: Ronald Press, 1953. Especially, 56-57.

Rogers, C. R. Client-centered therapy—a current view. In F. Fromm-Reichmann and J. L. Moreno (Eds.), *Progress in psychotherapy* 1956. New York: Grune & Stratton, 1956, p. 207.

Rogers, C. R. A therapist's view of the good life. *The Humanist*, 1957. In press.

Walker, D. E. Carl Rogers and the nature of man. *J. counsel. Psychol.*, 1956, 3, 89-92. (Includes comment by W. U. Snyder.)

Walker, D. E. Letter to editor. *J. counsel. Psychol.*, 1956, 3, 229-230.

409

27 一个心理治疗师的美好生活观：充分发挥功能的人*

我对于美好生活的观点大部分是建立在我在一种被称为心理治疗的非常密切和亲密的关系中与人们共事的经验之上的。所以，这些观点具有一种实证性或试验性的基础，而并非一种学术的或哲学的基础。那些受困扰的人们为了过上美好生活而挣扎努力，通过观察并参与到其中，我已经理解了美好生活是什么。

我想在一开始就应该清楚地说明，我获得的这种经验源自于多年来形成的一种心理治疗的特殊取向观。很可能所有的心理治疗都大致相似，但因为我不像以往那样确信，所以我很想清楚地说明我的治疗经验

* *The Humanist*, Vol. 17, 1957. Expanded in *On Becoming a Person*. Boston: Houghton Mifflin, 1961, 184-196.

一直都是遵循着那种对我最有效的"以当事人为中心"的心理治疗路线。

由于我感觉到自己从得到了很大发展的心理治疗经验中已经对美好生活有了很多了解，假设这种心理治疗在各方面都是最佳的，就让我试着对它简单描述一下。如果这种治疗真是最佳的，既深入又全面，那这就意味着治疗师已经能进入到与当事人的一种高度个人的和主观的关系——不是一个科学家对一个研究对象，也不是一个医生与诊断和治疗对象，而是一个人与一个人。这意味着治疗师认为当事人是一个具有无条件自我价值的人：无论他的状况、行为和情感如何都是有价值的。这意味着治疗师是真实的，没有隐藏在防御的面具之后，而是以其机体所体验到的情感来面对当事人；能够情不自禁地去理解他的当事人，没有 410
内在障碍阻止他去感受当事人在关系中的每一刻的情感；并能把他对于当事人的同感理解传递给当事人。这意味着治疗师对完全进入这种关系而感到自在，认知上不知道这种关系会导向何处，并会因为给当事人提供了一个可供其最大限度地成为他自己的氛围而感到满意。

对于当事人来说，这种最佳治疗意味着探究他自身那些越来越奇怪的、未知的和危险的感受，这种探究被证明只有在他逐渐意识到自己是被无条件接受时才成为可能。于是，他开始了解他经验当中那些因为对自我结构太有威胁、太有破坏性而在过去被意识否认的部分。他发现自己在这种关系中完全而充分地体验着这些感受，所以在那一刻他就是他的害怕，或愤怒，或亲切，又或者是力量。当他感受这些不大相同的各种情感时，感受到它们的所有强度时，他发觉他体验到了自己，他就是所有这些情感。他发现自己的行为根据他新体验到的自我而发生了改变。他逐渐发现自己无须再害怕会经验到什么，而是将其作为正在改变和发展的自我中的一部分来自由地欢迎它。

这就是以当事人为中心疗法达到最佳状态时，对该疗法的一个简要概括。我在此仅仅是对以当事人为中心疗法的内容作一个简单描述，其中也包括了我的美好生活观。

一种消极的观察

当我试图理解和体验当事人的经验时，我逐渐得出了关于美好生活的一个消极结论。在我看来，美好生活不是任何一种不变的状态。美好生活既不是一种有德之境、满足之状，也不是进入天堂或幸福的状态。美好生活不是一种已经适应、充分满足或已经实现的状态。用心理学术语来说，它不是一种驱力降低、紧张缓解或体内平衡的状态。

411 所有这些术语都意味着如果已达到一个或几个这样的状态，那么生活的目标就已经达到了。当然，对许多人来说，幸福和适应就等同于美好生活。社会科学家也常常提到紧张的消除，或体内平衡/均衡的获得，就好像这些状态构成了生活的目标。

所以，当我发现我的经验根本不支持这些定义时，我有一些好奇和关注。如果我关注那些在治疗关系中获得最大程度进展的个体的经验，以及那些在这种治疗关系后数年似乎已经或正在朝着美好生活目标取得真正进步的人们，那么在我看来，他们根本不适合用这些指代固定状态的术语来描述。我认为如果说他们“已适应”，他们会觉得受到侮辱；说他们“愉悦”或“满足”，甚至“已经实现”，他们也会认为不恰当。因为我了解他们，所以我知道说他们驱力的紧张性降低或处于一种平衡状态都是极不恰当的。所以我问自己是否有一种方法使我可以概括他们的情况，或者有那么一种符合我所观察到的事实的对美好生活的定义。我发现做到这一点很不容易，以下只是一些尝试性的陈述。

一种积极的观察

如果我试图用寥寥数语来描述在我看来这些人的特点，我相信会是以下这样的话：

美好生活是一个过程，而不是一种存在状态。

它是一个方向，而不是一个归宿。

构成美好生活的方向是当事人在心理上有自由向任何方向前进时，他的整个机体所做出的选择。

这种机体所选择的方向似乎有着各种独特个体都具有的、特定的可辨别的普遍特征。

所以我能够把这些描述整合成一个定义，它至少可以作为思考和讨 412
论的基础。根据我的经验，当一个人能自由地向任何方向前进，而这种选择方向的一般特征又具有某种普遍性，那么这一朝着人类机体选择的方向前进的过程就是美好生活。

这个过程的特点

现在就让我详细描述当它们在治疗中一个又一个人身上突然出现时，前进过程的这些特点是什么。

对经验越来越开放的态度

首先，这个过程包含着一种对经验日益开放的态度。开放性这个词语对我来说有了越来越多的含义。它与防御性完全相反。以前我就已经提到，防御性是机体对于某些经验的反应，这些经验被认为会威胁到自我，与个体现在的自我图像不一致，或与处在对外关系中的自我图像不一致。通过在意识中被扭曲或不被意识承认，这些威胁性经验暂时无害地隐藏了起来。我完全无法准确看清我自身拥有的经验、感受和反应。治疗过程的一大部分就是由当事人自己不断发现他正在体验的情感和态度，而他在此之前从未能意识到这些情感和态度并把它们作为自身一部分而“拥有”。

然而，如果一个人能够对他的经验完全开放，那么每一种刺激——无论是源自机体还是环境——都不会被任何防御机制歪曲而通过神经系统自由地传播。这时就不需要“下意识”机制了，而通过该机制机体能预先警告任何具有自我威胁性的经验。相反，无论刺激是环境中的形状、颜色和声音结构对感觉神经的冲击，还是过去的记忆线索，或内心 413
深处害怕、愉快、憎恶的感情，人都可以“生活在其中”并完全意识到它们。

所以，被我称为“美好生活”的这一过程的一个方面就是从对经验的防御性一端向开放性一端移动。个体正变得更能倾听自己，体验自己内部所发生的一切。他对于自身的害怕、沮丧和痛苦经验更加开放，对于信心、亲切和敬畏等感受也一样。当这些感受在他身上出现时，他主观上可以自由地感受这些情感，同时自由地意识这些情感。他能更充分地感受自己的机体经验而不是待其关闭在意识之外。

更富存在感的生活

美好生活这一过程的第二个特点指的是一个日益增强的倾向，即每一刻都生活得充实。这是一个很容易被误解的观点，在我自己的思想中它也有些模糊不清。那么，就让我试着解释一下我的意思吧。

在对自己的新经验完全开放、毫无防御性的个体看来，每个时刻都是崭新的，我相信这会是显而易见的。在这种方式下，此刻存在的内部和外部刺激的复杂构成都是从未有过的。因此，这个人会明白“在下一刻我将会是什么，会做什么，只有到了那个时候才知道，不论是我自己还是别人都没办法预测”。很多次我们都发现当事人表达的正是这种感受。

这种存在感生活的流动性的一种表达方式是：自我和人格都源于经验，而不是经验被转换或扭曲以适应已感知到的自我结构。它意味着人成为机体体验过程的一位参与者和观察者，而并非该体验的控制者。

414 这种生活在此刻意味着没有僵化刻板、严密组织和经验的强制结构。取而代之的是一种最大限度的适应，一次对经验中结构的探索，以及一个流动、变化的自我和人格构成。

在我看来这种朝向存在感生活（existential living）的倾向在那些进入美好生活过程中的人们身上非常明显。有人可能会说这就是美好生活最关键的特征。它涉及去发掘生活在经验中这一过程的经验结构。另一方面，我们绝大多数人都带着一个早已形成的经验结构和对经验的评价并且从未抛弃它，歪曲和填塞经验以适应我们的先入之见，还会为这种流动性而烦恼，因为它使我们无法将经验放置到自己精心建构的文件架上。开放地对待现在发生的一切，去探索在当前过程的任何结构——这就是当我看到当事人接近美好生活时，美好生活、成熟生活的特征之一。

越来越信任自己的机体

生活在美好生活过程中的人还有一个特点，就是越来越信任自己的机体，以其作为一种手段来达到在每种存在状态下最令人满意的行为。让我再一次解释我的意思。

在任意情境中选择做出何种行为时，许多人依靠的是指导原则，某团体和机构制定的行为章程，他人（妻子或“艾米丽邮箱”的朋友）的判断，或是过去在相似情况下的行为方式。然而，当我观察那些拥有使我受益匪浅的经验的当事人时，我发现这些个体越来越能够信赖他们自己的整个机体对于某种新情境的反应，因为他们越来越发觉，如果对自己的经验持开放态度，去做“觉得对”的事情，结果就会证明它是有效又可信的行动指导，而且它真得令人满意。

当我试着究其原因时，我发现自己遵循着这样的思路——一个对自己的经验持完全开放态度的人能够获得该情境中可以获得的一切资料，并将这些资料作为其行动的基础：社会规则，自己内心复杂且可能矛盾的需求，对过去相似情境的回忆，对当前情境的独特知觉等。这些资料 415
可能十分复杂。但他可以让他的整个机体、他的意识参与其中，考虑每个刺激、需求，它们的相对强度和重要性，并从这种复杂的斟酌和权衡中，发现最能满足其所有需要的行为。与这一描述类似的一个比喻就是把人比作一台巨大的电子计算机。由于他对自己的经验持完全开放的态度，来自于他的感观、记忆、过去经验、内脏和内部状态的所有资料都被输入机器中。该机器运用了作为资料输入进来的各种力量，快速地计算出在当前存在情境下能够最经济地使需求满足的行为。这就是我们设想的人的行为。

大多数人所犯的导致这一过程不值得信赖的错误就在于囊括了不属于当前情境的信息，或遗漏了真正属于它的信息。正是当回忆和过去经验好像是作为现实，而不是作为记忆和经验输入到机器中时，错误的行为反应才会出现。又或者当阻止某些特定的威胁性经验进入意识，不纳入计算之列，或以扭曲的形式输入时，也会产生错误。但我们设想的人发现自己的机体完全值得信赖，因为所有能掌握的资料都使用了，并且这些资料还是以恰当的形式而非歪曲形式表现出来。所以他的行为就会尽可能满足他所有的需求，如提高发展的需求，合群的需要等。

在这一权衡、平衡和计算的过程中，他的机体也会出现错误。机体总是会给出符合现有资料最佳的答案，但有时资料也会丢失。然而，因为是开放地对待经验，任何错误和随后不能令人满足的行为都会快速被纠正。就好像计算总是处于被纠正的过程中，因为它们会不断在行为中得到检验。

或许你不喜欢我把人比作一台电子计算机。那还是谈谈我了解的当
416 事人吧。当他们对自己的体验持更加开放的态度时，他们越加发现可以信任他们的反应。如果他们“感到要”表达愤怒，他们就会发火，并发现这样做很不错，因为愤怒同其他所有的欲望都平等存在，如友情、合群和关系。对于复杂和烦人的人际关系，他们自身有着找到行为解决方法的本能技巧，这令他们感到非常惊奇。而只有在事后，他们才会知道自己的内部反应能够带来令人满意的行为，以及它们可信赖的程度是多么不可思议。

更充分发挥功能的过程

我很想把描述美好生活过程的三个方面综合起来，作一个更有条理的描述。那些心理上自由的人似乎日益成为功能得到充分发挥的人。他能够更好地与他的所有感觉和反应相处，并更彻底地生活在其中；能更充分地利用其所有的机体装置，尽可能准确地感觉内外部的现存环境；能在意识水平上利用他的神经系统所提供的所有信息，但他也会认识到，他的整个机体可能常常比自己的意识更明智；更可能允许他的整个机体自由地发挥全部复杂功能，从而在各种可能中挑选出当前最令人满意的行为；他能够对机体的这一功能给予更多的信任，不是因为它确实可靠，而是因为他能够更开放地对待自己每个行为带来的任何结果，并在这些结果不太如意时予以纠正。

他更能体验到自己所有的感受，更少害怕任何感受；他自己筛选证据，也能更开放地对待来自各方面的证据；他完全投入到做自己、成为自己的过程中，从而发现自己有着相当好的、现实的社会性；他更完全

地生活在此刻，却又了解到这是适用于所有时间的最好生活。他正在成为一个功能得到更充分发挥的机体，并且由于他自身的意识在自己的经验中自由地流动，他也正成为一个功能得到更充分发挥的人。

一些含义 417

任何一种对美好生活的看法都有着多种含义，我所提出的观点也不例外。我希望这些含义可以供我们思索。我也想谈谈其中的两三个含义。

自由意志 VS 决定论的一种新观点

第一点意义也许并不会立刻就表现出来。它与一个古老的“自由意识”问题有关。就让我尽力来阐述这一问题现在给我的一些新启示。

有段时间我一直苦恼于在心理治疗当中存在的自由意识与决定论之间的矛盾。在治疗关系中，最令人瞩目的主观体验就是当事人感到自身内部的自由选择的力量。他是自由的——可以成为他自己或藏在防御面具后；可以前进或后退；可以选择各种正在改善的方式采取行动；也可以自由地选择生理或心理意义上的生或死。然而，当我们以客观的研究方法进入到心理治疗领域中时，我们像任何其他科学家一样，变成了彻底的决定论者。从这种观点来看，当事人的每个想法、感受和行为都是由先前所发生的事决定的。不存在类似自由的东西。我所说的两难问题与在其他领域中遇到的并没有什么不同——它仅仅是得到更多关注，也似乎更无法解决。

然而，当我们从我所给出的功能充分发挥的人的定义去考虑时，这一两难问题会有一个全新的视角。在最佳的心理治疗中，当事人的确体会到完全的、绝对的自由。他的意志和选择遵循着对于所有内在和外在刺激都最为经济合理的行为决策方向，原因就在于该行为最令他满意。但从一个决定论者的角度来看，同一行为决策也许是由现存情境中的所有因素决定的。让我们把他与一个防御性的人作一个对比——他希望或
选择去遵循某个既定行为决策，但却发现不能以他选择的模式行动。他 418
被现存情境中的因素所决定，而这些因素也包括了他的防御机制和对一

些相关资料的否定或歪曲。所以他的行为当然不能充分令人满意。他的行为是被决定的，没有自由做出一个有效决策。相反，对于功能充分发挥的人，当他自发地、自由地、自动地选择和决定那些也被完全决定了的一切时，他不仅能体验到而且还能实现最绝对的自由。

我并没有幼稚地认为这完全解决了主观与客观、自由与必然之间的难题。尽管如此，我还是有所领悟，一个人越是生活在美好生活当中，他越能够体验到选择的自由，他的选择也越能有效地实现他的行为。

创造力是美好生活的一个因素

我相信一个生活在我所提到的美好生活当中的人很明显是一个富有创造力的人。由于他能够敏锐而开放地对待自身世界，信任自己能够与自身环境形成新关系的能力，他将会成为拥有创造性产物和创造性生活的那类人。他不必去“适应”他的文化，也当然不会成为一个遵循者。但在任何时候和任何文化中他都能积极的生活，同他所在的文化融洽相处，就如同需求和满足的平衡。在某些文化环境中他可能在某些方面感到不愉快，但他会不断向成为自我前进，以一种能够最大满足自身最深层次需求的方式行动。

我相信这样一个人会被进化研究者认为是最可能在变化的环境状态下适应和生存的一类人。他能够创造性地针对新旧环境做出合理调整。也可能恰恰就是人类进化的一个先驱。

对人性的基本信任

419 另一个含义很明显，当功能自由发挥时，人类的基本本性是建设性的和值得信赖的。对我而言，这是 25 年心理治疗经验得出的必然的结论。如果我们能使当事人从防御中解放出来，他就能开放地对待自己的多种需求以及环境和社会的各种要求，应该相信他的反应会是积极的、前进的、具有建设性的。我们无须问谁将促使他社会化，因为他自身最深层的需求之一就是同他人联合和交流。当他更完全地成为他自己时，他也将更现实地社会化。我们无须问谁来控制他的攻击冲动；因为当他对自己的所有冲动更加开放时，在他身上被爱和给予爱的需要会与他的攻击性一样强烈。在攻击是适当行为的情况下，他会有攻击性，但不存在失控的攻击需求。当他逐渐向开放地对待自己所有经验转变时，他在这些领域和其他领域的所有行为都将越来越平衡和现实，都会是适合一个高等社会动物生存和发展的行为。

更充实的生活

我想提到的最后一个含义就是生活在美好生活中的这一过程比我们大多数人发现自己所处的狭隘生活涉及面更广，涉及的内容也更充实。成为这一过程的一部分就意味着一个人将处在一种更敏感、有着更大范围、更丰富多彩、更充实的生活中，体验着频繁的惊吓和满足感受。那些在治疗中有重大改善的当事人似乎更深切地感受到痛苦，但同样也真切地体会到狂喜；更清楚地感受到愤怒，但爱也一样；更深深体验到害怕，但勇气也一样。他们之所以能如此完全地生活在一个更广阔的范围当中，是因为他们把最基本的自信作为值得信赖的指导来面对生活。

我相信这一点会显而易见，即为什么在我看来诸如快乐、满足、幸福、愉快等形容词似乎都不太适合于对我所称为美好生活的这一过程进行任何一般的描述，尽管该过程中的个体会在适当时候体验到所有这些情感。而那些似乎更普遍适用的形容词则是令人充实的、令人兴奋的、 *420*
值得的、有挑战性的、有意义的等。我确信美好生活不是怯懦者的生活。它意味着使越来越多的潜力得以发展和实现，也使人拥有勇气；意味着一个人完全地投入到生活的潮流当中。因此，极其令人兴奋的事情就是当个体获得了内在的自由时，他选择美好生活作为成长过程。

28 我们是否需要“一个”现实？*

我相信大多数教育者都会赞同教育首先要考虑的是帮助个体获得知

* *Dawnpoint*, Vol. 1, No. 2, Winter 1978, 6-9.

识、信息以及那些使其能够更建设性地面对“现实世界”的个人成长。通常这是毕业典礼演讲的主题，其中人们会表达对于刚毕业的学生如何面对和处理“现实世界”的希望和担忧。它也常常是深度会心团体最后几小时的话题，对自己及自身人际关系已有众多了解的个体会关心当他们回到自己的外在“现实”生活时该怎么做。

什么是这个“现实世界”？这就是我想要探讨的问题，通过举出许多个别和普遍的例子将会很好地描绘出我自己的思想一直坚定不移地带领我所走的那个方向。

几星期前的一个深夜，我独自坐在加利福尼亚北部一座海边别墅的平台上。就在我坐在那儿的几个小时里，地平线上一颗闪亮的恒星升起，直到能清楚地看见。一颗灿烂的行星以同样慢的速度从我的正上方
421 移动到我的右方。这恒星和行星与银河系及其他所有星群一同运动。很明显，我处在宇宙中心，宇宙正慢慢地围绕着我运转。这是一次既令人羞愧（我是那么的渺小！）又让人振奋的体验（成为宇宙的中心是如此美妙！）。我注视着这个现实世界。

然而，另一方面，我知道自己、我脚下的地球以及我周围的大气都在以令人窒息的速度——比现代喷气式飞机还快——朝我所说的东方运行；那些恒星和行星相对地球而言是静止的。尽管我没有看到自己刚刚所描绘的那些，但却知道这的确是现实世界。

在另一个层次上，我清楚自己是茫茫宇宙中数以百万计的银河系中一个微小行星上的沧海一粟。我知道每一个银河系都是以惊人的速度在运动，常常还发生爆炸使其与其他银河系分离。这是否也是现实呢？我疑惑不解。

但至少有一个我能够确信的现实：我坐着的结实木椅，平台所处的坚实地球，手里的不锈钢钢笔。这都是我们不仅能看见还能感觉和触摸到的一种现实。这些物体能承受重量和压力。它们是固态的。

然而却并非如此，我知道足够多的科学知识来挑战所有这些。椅子是由从前活生生的细胞所构成，这些细胞的构成相当复杂，它们所包含的空间远远多于物质。而地球则是缓慢运动的流动物质，当它收缩、爆

裂和褶皱的时候会频繁颤动。而我昨天在其上行驶的马路也曾是这些颤动中的一部分。1906 年的某天，地球稍微颤动了一下，道路就裂开了，裂缝的西部同东部被拉开了 20 英尺。地球的确是固体的！

那么我那支金属钢笔无可置疑的坚固性又如何呢？他们告诉我它是由看不见的原子所构成的，这些原子以极快的速度运动。每个原子都有原子核，而近年来已经发现了在这些原子核当中有越来越多的质子。每个质子又拥有令人着迷、难以置信的特点；它可能在每个原子巨大的内部空间里沿着或随机或有序的轨道运动。我的钢笔绝不是我那么清楚感觉到和握着的坚硬固态物体。这种“现实世界”似乎在消失。 422

伟大的物理学家詹姆斯·琼斯（Sir James Jeans）的一段话让我再次确信，却仍感到迷惑。他说：“人类知识的潮流不偏不倚地指向了一种非机械化的现实：宇宙开始看起来更像一个伟大的思想而不是一个伟大的机器。”试着把这告诉你的朋友、水管工或股票经纪人。告诉他们“现实世界就是一个伟大的思想”。对于任何人都显而易见的现实世界的概念正在快速而彻底地超出我的掌握。

那么至少在人际关系的世界里，我了解我的家人和朋友；这种了解是我行动的坚实基础。但我的记忆这时却反驳了我自己。一个人只需要处在某种有促进作用的、允许表达自己的会心团体中，就会发觉我们对人际关系的了解是多么不可靠。个体会发现最亲近的朋友和家人心中有着大量隐藏的情感，包括以前不为所知的恐惧，自卑感，压抑的愤怒和憎恨，紊乱的性欲和幻想，大量隐藏的希望和梦想，许多不为人知的喜悦和悲伤，潜在的创造性冲动和还没说出口的爱。该现实似乎也像在本章中提及的其他任何现实一样不确定，也完全不被了解。

因此，个体就只有退回到自己：“至少我知道我是谁。我决定自己做什么，并且去做。那是真实的。”但是否真是如此呢？如果我与一个行为主义者谈话，他会告诉我：“你只是输入的刺激和你做出的条件反射的总和。所有其他的只不过是幻想。”于是，我们最终拥有了真实。我只不过是一个机器人。或者，这就是全部吗？我那么多的梦是从哪里来的？或许这也可以得到解释。我于是想起了琼，她告诉我当她的双胞胎姐姐晚上从一条熟悉的路开车回自己家时，琼从一种明确感觉到的慌乱中惊醒。她打电话到高速公路警察局并告诉他们“在某某高速公路上有一场意外，是一辆车牌号××的白色汽车，上面只有一个女司机”。愣了一会后，警察用一种迷惑和略带怀疑的口气说：“但你是如何知道的，女士？我们在两分钟前刚刚接到事故报告。”我们又如何解释这种现实呢？

423 这个小小的片段打开了有关内心世界和“不同的现实”的一连串思考。我们如何解释卡尔·荣格（Carl Jung，1961）在三岁时就有的幻想或梦境呢？他看到在一个神秘的巨大地下溶洞里，所有光线都聚集到了顶部好像有一个头的巨大肉柱上，这个东西放在王者的位置受人推崇。50 年后，当他在一些崇拜阴茎的原始部落里再次发现同样的情景时，他才完全明白了这一体验。那种景象是如何在三岁时就进入到他的头脑中的呢？这一现象又属于哪一个现实世界呢？

听听罗伯特·门罗（Robert Monroe，1971）的故事吧，他是一个非常固执的商人和工程师，在经历了许多令人迷惑的体验后，发现自己某天晚上漂浮在自己房间的天花板上，往下看到了自己和妻子的身体。他一开始很震惊，接着越来越想来一次脱离身体的旅行。而他所描述的这些经历确实很让人吃惊，又常常令人信服。人们禁不住要去思考这样一个问题：什么样的“现实”能包括这样的经验以及我所知道的“真实”体验？。

唐·胡安（Don Juan）又是怎样的呢？这个永远不老的雅基族印第安人为顽固多疑的人类学家卡洛斯·卡斯塔涅达开启了全新的世界。充满神奇的世界，在空中飞行的世界，生与死没有分别的不同寻常的世界，在那儿“饱学之士”有精神盟友，在那儿可以体验到不可能的事情。难道你能说这都是垃圾？他自己的经历足以让卡斯塔涅达（1969，1971）认识到与现代科学头脑的思维中完全没有的其他现实。

我想起了约翰·里利（John Lilly，1973），一个在加利福尼亚工学院受过训练的科学家，他曾研究过神经解剖学、医学、精神病学，并且他因为研究海豚 12 年而闻名，他试着与海豚进行交流，因为他相信它们至少与人一样聪明。从他最初作为一个科学家，只相信机械化模式的现实，到现在认为有着多种层次的不同意识（他自己已经获得并且还帮助他人获得），这一经历的确令人难以置信。沿着这条路，他更加确信海豚能够了解他的想法。里利那次令人着迷的经历是在一个丧失感觉的 424
水箱里——他漂浮在温暖的水中，只有极少的视觉、声音、触觉和味觉刺激输入。他发现没有外在刺激的内心世界是如此惊人的丰富，有时令人害怕，常常是一片混乱。在试着了解内心世界的过程中，他使用了迷幻药，结果既起到了启发作用又产生了可怕后果。这导致了沉思，不被人知晓的思想转变以及水平越来越高的意识——就像他之前被称为神秘主义者的许多人一样——他作为一个个体，一个以爱为基础的个体在体验着宇宙。与他所受的训练有着天壤之别！

这些和其他的描述不能仅仅以鄙视或认为其荒谬的态度而置之不理。这些见证者非常诚实，他们的经历也极其真实。所有这些描述都表明似乎存在一个广阔而神秘的宇宙——也许是一个内在现实，又或者是一个我们完全不了解的精神世界。这样的一个宇宙对“我们都知道真实世界是什么”的轻松想法给予了最终的致命打击。

对于一个客观的现实世界，我又有怎样的想法呢？

> 它显然不存在于我们能够看到、感受到和把握到的客体中。
>
> 它不存在于我们极其崇拜的技术中。
>
> 它不会在坚固的地球或闪亮的恒星中被找到。
>
> 它不存在于我们周围那些实在的知识中。
>
> 它不会在任何文化的组织、风俗或仪式中被找到。
>
> 它甚至不存在于我们自己已知的人际世界中。
>
> 必须考虑到神秘的、目前还深不可测的“不同的现实”，它与客观世界有着难以置信的区别。

我和其他许多人都逐渐有了一个新的认识。那就是：我唯一能够知道的现实就是我此刻感知到和体验到的世界。而你唯一能够知道的现实就是你此刻感知到和体验到的世界。唯一可以确信的是这些感知到的现实是各不相同的。因为有人的存在，就会有许多“现实世界”。它给我们带来了有史以来从未遇到过的一个最令人头痛的两难问题。

425 自远古以来，部落、社会、国家或文化已经就什么构成了现实世界达成了一致。能够确信的是，不同部落或不同文化的世界观可能有着天壤之别，但至少有一个很大的、相对统一的群体对其有关世界和宇宙的认识是肯定的，并且知道这一观点是对的。所以，社会排斥、鄙视、迫害甚至杀害那些对现实持不同观点的人。尽管哥白尼（Copernicus）多年来都对自己的发现保密，但最终还是被打上了异教徒的标签。伽利略（Galileo）证明了哥白尼的观点，却还是在他 70 多岁时被逼放弃了自己的教学。布鲁诺（Giordano Bruno）在 1600 年因为宣扬我们的宇宙中存在许多的世界而被烧死在树桩上。

偏离宗教现实的个人受到了迫害和杀害。在 19 世纪中期，伊格纳茨·塞麦尔维斯（Ignaz Semmelweis）这位热情的匈牙利年轻医学家被那些迫害他的人逼疯。原因就于他提出了在当时看来很奇怪的主张——妇产室的可怕克星分娩高烧是通过医生的手或工具把看不见的病菌从一个妇女携带到了另一个妇女身上。就他所处时代的现实而言，这显然是胡说八道。在我们美国殖民地，那些被怀疑有精神力量的人常常被当做巫师而被吊死或是被巨石压死。历史给了我们一连串例子，那些因为感知到与公认现实不一致的现实的人们都付出了惨痛代价。尽管社会最终会允许持不同意见的人存在，就像我提到过的那些例子，但毫无疑问，坚决主张一个已知和确定宇宙的观点已经成为让一种文化结合的黏合剂。

今天我们面对的是一个不同的情境。世界范围内便捷和快速的交流意味着我们每个人都了解了许多“现实”；尽管我们可能认为其中的一些很荒谬（如轮回）或很有威胁性（如共产主义），但我们不得不去了解它们。我们再也无法待在一个安全的茧中，知道我们所有人都以同样的方式来看这个世界。

因为这一改变，我想提出一个非常严肃的问题：我们还能奢望拥有“一个”现实吗？我们还能依然坚持相信存在一个所有人都认同的“现实世界”吗？我相信这是一个我们无法拥有的奢望，一个我们不敢再坚持的神话。在近代史上仅有一次它得到了完全成功的实现。数百万人对 426
社会和文化现实的本质有着完全一致的看法——这种一致性是由希特勒（Hitler）的催眠式影响造成的。这种对于现实的一致看法几乎标志着西方文化的毁灭。我不认为这值得效仿。

在20世纪的西方文化中——尤其在美国——同样也有一个关于价值观的普遍赞同的现实。可以这样简洁地表述：“越多越好，越大越好，越快越好，而现代科技将达到这三个想要达到的目标。”但在今天，这个信条成了一场极大的灾难，几乎没人会相信它。烟雾污染，人口膨胀的灾难，以及核弹这一“达摩克利斯之剑”都让这个信条不攻自破。我们已经如此成功地取得了“为小利益而付出更大代价”的目标以至于我们处于毁灭该星球所有生命的危险之中。

因此在我看来，我们想要生活在所有人都以相同方式感知的“现实世界”里的愿望会使我们作为一个物种走到毁灭的边缘。我将大胆提出另一种选择。

对我而言，未来的道路必须将我们的生活和教育建立在以下假设之上：有多少人就有多少现实，而且我们首先要接受这个假设并从这一点出发前进。往哪儿前进？我们每个人，思想开放地去探究那些存在着的众多现实。我相信，我们会在该过程中丰富自己的生活。我们也会变得更能够应对我们每个人所处的现实，因为我们知道了更多的选择。这也许就是一种充满了困惑和困难选择的生活，它要求我们更加成熟，但也会是一种令人兴奋和充满冒险的人生。

然而，又出现了一个问题，我们是否能拥有一个基于多种现实这一假设之上的群体或社会？这样一个社会不会是完全的个人无政府状态吧？那不是我的观点。假如对于你不同的世界观我从最初无法容忍到完全接受，认为你有权拥有这样一种观点。假如我不认为他人感知到的现 427
实很荒谬、危险、异端或愚蠢而将其拒之门外，而是欣然去探求和了解这些现实呢？假如你也愿意这样做，那么社会将会变成什么样？我想我们的社会就不会建立在对现实的一种解释、教条或观点的盲目承诺之上，而是有这样一个共同承诺——认为每个人都是正当的、独立的个体，拥有各自的现实。人类关心他人的自然倾向不再是“我关心你是因为你和我一样”，而是“我欣赏和看重你，因为你与我不同”。

你认为这太理想化了？当然是的。我怎么能如此天真和“不切实际”地希望这样一种巨大变化一定会到来呢？我的希望部分是来自于查尔斯·比尔德（Charles Beard）所说到的一种世界历史观：“当天空变暗时，星星就会开始发光。”所以，我们可以看到那些正朝这一新方向前进的领导者们不断涌现出来。

我的希望更牢固地建立在由怀特（Lancelot Whyte）所阐明的观点上，这个历史学家的观点写在他生前最后一本著作中。正是他的理论预测了人类历史上的伟大进步，这些进步的产生是由在此变化发生前成千上万的个体无意识思维中发生的变化造成的，而持有这一理论的人并不只他一个。接着，在一个相对较短的时间里，一个新观点、一种新看法将会突然出现在世界舞台上，然后变化就会产生。他给我们举了一个例子——1914 年以前爱国主义和民族主义是不容置疑的美德。然后，那种构成无意识传统的无意识质疑开始扭转整个思维模式。这种新的观点在 1950—1970 年开始公开表现出来。“我的祖国，对或错”不再是一个赖以生活的信念。民族主义的战争已经过时和不受欢迎，尽管这种战争还在继续，但世界的观点是对此深恶痛绝。怀特（1974）指出：“在任何时刻，在统一情绪、思想和行为的任务中，无意识水平都先于意识水平！”(p. 107)

对我而言，这一思路完全适宜。我已经说过我们比我们的智力更聪明，我们的机体作为一个有智慧和有目标的整体将会远远走在意识思维之前。我相信这个观点适用我在本章中提出来的概念。我认为男人和女人，个体和群体都会从内心或机体上反对那种单一的文化认同的现实
428 观。我想他们正逐渐接受数百万独立的、有挑战性的、令人激动的、有启发性的个体的现实观。我认为这一观点很可能——像不同国家的科学家突然间分别地发现量子机制的原理一样——立刻在世界的许多地方开始有效的形成。如果这样的话，我们将会生活在一个全新的、历史上从

未有过的宇宙之中。这种改变真的能出现吗？

其中还有对教育者的挑战——可能是任何专业中最不安全和令人害怕的挑战——受公众的抨击，受立法的限制，尤其是教育者的保守行为。他们能否赞成我所描绘的多重现实观呢？他们又能不能开始形成这样一种世界观所要求的态度、行为和价值上的改变呢？当然，依靠他们自己是无法做到的。但借助怀特所说的“无意识传统”中的基础性变化，以及我和其他许多人见到的、在我们文化中出现的新新人类的帮助，他们一定会取得成功。

我的结论是：如果各国还是按照过去的做法，那么随着不同观点的世界交流速度的加快，每个社会都将不得不施加越来越多的压制来取得一种对于现实世界及其价值由什么构成的强迫性认同。那些高压下取得的认同在不同国家和文化中也不同。这种高压统治将迫害个体的自由。我们也会由于不同世界观造成的冲突而导致自我毁灭。

不过我也提出了另一种选择。如果我们能接受所有人都生活在不同现实中这一基本事实；如果我们能把这些不同的现实看做是了解所有世界历史的最有价值的资源；如果我们能毫无胆怯地为了向他人学习而共同生活在一起；如果我们能做到所有这些，那么一个新的时代就会来临。也许——仅仅是也许——人类深奥的机体感受正在为这一改变铺平道路。

参考文献 429

Castaneda, C. *The teachings of Don Juan: A Yaqui way of knowledge*. New York: Ballantine Books, 1969.

Castaneda, C. *A separate reality: Further conversations with Don Juan*. New York: Pocket Books, Division of Simon & Schuster, 1971.

Jung, C. G. *Memories, dreams, reflections*. New York: Vintage Books, 1961.

Lilly, J. C. *The center of the cyclone*. New York: Doubleday, 1973.

Monroe, R. A. *Journeys out of the body*. New York: Bantam Books, 1971.

Whyte, L. L. *The universe of experience*. New York: Harper Torch Books, 1974.

一个更人性化的世界

尽管卡尔·罗杰斯的职业工作基础开始于个体心理治疗实践，他 433
关注的焦点在多年后逐渐扩大到了心理学之外的许多领域。以人为中心的方法在教育、医学、商业、社会工作、政府及其他许多行业都产生了重大影响。当罗杰斯在两个政治、宗教方面有差异，甚至存在国际冲突的对立群体之间寻求如何使它们在一起交流，并促进其交流的时候，他最终意识到了将其哲学和方法运用到一个更加宽广的社会领域中的潜力。

对于自己所从事的个体心理治疗工作可能具有的重要社会意义，罗杰斯早期通过《社会意义》进行了描述。罗杰斯还在此处摘选的《缓解各文化间的紧张》一文中描绘了许多他和其他人如何运用人际关系训练方法来培养在敌对冲突群体间有意义的交流的例子，比如他自己对天主教和来自北爱尔兰的新教的研究。在《一个心理学家看核战争》中，罗杰斯还提供了其他例子来阐明把人类交流理论运用到群体间冲突情境中的潜力和可行性。

罗杰斯对于把以人为中心的方法应用到一个更大的领域充满信心，
慷慨激昂，以至于他在人生的最后十年踏遍了世界各地，在许多不同地 434
方举办了促进团体，如日本、墨西哥、委内瑞拉、巴西、奥地利、匈牙利、波兰、法国、瑞士、德国、芬兰、意大利、西班牙、苏联、英国、爱尔兰、南非，当然还有美国。在临终时，他还在计划去希腊和再次去南非［他也曾陪同自己的儿子大卫·罗杰斯（David Rogers）——一位医生到中国进行了一次非工作性的旅行］。

罗杰斯和同事举办的许多工作坊和培训项目都是跨文化会议，使世界各地的人们联系在了一起。它们是由罗杰斯的合作者查尔斯·M·德文希尔（Charles M. Devonshire）发起的，其他的则是由本地团体邀请罗杰斯前往并就当地和地区所关心的问题与个人一起工作。例如，在南非罗杰斯受到邀请，与一个包括黑人、白人、有色人种的团体合作来处理由种族隔离体系导致的压迫事件和问题。

多年来，罗杰斯一直都认为帮助个体更完全地体验和表达他们的情绪和认知不仅会带来更满意的生活，还会带来对社会更加有建设性的行为。在20世纪七八十年代，他不止一次看到在冲突群体中整个人的表达和接受也会导致建设性的认识和积极的、降低紧张的行为。罗杰斯仍然热衷于将他的理论放到更广阔的范围内加以检验——这是他早在多年前就在《社会意义》中表现出的想法——帮助冲突国家的领导人以更真诚更信任的方式交流，用行为科学来减少世界的主要矛盾。

朝着这一目标，罗杰斯和同事盖伊·利亚·斯文森（Gay Leah Swenson）成立了今天的罗杰斯和平机构——位于加利福尼亚拉霍亚的人学研究中心的一个研究项目。在罗杰斯的文章中谈到了该机构对于集合“拉斯特工作坊”（Rust workshop）所起到的帮助作用。许多国家的高层领导人参加了该工作坊，它主要关注中美洲紧张关系的缓和问题。该工作坊是在过去所有努力的基础上自然发展起来的，并达到了高潮，取得了试验性的效度。

435 在20世纪80年代后期，苏联的开放新政策以及随之而来的苏美关系的改善一直是国际新闻关注的焦点。卡尔·罗杰斯曾在20世纪80年代两次访问苏联，其中一次在本部分最后一章有生动描述。这篇文章不仅对鲜为人知且很少讨论的苏联生活有一个精彩的概述，也反映了罗杰斯晚年研究的重要部分。

在1987年罗杰斯的纪念仪式上，法森指出罗杰斯对苏联的访问以及他个人与苏联高层领导人的交流对于苏联在国际关系上愿意更加开放和信任起到了重大作用。可能无法确定这一说法在多大程度上是对的，因为罗杰斯的访问和与苏联高层官员的会谈都只是当时众多民间和平请愿之一。尽管如此，法森的话至少还是有一些象征性的真实。苏美关系的改善——无论是来自于政府协商，文化/专业交流，还是平民外交——都是由一种不断增长的双向交流愿望引起的。毕竟，这是罗杰斯毕生心血的精华——不仅是一种进行更好交流的理想化的理论信念，而且还在不断寻找使得该理论在个人心中，人际间，群体间，最终到国际之间得以实现的现实有效的实施方法。

卡尔·罗杰斯在他85岁逝世前不久还曾获得了诺贝尔和平奖的提名，在他的生活和工作中，他对于我们能够运用行为科学的理论和技术来处理当代一些主要的社会问题——特别是“以人为中心的方法”——这种观点的形成有着重大的影响。

29　社会意义* 436

让我们暂时先回到我试图描述的人生道路的一些社会意义上。我曾把它作为一个对个体有重大意义的方向提出来。它是否对团体或组织有什么意义呢？它是否会成为被工会、教会、公司、大学、国家选择的一个有用的方向呢？我认为这似乎有可能。例如，让我们看看我们国家所进行的对外事务。如果我们在过去几年里听领导人的讲话，读他们的文件，我们大体会发现：我们的外交政策总是建立在极高的道德目标上；总是和我们先前所遵循的政策相一致；没有私欲；从没在判断和选择中出现错误。或许你也会和我一样，认为如果听到一个人谈到这些的时候，我们会马上认识到这一定带着一层面具，这样的话不可能表达出一个人内心的真实过程。

假设我们思考作为一个国家，如果我们可以开放地、自觉地、乐意地成为我们自己，我们将会怎样在外交中表现自己呢？我并不是很清楚，但我猜想如果我们真的试着去把真实的自己表现出来，那么我们与外国的交流将会包括以下内容：

---

* 节选自“A Therapist't View of Personal Goals.” *Pendle Hill Pamphlet No. 108*. Wallingford, PA, 1960, 30。

作为一个国家，我们会慢慢意识到我们巨大的力量，以及伴随着这种力量的权力和责任。

我们正在有点无知和愚蠢地朝着接受一种负责任的世界领导地位前进。

我们犯了很多错误，我们还常常不一致。

我们远远不够完美。

我们极其害怕共产主义——一种不同于我们自己的人生观——的力量。

437 我们极想与共产主义竞争，当苏联在任何领域超过我们时，我们会气愤并感到羞耻。

我们有一些非常自私的外国利益，比如在中东的石油。

另一方面，我们不想统治人民。

我们对于个人和国家的自由、独立以及自我决定有着复杂而又矛盾的感情——我们渴望这些，并为自己曾经为此所作的努力而骄傲，但又常常因此感到害怕。

我们倾向于重视和尊重每个人的尊严和价值，然而在我们受惊吓的时候，常常又偏离这一方向。

假如我们能在对外关系中以开放和透明的方式呈现自己。在所有复杂甚至矛盾的事情中，作为一个国家我们会试着成为真实的自己。结果会怎样呢？我想这一结果会类似于一个成为更真实自我的当事人的体验。那么，就让我们看看那些可能出现的结果吧。

我们会自在得多，因为我们没有什么要隐藏。

我们会关注身边的问题，而不是花时间去证明我们是有道德的，是一致的。

我们会运用所有创造性的想象力去解决问题，而不是把自己防御起来。

我们会开放地寻求自我的利益，也会对他人表示同情和关怀，使得这些矛盾的欲望找到一个对于作为人的我们来说可以接受的平衡点。

我们能自由地在我们的领导地位上改变和发展，因为我们不再固执于一些僵化的观念——我们已经怎样、必须怎样和应该怎样。

我们会发现自己不再那么害怕，因为他人不再倾向于去猜想在面具后隐藏着什么。

我们通过我们自己的开放性，会使他人也变得开放和真实。

我们解决世界问题时会倾向于以真实事件为基础，而不是依靠谈判双方戴着的防御面具。

总之，通过这个想象出的例子，我想说明国家和组织像个人一样，会发现成为一个真实的自己是一次受益匪浅的体验。这一观点蕴涵着一种针对所有生活的哲学方法的萌芽，而这仅仅是在当事人的体验中所观察到的一种倾向。 438

30 缓解文化间的紧张*

在紧张局势中，模式很简单。涉及其中的每一方都以同样确信的态度持有一个相同观点："我是对的，你是错的；我是好的，你是坏的。"这种在个体间冲突中所持的观点，到了群体间就变成了"我们是对的，你们是错的；我们是好的，你们是坏的"。在任何冲突中我们的最大困难之一就是去认识到，或甚至更困难地去接受我们对于自身正确和善良的确信程度与对立个人或群体对于他们自身的正确和善良的确信程度相当。如果要使紧张降低，就必须使这种模式在某种程度上得到解决。这就是以人为中心的方法最具作用的地方。

种族和其他的团体冲突能够通过使用以人为中心的方法而赋予冲突双方的人们以权力得以缓解。

怀俄明州（Wyoming）一个 9 000 人的小镇里有一位年轻的部长，他对于当地墨西哥裔美国人和英国人之间的尖锐分歧感到烦恼，决定对

* 节选自 *Carl Rogers on Personal Power*. New York：Delacorte Press，1977，115-140。

此做些什么。这个镇被一条铁路分开，墨西哥裔美国人住在铁路的南边（约占人口的四分之一），英国人则住在另一边。美国白人认为在这个镇上一切都好，因为没有过分的歧视。然而墨西哥裔美国人却认为自己受到了歧视。他们觉得受到了压迫，认为社区对他们的需求毫无反应，内
439 心中既有消极反抗情绪又有熊熊燃烧的憎恨。

部长洛德·亨德森（Lloyd Henderson）获准对一项改善交流的计划进行经济赞助。首先，他从社区中选择了具有代表性的九个领袖——英国人；墨西哥裔美国人；上、中、下三个阶层；男人和女人。他还从人学研究中心邀请了一个促进者，对这些领导者进行周末强化训练。这帮助他们认识到自己并不希望成为传统意义上的领导者，而是成为表达和交流的促进者。团体将着重于交流而不是行动。于是，九个团体就建立起来了，每个团体有 8～15 名参与者。他们在 12 个星期里每周会面一次，同时还有一个周末是可供选择的，一些团体会用到这个周末，而其他团体则不会。这些团体也是由一些代表性人物组成；而事实上当地法官就和那些年轻的墨西哥裔美国人待在一起，而这些年轻人以前一直把他视为最痛恨的敌人。

最初，团体向领导们求助，期望他们负起责任，但渐渐地他们意识到如果团体想要发挥作用，他们只有对自己和自己的表达负责任。会谈是个人化的，但都是对社区问题的关注。有谈论失业问题的，也有对铁路问题的失望，它是社区一个很重要的特征。他们讨论了孩子们正面临的教育问题。这样，主要话题是社区事务，但却是在个人格局中进行的。墨西哥裔美国人对他们自身群体内部缺乏团结感到很气馁。尽管英国人常认为墨西哥裔美国人是一个团结的群体，但墨西哥裔美国人自己清楚他们的不团结将会妨碍自身处境的改善。

在这些会谈中最有特色的发现之一是：无论参与者来自什么背景，无论他们年纪多大，他们的态度比他们所料想的要更相似。当他们讨论到他们的孩子或对工作的需求时，铁路两边的人们感受都是一样的。有两位母亲，一位是英国人，一位是墨西哥裔美国人，当她们谈到对自己孩子的希望和所遇到的问题时发现竟是如此的相似，她们的脸上都表现

出一种惊讶和敬畏的表情。

团体成员被邀请去参加当地电视台的谈话节目，谈谈他们正在做什 440
么和他们取得的一些进步。这有助于社区持续该研究项目并为更好的交流进行一点投资。

渐渐地，一些变化开始发生了。那些在正常情况下都见不到面的个人，跨越文化和年龄的障碍建立起了友谊。法官也逐渐更加理解在他的法庭上所面对的那些年轻人。朝着这个目标，一些团体确实有所行动——例如，跟他们的雇主谈论有关雇佣的问题。

活动结束后，墨西哥裔美国人结成了一个团体，他们写了一个提议，并获得了联邦政府的批准。该提议旨在减少辍学者，提供职业培训，以及为了提高他们的教育目标而让墨西哥裔美国人的父母去参观州立大学。这些是团体活动的一些例子。他们还聘请了一位指导者管理这一项目。对于铁路南边的人们来说这无疑鼓舞了士气。

在资金不足 5 000 美元的预算上，所有这一切都贯穿了一种以人为中心的方法。部长非常信任地把责任交给了当地领导阶层。他自己为这些领导者，还有他自己，提供了一段短期培训——关于聆听技巧和助人技巧的一次强化训练。他能够启动足够多的团体去创造一个“关键的大众”。一个团体可能对于其中的个体成员有帮助，但显然不会影响到整个社区。九个团体虽然只涉及 9 000 人中一百多一点的人，但却证明了足以发动创造性的社会活动。这些结果替他们表明了当紧张不那么激烈，苦难也不那么深重时，随之而来的会是什么。由于铁路两边的人们通过开放的表达和个人的交流能够意识到自己的力量，因此他们体验并使用了这一力量。

当我同来自北爱尔兰贝尔法斯特（Belfast）的一个团体合作时，我体验到了一种深刻的夙怨。可以观察到这个积累了几代人的经济、宗教、文化仇恨的团体内发生了什么。这个团体中有五个新教徒——包括 441
一个英国人——和四个天主教徒。选择出的这九个人中有来自双方的极端主义者和温和派，男人和女人，老人和年轻人。那名英国人是一位退伍陆军上校。我们想促进直接交流并把这次互动拍摄下来。①

在早期阶段，贝尔法斯特日常生活中的苦难、恐惧和绝望十分清楚地表现了出来。汤姆的姐妹被恐怖分子投的炸弹炸得粉碎。街道被疯狂扫射时，子弹飞到了丹尼斯的家中，他和家人躲在床垫后面。丹尼斯也曾多次不得不去帮忙挪开那些因为炸弹爆炸而血肉模糊的人，有活的也有死的。贝琪不止一次说到那些英军巡逻兵对她十几岁儿子的残暴行为。她的孩子在经历了一件让他相信自己会被射杀的事件后，“那个孩子走进来，我看到的是我一生都从未在任何人脸上看到的害怕”。

吉尔达年轻而富有魅力，她谈到了无助。“我完全绝望了，你知道的，我放弃了。”贝琪说“我真的感到很无助……如果什么都不做，苦难将会继续吞噬那些孩子，最终他们可能都成为爱尔兰共和军士兵”。

苦难的阴云笼罩在敌视双方的头上。漂亮的新教徒吉尔达说：“如果我见到一个爱尔兰共和军士兵躺在地上——我想在你看来这样做是错的——我会踩他，因为我认为他夺走了许多无辜的生命。”

所有的暴力情感都得到了表露。肖恩，一个敏感的天主教老师，谈到了他是怎样被迫在功能自我和内心沸腾的感受间拉下一道“卷闸门”。否则他会发狂。以一种非常平静而温和的声音，他谈到了内心的这只野兽：“是的，我了解自己。我非常清楚这类事情，知道它就在那儿让我很恐慌。因为它很猛烈、很情绪化也很疯狂……我走了很长的路，想把心里的这件事讲出来。它与人类情感不太一样——与你心里有一只野兽也不太一样——是某种动物的情感，你知道。”

442 交织在整个过程中的仇恨与暴力、害怕与绝望如此强烈以至于让人认为一个周末就能够有所改变简直是痴心妄想。然而，改变的确发生了。下面这个小例子是新教徒丹尼斯和天主教徒贝琪之间的两次互动。

丹尼斯（谈到贝琪）：在贝尔法斯特，一般印象是如果她是天主教徒，那她就是，你把她放到一个小盒子里就完了。但你不能那样做。她

① 《卷闸门》这部电影可以从人学研究中心租借到，地址是 1125 Torrey Pines Road，La Jolla，CA 92037。

告诉我她的处境比我更糟……我讨厌处在她的位置上……因为我觉得她感觉到了我也感受到的那种彻底的绝望。我不知道如果我是她的一个老朋友该怎么办。我可能会出去拿一把枪，做出激进的事后以死亡而结束。

贝琪（随后）：语言无法描述在晚餐时我们的讨论后我对丹尼斯的感觉。我们平静地谈论了大约十分钟，我觉得自己在这里有了一个朋友，就是这样。

丹尼斯：当你们去吃晚餐的时候，我们坐在这里平静地谈了一小会儿——

贝琪：我想他是从一个人的角度完全理解我。

丹尼斯：我确实是这么做的，这并没有什么问题——

贝琪：为此我充满了感激，而且我想我已经找到了一个朋友。

在我们的活动期间，两个有着夙仇的群体之间表现出了非常明显的仇恨、怀疑、不信任，它们有时以隐秘的形式出现，这些情感逐渐在他们的表达中变得更加开放。个人不仅谈到了自己，而且还谈到了几代人的憎恨和偏见。虽然只有仅仅 16 个小时的团体互动，但就在这十分短的时间里，几个世纪之久的仇恨不仅有所缓和而且在某些情况下有了深刻改变。很明显，促进态度能够创造一种进行开放表达的氛围。在这种氛围中的开放表达会引起交流。而更好的交流常会产生理解，理解则会扫除许多陈旧的障碍。进步如此之快，改变如此之大，以至于我们不得不从电影中删除了一些我在这里引用的话。因为当这部电影在贝尔法斯特放映时，表现出对敌方如此的理解会使谈话者的生命受到威胁。 443

当这个团体回到贝尔法斯特后，几乎所有人都继续在英国陆军上校的家中会面，因为那里的周边环境最安全。电影完成之后，他们组成了团队——一个新教徒的，一个天主教徒的——去双方的许多教堂放映该电影，并引起了讨论。所有这些都不在计划之内，也没有资金赞助。这都是他们的自发行动。

一个团体在和解上取得的进步没有结束贝尔法斯特的屠杀。确实如此，但是假设有 1 000 个或 2 000 个团体取得和解——其花费只是非政府天主教军队、英国雇佣军队、非政府新教军队费用的一小部分。至于促进者，已经有数百位已经接受了足够的培训，在通知发出后的三个月内，他们就能投入工作。

这一观点在最近对两位贝尔法斯特男士的访问中得到了完全肯定，他们是社区中非常有见识的人，他们了解该研究项目，并见到了这部电影对于小部分观众的影响。他们在全力培训大量爱尔兰人成为促进者，“我们已经使数千人参与了进来。一旦我们行动，就会使2%的准军事持枪者（控制公众的思想）难上加难。这就是会心团体的整个想法！需要在每条街巷都举办会心团体”。

这何时会出现呢？当有关公众下决心认为问题已经严重到必须有所行动的时候，就会产生这一结果。缺乏的不是经验、人员或实在的证据，而是公众的意愿。公众还不确信存在任何可能的解决方法，即使有，也不愿意去冒险。然而即使在势不两立的对抗情况下，一种人本主义的、以人为中心的方法也可以有所作为。

444 在与国际团体一起工作时，看到人们对不同民族、种族和文化的风俗和信仰越来越欣赏，真是令人陶醉。以人为中心的方法已经获得了参与者和促进者的极好反应。他们谈到了在试着去交流的过程中不再害怕，谈到了一种被聆听的感受，以及他们认识到了文化差异的美好和丰富。

有关国际团体最振奋人心的事情之一就是它们与其他每个会心团体都是如此相似。当人被发现时，民族的、种族的和文化的差异似乎不重要了。抛开一切不同，在我们试着去处理的人类问题上有一种理解和亲近的极大潜力。该工作坊的参与者并没有谈太多的文化问题。而是说起了这样一些事：“我又找到了我的家人”；“我过去并不是一直都对自己很诚实”；“我能哭，表达情感，而不是不停地开玩笑”；“如果我将要改变，我不知道能不能或敢不敢，但我对自己更肯定了”；“我更加自信了”；“我已经学会更加信任自己的感受了”。想想这些话吧。哪一句是黑人说的，哪一句是德国人说的，哪一句是男人说的，哪一句是瑞典人说的？即使猜也不可能猜到。这些是人所说的话，而这似乎是这种以人为中心的团体极具代表性的结果。正是人类自己解决了障碍，使彼此间更亲密。

当存在极大文化分歧的人们通过被聆听、被接受和允许他们自我引导而获得了力量时似乎就产生这样的结果。这是以人为中心的方法在一种跨文化应用中的人际政策。

我希望自己已经成功地阐明了这样一个事实，那就是能建设性地处理几乎每一种团体间紧张的模式的确存在。无论我们是在谈论宗教差异，或与富裕相对的源于贫穷的苦难，或植根于不同文化习俗的不信任，或种族歧视所引起的强烈愤怒，或包括了这些许多因素的长达几世纪的势不两立的夙仇，我们都具有如何使用那些有助于缓解这些紧张的人际交往技巧的知识，并且也有亲身体验。我们需要改进我们的技巧。我们需要认识到如果这些努力以百倍或千倍增长时，会出现哪些问题。但是，以人为中心方法的经验告诉我们，没有理由绝望。我们在建立试验性的解决方法上已经取得了进展。当世界准备好的时候，我们能谦虚地尝试着说：我们已准备就绪。

每个例子中都始终贯穿着人际政策。个人不是由一个权威的领导操纵的；也不是被一些魅力超凡的人改变的；他能够更成为自己，更富于 *445*
表达，更开放地对待自己的感受——无论是好的还是坏的。也正是由于更完全和更强大的人性，人与人开始接触，交流变得真实，紧张被减轻，并由于接受了积极和消极的一切，关系也变得可以表达和理解了。这就是以人为中心的政策在团体矛盾中所要达到的最终结果。

31　一个心理学家看核战争*

这是世界历史上一个可怕的时代。我们完全可能正在走向灭亡。我希望作为一个忠于美国原则和理想的美国公民来发言；也想作为一个效力于促进人类发展和改善人际关系的心理学家来说两句；我还想说出自

* *Journal of Humanistic Psychology*, Vol. 22, No. 4, Fall 1982, 9-20. Reprinted by permission of Sage Publications, Inc.

己对日益增长的核战争可能性的深切担忧。

首先，我将指出一些可怕的可能性。佛瑞提奥夫·卡普拉（Fritjof Capra）是一位享有盛誉、备受尊重的理论物理学家。在他的新作《转折点》（1982）中，他说到一场对苏联的全面核战争在首轮相互攻击后将会有5亿人死亡。整个战争将会持续30～60分钟，周围几乎不会有任何生物存活下来。国防部把这一五角大楼的作战计划称做“互相确保摧毁”。该简称对它进行了准确描述：MAD（Mutually Assured Destruction）。卡普拉所了解的信息使他相信，一旦美国与苏联在世界任何地方形成直接军事对抗，五角大楼计划将首先发动对苏联的核攻击。所以，一些小规模局部战争可能会引发一场全面核战争，在小规模局部
446 战争中，美苏双方是通过各自支持的军事力量间接对抗。

并不存在所谓有限核战争。在里根（Reagan）总统的发言中，他两次提到把一场核战争限制在欧洲境内的可能，这简直令人难以相信，而海格（Haig）秘书长计划在欧洲发射一枚核武器，为的仅仅是向苏联展示我们的能力——他们的行为是对人类生命的漠视，也表现出了对统治心理学的无知。假如一场有限核战争爆发，将会有一方失败。谁能保证输的一方不会发动全面核战争呢？这将是无法避免的。所以一场有限战争就意味着一场全面战争。

另一个可怕事实是超级大国双方的军方都认为自己能取得核战争的胜利。我们现在的副总统乔治·布什（George Bush），当他曾是总统候选人时，接受过一个以核战争为主题的访问。他指出他相信能够赢得一场核战争。记者问道：“在一场核武器的互相攻击中，你怎样获胜？”布什回答道：“你还有一些指挥权，还有工业潜力，保护了部分人民，并且还能给敌方造成更大损失，使其大于他们给我们造成的损失。那就是你能成为胜利者的方法，而且苏联的计划是建立在一个核战争胜利者的丑恶想法之上的。”记者问：“你的意思是有百分之五的人会活下来？还是百分之二？”布什说：“比那要多。如果每一方都发射出所有武器，会有更多的生存者。”（《洛杉矶时报》，1980-01-04）。一些专家认为15％的人可能会存活下来。但布什的想法令人难以置信。我生活的城市圣迭

戈大约有100万居民。布什说的也许我们当中有85万人会被杀，仅有15万人活下来，在那些具有致命放射性的断壁残垣中彷徨。而他把这说成是胜利！

核潜艇之父和核战争专家——海军上将海曼·里科弗（Hyman Rickover）曾被邀请在1982年1月28日的参议院听证会上发表他对于核战争前景的看法。他的回答一针见血："我认为我们将毁了自己，之后或许会有一种更好的、更明智的物种出现。"

当今的影响 447

今天正在我们身上发生的这场惊人浩劫的前景是什么呢？它是如此恐怖以至于我们常常倾向于淡化它，或否认其严重性，或将其从我们的思想中完全剔除。我们拒绝思考其后果的意义。我相信正是这种动力有助于解释里根、海格、布什的话，以及他们将我们的国家和军队深陷其中的可怕进程。

总统顾问埃德温·米斯（Edwin Meese）在3月1日所作的一次演说中将这种社会性自杀观点表现到了极致。他把核战争称做"不太令人向往的东西"!!（《时代》，1982-03-29，p. 20）

对核战争恐怖性的轻描淡写表现在导弹和卫星降落到城市里的流行电视游戏当中。我曾观察过一个家庭的成员们玩这个游戏。屏幕下方是城市与天空的交界线；从屏幕顶部不断有导弹和更有威力的卫星掉下来。游戏要求在半空中阻截并炸毁它们。但这些东西常常通过了阻拦，而一个共同评语是："糟糕，你的城市毁了！"我们在想象核战争时就好像它是一场游戏。

在对这类事情有着更深刻思考的年轻人当中，它常常会导致一种无助感。《国家城市联盟》报告说，在15～29岁的黑人孩子中，自杀已经成为导致他们死亡的首要原因。这一严重现实不仅是由于缺乏机会，而且还因为对未来感到无助。毫无疑问，核战争的可能性影响了这种无助感。

我的孙女弗朗西斯·富克斯（Frances Fuchs）去年曾在一个针对那些被自己学校拒收的青少年的培训项目中任教。他们显然不是一般的年轻人。然而她的发现却非常有意义。一开始她就要求他们写几段话来描述在今后 5～10 年里他们想象自己会是怎样。他们大多数人看到自己死在了一场热核战争的浩劫中，或绝望地生活在一个被污染的、人口过多的、极不舒服的世界里（Fuchs，1981）。以下引用的是他们说的一些话："五年内我要么死了要么就参军了，或者做了乐队的首席吉他手。
448 我的确认为战争会在五年之内爆发，而我们大多数人会死去。""我相信五年内如果里根还没有让我们被炸死，那我们国家的资源要么枯竭了，要么就很稀缺。我真的认为五年内我要么死了，要么过得真的、真的很糟糕。"还有一个年轻的酗酒者说："我喝酒是为了让自己堕落。每当我想喝的时候我就去喝，我喜欢它带来的兴奋感。当我喝醉时，感觉真是太好了。没有什么可担心的。"还有多少年轻人看到自己的未来不过是虚度光阴而毫无积极的可能呢？

这就是核战争的前景对我们的一些年轻人的影响。它像一片乌云笼罩在我们所有人头上，而我们的年轻人对此特别敏感和了解，也特别无助。

是不是这些年轻人太悲观了呢？那些懂得现代科技的科学家、物理学家和工程师又持有怎样的观点呢？依照卡普拉的说法，他们许多人有两个盲点：1）受军事工业化情结的驱使而去建造核武器，或受核动力工业的驱使而建立核电站。2）他们常常对自身的任务持一种狭隘的、局部的观点，而没有想过这些结合在一起会怎样。因此，只有那些与核发展无关的专家才能对这一情况给出一个不偏不倚的综合评价，并且毫不奇怪，他们也都倾向于参加到反核运动中来。就像忧思科学家联盟（Union of Concerned Scientists，简称 UCS）的著作和出版物明确表现出的那样，那些最了解情况的人也是对我们正在为了核战争所采取的措施反对最强烈的人。

然而，那些了解核战争计划和战略的军人又是怎样想的呢？国防信息中心极力反对核战争——它只是毫无意义的军备竞赛及不断扩大的军费开支。该中心的领导者是谁呢？两名海军司令，以及一名海军主要将领。他们都曾深入参与了核战争的策划。现在退休以后，他们把全部时间都用在了试图阻止我们自我毁灭性的军事政策上。显而易见：那些真正了解核战争可能性的人们最深切地投入到了阻止军备竞赛中，并且希望现在就停止！

预防 449

我们能够做些什么来预防核战争爆发呢？心理学家对于可能采取的行动步骤提出了宝贵的意见。也许最令人激动的是查尔斯·奥斯古德（Charles Osgood）的“渐进互惠的紧张降低途径”（GRIT）计划。

简单来说，他提出一个国家可以单方面采取行动来降低紧张。肯尼迪（Kennedy）总统在 1963 年 6 月宣布美国将停止一切空中核试验，并且如果他国不继续进行此试验，美国也不会重新再进行该试验，他的这一行动与奥斯古德的原则是一致的。6 月 15 日，赫鲁晓夫（Krushchev）对这一做法表示欢迎并下令停止生产苏联战略轰炸机。6 月 20 日，经过长期拖延后，苏联同意接通两国领导人之间的“热线”。被拖延的禁止试验条约在 7 月进行了急切谈判，并在 8 月签订。肯尼迪同意将大量小麦运到苏联。这一进程后来由于肯尼迪被暗杀而终止。

更通俗地说，一个国家在其发动战争能力没有降低的情况下，向降低紧张迈出了一步。这会带来小的但可控制的风险。事先就已经声明了它的意图。敌对国家被邀请见证已经采取了措施，并被期望做出回应。如果该方真的有回应，那么，首先行动的国家就能采取进一步的措施。渐渐地紧张就减轻了。俄国人称 1963 年的这次行动为“双方示范政策”（the policy of mutual example）。尽管这一“实验”非常短暂，但两国间的关系却得到了明显改善。

我们所有人，尤其是那些执政者应该再次仔细研究奥斯古德 1962 的著作《战争和投降之外的另一种选择》。

处理社会紧张

我想更详细地谈谈另一条预防途径，这一点我可以从自身经验谈起。

包含了极度对抗的一个例子是几年前国家健康委员会的一次会议。
这是一个由美国医协会、牙医协会、护士组织、健康保险公司和健康机
构的代表所构成的组织。委员会决定他们作为“健康提供者”应该从城
450 市的少数民族聚居地和农村贫穷地区邀请一群“健康消费者”来参加会
议。这是一个很有勇气的决定，但后来他们才渐渐意识到其中的风险。
这些健康消费者由当地团体挑选出来。他们都很穷，许多是黑人，还有
一些是墨西哥裔美国人。随着会期的临近，主办者开始心神不宁并邀请
了我们中心的员工在会议中担任团体促进者。尽管他们给我们的报酬仅
能支付开支，我们还是接受了。

当会议开始时，消费者的敌意是如此强烈以至于人们可以明显感觉到。会议的分歧还可能会进一步扩大。消费者宣称他们将退出。幸好当时我们在那儿，并且我们不收费。在这种白热化的会议中，我们告诉消费者我们是千里迢迢赶来的，是免费的，仅仅只是为了确保每个人在会议中都有机会真正地表达自己的观点和感受，真正地被人聆听。这段话让参与者团结在了一起，尽管分歧仍然存在。每 20～25 个人一组，每组当中都包括健康提供者和消费者及我们的一位促进者，一共有 20 个团体。我依然记得我当促进者的那个团体。团体中的怨气完全爆发出来了。他们对白人专业人员的愤怒，对医疗服务缺乏的愤怒是如此强烈以至于让有些白人专业人员感到了害怕，而其他人的反应则是自以为是地生气。一位黑人男士说出了他压抑的仇恨，谈到海军曾训练他去杀人，如果需要的话，他将使用到这些训练的东西去对付那些正在压制他的人和机构。一个促进者的价值最明显地表现在他能够真正理解和说出他人表达的感受，即便是敌对双方非常痛苦的感情。

随着团体会议的进行，他们在相互了解上取得了细小的、有意义的
进展。白人专业人员开始真正地看到自己在患者眼中的作用。一个少数
民族聚集地的成员非常憎恨健康保险公司，后来他发现我们团体中的保
451 险公司管理者并不都是坏的，也能够同他们进行交流。一个墨西哥裔美
国妇女最后含泪说出她如何感到完全被白人和黑人轻视与忽略。

在我们的会议期间，那些存在于有产者和无产者之间，黑人和白人

之间，专业人士和患者之间、权威人士和激进分子之间的矛盾都公开地宣泄了出来，但这种强烈爆发是在一种每个人都被允许表达他/她的感受而不受打扰的氛围中进行的，在这一氛围中促进者表现出他们所关心的是每个人的尊严，他们的主要目的是理解每个人所表达的东西并培养人们开放地交流。在这种氛围下问题在很大程度上被澄清。也许同样重要的是，人们是以独立的独特个体出现，每个人都有着自己对这些问题的看法。那些标签——黑人、白人、提供者、消费者、保守派、激进分子——都消失了。渐渐地，真正的人际交流出现了。

一个惊人发展是，尽管那些消费者从不相识，但他们联合起来并有了真正的领袖。一个没受过多少正规教育的黑人妇女就作为最强大的领导人之一出现了，最初是在我们的团体中，后来是在整个会议中。这些消费者开始着手制定解决方法。然后他们被告知委员会的既定政策是不采受任何解决办法，它只是一个论坛而已。尽管如此他们仍然坚持。通过大多数人的投票，在一场漫长而热烈的讨论后，他们控制了会议的最后一次见面，感谢了发言者，并提出了他们的解决方案，其中大多数都通过了。最后让人震惊的事实是，在随后几年中那些解决方法大都被国家委员会采用并实施。

这是一个极好的例子，说明了经验丰富的促进者能做什么。通过接受带有敌意和分歧的观点——有些敌意是针对促进者本身——大多数不理智的情感由于被完全地表达以及得到团体成员的反馈而在某种程度上得到了缓和。渐渐地，对他人观点的接受和理解形成了。对于个体和团体的信心也增加了。对问题的考虑也更现实了，不再有太多的非理性。 452
团体采取创新的、负责的也常常是革命的措施前进，而现在这些措施在一种现实中实现了。所有这些事情都发生在这个特别会议上。

我还可以谈谈其他一些经验，如西班牙埃尔埃斯科里亚尔（El Escorial）的工作组，在那儿来自 22 个国家的 170 人聚集到了一起。他们包括马克思主义者和保守资本主义者，牧师和无神论者，老人和年轻人。民族和种族的敌意表现得非常明显，尤其是对美国“帝国主义政策”的敌意。然而在这个为期十天的会议中，在一种促进氛围下，成员们逐渐地开始去聆听他人，然后慢慢去了解和尊重他人。这个大团体也一步步地成为了在各方面都很和谐的群体。在这个群体中，并不是所有人的观点都一致——肯定不会这样——而是在这个团体中持有不同观点和信仰的人们开始彼此理解，并且个人本身和人们之间的差异受到重视和尊重。个人感到自己有力量在发展自我中经历更多的冒险，并进行建设性的社会活动。

基于这些经验，我觉得如果两个对立政党愿意在同一房间会面，甚至愿意彼此交谈，而同时，假如还有技术娴熟的促进者在场，他能够理解和接受表达出来的分歧、敌意和害怕态度，那么更好的理解和更具建设性的行动就一定会接踵而来。我认为这并非夸大其词。

国际水平

你可能觉得对于会议和会心团体来说这样的确很不错，但在面对大型政治实体的国际问题上这一过程可能没什么帮助。在此，我倒想提醒各位关注戴维营（Camp David）[①] 的经历。我无法了解卡特（Carter）总统是否得到了任何心理学的建议，但戴维营会议已经具有了我所谈到的深度团体经验的许多特征，其结果也有许多相似之处。首先，它是非
453 正式的，没有草案，仪式上无须起立，也无须正式着装。尤其是领导人仅仅以个人身份会面，其工作人员在某种程度上也是如此。

其次，有许多促进性努力。在会议开始不久的一次充满紧张和愤怒的会谈上，卡特只是聆听了埃及总统安瓦尔·萨达特（Anwar el Sadat）和以色列总理梅纳赫姆·贝京（Menahem Begin）的发言。会议结束时，他总结了双方领导人提出的问题——与促进者所做的差不多。与前两位领导人的区别在于他能够以一种平静和理解的方式来陈述并澄清那

① 1978 年当时的美国总统卡特扮演调解人，在美国马里兰的总统行馆戴维营中，邀请埃及总统安瓦尔·萨达特和以色列总理梅纳赫姆·贝京两人会晤，希望就解决自 1948 年以来，两国间长达 30 年的争端问题进行协商。最后，达成了一致的协定：以埃戴维营协定（Camp David Accord）。埃及在协定中接受以色列作为中东主权国家的存在，首开中东和平进程。以埃均同意以和谈解决双方冲突，此后，还促成了以色列将西奈半岛归还给埃及。协议还建议就约旦河西岸与加薩走廊地区建立自治。——译者注

些他们很激动地表达出的问题。在另一种情形下，当萨达特和贝京敌意高涨时，卡特就像一位有促进作用的调解员一样，来来回回在双方之间传递信息，直到他们愿意再次会面（Dayan，1981）。

这一经验的另一很重要方面是，它是内部的、私人的。没有旁观者。没有媒体记者在场。所以，在世界面前伪装自己对他们并没有好处，还可以就这些问题毫无保留地说出一些尝试性、探究性的话。他们能够仅仅作为人而聚在一起谈话。

它与深度团体经验的另一个相似之处就在于它们都类似于“高压锅”。在12天里，这些人一直不断地交流。同一个你极不认同的人在一段极长时间内进行密切的交流接触，同时还有一个“促进者”做伴，这必然会带来更好的交流和对另一方更多的接受。尽管卡特总统远远算不上中立，他有时更像劝说者而非促进者，但他的确起到了促进作用。

有两个结果值得一提。首先，这两位世界领导人的观点刚开始分歧极大，但他们最终对随后的建设性步骤达成了大体一致的意见。第二个结果令人震惊。最初萨达特和贝京彼此间存在最大的敌意。12天的会议结束时他们彼此间有了非常温馨的感受，以至于在公开电视中拥抱对方。这就明确证实了同样的过程能够对世界领导人起作用，就像在工作坊团体中的操作一样。当然也有不足之处。全体成员的交流还远远不够。他们似乎还未意识到或者还没有准备去面对熟悉的“后院”问题， 454
其中参与者会发现自己已经远离他们的支持者而转向了一个更加调和的观点。虽然还有其他一些不足，但大卫营标志着国际谈判中的新发展。它再次证明了深度团体经验的潜力。这正是我们应该利用和发展的模式。

在核情境中的应用

这种交流和增进双方理解的过程是否能应用于国际间的核紧张局势当中呢？我相信是可以的。我希望先着眼于一般的心理环境然后再考虑更具体的可能性。

人们内心都有一种渴望和平的愿望。在欧洲，数百万人正在表达他们的愿望：阻止核导弹的部署。这一运动正在展示它的力量。就在我写这篇文章的时候，传来了联邦德国选举的消息，反对核战争的抗议影响了选举结果。美国政府说这是共产主义引发的而试图不予理会。但它却承认了其具有的力量。

在美国，数百万人正在开始行动。1981 年 6 月进行的一项盖洛普调查（Gallap Poll）表明 72%的美国公民希望美国和苏联停止制造核武器。人们强烈要求冻结双方的核武器，提议两国“停止测试、生产以及进一步发展核武器……并且以双方互相检查核实的方式进行”。

而在苏联又是怎样呢？我们的消息并不灵通，但 2 000 万苏联人在第二次世界大战中死去并且还有同样多的人受了伤。苏联人民心中对战争的恐惧更甚于我们。两个意见不同的苏联人给我们描述了有关他们同胞态度的现状。根据他们所说的，人们生活在对美国极大的、可以理解的恐惧之中。他们尤其害怕美国发动第一次核攻击。

455 所以，我们有理由相信在许多国家，数以百万计的人们都渴望和平。如果广大人民能够强烈地说出这种愿望，就能够阻止两国政府灾难性的路线。美国就有过这样的先例。正是由于公众的反对才最终阻止了越南战争。

我们需要的是一场大规模的、广泛的反抗来阻止逐步扩大的核战争。艾森豪威尔（Dwight Eisenhower）总统并非极端的激进分子。他曾在多年前说道：

> 我希望，有一天千百万人提出的裁军要求会变得如此普遍和如此坚决，以至于没有哪个人、哪些人能反对这个要求。我们必须去动员千百万人；我们必须让他们明白选择权在他们手中。我们必须让年轻人确定，他们不必做第三次世界大战的牺牲品。

那些数以百万计的人正在开始行动，并得到了解。

该运动的目标必须有两个方面：阻止核武器的建造及核威胁，并以一个创造和平的过程取而代之。对这一积极计划的需求怎么说都不为过。

第一步要改变的是美国政府的政策。现阶段，高层官员并没有表现出丝毫的意愿想要与苏联和平相处，或想要理解苏联，或试图就双方的问题提出一个和平解决方案。他们只是假惺惺地提出一些议案，而其实早就知道苏联并不会接受。他们和他们的支持者恰恰就是我说到的那种模式的例子。“我们是对的、好的，你们是错的、坏的。”这就是对他们态度的准确描述。威胁似乎是他们唯一的外交手段。我们批判苏联对阿富汗的入侵以及它在波兰的军事独裁。我们威胁说，作为一种对他们行为的报复，我们要断绝任何谈判协商。尽管这些行为应该受到谴责，但鉴于我们在越南、智利和萨尔瓦多的行为，我们应该以谦逊的态度来看待它们。

当前美国政府的姿态必须改变。我们需要与苏联人民交流。我们需要理解他们的观点，也需要帮助他们理解我们的想法。我们还需要在官方和非官方层次的对话。做到这一点并不容易。但在官方会面、专业会 456
议、商业往来中，以及对于苏联来访者我们都需要鼓励对话。如果需要，可以从其他国家抽调经验丰富的促进者。

我们需要给美国政府施压，使其能够开始实施与苏联及苏联人民交流的这项严肃的、朝气蓬勃的计划。

我们投入了数十亿去制造多余的核武器，它们多到足以摧毁这个星球许多次。我们需要用其中一部分金钱和精力去从事、发展和扩大最终带来和平的交流。我们有一些模式。我们需要将它们付诸行动。正如我们通过经验和研究所了解的，只要拿出我们花费在战争上的一小部分钱，我们就能在和平交流上取得进展，它会阻止摧毁我们的浩劫。

我们时间不多了。这是一件对所有人来说生死攸关的大事。我们能否阻止正走向毁灭的发展？我们所有人都有责任回答这个问题。强烈、大胆地说出这些，就是在履行我个人应尽的责任。我打算坚持下去。我希望你会加入我——还有其他数百万人——努力阻止我们那可怕的愚昧——核战争的倾向。

参考文献

Capra, F. *The Turning Point*. New York: Simon & Schuster, 1982.

Dayan, M. *Breakthrough: A Personal Account of the Egypt-Israel Negotiations*. New York: Knopf, 1981.

Fuchs, F. *The Guru or the Labor Market*. Unpublished manuscript, 1981.

Medvedev, R. A. & Medvedev, Z. A. A nuclear "Samizdat" on America's arms race. *The Nation*, 1982, 234, (2), 38-50.

Osgood, C. *An Alternative to War and Surrender*. Urbana, IL: University of Illinois Press, 1962.

457

32 拉斯特工作坊*

介绍

我刚刚有了一次最不寻常的经历，我作为一个团体工作成员工作，促进了一个国际性工作坊的发展，而它不同于以往任何一个我参与过的工作坊。

我很想从自己的角度来写它。这意味着我将会作为一个关注团体过程、并且想将心理治疗理论应用到冲突情境中去的心理学家来描述它。我的描述会适当地从一个策略的层面切入，或者从一个对不同人格感兴趣的观察者的视角切入。我希望从这两个优势观点中的任一个出发来讲述这个故事。我的论述是个人的和心理学的。

概述

在我看来，1985 年 11 月 1 日至 4 日，在奥地利的拉斯特（Rust）

---

* *Journal of Humanistic Pshchology*. Vol. 26, No. 3, Summer 1986, 23-45. Reprinted by permission of Sage Publications, Inc.

发生了一个具有历史意义的事件。许多因素使它独具特色。第一，这次的 50 名与会者，尽管都是政府要人和各个思想领域里的领袖人物，但他们都是以个人身份来参与会议，而不是作为某一角色——不是作为前总统、大使、议员、作家或教授——仅仅是作为人。第二，尽管他们来自 17 个国家，但他们聚在一起都是为了关注一个领域的危机：“中美洲 458
的对抗”。第三，这不是一次传媒事件，而是在某个私人静居处所举行的一次工作坊。这是一个位于奥地利边境上的美丽小旅店。盐湖就在旁边，而湖的那边就是匈牙利和其他东欧国家。第四，这次会议的促进者对处理分歧态度和敌对情感有长期经验。第五，虽然只有四天时间，但它却达到这样一种境界：个体彼此倾听，互相真正地都听见了，理解了，并且开始建立起了牢固的人际关系。而在此之前存在的只有怀疑和不信任。

让我试着更多地从个人角度来陈述其结果。比起我们的期望，这个工作坊的意义更重大，影响更深远，打开了更多的交流渠道，把更多有着分歧的人们聚在了一起。它是一次十分令人满意的积极经验。我们了解到地位显赫者、政治领导人、政府官员、公共观念的重要塑造者在许多重要方面就如同我们经常处理的普通人一样——他们渴望更多的人际接触，更深入的交流，更亲密、更透彻和密切的对话。只有——这是个非常重要的词——我们能够创造出一种包含下列要素的氛围：温暖、非正式、敏锐的理解、倾听的渴望、真诚的关心、想成为我们自己的意愿——在必要时甚至是笨拙的——和一种促进交流的技巧，这些事情才会发生。无论是因为我们的经验还是技术、运气、天意或任何东西，我们都能将这种氛围的微妙特征集合在一起，使极其振奋人心的事情发生。但还是让我给出一些事实来支持它。

就像我所说的那样，在工作坊中有 50 名与会者（尽管有 4 名只参加了一两次会议）。他们的确是在进行一次与众不同的聚会。我曾试着将这些人进行粗略的分类。有 3 位中美洲国家的前总统，哥斯达黎加的现任副总统，3 个来自外交部，7 个大使，4 个次要的或退休的政府官员；有 8 人来自于学术界，大部分是教授；还有 8 人来自于研究所、基

459 金会和其他组织，他们中有些人关心交流与合作；有 5 人受到邀请是因为他们是和平活动家；有 2 人受到邀请是因为他们所写的著作（尽管其他人也写过书）；有 2 名赞助本次奥地利聚会的银行官员。其他许多人也受到了邀请，但不是不能来，就是婉言拒绝了。他们来自 17 个国家：哥斯达黎加，萨尔瓦多，尼加拉瓜，哥伦比亚，委内瑞拉，墨西哥，智利，奥地利，美国，联邦德国，瑞典，印度，波兰，匈牙利，菲律宾，瑞士，还有两个住在耶路撒冷的巴勒斯坦人。

至于工作人员，有 9 位来自人学研究中心的促进者——每 2 人负责事先就组成了的 4 个小团体中的一个，但也活跃在整个团体中——再加上我；有 3 位来自拉丁美洲国家的翻译，在与我们的工作中都经验丰富；6 个管理人员不分日夜地认真工作着以保证一切事情进展顺利，并整理出了西班牙语和英语资料，为本次会议工作做出了无私奉献。

赞助和资金

这次聚会是由哥斯达黎加的和平大学，以及加利福尼亚拉霍亚的人学研究中心发起的。共同指导者是卡尔·罗杰斯（人学研究中心）和卡拉索（Rodrigo Carazo）（和平大学）——哥斯达黎加前总统及和平大学创始人。

在准备工作坊期间，来自人学研究中心的斯文森（Gay Swenson）是团体的共同指导者，负责拉霍亚此项目的管理工作。默里·西尔贝曼（Murray Silberman）也与卡拉索共同合作，积极地投入到了哥斯达黎加的准备工作中。

资金运作也非常复杂。在 1984 年中期，维也纳一家大银行的总裁沃克（Karl Vak）为工作坊支付在酒店的一切费用，而且比他承诺的还要多。那个 3 万美元匿名礼物的帮助，以及卡耐基公司的 2.5 万美元都是最大的礼物，但也有许多个人捐款和两份特别的捐助。我们凭着信仰
460 前进，事情就办成了！每个人的费用都可以报销。而超出的费用会非常少。不管有没有报酬，我相信我们所有人都会一致认为这是非常值得去做的。

目标

有几个主要目标：

1. 使那些参与国际关系，特别是影响中美洲国际关系的有影响的高层人物聚集到一起——尤其是那些政策决定者和舆论制造者。

2. 有一位工作人员参与，他有足够的经验去营造一种心理安全和以人为中心的氛围，在这种心理安全氛围中，人们能作为个人、而不是以官员的身份自由交谈；而后一种氛围则是我们在处理贝尔法斯特、南非和其他地方不同敌对群体时曾营造出来过的。

3. 促进观点、态度和感受的自由表达——尤其是有关中美洲危机局势——从而增进双方的了解，降低紧张，培养良好的交流。

4. 发起一个过程，从中团体可以发展出更多信任关系，并且创造出使得国家间更加可能和更加愿意进行和平互动的政策和主动性。

简而言之，重要的国际人物能以非正式的方式会面，在一个工作成员创造的安全环境中进行谈话、争执、叫喊并互相拥抱，渐渐地彼此更加信任并为寻求和平的解决办法而共同努力。这就是一个我们期待的聚会。

在这四天里，四个目标似乎都在会上取得了实质性的进展。而在随后的一年里，工作人员仍然与他们保持联系，从而确定他们的行为和制定的政策在多大程度上受到了影响。只有在那时，我们才能够更加充分地评价这次聚会的作用。

开始

一些显而易见的结果已经被描绘出来了。但这些是从什么过程中产生的呢？与以人为中心的工作坊常出现的情况一样，它并非是一帆风顺的；但渐渐地这个团体开始赋予自身力量。与其泛泛而谈，倒不如着重强调我所观察到的几点。

10 月 31 日，星期四晚上，绝大多数与会者都已经到达了，在晚餐 461
前有一个简单的接风酒会。只是一次非正式的接触，目的是让彼此认识。许多人因为时差反应不想在当晚召开会议。接风酒会之后就是晚餐。晚餐时，人们分坐在不同的非正式群体里。

星期五早上 10 点工作坊集合在一个非常舒适的房间里。我介绍了主人卡尔·沃克，他对这个团体表示了欢迎，并谈到了我们的所在地——奥地利和匈牙利边界上的拉斯特——的象征性意义，尽管阻碍重重但两国仍然维持着和平关系。然后我又请出了卡拉索，他也对这个团体表示了欢迎并强调这样一个事实：和平就是对于和平的一种愿望。他还特别引用了一个谚语：一个巴掌拍不响。

我对促成这次会议的各界人士和团体表示了感谢。我介绍了两两配对的促进者，并提到他们将会参加大的团体，但同时也会成对地促进每个小团体。我也强调了他们是因为经验丰富才被挑选出来的。

然后我表达了自己对工作坊的几点希望：我们能够学会聆听他人；我们能共同创造出一种安全的氛围；我们能达到更大程度的相互理解；我们能逐渐尊重他人并珍视我们的差异。我同时也强调了这是我们自己的会议，我们共同创造的会议。

我还提到了这样一个事实——尽管这个房间里似乎只有我们几个人，但事实上有着许多看不见的观众：我们许多国家和文化的人民；那些希望并真心祈祷工作坊获得成功的许多教堂团体和朋友；我们的孩子，孩子们的孩子，以及他们的后代，我们正在帮助塑造他们的世界。

随后，卡拉索建议我们休息一会儿，大约有半个小时。这使得与会者有机会彼此磨合和认识。当我们再次集合时，我只是说“现在由我们做主”。

与会者做了几个简单发言之后，一位美国公民提出了一个尖锐的质
462 疑。他向尼加拉瓜的一位成员问道：“你们为什么限制人的自由？”接着具体地指出了该国政府最近在许多方面强加的限制。一位尼加拉瓜与会者，同时也是一名政府官员，说道他为中美洲问题从尼加拉瓜开始感到很抱歉，但他希望这位美国与会者应该回美国去看看更多的事实。然后他再次谈到美国在一些方面干涉了尼加拉瓜。就美国是如何只考虑自身利益而把中美洲国家当做“香蕉共和国”来对待，他给出了大量背景资料。现在里根的政府管理机构正在试图推翻在尼加拉瓜已经合法成立的

政府。委内瑞拉的一位与会者大声说道，他想要的是无争执对话。另一位来自委内瑞拉的与会者接着我的有关孩子的话题，谈到了我们的教育系统所涉及的暴力和战争。那是我们知道的历史。讨论就这样悄悄地从尼加拉瓜转移开了。我想该团体在这个时候还不愿面对这样的对峙。

很难概括说出星期五上午剩下的时间里所发生的一切。他们做了“演讲”，往往都跟以前所说的有关系，但几乎没有或根本就没有直接的对话。有时候，演讲跟上一位发言者所说的紧密相关，但随后所说的却是大相径庭。似乎有一些倾听而且讨论也和中美洲话题或和平问题有关，但却不是人和人之间的对话。

会议中期，奥地利外交部长利奥波德·格拉茨（Leopold Gratz）走进了房间，照相机的闪光灯也亮了。我们中断了会议向大家介绍部长，他简短地致了欢迎辞，并谈到了和平和合作问题。

当我们快结束时，我再次提起有关小团体的问题。有人询问它们是如何构成的，我对此进行了解释。我们以一种尽可能代表整个工作坊的分配方法，事先就将大家分配到小团体中去。考虑到了男女比例，来自中美洲的人的比例等因素。大家对这个解释似乎还很满意。同时，我也 463
提到最初分配的小团体并非是固定不变的，如果他们不喜欢也可以对它做一些改变，但今天我们将会按照已经分配好的小团体来会面。一个工作人员问道是否有人介意格拉茨到场时所拍摄的那些相片。似乎大家都不反对。于是宣布在星期五晚上我会做一个演说，之后可以提问题并进行一些对话；星期六晚上是卡拉索发言，之后同样可以提问题。之后会议就结束了。

由于我没有在小团体中，我将让他人来陈述在他们身上发生的事情。我的理解与在周五早晨的会议上一样，周五晚上这些小团体也相当理智。

晚上，作为演讲者，我在一个有点正式的会面中见到了团体成员。我试着告诉他们我最初只是一个“诊断—开处方”的年轻临床实习医生，现在我逐渐去相信个体内部有自我理解和自我指导的巨大潜力。我努力陈述了当事人为中心/以人为中心的基本原则以及它在教育、管理、跨文化关系上的应用。我强调了自己对个体、团体以及这一团体的信任。我说，这就是一个机会，让我们看看在其他情境中起作用的原则是否在国际关系、建立信任和改善交流上有用。我对团体过程和团体智慧充满信心。这意味着我并不清楚会有怎样的结果，或者目标是否会达到；但我能保证这将是建设性的。同时，我再次着重强调了这将是我们自己的会议，也将是我们自己的过程。

星期六早上，谈话和“演讲”还在继续，人们之间的对话非常少。我后来了解到一些人变得非常没耐心。下午，小团体开始表现出了更多对话的迹象。晚上，卡拉索谈到了和平大学的许多方面。后来，大厅气
464 氛开始有所变化。中美洲/拉丁美洲团体聚在了一起并一直谈到深夜。有叫喊，有争执。但从我知道的结果来看，交流非常有建设性。同样也是在大厅，工作坊的其他成员也在另一个团体中聚会。此时这似乎是一种自然而且恰当的分裂。

会议中期

星期天早上气氛非常紧张。心情也大不相同。大团体的会议氛围完全改变了。他们意识到了气氛中存在的仇恨，当然也有愉快的感受。时不时地，许多人表现出了对美国的仇恨；在某一情况下，一个人惊奇地发现他内心的仇恨是如此深刻和强烈。两个人谈到了拉丁美洲和美国文化的分裂。来自尼加拉瓜的与会者和其他一些人还做了激昂的演说，但这与开始的演讲完全不同。人与人正在进行交流。一位美国公民谈到她感到多么的无能为力，而这种无能为力感是被其他国家的那些人唤起的。这里还有着争执，人们的观点大不相同。一些拉丁美洲的人批评美国，因为美国的政策总是以自身利益为基础，仅仅从其政治和经济利益来考虑，而不是以民主或自主国家的利益为出发点。还有一些人清楚地表达了他们想要在拉丁美洲自主的强烈愿望。作为性别主义争论的焦点，人们多次激动地提出了会议的男性主导问题。这表明在会议上有许多维度：其一，与政治问题的讨论相比，会议还表达出了个人顾虑，个人和政治层面是否会有结合点？还有男性和女性的问题，会议中男女平

等共存是否可能？其二，有着心理学和治疗背景的人与那些来自不同领域的人们之间也存在问题。一位与会者提到这样一点，团体治疗在此是完全不必要的，它会引起团体治疗成员的强烈反应。

信任和基本的好感正在慢慢形成。一位与会者就很好地表达了这一 465
点，他认为争执说明有些人被误导了，但在团体中没有人心怀恶意。换而言之，对真实的知觉非常、非常不同，但没有人怀着恶意。

然而，值得注意的是人们正在彼此聆听；他们正对彼此有所反应；真实的对话正在进行；显然小组进程正在深入。就我个人来说，我在早晨的会议结束后休息时，感到非常放松并真正感到愉悦。我知道现在无论工作坊会有怎样的结果，它都将是建设性的。我们希望帮助其发起的过程正在进行。那天下午各个小团体的报告证实了这一点。

酿酒节：一次促进事件

酿酒节是奥地利的一个古老风俗。它是葡萄丰收时的一种庆祝活动。人们喝很多刚酿好的红酒，并准备丰富的食物。爱德华·施米格（Eduard Schmiege）和酒店人员计划让工作坊参与星期天晚上的庆祝活动。我们走了一小段路，到了附近的一个旅店，那有一个很大的房间，里面有长桌子和椅子。房间容得下工作坊所有成员，里面非常嘈杂，简直有点震耳欲聋。当人们在一起坐下来说话、喝酒时，有了许多有意义的谈话，并进一步深化和扩展了许多人之间的关系。当晚会持续到深夜直至凌晨时，毋庸置疑，他们已经建立了极为亲密的关系，那些在别处不可能出现的亲密关系。一个美国人和一个尼加拉瓜人共同制定了两个和平共存计划，并发誓要将这些计划提交给他们的政府。还有两个来自敌对国家的与会者相互交换了他们孩子的相片，并暂定让孩子在彼此那儿住上几个星期或几个月。毫无疑问，许多不信任都在酒精中消融了。尽管是暂时的，但似乎很有价值。

当我走进旅店的房间时，人们自发地鼓起掌来，掌声持续了很久。 466
我个人很受感动，但它对我而言有着更广泛、更重要的意义。我们这些工作人员相对而言都比较平静，直到早上才起了一定作用。直到早上也没有观点分歧需要促进。我感到与会者可能都忽视了我们的重要作用。而这些掌声，在我看来，就是与会者对促进者的存在、态度和话语的感谢，尽管是内在的不明显的。这绝对振奋人心。然而，我在那里待的时间不到半小时。实在太嘈杂了，以至于我无法介入到谈话中去。我听不到他人的话而他人也听不到我的话，但我知道许多重要的交流正在进行。

我并不希望所有交流都是积极的。一个美国人对一位女士说出了有敌意和威胁性的话，这位女士十分了解中美洲情况，并且她理解贫穷、困难和压迫等革命的根源。根据报告来看，她对于这些语言攻击显然感到难过，但让人兴奋的是，一位尼加拉瓜男士首先站到了她这边，并劝她不该使自己的自尊受到伤害。他说“那就是敌人”，指出僵化的判断是阻碍进展的真正敌人。那个美国人在后来几天都一再重复同样的威胁话语，这就说明了他的敌对语言并不仅仅是大量酒精造成的。

总而言之，酿酒节的促进作用似乎是积极的。新的友谊建立了，有了重要而深入的交流，分歧公开了，不信任也逐渐消除了。毫无疑问，消极情感也流露出来了，当然不是所有这些都得到了解决，但总体来看这是一个重要的、具有普遍建设性的事件。

过程中的高潮：星期一早晨

星期一早晨的会议从一个不太好的消息开始。沃克和其他人原先计划星期一下午 6 点在维也纳的银行召开一个新闻发布会。这就是说要缩
467 短下午的会议，在 4：30 离开，那样似乎是可能的。现在我们被告知新闻发布会将不可能在 6 点召开，而是必须提前到下午 4 点。所以，我们不得不在 2：30 就动身离开。早餐时参加会议者的名单交到了我手上，他们还告诉我那些人都已经被邀请了。在名单中没有女性，我坚持应该加上一位瑞典议会的女士。

据我估计，团体过程被少数几个条件和事件影响，而新闻发布会时间不幸被改变就是其中之一。当宣布时间有变时，我首先就说自己不会参加新闻发布会，我首先忠于整个团体和团体过程。沃克先生和银行方

面已经为我们做了这么多事，所以很难拒绝他的请求，所以我被劝说参加新闻发布会。但是，它意味着 10 个人在 2：30 离开工作坊，这样实际上就会影响下午的第四次小团体会面计划甚至大团体会面计划。

一般会议刚开始就对整个问题进行了简单讨论。人们想知道哪些人会参加以及现在制定怎样的计划。团体中的人们关心新闻发布会上将提到什么，它是否会破坏会议的保密性。人们做出的决定是参加新闻发布会的团体在 2：00 先进行一个预备会议，在保密性和讨论内容上达成一致。达成的一致意见还有，下午只有非正式团体并在星期一晚上召开一个大团体会议。然后实质性的讨论开始了，来自萨尔瓦多的一位男士第一个发言，因为他不得不提前离开，他提出了一些问题以及与其他与会者不一致的看法。他对于尼加拉瓜的军事干涉感到十分困扰。他强烈支持康塔多拉（Contodora）运动，因为它可以阻止来自其他任何国家的军事干涉，也使得外部干预和干扰不必要。而一位女士大声指出，不管外在干扰是否存在，中美洲革命的根源依然存在。一个委内瑞拉人也指出，中美洲或拉丁美洲的革命都是依靠外国支持而成功的。没有外援的 468
革命将不能持续下去。讨论有些像在争执，一位来自智利的男士冒险转变了话题。他使团体想起了在酿酒节无论持有何种政治立场，心扉都是敞开的。他认为我们之间的爱和归属感也是会议的一部分，但这些更温柔的情感大部分都表现在会议之外。他为这种信任没有带到会议中来而感到难过。

卡拉索充满激情地说：

> 我想要坚持某些非常重要的东西。在我的小团体中，我们很坦诚地去面对所有问题。这里不存在外交语言。在政治领域里也是透明的。我们有时甚至很粗鲁，而对我来说表现出这些很不容易。人是感性和理性的结合体。我在小团体中已经放弃了这样一个观点，即当我们说的时候就已经失败了。“意思是如果一个人表达出了真实感受，那么其他人就会略胜一筹而取胜了。”今天早晨小团体的态度还不是非常明确。我们在以假定的语气说话：如果这样了会怎样，那样又会怎样。我发现这种思维对于相关的解决办法没有什么

积极作用。我很清楚——请原谅我的自大——我要的是和平。我不希望反抗军（Contras）或是桑地诺民族解放阵线（Sandinistas）获胜。我不担任政府职务，没有理由对他国的干涉保持缄默。但昨晚，就像有人所说的那样，还有人会在中美洲的现实中寻找其他出路。我们请各位来到这里，就是希望我们大家一起探讨中美洲的其他出路。但请不要想起我们以往的立场和姿态。让我们谦虚地成为探索者，让它们（中美洲国家）来执行。

然后一个尼加拉瓜人说：

我相信这是可能的。在我来之前，我就是这么想的。但这里使我确信，一个大国有可能聆听一个小国，在这里不信任已经被战胜了。即使除去经济和政治问题，这里仍有许多不信任。我希望没有人会再加深那种不信任。这种可能性真实地存在于中美洲的对话和问题解决之中。（团体中自发地响起了掌声。）

469 由此开始，许多人都表达了这些经历对他们所具有的意义。一个美国人说，他被这个过程所鼓舞，并确信所有的爱和关怀不会在会议结束后就不复存在。来自菲律宾的一个人，曾希望尽早离开，尽管他本该已经到了其他地方，但他仍然留在这里，并且说他会带着希望走，希望菲律宾人也能从这样一种经验中获益。这是一次心灵的会面。他说这是一次深刻的个人经历。还有一位墨西哥人强调了对他来说很重要的两点：第一，强调个人决定自我命运的权力，一个国家决定自己政府构成的权利；第二，营造出来的、达到更深层理解的氛围也让他印象深刻。哥斯达黎加的一位与会者对星期六晚上的聚会记忆犹新，各个团体真正做到了以人为中心，但却是自己帮助自己。我评论说："我坐在这里，大部分时间一言不发，并为所发生的一切而感到惊奇。所达成的理解也是出乎预料或期望的。一种促进的氛围是我们所有人共同创造出来的。我觉得我们有理由祝贺我们自己，但真正的考验还在后面。"一位有着伊斯兰背景的人说，和平在这里不再是外在的，和平已经成为了一种经验。个人和集体都有了新的理解。

一个巴勒斯坦人说他非常嫉妒这次会议，并请求那些举办这次会议的人应该安排一场有巴勒斯坦解放组织（PLO）和以色列参与的类似的工作坊。

中美洲的一位高级政府官员说，对于我们正在使用的方法是否会成功他曾有着许多疑虑。他原想在没有议程的情况下工作会非常混乱，他深感怀疑。但现在他认为我们是对的。他觉得这些方法已经取得了成功。结果比他预料的还要好。一个美国人和一个尼加拉瓜人之间的交往给了他很深的印象。他相信和平是从我们每个人的内心深处开始的。我们必须消除那些离间我们的不信任。

一位来自联邦德国议会的女士说自己在这里学到了很多东西。她希
望能够在她的国家使用该方法。她属于一个和平政党，但当她参加其政 470
党的一个会议时，她认为它是一个好战的政党。她再也没有参加过此类会议了，尽管成员们希望她参加。显然她非常希望能够把这种过程带回国。她说第二次世界大战过去 40 年了，德国仍是个被占领的国家。她希望德国能成为一个不结盟国家。绿党希望自己的政府单方面无条件裁军。她说绿党是唯一的激进和平政党："我们必须第一个去制止！"

卡拉索提出了草拟通告，确认了康塔多拉进程。他希望每个成员都愿意签署这个通告。(作为一个组织，工作坊还未发布任何言论。) 这个通告会被送到卢森堡公国，来看看他们是否能够达到政治和经济的一致，在那里康塔多拉集团正面临欧洲共同市场的问题。

一个美国人大声说我们应该私下探讨工作坊本质上的人文特征。和平不在外部，而是在内部，在我们的内心。破坏性的本我需求甚至能够通过和平行为来表现，同时也能够破坏它们。我们唯一的希望是去面对我们面前的巨大障碍。例如，他对自己与一位尼加拉瓜人的谈话充满希望，但他意识到前方还有一段漫长而痛苦的工作和谈话。他很遗憾当时没有更多的保守派管理层在场。对他来说，这是一次美妙的经历。

在这一点上，巴勒斯坦成员们献上了漂亮的盛满鲜花的以色列花瓶，一个给了卡拉索，一个给了我。他们请求我们一起祈祷阿拉伯人和以色列人能照镜子并发现他们是兄弟。

会议结束时，大家一致同意下午进行非正式会面，晚上召开一个大团体会议。

新闻发布会

新闻发布会是在重新装修过的银行会议中心进行的。新闻界的成员来自奥地利和德国。遗憾的是，由于通知的时间太短，国际新闻界人士不能到场。

有11个人在场。卡拉索和我作为该计划的共同指导者出现在那里。
471 沃克则是以银行代表的身份出席。此外还有来自哥斯达黎加、洪都拉斯、萨尔瓦多、尼加拉瓜、委内瑞拉、瑞典、美国、奥地利的与会者。萨瓦尔多的与会者由于很早就动身了，所以当我们达到时，他的演说即将结束，我不知道他演说的内容。其他10名与会者都赞赏地谈到了工作坊。沃克只参加了最开始星期五的会议和最近星期一早晨的会议，他说这两个会议就好像是黑夜和白昼。第一次会议充满了紧张不安的气氛，而后一次则洋溢着真正的兄弟般的亲情。瑞典与会者建议每年在斯德哥尔摩会晤的联合国建立信任委员会并在在他们的会议中应用这种以人为中心的方法，她希望他们能邀请我们去促进他们的工作。一个美国人和一个尼加拉瓜人都谈到了他们在工作坊中建立起来的这种联系，并计划在巴黎再次会面继续制定那些准备呈交自己国家的政府的计划。

我们第一次有机会来评价会议结果，所有在场的人都觉得工作坊是一次非常有用的经历，这真让人感到鼓舞。新闻报道进一步确证了这一积极评价。工作坊被称为是"一次不寻常的政治和心理实验"。并且还强调以人为中心的方法可能会是"长期和平进程的催化剂，还应该应用于世界其他政治热点地区"。

最后的会议

尽管许多成员都已经离开了，但这个团体还是在星期一晚上再次会面。会议内容主要有三项。第一项是与会者继续说出工作坊给他们带来的积极意义。我觉得并没有尽全力去挖掘任何可能的消极情感。第二项是陈述早晨卡拉索曾提到的报告——支持康塔多拉进程的宣言，人们都急切地想签名。第三项则是由约翰·巴斯孔塞洛斯（John Vasconcellos）提出一个宣言，其中强烈肯定了以人为中心的方法对于降低紧张 472
所起到的作用，不仅在这次会议上而且可能在其他地区的国际危机中。会议在人们的深情拥抱和对未来再次会面的期望中结束了。

很明显，对于绝大多数与会者来说，这是一次意义重大而有用的经历。我们知道至少有一个人对工作坊持否定态度。我确信一定还有其他人。我们正试着努力去收集能够呈现完整情况的所有资料。但关键是，在达到使工作坊形成的目标中，我们取得了实质性的进展。紧张降低了。交流渠道打开了。有了一次和平的经历。

一星期之后

对工作坊的真正检验将是在随后的几个月里。尽管如此，在工作坊结束八天后，从一个与会者写来的一封信当中，仍然还包含着他所获得的意义。下面是信的节选部分：

> 谢谢您给了我这次重要的经历。我认为这四天的结果是令人吃惊的，把仇恨变为了信任。我真的希望您的方法能用在许多和平努力方面。
>
> 对我个人而言，您同我会面的方式改变了我的人生。我深爱的祖父常常告诉我不要“为真实而道歉”，当我赞成某个不恰当的观点时，他常常很高兴。但那是很久以前了。现在，当您以那种非常热忱的方式说“不要道歉!”时，我感觉您接受了真正的我。
>
> 我过去常常以为没有什么事情是我发自内心想要去做的。而现在生活似乎充满了光明的前途。我觉得我这样很好，如果人们不这么想，我真的不在乎。我的情感和我的意识是如此的贴近，我对大多数人都有温馨的感觉，也包括我过去不喜欢的那些人。
>
> 当然我意识到这可能是某种欣快症，但平静的愉快感受在我内心不断涌现。我正在读您的书，它给了我极大的快乐!
>
> 在与会者问卷中，对于工作坊对你有多大的作用一题，我回答

的是“十分”。现在，一星期后，我会毫不犹豫地回答“极其”!

473 并非所有评价都是好的。另一个与会者在工作坊结束了几天后也写了信，表示对于团体的结构很失望。没有体现足够的力量，尤其是来自美国的。会议也同样受到了批评。“讨论中很难说有一个贯穿始终的线索……我们不清楚是讨论实质问题呢还是讨论个人态度；任何一个都可以，但……”

从我们现在掌握的资料来看，大多数人都认为这是一次积极的经历，但也有些人对它不太满意。

失误和失望

让我们再来看看我们认识到一些的不足之处。在工作坊准备时期和活动期间一直都存在的问题就是发起人之间没有进行足够的交流和理解。距离使我们很难保持密切联系。我们来自不同文化背景，有着不同思维方式，这使我们缺乏交流的状况更加严重。我相信我们可能都低估了其他人对工作坊所作的贡献。

我们的翻译，在非常困难的情况下表现地非常出色，使我们意识到因为文化和礼仪的差异，我们常常冒犯了来自其他文化的成员。

毫无疑问，促进者的确没有充分融入到其他与会者当中去。这就导致了一种令人困惑的、毫无成效的局面。促进者保持交流非常必要，这样我们的团结才能有助于团体的团结。在一种具有挑战性的新情况下，我们作为一个支持的团体彼此扶持也是很有必要的。这意味着我们在小团体会议后，早晨很早就要会面，一天快要结束时也同样要会面。因此，我们在早餐和晚餐时同与会者交流的机会就十分有限。因此对许多人来说，我们可能显得有些冷漠。在这种状况下，我们找不到任何办法来弥补这一不足。

474 主要的失望莫过于美国政府的行政部门在工作坊当中没有代表。我们为此也付出了许多努力，尤其是在约翰·马克斯（John Marks）的帮助下，一些人表示接受邀请——国会成员有一个确定会来而另一个也可能来，还有另一个重要政府官员，以及几个里根政府的密切顾问。我们知道有个行政官员对工作坊有极高的热情并非常想参加；但是就在工作坊开始的前几天，所有的美国行政官员和顾问都取消了承诺，并且没有做任何解释。这是工作坊进程中最让人遗憾的一点。

有效的原因

工作坊似乎比我们曾经大胆期望的更有成效。这样明显的成功背后有什么原因呢？据我判断，原因有许多，有些在于我们自己；另一些则完全要归因于环境或好运。我将简单说说我认为能够解释那些已获得成果的因素。

1. 工作坊背后的整体想法是合理而正确的。一开始，其目标就是想通过邀请那些在国际事务的政策制定和观念形成上有影响的领导人，在一个以人为中心的方法起到了促进作用的工作坊中进行会面，从而降低国际紧张。随着目标的发展和改变，它变得更具体更复杂。它关注一个局势紧张的地区，尤其是中美洲；邀请的重要人物不仅来自所涉及的国家，还来自关心和平问题的其他国家；在一个干扰最小的地方进行会面；会面是私人的、非官方的、非正式的和保密的；选一位经验丰富的促进者，他了解以人为中心的工作方法并能够处理有分歧、对立甚至敌对意识的团体。

整个目标模式似乎是一个时机已经成熟的想法，如果我们通过工作坊引起了人们强烈而广泛的兴趣而能做出这一判断的话。

2. 为工作坊选了一个好的主题："中美洲挑战"指的是一种危急的
国际局势，然而它是人们愿意谈论的一个话题，而不是像东西方对峙那 475
样僵化的话题。我们非常幸运，和平大学坚持选择这个主题。我们一开始还曾想过一个无主题的工作坊，但很明显这不会吸引合适的人员。

在促进过程中，这个主题的价值出乎我们的意料。由于它关注的是互动，所以没有在工作坊里经常出现的针对小事的诡辩。因为主题涉及了在中美洲国家里的生死问题，几乎没有多余的事情被带到会议中来。这个主题使我们团结在一起，它是一种让人团结统一的影响。

3. 我们很幸运有这样的共同发起人。毋庸置疑，卡拉索总统在世界范围内的影响使他能够将一群身名显赫的人从中美洲，拉丁美洲和欧洲聚集到一起，尽管这其中有许多阻碍并经历了一个绝望时期。

这是一个高层次的团体，它能够影响国际政策，影响国家和世界观点的形成，这使得工作坊意义重大。一个由同样来自这些国家、但不具有特殊地位的个体组成的工作坊也会获得类似的成功，但这样的工作坊对将来不会有什么影响。这个团体则恰恰相反，它很可能在许多方面有相当大的影响。

4. 工作坊的方法不是一种实证的方法。它已经一次次地在分歧极大的团体，在有敌对、对立关系的团体中进行过尝试。所以工作人员一般能预料到会发生什么，并且在面对工作坊最初的任何不理智和混乱事件时不会惊慌失措。换句话说，这是经验的结果。

5. 有一群非常优秀的促进者。由于他们曾一起工作过，由于他们曾处理过尖锐的分歧、对立和痛苦，他们不会轻易被吓倒。他们对团体、对团体过程都非常信任。这是一个极度困难的工作坊，因为许多人对他们自己正在帮助发起的这类型团体过程一无所知。它很困难，还因为许多与会者极度不信任其他与会者或他们所陈述的观点。这个团体对
476 于在公共场合说话已经非常娴熟和习以为常了，所以，在许多方面，他们促进了自己。可以说，这不是一个以人为中心程序的例子；它展现了帮助营造氛围的工作人员的一种以人为中心的存在方式。（实际上，一些了解团体动力学的与会者因为我和工作人员没有“展现”以人为中心的技术而深感失望。）

6. 这里是举办这样一个工作坊的一个绝好地方。好得不能再好了。它是一个真正隐秘的、没有任何干扰的小村庄，但住所非常舒适，有美味的佳肴和良好的服务，所以没有什么会打扰与会者的会面。

因为银行和企业已经帮助解决了所有与会者的费用，所以他们其实就是客人，不需要支付任何费用。或许这有助于解释为什么几乎没有针对住所、食物、进度或工作人员的批评——经常会有这样的批评。

7. 我们选择的结构数量刚刚好。很难说这是明智的判断还是好运气。无论如何，早晨举行大团体会面，下午则是事先分好的小团体进行

会面，这种安排使人有一种安全感。有一个主题会使会议更加有组织地进行。这个共同焦点使团体成为了一个整体，否则不会达到这个效果。之所以认为选择的结构数量正好是因为没有针对进度、安排和组织的争论和批评，而举办工作坊时经常会有这些争论和批评。令我们疑惑不解的是，这儿甚至没有任何关于是否禁止吸烟的讨论。吸烟的人在想要“点燃”香烟的时候，就走到房门口去，从未讨论过这个问题。

8. 把媒介完全排除在外似乎也是一个明智的决定。这使得人们更容易成为他们自己，无论在小团体里还是在大团体里。

9. 没有预先设置的议程一定使一些与会者感到震惊。毫无疑问，他们会认为这是一个奇怪的进程。然而我们过去的经验清楚地表明了团 477
体会逐渐找到它自己的个人或集体议程。拉斯特的经验也证实了这一观点。至少有一个重要的与会者肯定了这种抉择的明智性，这让人感到高兴。

10. 以上所有因素构成了一个事实，那就是我们所有人——包括促进者、管理者、旅店工作人员、与会者——成功地营造出了一种氛围，在这种氛围中人们能够自由地表达积极和消极情感。建立这种氛围是一个极其微妙的过程。毫无疑问，促进者在其中起到了很大作用，然而许多与会者与他们一起共同创造出了这种氛围。我们有足够的自由使用促进团体进程的其他模式，注意到这一点很重要。例如，有些在场者使用了其他程序来降低紧张和协商解决矛盾。最终，这些方法不仅应用到了工作坊的会议中，还应用到了日常会议之外的非正式聚会中。

11. 最后一个因素是我们幸运地赶上了奥地利的酿酒节。毫无疑问，这个古老的节日帮助我们建立了更紧密的关系。庆祝活动恰好是在工作坊最有活力的时候进行的。这就是拉斯特之行如此令人难忘的几个决定性因素。

这里我不想作任何结论。我们已经迈出了第一步。我们已经开了一个头。希望随后还会出现其他的以拉斯特聚会为基础、并向它学习的人与人工作坊。

478 33 苏联专家的内心世界*

“你太激进了。我不喜欢你!”

“妻子和我常常吵架。”

“你们主任从我们这儿夺走了一些地方!”

“你在撒谎!”

“我想你［卡尔］受了贿才这么说的!”

“没人理解当一个教师有多难。”

“我的第一次婚姻使我几乎完全与儿子疏远。”

“我不知道我是谁，真的。”

“我喜欢安静的，只给我做饭的妻子。当然，我在开玩笑。”

“你妒忌他们!”

“我想我们当中没有任何人在真正说出他的感受。”

这些话选自两个早期深度工作坊。这些团体是在哪里举办的呢——加利福尼亚，巴西，还是意大利？都不是，是在莫斯科和第比利斯（苏联南部的一个城市）所举办的——包括了心理学家、教育人士和研究者——两个专家团体。

所有这一切是如何发生的呢？与通常一样，我们做了大量深入而全面的准备工作。露丝·桑福德了解到我很想在苏联和团体进行会面。她知道人本主义心理学协会的弗朗西斯·梅西（Francis Macy）会讲俄语，并且与苏联有许多交往，还曾安排过美苏交流。寻找他未果之后，他们竟偶然在莫斯科遇上了，当时露丝在那儿旅行，他们立即开始计划我们三人在苏联的一次冒险活动。之后，梅西做了很多努力，最终我们
479 得到了教育部的邀请，是由阿力克谢·马秋什金（Alexei Matyushkin）

---

* 该报告是由卡尔·罗杰斯和露丝·桑福德共同完成的。记录的大部分是卡尔所做的，但是我们两人（Carl 和 Ruth）都对此有贡献。——译者注

Journal of Humanistic Psychology, Vol. 27, No. 3, Summer 1987, 277-304. Reprinted by permissin of Sage Publications, Inc.

博士发出的邀请，邀请卡尔·罗杰斯，露丝·桑福德以及梅西来指导在莫斯科和第比利斯举行的研讨会——他承担在苏联期间的所有费用。邀请的日期是 1986 年 6 月 3 日，而工作时间是 1986 年 9 月 25 日到 10 月 15 日。露丝和我已经送交了一份说明我们想要做什么的详细陈述——主要强调的是在每个城市有一个为期 5～6 天的可住宿的隐蔽工作坊，选出的与会者不超过 30 人，而公开会议则欢迎所有对此感兴趣的人参加。话题是由马秋什金博士主管的普通和教育心理学研究所①和我们共同提出的。工作坊将关注人本主义教育，个别教育，培养创造性的方法。我们几乎不相信后两个题目是苏联官员所期望的，但的确如此。

苏联方面完全没有想到我们希望的是可住宿的隐蔽工作坊。我们最终同意在每个城市举办为期四天的工作坊，不提供住处，但每个人都承诺会参加四天的所有会议。

公开会议

尽管我们最重视的是这些深度团体，但一些公开会议也值得注意。马秋什金博士将第一次公开会议安排在他机构的会议厅里，能容纳 350 人。另一个房间里还有容纳不下的四五十人。露丝和我一起发言，以一种我们已经学会了使用的方式，使对话在我们之间来回进行，所有话都由我们忠实的翻译迪玛（Dima）和伊瑞娜（Irina）翻译成俄语。

我们解释了演示治疗访谈的可能性，大家都很高兴。在短暂的休息
期间，露丝从志愿者当中选出了一位当事人接受我的访谈。这并不简 480
单。那位说英语的当事人和我面对面坐在台上，每人都拿着一个麦克风。我们每人身后都站着一个翻译，把每句话翻译成俄语。这一切都是如此不自然，以至于很难相信这样一个访谈能到达怎样的深度。这位女当事人谈到了她在与丈夫、七岁的儿子，最后还有母亲的关系上遇到的

---

① 美国并没有与苏联各个机构相对应的部门。它们是附属于大学体系和政府的科学机构。科学一词在苏联非常重要。然而，却与美国的理解不同。在我的印象里，任何严格的学术研究都是“科学的”。当然任何理论的发展也是科学的。实证主义研究没有像在美国这样有如此高的优待，但是，这些机构在某种程度也进行实证研究。

困难。尽管她已是一个成年女性，但她仍然感到依赖母亲，害怕她，害怕违抗母亲。她在自己生活的许多方面都的确做得很不错，但当她进入家门——母亲生活的那个家——她几乎完全窒息和麻痹了。她害怕自己会爆发。在她探究她的各种关系以及她自己的时候，我努力成为一个能够理解她的伴随者。在访谈结束时，她至少在考虑要在那种关系中公开地表达出自己的感受。

有关这次访谈的讨论很多，而听众明显很看重这次机会。他们向我和当事人提出了问题，并做出了评价和解释。我不得不保护当事人使她不接受过分热心和“深入”的解释。

早晨的会议从10点持续到了下午1点，下午的会议从3点持续到了6点，主要是回答了本质上差异很大的问题。

另一个公开会议是后来在莫斯科大学举办的，有900人参加，包括学生和教职员工。同样，一个展示性的访谈使他们感受到了一种当事人中心/以人为中心的治疗方法——一次体验具有同感、接受态度的聆听者的强大作用的机会。这次访谈很困难，对象是一位急切寻求建议的女士。她感到难过的是她不再爱自己18岁的女儿了，她希望有解决的办法。当她的期望没有获得满足时她很失望。只有在讨论结束了，她就要离开讲台的时候，她才说道，“我想现在我知道在我身上到底发生了什么”。

在休息过后，有一个对话的机会。我们要求只问口头问题，但人们
481 坚持递上写下的问题，直到有了上百个这样的问题，没有哪个问题可以在会上做出回答。然而，这体现了人们强烈的兴趣。这些问题后来都被翻译过来并加以分析。这些问题很广泛，很严肃，也很有挑战性，探究了该理论及其局限性。问题涉及的范围包括无条件积极关注，治疗师个人需要的满足，宗教在治疗中扮演的角色。

总的来说，我们通过莫斯科公开会议和工作坊与几乎2 000人会面，尽管其中有许多人参加了多次会议。

我们发现了什么

我将试着对我们在公开会议和深度团体中发现的一些态度和情况进

行总结。

我们发现人们对人本主义心理学和以人为中心的方法有着极大的兴趣。对我的工作也有着广泛了解。当我在大学里问道有多少人至少读过我的一篇文章或一个章节时，至少 85%的人举起了手。我们在一位女专家的家中做客时，发现她正在用以学生为中心的模式（带着常见的困难）来教她的班。而她的丈夫，一位数学家也被我关于同感的一篇论文所吸引并已经把它译成俄语，它被收录到了一本标准俄语教科书中，书中包括了不同文化的许多著名心理学家所写的文章。

我们在听众中发现了许多经验丰富的治疗师和知识渊博的心理学家。尽管我们这次访问的重点是教育，但到场的教育家相对没几个。到场的教育家也似乎比心理学家更少发言。

我们发现，我们递交的论文几个月前就已经在特意举办的特殊研讨会中进行了研究和讨论。许多论文已被译成俄语，在第比利斯还被译成格鲁吉亚语。我们发现马秋什金博士的学院很想把我最近的一本书《80年代的自由学习》以俄译本出版发行。在大大小小的会议上，我们在大大小小的听众群里都发现了大量的个人开放态度。人们既希望表达出怀 482
疑和消极的态度也希望表达出支持的态度。几乎所有的问题和评价都体现出了人们的仔细思考和深入的知识背景。我们看到了许多人的热情和好客。我们接受了很多礼物，许多上面都写着显然发自内心的话。

我们发现了独特的苏联习惯和风俗。例如，在苏联几乎所有事都是大事。订餐、安排会议、决定用什么车来接送，一切都经过了热烈讨论。还有一个发现就是，那些似乎很清楚和确定的日程和计划常常在最后一刻因为某种不明原因而改变。另一个就是通过各种线索和间接谈话，我们认识到苏联的等级官僚机构政治比美国的类似政治更复杂。

我们最重要的发现可能就是，那些我们开始有所接触的专家——和那些我们开始了解的人民——与美国的专家和人民惊人地相似，在他们的困扰上，在他们关心的问题上，在他们对未来的希望上，以及他们的个人渴望上。

我们带来了什么

梅西带来了无价的俄罗斯语言知识，一种进行交流的卓越能力，对苏联生活和行为方式的了解，以及协商计划的能力。露丝和我带来了许多东西。也许最重要的是一整套心理治疗理论，以及它在教育、管理及解决冲突中的应用。我们带来了与大小团体共同工作的长期经验。在大团体中我们习惯共同进行陈述，共同回答各类问题并对评价做出回应。我们也在安排、实施和评价治疗访谈演示方面富有经验。

在小团体中，我们带来了作为促进者的经验，它有助于接受积极或
483 消极的感受，无论是指向组织、个人，还是自己。我们还习惯了允许团体去形成自己的方向和发展，并逐渐赋予自己力量。我们带来了一种愿望，希望在我们与他人的关系中，在我们与大小团体的关系中，在与来自其他团体成员的关系中，存在的方式是以人为中心的。我们带来了一种愿望，希望成为独立的个人，能够彼此不同，彼此补充和支持。我们还带来了耐心，有时这对我来说似乎是我们所拥有的最有价值的东西：希望通过交谈、沉默、辱骂、模棱两可去等待——希望等待着这一过程以它自己的节奏来发展。

我们带来了一种愿望，希望我们表达出自己的持续感受，而不责难或评价他人。我在某种程度上表现出了对与会者彼此间所作所为的震惊。在后面我将有所描述。在一个深度团体的最后一天早上，露丝终于说出了她的感受。会议一开始她就说，从昨天早上起她就越来越感到自己几乎被团体忽视了。在大公开会议上她感到自己作为一个有能力的人而被接受了，私下里这个团体中有很多人来找她。她要求的不是肯定和同情，她也不需要语言反应，但她希望人们知道她也有头脑，也有感情，并且非常讨厌人们忽视这些。将男人看做权威是否是一种文化期望呢？人们的反应是长时间的沉默，随后是一场非常有思想的、高潮迭起的有关男女关系的讨论，这是我们在苏联唯一一次有关此问题的讨论。

最后，我们带来了一个愿望，希望尽可能适应主办机构和人员的要求。然而，这一愿望是有限的。我们必须执著地一再坚持要保证一定的

休息和放松时间。否则，我们的主办方会用日程上的工作或提供的娱乐填满我们醒着的每一时刻。

在深度团体中的过程

我们曾要求深度团体的人数不超过 30 人，因为经验告诉我们在更大的团体中将很难达到在亲密团体中可达到的个人强度和深度。在莫斯 484
科深度团体第一次会议开始之前，马秋什金博士几乎是含着泪找到我们。这是一个极其困难的过程，他最后删减剩下 40 个人，但他实在不知道该如何再裁减人员了。我们最终同意了 40 人，并且在公开会议上宣布了参加团体的那 40 个人的姓名。有人高兴地笑了，有人则失望地低声呢喃。

第二天，当我们走进小团体的房间时，我们发现这个房间里至少有 45 人。再加上我们 5 个人（梅西，露丝，我自己和两位翻译），50 个人都挤在这个小房间里。后来我们知道有些名单上的人却“站在门外”(那天我们一再听到这句话)，而房间里的许多人是挤进来的。

我们安顿了下来（我这么想的)，露丝和我用几句简单的介绍开始了第一次会议。我特别强调，尽管我们，马秋什金和其他人积极促成了这个团体，但它现在是我们自己的团体。不是卡尔的，也不是露丝的。希望我们能够将认知和经验，个人和专业整合起来。我还希望我们能够使人们赋予自己力量。我总结说，团体会发现自己的方向并朝着这一方向前进。

我们原先想在第一次会议中就让团体成员表达出他们的感受是否容易。我们完全不必想那么多！我以前很少听到这种谩骂，这种针对团体成员的敌意。有对不公平待遇的指责。有对那些挤进来的人的愤怒。有人认为一些社会团体受到了歧视。有某些人应该被扔出去的强烈愤慨，尤其是那个知道自己不在名单上却很想参加会议，就带来一个瓜作为和平礼物的人。人们强烈认为名单上的人一个都不能漏掉。有人提出解决办法也有人反对，有攻击也有反击。有时这种大声的控诉、建议和质问达到了高潮。

485 负责这次名单的马秋什金博士感到，他的职责使自己无法成为团体中的一员，所以很明显应该由团体来决定它的成员。露丝表达了希望是个小团体的强烈愿望。而我，因为我的软心肠，觉得或许我们可以容纳比我们已经同意的40个人更多的人来参加。尽管我们当时对此都没说什么，但我们后来了解到两个促进者之间的这种分歧，这种“对立”是与会者很关心的主题。有人认为我们一定是为了激起团体内的进一步冲突而早已计划好的。

争执了几个小时后，一个人说他将放弃在团体中的位置，让其他人进来。有两个在公开场合名字被清楚读到的成员获得允许进入。两个女人离开了。然而这并没有阻止争吵，它持续了一整天。

争论是如此的辛辣和坦白，露丝和我几乎都没有多少机会来回应。同感理解的可能性也非常小。耐心、接受和不对团体做评价或不为团体做决定——这些是我们的主要贡献。那天在我们离开前，我建议大家沉默片刻。那天晚上一位经验丰富的专家告诉我们这种争吵还会继续下去，除非我们给出提示终止它，我们必须发出一个停止争吵的信号。我自己的感受是，那天晚上团体认识到了他们会有四天待在一起，如果他们希望的话会把四天的时间都花费在争吵上，他们将会改变会议的走向。

第二天，会议是在一个巨大变化的氛围下开始的。人们经过了彻夜的思考。他们并不喜欢自己对他人的所作所为。他们不想把所有时间都花在团体成员的组成问题上。因此，尽管这个问题偶尔会冒出来，但这一天分享了更多的个人感受。倾听他人的尝试初显端倪，尽管不是太多。大多数时候，当一个人说出某种个人问题，无论是家庭问题还是与自己有关的问题时，例如对一些团体成员的消极情感，都会引起潮水般
486 的回应。它们几乎都是探究性的疑问，教条的和判断性的解释，知性分析，批评性评价或个人攻击。就像前面章节中所提到的那样，我对这些人——大多数是心理治疗师——以一种试图有帮助作用的态度去对待他人而感到非常吃惊，以至于最终我的感情爆发了出来。我说当一个人表达出个人的某些东西时，他或她便处在暴露的易受伤害的情况下，这是

一种很冒险的经验。比起躲藏在通常的防御面具后，在这种情况下他们对攻击更为敏感。然而，正是当个人以这种方式表露自己时，团体的质问、探求和消极判断才最有杀伤力。我对团体的现状感到害怕并把它说了出来。我的爆发得到的回应是长时间的沉默，但后来很清楚地表现出了它的巨大影响。

我相信就在第二天，他们的许多问题与高离婚率有关这一点开始变得明显。这个由受过教育、阅历丰富的人所组成的团体跟美国团体有着许多相似之处。一位妇女谈起了她和先生逐步朝着一个更好更持久的关系而共同努力。她绝对是个例外。因为几乎其他每个人都谈到"当我离开第一任丈夫时"；"因为我的第二次婚姻，我和孩子之间出现了问题"；"如果我离开第二任妻子"。这里谈到了缺乏安全感以及与前任伴侣所生孩子的疏远；不住在一起后，维系与孩子关系的困难；前任妻子和岳母的干涉——所有这些事。

团体中的一位教师（她实际上既是教师又是校长）提到很愿意在团体面前接受我的访谈。我们彼此面对面坐在椅子上，相隔恰好是访谈的距离。她几乎不看我而是向团体说出了心理学家在她的学校是多么没用。老师们想要一些建议，但却根本没得到或者得到了也不起什么作用。此外，心理学家也不理解怎样当老师。她谈到他们是如何才把教室墙壁给粉刷好，而当她走进去时，却发现孩子们正在刚刷好的墙上印自己的手或脚，留下他们的印迹。她谈到带学生去野外旅行，其中两个学 487
生和一个住在森林里的孩子跑开不见了，这使他们非常担心学生走失了。她倾吐出一个接一个的抱怨，然而根据所有这些来看，显然她很爱自己的学生，她对这些问题也并不感到特别沮丧，她对于自己的学校被一些外人称为"疯人院"而感到自豪，因为她给予了学生如此大的自由。总而言之，她展现出的自己是一个最具创新精神和责任心的教育者，试图为孩子们创造一种自由的氛围。然而，当人们说出了对她的赞赏时，她立即改变话题。整个情景是如此有趣，因为我一次次地想打断她的滔滔不绝，但却彻底失败了。人们会听到她所说的，而事实也的确如此。毫无疑问，他们在倾听，他们的确更清楚地理解了与有思想的、父母都受过教育的天才儿童在一起的老师是怎样的（后来发现她是马秋什金博士的教育心理学机构所属的实验学校的校长）。

三人组

到了会议的第三天，这个团体似乎准备好了去做一些不太一样的事情。我们提议进行一个同感实验并描述了我们的意思。团体成员有些迷惑但还是很感兴趣。我们建议在团体中间演示一下。第一个志愿者说她愿意做观察者，然后有人志愿做当事人，而另一个志愿者不情愿地同意做治疗师。提议当事人谈谈真正关心的问题，而不是进行角色扮演。当事人谈到了他和孩子们之间悲惨的疏远状况。“治疗师”并没有多大帮助，然而当事人的情感却得到了大大的释放。当角色转换时，观察者成了当事人，当事人成了治疗师，人们开始有了想法并似乎对此反响很大。那时到了午餐时间。

488 午餐过后，当三人组组成后，闸门才真正打开（从那些抽出的例子来看，在第比利斯的情况也是如此）。一个男人用他的痛苦、愤怒和对女儿的批评淹没了治疗师和观察者，她们是两位比他小的年轻女士。他对待她们就像自己的女儿。她们无法打断他的滔滔不绝。他们三个人在这个持续很久的倾诉中几乎没有做什么。

另一个人——团体中最明显表现出了理性和逻辑性的个人之一——在谈到与两个女儿之间明显不同的问题时变得完全个人了。当他在个人水平上说话时似乎完全变了一个人。

一位女士倾诉了父母的早期约束带给自己的感受。她讲了 40 分钟，完全无视我们规定好的 15 分钟限制。

在许多情况下，治疗师都显得非常缺乏技巧，当然也完全没有习惯于不带评价地去倾听。他们的反应都是建议、他们的个人经验、对行为的解释——一切，除了他们正尝试着体验的同感倾听。显而易见，在苏联这种真正不带评价的倾听或许比在美国更少。同样显而易见的是，人们非常渴望能够被这样倾听，没有评价或解释。三人组的实验给参与者上了一次极有价值和令人深思的课，使他们认识到尽管自己读了许多有关倾听的书，谈论倾听，教人倾听，但他们事实上却从未做到过。

当这个团体不断前进时，开始出现了许多深层次的问题。有关于死亡和临死的讨论，一个人是否能够允许另一个人去死——那样是否恰当。在第比利斯，研究所主任公开讨论了他的管理政策。他想成为人本主义者，但他觉得自己对于如何去做知之甚少。他的同事和下属对他坦诚相待。这似乎是一种正在发展的良好关系。接着，就像我所提到的，有许多关于婚姻破裂的讨论，他们有时对所发生的事感到后悔，并担心孩子们会出什么事。

正在改变的模式 489

对个体的一些简单描述可以表明在某些与会者身上所发生的改变。

玛莲娜（Marina），一位职业生涯的大部分时间都在做他人忠实助教的心理学家，非常欣喜地谈到了在三人组中以及之后在自己身上发生的事情。有生以来第一次，她真正地接受了自己，作为一个人，独立而独特的人。在团体的最后一天她谈到了她是如何同自己会面的，她张开臂膀去拥抱自己。“你好，玛莲娜！”她的姿势表明她有能力依靠自己去飞翔，显然离开了那个她生活了多年的巢穴。

莉娜（Lena）的经验既有些相似又不太一样。玛莲娜的改变过程要归功于团体，尤其是三人组。莉娜则认为她的变化是因为自己曾是促进者。这种不同似乎很重要，因为在团体中，创造氛围这一方面是最容易被忽视的。在最后一天，莉娜含着泪说：“在团体中发生的并不是治疗。这四天是与你们在一起。我现在知道了生命是有意义的。我的生活是有意义的。”而正是她在第一天曾说过：“我觉得毫无希望。没人能帮我，包括我自己。”

在前 40 年中她是职业女性，作为一个心理学家工作很出色，与同事和家庭的关系显然也很好。但她的内心却有一种痛苦，觉得生活应该比日程惯例、满足他人期望和需要更有意义，但是，与深度团体的其他人一样（尤其是女性），她无法找到一种方式来满足自己的渴望——生活中有某种快乐和目标，哪怕是一小部分。

那个与自己的成年女儿关系紧张而十分痛苦的男人也在最后会议上发了言。他的女儿前一天叫他给她买东西，但是他忘了。“可是今天早餐时我为此向她道了歉，并且中午我去购物把东西带回家给她。她感谢了我并对我笑了——几年来的第一次。”他感到这个微笑是他们关系改善的一个好征兆。

490 朱莉娅（Julia）有个严格的父亲，一个把毕生都献给了“事业”的军官。他年纪越来越大，身体也不太好，正在狂热地写作以推进他的“事业”，但却感到无法像自己所希望的那样成功。他认为朱莉娅对心理学感兴趣是毫无意义的，并为这一愚蠢行为而常常呵斥她。最终总是以大吵一架而结束。这次她告诉了父亲有关工作坊的事，父亲又一次讽刺它是最愚蠢的胡闹。她觉得自己更独立了，坚持了自己的立场却没有和父亲争吵。同时她也意识到父亲是一个很沮丧的老人，因为没有为“事业”做出更多贡献而对自己失望，也因为她走向另一个完全不同的方向而伤感。突然间，她非常同情父亲，并没有像以往一样丢下几句挖苦的话就走，而是在离开之前走到了桌子的另一边吻了父亲。

一个机构的负责人说离开工作坊后，他将开始实施新的管理政策。其中之一就是他会对职员提出建议，而不是下命令。

一个地位较高的男士把妻子带到了最后的聚会上。在晚餐期间他公开宣布，他希望妻子知道有关男女关系的讨论对他产生了极大影响。他过去没有平等地对待她，也没有对她的事业有所鼓励，他想让妻子知道今后他将试着去改变。

就在工作坊的最后一个小时，一位妇女谈到了自己的体验。她说第一天她很怀疑会有任何事发生。人们彼此间太了解了。彼此间存在着不信任。她知道自己不会在团体中发言。第二天，她感到非常无聊以至于很想离开，但不知什么原因她还是留下来了。第三天，当三人组进行展示时，她惊奇地发现她完全卷入到了当事人的感受中，真正地在聆听，尽管她不在三人组中。她为自己倾听的深度而震惊：对她来说，除了当事人的内心世界，其他一切都不存在。然而，当轮到每个人都加入到一个三人组中去时，她又非常的不情愿（我曾拉着她的胳膊，帮她找到了两个她可以坐在一起的成员）。当轮到她成为当事人时，她发现自己倾吐自己的情感长达40多分钟，关于她的孩子，她的父母不许她哭而使她感到多么压抑，以及许多其他感受。那次以后，她感到这么多年来第 491
一次又能哭了。谈起在三人组中的时候，她这样说："这是我人生中最美好的一次经历。"第四天，她觉得自己变成了一个崭新的人，能够重新以她自己独特的方式迎接这个世界。

这就是我们看到的在行为和态度上所发生一些很小的、直接的但却意义重大、具有象征性的改变，甚至在两个工作坊的最后一天。

每个工作坊中都有一个"坚持不合作的人"。在莫斯科，一个担任要职的人通过自己的语言尤其是他的姿势清楚地表明了他显然对此过程不感兴趣。直到最后一次会议前，他双臂交叉坐着，抵制和蔑视正在发生的一切。但在最后一次会议上，他似乎真正加入到了团体中，并且在随后与科学委员会的会议上，他还进行了最有力的演说之一，报告了团体过程的本质及其影响。

在第比利斯，一个有才气的年轻人在整个四天里说的都是自己的怀疑和拒绝。但在最后一次会议上他不再坚持了，并明确希望能完全成为团体中的一员。从工作坊结束后他送给我们的礼物以及他个人的发言来看，显然团体对他产生了很大影响。

在这两个例子中，露丝与他们每个人的交流似乎是引起改变的因素。在休息时间，以及会议之外，她都以一种把他们当做人来尊重、愿意接受他们对团体的消极感受的方式与他们谈话。这种尊重似乎给予了他们完全参与到过程中去所需要的通行证。

一些普遍观察

总体而言，在我看来与会者常常对彼此相当迟钝，然而也有一个明显例外。当任何与会者的发言是发自内心的，或是带着真实内心感受的，那么现场会寂静无声，每个人都在用心倾听。当一个男人说在墓地拜祭他哥哥时的悲痛时，谈到了他是怎样问自己："我真的感到悲痛吗， 492
还是我仅仅在扮演着一个好的家庭成员而表现得似乎很悲痛呢？"当时

安静得可以听到针落地的声音。另一方面，当有人提出有关团体的一些想法或说出了为什么他们对团体心存怀疑，或者解释他人行为时，常常有两个人或一小群人在窃窃私语。只有当谈到一些发自内心深处的东西时，才会有深度的聆听。

当露丝研究她在会议期间记录下来的直接引语时，她在自己的日志中注意到了会议的另一个特征。“有某种‘迷失感’贯穿于最深层的个人发言中，在第比利斯尤其如此。这是一种强烈的家庭依恋结合呢，还是一种文化特质呢？格鲁吉亚社会环境中有一种普遍的诙谐，但在生活应该包括更多东西的普遍感觉之下，却是对能否发现它的一种深深的绝望——一种沉思的特质。这个主题一遍又一遍地重复着：

> 我知道我想成为什么样，但我对改变感到无能为力。
>
> 我想从生活中获得更多，但我不知道怎么去做。
>
> 我对于自己和女儿的关系感到失望和痛苦［其他人一再重复，提到了儿子、父亲、母亲］，但试图改变它却似乎不可能。
>
> 我觉得没人能帮我，甚至我自己。
>
> 谈这个根本没用。它永远不能改变。
>
> 这里没人能做些什么来帮我。
>
> 这是命吗？我无法选择，就像你说的那样，去改变和成长。
>
> 我被命运左右着，你认为是这样吗？”

在这里被直接引用了话语的八个人中，有五人在第三天或第四天就告诉了团体，他们对于他们渴望的自我已经有所认识，或者是关系已经发生了改变。

尽管莫斯科和第比利斯的团体有很大不同，第比利斯团体开始时慢得多，但两个团体在第一天和最后一天的这种强烈对比都是一样的。到了第四天，出现了大量的自由表达，人们也更能够彼此倾听。人们不但体会到团体中的团结感，还用语言表达了出来。

493 **聚会**

莫斯科和第比利斯团体结束时，在第四天的最后，有许多秘密计划和窃窃私语，一些令人震惊的事情发生了。露丝和我被告知休息片刻，将会有一个小型聚会，而在第比利斯我们则会有一个小型的“格鲁吉亚治疗”，我们知道那是一个酒会。等待过后，我们被带到一个完全变了样的房间。桌子已经摆好，食物堆在桌上，还有 45 个餐位。人们为我们祝酒，赠送礼物（基本上都是非常私人的），进行演说，互相拥抱。大家流露出了好感和爱，不仅对我们，彼此之间也是如此。到处都是充满感情的道别。在两个城市，一些祝酒词与希望和平、希望两国有更好的理解以及继续交流有关。

当我想到每个深度团体的经历时，在我看来，似乎其中出现的问题与在美国、巴西、墨西哥、日本、波兰、匈牙利、英国、意大利等国进行的类似团体中出现的问题非常相似。如此多的共同点实在是令人震惊。当然，在我们面对的每种文化里都发现的一个因素——在此我想特别包括南非在内——就是对于更深入更私人交流的渴望，以及作为一个真实的人，一个有价值、有意义、独特的个体被接受的愿望。

在苏联团体中某些主题是被省略的。其中之一就是尽管男女之间的紧张在行为、玩笑和各个方面都很明显，但除了在第比利斯露丝由于自己的原因而提出了这个问题以外，它从未被公开讨论过。

另一个我们没有触及的问题是狭义上的政治。我们从未公开讨论过政府体系或诸如此类的东西。只有那么一次，当一个美国人说出了他的个人问题时，有个人说道：“那样的事不会发生在苏联。”然而，她立即被另一苏联妇女的话打断，“这不是真的。我的情况恰恰就如此。”

尽管我们没有讨论狭义上的政治，但正如我曾提到的，人们常常渴 494
望更多的对话和两国间更多的理解，希望和平，希望不惜一切代价去阻止战争。

两天后——与科学委员会会面

莫斯科团体的直接结果之一就是它的花费大得惊人，以至于需要对它进行详细报告。

马秋什金博士告诉我们他想在我们的日程中增加与科学委员会的会

面。这是一个很有声望的团体——由科学院和其他机构的成员构成——他的机构的指导者。他们极大地影响了对他的工作的支持程度，所以他负责这事。他希望我们就“我们所获得的成就”给他们做一次报告。我告诉他，我们所作的任何报告都不可避免地会带有偏见——如果他想获得真正的证据，他应该去问深度团体的成员，了解他们的评价，以及他们的积极或消极感受。

马秋什金博士很赞同这个提议。当他被邀请参加最后一刻的工作坊、接受大家对他所付出的努力的感谢时，他提出了这个想法。他说如果他们的工作走得开，他们都将被邀请参加两天后与科学委员会的会议(委员会的会议一直都是公开会议)。如果愿意他们可以谈谈自己的经历。

到开会时，我们看到许多成员都到场了。这是一群严肃的听众。第一排坐着主席团成员，都是著名科学家。除此之外，礼堂也挤满了人——350个想听听工作坊的人。马秋什金博士在会议开始时，说露丝、我和他都认为进行这次会议最好的办法就是去问问与会者的经历。他要求那些想发言的人将发言时间限制在5～10分钟。如果想发言，就请把姓名和题目写在一个小纸条上。立刻，一堆白纸就像一团小暴风雪传上了讲台。工作坊的成员中有30个人想发言！马秋什金博士说女士与男士享有同样的权力，这与我们在深度团体中的作风是一样的，所以他会先叫一位男士，然后一位女士。总共有9个工作坊成员发了言，加
495 起来有一个半小时，剩下了20位十分沮丧的成员，他们原本希望自己能够发言。9个成员一个接一个走上讲台做了有力而精彩的演说，没有道歉和犹豫。显然，他们已经赋予了自己力量，并只想告诉这些威严的听众，工作坊对他们意味着什么。他们的发言给人留下了极为深刻的印象，内容涉及了他们的个人和职业经历。

我们的翻译迪玛面前放了一个录音机，这样大多数发言可以记录下来。资料是如此丰富，都可以全部引用，但是那当然不可能。我们能引用最初几个发言者的话。第一位发言者是一名精神病学家。他说自己是作为一个精神治疗医师来参加工作坊的。对此，他有许多担心和害怕

(他曾是早期团体会议中持怀疑态度的几个成员之一)。他曾读过我的著作，但在工作坊中学到的“比看书多得多，这个团体允许我们有如此多的收获——比我们曾期望的还要多，这次经历将伴随我一生”。他接着说：“人本主义心理学是不是一种科学？是不是一种科学的研究方法？罗杰斯的到来对于人本主义心理学和研究都极为重要。”他还以一种非常个人的方式补充说道：“我无法找到恰当的语言，因为我自己的很大部分还依然沉浸在那个房间的氛围中，我们曾在那儿一起工作。”

第二个发言者是一位女士。“我有很强烈的反应。一直以来我都渴望与人分享某些东西。昨天我与当事人一同工作时，我发现自己正开始应用这种方法了。作为一个专业人员这对我来说非常重要。我已经了解到当事人或朋友不想要你的建议和解释。在进入工作坊之前，我就像个侦察员，试图去调查，去发现这种或那种行为的根本原因。但后来在工作坊，我成了当事人，我知道了被一个侦察员聆听有多糟糕。我从未真正地去聆听。我不想找到某些理论模型。我就想去倾听，去关注。我知道这谈起来很平常，但我希望你能了解那些我正在感受到的东西。我不应该把那些我们试图去给予帮助的人当做一个物体来对待。以前，我的 496
工作是基于这样一个观念，到我这里来寻求帮助的人对某些事感到内疚。当他们感到内疚时，我们还在强化这种内疚感，这对他们毫无帮助。

“昨天同一个人合作，我试着去了解她的痛苦，体会她的感受。这的确非常有帮助。她告诉我她打她的孩子。以前我会很生气，但这次我则是去倾听和理解。当她离开的时候，她跟我说这是她人生中第一次感到被人理解。我知道了站在他人角度思考是多么的重要。以前我知道这些理论。现在我们从内部有所收获。”

当马秋什金博士叫到下一个人时，一位男士上来说道：“我会不带姓地叫别人，因为这在人本主义心理学中很平常。”下一个发言者萨沙(Sasha)说：“那次经历已经过去两天了，我仍然还是一个与会者。我是一个心理学家，而不是精神治疗医师。我知道罗杰斯的理论，但这却是一个我们个体参与的过程。我不知道它是如何进行的。我想说说一些印象。首先是这种方法的有效性。这是一个让我们所有人从中获益的过程。第二，这是一个没有推动力就会前进的过程。没有人必须去领导它或指挥它。这是一个自我发展的过程。它就像契诃夫的小说那样，他们在期盼地等待着钢琴家，但钢琴自己就弹了起来。第三，我对露丝和卡尔的风格也有很深的印象。开始我感觉他们很被动，但后来我意识到这是一种无声的理解。第四，我想要提到的是这次过程渗透到了我的内心世界。开始，我是一个观察者，但随后方法全都不见了。我不仅仅被这个过程所包围，而是完全投入其中了！它对我来说是一个启示。我们开始前进。我不仅看到了那些我们已经认识多年的人，而且还感受到了他们的感受。第五，我发现自己对于控制感情的流动、过程的流动都无能为力。我的感受试图穿上语言的外衣。有时人们爆发了；甚至有人哭了。这是认知系统的一次重构。最后，我还想谈谈露丝和卡尔的高超技术，他们的沉默，他们的声音，他们不经意的一瞥。这都是某种反应，而人们也会有所回应。这是一个了不起的现象，是一次了不起的体验。”

497 一位教授说：“我想作为一个科学家来谈谈。”他谈到了以人为中心方法的理论和原则给他留下的深刻印象。“在美国发现的那些人际交流法则在我们的情境中也起到了惊人的作用。”片刻后，他还谈到另一点。“我们曾认为这些东西只跟罗杰斯有关，但并非如此。我们也能够在45分钟内集中精力，有效地创造一种治疗的氛围，认识到消极的和积极的情感。”他强调他说的是“我们的当事人——不是我们的患者”。他还说自己“想提及这两个人在促进两国的互相理解上所做出的巨大贡献。知道在大洋彼岸有人对我们怀着亲切感，这很不错”。

一位女士随后发言。“这对我个人而言是很有用的。现在，怎样使它发生，怎样让人们成为他们自己？我们体验到了一种清晰的方法。我自身经历了巨大的变化。我亲眼看到了人们能够很真实，这是可能的。某种心理本质，一种内在自我，构成了个体的人格。”她后来又补充道：“在这个团体里那些我认识多年的人，只有现在，经历这四天后，我才真真切切地感到我了解他们。我们在冲突中开始——这个冲突在团体形成前就已经有了。在此之前，我们彼此忽视，我们的冲突从未消失。”

一个学校心理学家“最初认为罗杰斯什么也没做，而人们却感到‘做了些什么！’但我认识到了这种没有分析，没有指导的模式更好”。他补充说：“工作坊帮我解决了作为一个应用心理学家要面对的一些严重问题。例如，很常见的孩子与教师间的冲突。我喜欢孩子，但不喜欢教师。现在我想去了解教师并与他们一起工作。”他看到冲突在团体中得到了解决，而这是“真的，不是一个游戏”。

另一个发言者说：“在这四天后，露丝、梅西和卡尔会一直与我和我的家庭同在。这次经历改变了我对待他人的方式。这是把理论带入到日常生活。它不是一种技术，而是一种存在的方式。它不是魔术，因为 498
通过创造某种我们称之为氛围的条件，它能被理解并重复。这种方法以前在我们的社会中从未得到过应用。它对我们来说是全新的。传统的经验阻碍了我们同感倾听。但随后我们开始把评价放在一边，沉默使我们有机会去关注他人的感受。在沉默中我们也从自己身上学到了很多。作为一个治疗师，我认识到一个治疗师只有在学习跟随当事人时才是一个专家。”

最后一个发言者是一位女士。“说出并分享这一重大情绪体验，对我来说很困难。我们进行了治疗。我们不是作为专业人士来工作，而是作为一个人。当你把人当做人来对待，不去试图解释时，他或她就会敞开心扉。最初，你们都试图让对方信服，彼此互相评价。我们互相叫喊着！然后突然间，人们开始审视自己的问题。这次经历将伴随我们一生，直到我们死去。这不仅仅是一种方法。这是一种存在方式。”

长期效果

显然，此刻我们无法评价长期效果。然而，有许多渠道使我们能够获得报告。伊瑞娜（Irina）——马秋什金博士的助手曾向我们保证会把她从莫斯科深度团体获得的任何反馈报告给我们。我也特别想得到在大学访谈展示中那位当事人的进一步报告，那时她似乎很不满意。我想随着时间的推移她的行为会发生一些变化。

工作坊结束后梅西会在莫斯科和第比利斯继续待两个星期，希望能收集到更多资料。显然，在几个月内还无法知道深度工作坊的真正影响，但我们会努力收集信息，尽管可能会是一些奇闻逸事。

在表面下

一些对话片段表明我们处在一个高度受控的社会。一个有些地位的人说："我很想在家里招待你们，但我不能这么做，也很抱歉不能给你们任何解释。"另一个人，在一次私人谈话中说："我憎恨这个制度，但一定不要告诉这里的任何人。"还有人说："随着每个新的领导人产生，
499 价值观总在改变。父母不知道该对孩子们说什么，因为情况和价值观总在变。我们需要一些更稳定的东西。那也许是当前人们对宗教感兴趣的原因。"也还有人说："每个人都知道有些事错得很严重。甚至政府官员也知道某件事是错的。我们不知道该如何解决这一危机。"应该强调的是，这些话出自于我们接触到的极小部分人。由于他们符合了美国人对苏联局势的刻板印象，所以容易高估它们的重要性。

另一方面，我们感到与会者很自由地谈论着家庭生活和问题，他们的个人问题和职业问题。我们从不考虑团体里是否有告密者。看上去言论是非常自由的，但这种自由却在某种限度之内。

与其他客人相比

我们被告知最近几年有许多杰出的心理学家访问了苏联。他们做一两个演说就离开了。我们逐渐意识到我们的访问和那些心理学家的访问之间的惊人差别。

首先，我们在每个情境中检验一个科学的心理学假设，但不是在实验室而是在生活中。简单来说，这个理论认为如果某些条件存在（所有都是可定义的，甚至是可测量的），那么一种可定义的过程就会出现，该过程的特征是可以描述的。此外，人们能够用眼睛和耳朵去观察，在他们的体验中去感受对这一假设的证实或驳斥。用苏联话来说，这是一次真正的科学体验，这在他们对工作坊的反应里常常提到。

另一个基本差别就是，我们的访问所带来的收获既是经验的又是认

知的。人们在内心里，在机体组织里，在脑细胞里都体验到了它。这个国家的大学和研究机构同我们国家的一样都主要致力于智力学习。这的确是一个明显的不同。

我们不仅与他们谈话，还与他们一同工作，这一点在报告中表现得 500
很明显。我们花时间和他们待在一起。简单地说，我们花了 2～6 小时与 350～900 人的大团体相处。用 24～30 个小时分别同 45 人团体和 40 人团体进行深度合作。这种时间的付出也标志着我们的访问不同于先前的访问。

我们愿意展示我们的工作。在某种意义上来说，我们所做的每件事都是我们基本假设的产物，都是信任个人和团体的结果。在四天的深度团体中尤其如此。在许多听众面前进行了三个访谈，而两个团体也有幸能通过录像带看到对方的访谈。我们把自己的工作展示了出来，这对于苏联心理学家来说是全新的，并且在他们的反应中也对此有所评论。

我们能创造出一种氛围，其中可以观察到在四天时间里态度和行为就发生了一些可观察到的变化的氛围。这令我们的苏联同事感到非常惊奇。在这样短的时期内，我们能够促成长期改变，这似乎是他们从未想到过的。

作为独立而不同的个体，一个男人和一个女人能够很自在地一起工作而没有竞争，这是他们常常评论的一个事实，在这个男性统治的社会里，这似乎有一种非常明显的影响。

结束语

我们感到我们对苏联专业人员所关注的问题有了许多了解。非常清楚的是，苏联团体所关注的东西和美国的类似专业团体所关注的东西相差无几。苏联专业人员对美国有一种亲切感，对我们可能带给他们的贡献非常感兴趣；他们渴望同美国人交流，急切地读着我们带来的任何资料，无论专业的或其他的；他们最期望的还是我们两国间的和平，这些都极为明显。同样很明显的是，他们也很希望能够因为他们对自己领域所做的贡献而得到认可。

对我们来说重要的是，我们知道了在美国、拉丁美洲、欧洲各国、
501 南非产生了某种可预测结果的心理氛围在苏联也产生了同样的可预测
结果。

我们对苏维埃社会主义共和国内存在的许多不同文化模式有了大量的了解。追溯到很早以前，我们就对苏联历史有了深深的敬意。我们认识到苏联人民心中对战争的恐惧和担忧比美国人要强烈得多，这种恐惧源于最近的记忆。例如，列宁格勒被包围时，在被包围的 900 多天里，有 90 万人丧生，其中有军人也有平民。我们在列宁格勒的导游是一位极有才华的年轻女士，她告诉我们她的母亲是她们整个家族中唯一的幸存者。所有其他人都在这次包围中死了或者被杀害了。在我们的历史中，没有可以与它相提并论的事件。

今后

我们离开了，如果还有下一次访问的话，那么我们希望来访者中能包括各种不同的高层次美国公民，带着所有不同的政治观点，与同样多的不同的高层次苏联公民在一个深度团体中进行会面。帮助促进这样一次会面将会是一种荣幸。假如这样一个计划可以实现，我们现在就能挑选一些苏联促进者与我们一起合作。这是我们虔诚期盼的进展。

参考书目和文献

本书中每个读本的第一页都附有该读本的完整书目引用。

每个读本的参考文献也都完整地附在后面。

导言和书中七个部分绪论的参考文献如下。其中也包括了卡尔·罗杰斯 16 本著作以及一些有关其生活和工作的其他书籍的书目信息。

Coulson, W. R. and Rogers, C. R. (Eds.). *Man and the Science of Man*. Columbus, OH: Charles Merrill, 1968.

Evans, R. *Carl Rogers: The Man and His Ideas*. New York: E. P. Dutton, 1978.

Farson, R. *Journey Into Self*. 16mm film. La Jolla, CA: Western Behavioral Sciences Institute, 1968.

Heesacker, M., Heppner, P., and Rogers, M. E. Classics and Emerging Classics in Counseling Psychology. *Counseling Psychology*, Volume 29, No. 4, July 1982.

Kirschenbaum, H. *On Becoming Carl Rogers*. New York: Delacorte Press, 1979.

Kirschenbaum, H. and Henderson, V. (Eds.). *Carl Rogers: Dialogues*. Boston: Houghton Mifflin, 1989.

Rogers, C. R. *Measuring Personality Adjustment in Children Nine to Thirteen Years of Age*. New York: Teachers College, 1931.

Rogers, C. R. *The Clinical Treatment of the Problem Child*. Boston: Houghton Mifflin, 1939.

Rogers, C. R. *Counseling and Psychotherapy: New Concepts in*

Practice. Boston: Houghton Mifflin, 1942.

Rogers, C. R. *Counseling with Returned Servicemen*. Washington. DC: United Services Organization, 1945.

Rogers, C. R. *Client-Centered Therapy: Its Current Practice, Implications and Theory*. Boston: Houghton Mifflin, 1951.

Rogers, C. R. *On Becoming a Person*. Boston: Houghton Mifflin, 1951.

Rogers, C. R. *Client-Centered Therapy*, Film No. 1. In E. Shostrom (Ed.), *Three Approaches to psychotherapy*. Three 16mm color motion pictures. Orange, CA: Psychological Films, Inc., 1965.

Rogers, C. R. *Freedom to Learn: A View of What Education Might Become*. Columbus, OH: Charles Merrill, 1969.

Rogers, C. R. *Carl Rogers on Encounter Groups*. New York: Harper and Row, 1970.

Rogers, C. R. *Becoming Partners: Marriage and Its Alternatives*. New York: Delacorte Press, 1972.

Rogers, C. R. *Carl Rogers on Personal Power: Inner Strength and Its Revolutionary Impact*. New York: Delocorte Press, 1977.

Rogers, C. R. *A way of Being. Boston: Houghton Mifflin*, 1980.

Rogers, C. R. *Freedom to Learn in the 80s*. Columbus, OH: Charles Merrill, 1983.

Rogers, C. R. and Dymond, R. (Eds.). *Psychotherapy and Personality Change*. Chicago: University Press, 1954.

Rogers, C. R., Gendlin, E. T., Kiesler, D. J., and Truax, C. B. (Eds.). *The Therapeutic Relationship and Its Impact: A Study of Psychotherapy with Schizophrenics. Madison*: University of Wisconsin Press, 1967.

Rogers, C. R. and Skinner, B. F. Some issues concerning the control of human behavior. *Science*, Volume 124, No. 3231, November

1956, 1957—1966.

Rogers, C. R. and Stevens, B. *Person To Person*: *The Problem of Being Human*. Lafayette, CA: Real People Press, 1968.

Smith, D. Trends in Counseling and Psychology. *American Psychologist*, Volume 37, No. 7, July 1982.

索　引

（所注页码为英文原书页码，即本书边码）

译后记

本书是由罗杰斯的学生和同事从其一生的 16 本著作和 200 多篇论文中精选而成的，编者与罗杰斯之间既有工作上又有情感上的密切关系。内容以心理治疗的理论与操作为主，还包括个人经历以及罗杰斯关于科学、教育、哲学、社会和政治等广泛领域的论述。编者为全书写了导言，并将所收文章分为 9 个部分，在每个部分的一组文章前加了一篇导读性的评述。阅读这些文献，我们既为罗杰斯深刻的思想所吸引，更为其巨大的人格魅力所感动。

翻译工作由刘毅和钟华完成，导言和前 16 篇由刘毅翻译，第 17 篇至 33 篇和索引由钟华翻译，全书由郭永玉、刘毅校订。史可鉴教授帮助翻译了一些疑难句子。

感谢李绍昆教授提供原著并将本书的翻译任务交托给我们。中国人民大学出版社诸位编辑的辛勤劳动和认真负责的精神特别令人难忘。

由于水平的限制，我们常常感到翻译很难准确传达原文的思想感情，错误也在所难免，祈望读者批评指正。

译者

2006 年

CARL ROGERS READER

First published by Houghton Mifflin Company, Boston, Massachusetts, United States of America.

图书在版编目（CIP）数据

罗杰斯著作精粹/（美）罗杰斯著；刘毅，钟华译．
北京：中国人民大学出版社，2006
（当代世界学术名著·心理学系列）
ISBN 978-7-300-06996-8

Ⅰ．罗…
Ⅱ．①罗… ②刘… ③钟…
Ⅲ．罗杰斯-心理学-著作-简介
Ⅳ．B84

中国版本图书馆 CIP 数据核字（2005）第 146049 号

当代世界学术名著·心理学系列
主编　李绍昆
罗杰斯著作精粹
［美］卡尔·罗杰斯　著
霍华德·基尔申鲍姆
瓦莱丽·兰德·亨德森　编
刘毅　钟华　译
郭永玉　审校

出版发行	中国人民大学出版社		
社　　址	北京中关村大街 31 号	**邮政编码**	100080
电　　话	010－62511242（总编室）		010－62511770（质管部）
	010－82501766（邮购部）		010－62514148（门市部）
	010－62515195（发行公司）		010－62515275（盗版举报）
网　　址	http://www.crup.com.cn		
经　　销	新华书店		
印　　刷	北京七色印务有限公司		
开　　本	720 mm×1000 mm　1/16	**版　　次**	2006 年 10 月第 1 版
印　　张	31.25 插页 3	**印　　次**	2023 年 6 月第 5 次印刷
字　　数	442 000	**定　　价**	69.80 元